本书为国家社科基金项目"19 世纪英国中产阶级女性研究"
（项目编号 12BSS023）的成果

潘迎华 著

MIDDLE-CLASS
WOMEN IN 19TH-CENTURY
ENGLAND

19 世纪英国中产阶级女性研究

社会科学文献出版社
SOCIAL SCIENCES ACADEMIC PRESS (CHINA)

目　录

导　论

一　研究意义

20世纪六七十年代，随着第二波女性主义浪潮的兴起，消除性别歧视、争取男女平权从理论到实践得到进一步发展。妇女史成为当代史学研究的一个新兴领域，其研究对象从少数著名妇女、上层妇女深入下层普通妇女；研究领域从政治扩大到妇女的日常生活、宗教信仰、家庭角色；研究方式方法从一手史料的搜集整理到口述参与、传记研究法等。学者们试图以女性的视角真实地再现女性的生活、性别关系和女性在创造历史中的作用，突破以男性群体为中心的文明结构和精英思想，聆听非权力的声音，重新审视人类社会的政治理念和学术思想，引导全球向着更健康、更符合全人类根本利益的方向发展。正如女性主义社会学家多萝西·史密斯所说，她们要"冲破男人支配的社会结构的制度，也就是那些让女人受困于被压迫境况的制度。因此要打开后一种锁链，就必须先解除前一种锁链"。[①]

经过近半个世纪的发展，妇女史研究成果丰富，不仅在理论、方法、深度和广度上都有新的突破，而且妇女史研究与女性主义运动相结合，促进自由主义女性主义、社会主义女性主义等各种女性主义流派的发展。尽管女性主义的不同理论流派之间存在差异，但是都对女性受压迫的原因、如何实现女性的解放、理想的两性关系的模式等问题进行了探讨，并提出相应的理论和对策。女性主义对主宰社会的男性霸权主义进行全方位的挑

[①]　吴小英：《女性主义社会研究述评》，《国外社会科学》2000年第2期。

战，妇女取得了与男子平等的参政权、受教育权、就业权、财产权、生育自主权，从而推动社会朝着有利于两性平等的方向发展，也为世界其他问题的解决提供借鉴。

英国是最早开始政治经济现代化的国家，也是近代女性运动发源地之一。根植于英国经济、文化基础上的女性主义理论在与女性主义运动相结合的过程中不断发展，一定程度上影响到世界其他地区的女性主义运动。因此，英国的女性研究一直处于欧美女性研究的前沿地位。

20世纪六七十年代以来，英国的女性研究主要在高等教育和学术领域中展开。《社会主义与女性主义历史学家》《性别与历史》《妇女史》《妇女历史评论》等杂志相继问世，这既是英国女性研究的成果，又推动了英国女性研究的发展。20世纪90年代以后，英国的女性研究更注重不同女性群体间的差异性。研究男女之间的差异、各种女性群体之间的差异，更重要的是探究各种差异之间的联系，观察它们在女性特殊生活环境中的相互关系、分歧与冲突，并使之理论化，为女性地位进一步提升奠定了理论基础。

19世纪是英国从传统走向现代的转型时期。机器大工业带来了经济和社会生活的大变革，不同阶层的女性生活出现差异性的变化。上层家庭受工业化冲击较小，由于拥有众多仆人和管家，上层家庭的女性只负责安排家庭生活秩序，享受高品质的物质生活。她们接受良好的教育，经常主持晚会或沙龙，宾朋满座；她们开展慈善工作，陪同男性开展政治、经济、文化活动，有机会成为公众人物；她们享有各种特权，有时可以利用家族的政治背景，幕后操纵政治人选，还可以成为女贵族，甚至成为女王。下层女性，因为大工业破坏了以家庭为基础的自然经济结构，为了生活，她们涌入工厂、矿山，成为劳动力市场独立的工资劳动者。她们工作时间长、工作环境差、工资收入只有男性的 $1/4 \sim 1/2$。同时，她们还要承担家务劳动，生活艰辛。中产阶级女性既没有贵族女性显赫的家世和社会地位，也不像下层女性那样必须走进劳动力市场，还要分担家庭的经济责任。她们崇尚"两分领域"的价值观，大部分人扮演"家庭天使"的角色，管理家政，安排家人生活；她们大部分受过教育，少数人最先走进高等教育领域，成为女性知识精英。然而，英国中产阶级女性是一个复杂的群体，生活差异性和可变性较大。她们中的上层"向上看齐"，模仿贵族女性的生活方式，但没有贵族女性的政治特权；她们中的中下层则大量进入护士、教师等"白领行业"，成为自食其力的劳动者。

在经济工业化和政治民主化过程中，19世纪的英国中产阶级是时代的领跑者；他们引领经济、政治和社会变革；他们的价值观主导英国社会。中产阶级女性在支持中产阶级男性领导的经济、政治和社会改革中权利意识开始觉醒，成为争取妇女权益的领导者和女性主义运动的先驱。中产阶级女性的特殊地位决定了她们家庭和社会地位的变化，直接反映英国社会权力分配、家庭文化、价值理念的变迁，并影响社会的进步与文明的发展。因此，19世纪英国中产阶级女性研究不仅是英国妇女史研究、世界妇女史研究和女性主义研究的重要组成部分，也是英国中产阶级研究和19世纪英国社会历史研究不可缺少的重要课题。相对工人阶级研究而言，学界对英国中产阶级与中产阶级女性的研究起步晚，基础相对薄弱。

本书研究的对象为19世纪英国中产阶级女性，或称中产阶级妇女，包括中产阶级所有阶层的女性群体。从职业状况来看，既有中产阶级家庭中的女性，也有在政治、经济、文化教育领域就业的职业女性；从婚姻状况来看，包括未婚女性、已婚女性和寡妇。

本书对19世纪英国中产阶级女性在家庭私人领域和公共领域的状况进行研究，弥补了国内学界研究的不足，对于更好地认识英国女性乃至世界女性的地位变迁，女性主义理论和实践的发展，以及女性在历史上的贡献有着重要的意义，同时对于更好地理解19世纪英国中产阶级文化的形成、中产阶级两性关系的演变与英国社会的进步发展之间的关系也具有重要的学术价值。

二　研究概况

国外研究概况

20世纪七八十年代以来，随着史学界对英国中产阶级研究与妇女史研究的深入，英国中产阶级女性受到学界关注，相关研究成果颇丰。欧美学者论著可分为几类。

第一，家庭史，主要研究中产阶级家庭财产继承关系，家庭结构、人口、情感关系，妇女与家族企业等。如利奥诺·达维多夫和凯瑟琳·霍尔的《家运》，R.J.莫里斯的《英国的男人、女人和财富1780-1870》，雅凡·克莱尔·简斯尼的《维多利亚时期伦敦中产阶级家庭妇女》[1]。

第二，妇女在公共领域的状况，包括中产阶级女性的教育工作、参政运动等。如玛莎·维西诺斯的《独立的妇女》，埃伦·基德和大卫·尼科尔斯的《性别、公民文化与消费主义：不列颠中产阶级身份1800-1914》，M.珍妮·彼得森的《维多利亚时代淑女生活中的家庭、爱与工作》，李·霍尔库姆的《维多利亚时期妇女工作：英格兰和威尔士的中产阶级职业女性1850-1914》，凯瑟琳·格利特的《边缘公民：不列颠妇女、性别和政治文化1815-1867》，安妮·菲力普斯的《女性主义和政治》，索菲亚·A.冯·温格登的《不列颠妇女选举权运动》[2]。

第三，关于妇女史的理论著作和资料汇编，如马尔·马尔维·罗伯茨的《妇女参政者-走向选举权》《剥夺妇女选举权》《妇女与性别运动》，帕特里夏·霍利丝的《公共领域的妇女1850-1900——维多利亚时期妇女运动资料》，苏珊·格罗格·贝尔和凯伦M.奥芬的《妇女、家庭

---

① Leonore Davidoff and Catherine Hall, *Family Fortunes*, Chicago: Chicago University Press, 1987; R. J. Morris, *Men, Women and Property in England 1780-1870*, Cambridge: Cambridge University Press, 2005; Yaffa Claire Draznin, *Victorian London's Middle-Class Housewife*, London: Greenwood Press, 2001.

② Martha Vicinus, *Independent Women: Work and Community for Single Wowen, 1850-1920*, Chicago: University of Chicago Press, 1985; Alan Kidd and David Nicholls, eds., *Gender, Civic Culture and Consumerism: Middle-Class Identity in Britain 1800-1914*, Manchester: Manchester University Press, 1999; M. Jeanne Peterson, *Family, Love and Work in the Lives of Victorian Gentlewomen*, Indiana: Indiana University Press, 1989; Lee Holcombe, *Victorian Ladies at Work: Middle-Class Working Women in England and Wales 1850-1914*, Newton Abbot: David and Charles Ltd. Press, 1973; Kathryn Gleadle, *Borderline Citizens: Women, Gender, and Political Culture in Britain 1815-1867*, Oxford and New York: Oxford University Press, 2009; Anne Phillips, *Feminism and Politics*, Oxford and New York: Oxford University Press, 1998; Sophia A. van Wingerden, *The Women's Suffrage Movement in Britain, 1866-1928*, London: Weidenfeld and Nicolson, 1999.

和自由：文献中的辩论》[①]。

这些论著从多个角度探讨了 19 世纪英国中产阶级女性在公共领域和家庭领域的状况，其研究内容主要集中在以下几个方面。

(一)"两分领域"与两性关系

"两分领域"指男性从事政治、经济、教育等社会活动的公共领域和女性从事家务劳动和家庭管理的私人领域。这一明确的性别角色分工是 19 世纪英国中产阶级的家庭理想。大多数历史学家认为，"两分领域"是一个强有力的问题，给社会机构和社会实践打下烙印，也构成了 19 世纪性别角色定位的基础。因此，"两分领域"是认识 19 世纪两性关系的关键。"两分领域"环境下英国中产阶级两性关系如何？西方学者对此问题持两种观点。

以帕森斯为代表的结构功能主义者和传统的马克思主义、女性主义学者强调工业化导致家庭领域和公共领域相分离，中产阶级男性主宰公共领域，在家庭中拥有绝对权威，而中产阶级女性则被排挤出公共领域，成为"家庭天使"。她们经济上完全依赖于男性，在法律上没有独立的人权。"两分领域"使女性的家庭地位降低。海迪·哈特曼在《资本主义、家长制与性别分工》一文中，从人类学、历史学角度考察了性别分工，分析了女性受资本主义与父权制社会双重压迫。她认为工业资本主义使生产和家庭相分离，形成了性别分工。女性主要从事家庭内的非生产性工作，男性从事家庭外的生产性工作。女性的家务劳动创造使用价值，对于商品的交换价值和使用价值，资本主义更重视前者。因此，社会形成了轻视女性的性别意识。儿童在这样的环境下长大，逐渐形成了自己的意识，认同她或他的性别身份和性别意识，进一步形成社会意识：

① Marie Mulvey Roberts and Tamae Mizuta, eds., *The Suffragists-Towards the Vote*, London and New York: Routledge/Thoemmes Press, 1995; Marie Mulvey Roberts and Tamae Mizuta, eds., *The Disenfranchised*, London and New York: Routledg/Thoemmes Press, 1993; Marie Mulvey Roberts, ed., *The Campaigners: Women and Sexuality*, London and New York: Thoemmes Press, 1994; Patricia Hollis, *Women in Public, 1850–1900: Documents of the Victorian Women's Movement*, London and Boston: George Allen and Unwin Press, 1979; Susan Groag Bell and Karen M. Offen, *Women, the Family, and Freedom: The Debate in Documents, Volume 1: 1750–1880*, Stanford: Stanford University Press, 1983.

男性特征就是竞争性、理性、善于操纵以及统治欲，而女性则温顺、感性、服从他人。同时，男人采取各种行动，强化有利于自身的分工。他们"利用职业工会强化家庭分工，要求妇女干家务、照看孩子、做有关的零星杂事"。"妇女在劳动力市场的从属地位加剧了她们在家庭内的从属性，在家里的从属性反过来又加剧了她们在劳动力市场的从属地位"①。况且，在这种性别分工中，男性的优势得到资本主义的保护，因为物质资本主义的压迫体现在资本家利用缺少劳动技能，因而报酬低廉的女性劳动力来压低男性工人的工资。家长制与资本主义相互适应给女性造成恶性循环，"不仅资本家从妇女对劳动市场的奉献中获利"，而且"那些身为丈夫和父亲的男人，他们在家庭中也得到了私人性质的服务"②。可见，在海迪·哈特曼看来，性别分工是资本主义社会的基本机制，它就是维护男人对女人的优势。

艾里斯·扬在《超越不幸的婚姻——对二元制理论的批判》一文中，探讨了性别分工及其与资本主义家长制的关系问题。她把资本主义家长制理解成一种制度，在这种制度下，压迫女性是一种基本属性。她说："把妇女推向边缘，从而使她们起次要劳动力的作用是资本主义本质的和基本的特性。"③ 资本主义制度"从一开始它就建立在规定男人主要、女人次要的性别等级之上的。资本主义制度下存在的压迫妇女的特殊形式是资本主义本质所必需的"。④ 因此，反对资本主义与反对家长制是统一不可分离的，只有推翻两者的统治，女性才能真正摆脱第二性地位。艾里斯·扬的性别分工理论丰富了海迪·哈特曼的性别分工理论，并把它从父权制的局限中解放出来。同时，她把性别分工提高到阶级同等的重要地位，用性别分析丰富了马克思主义的阶级分析，用性别分析掩盖了阶级分析，忽视了

---

① 〔英〕朱丽叶·米切尔：《妇女：最漫长的革命》，载李银河主编《妇女：最漫长的革命》，生活·读书·新知三联书店，1997，第 61 页。
② 〔美〕约瑟芬·多诺万：《女权主义的知识分子传统》，赵育春译，江苏人民出版社，2003，第 115 页。
③ 〔英〕艾里斯·扬：《超越不幸的婚姻——对二元制理论的批判》，载李银河主编《妇女：最漫长的革命》，生活·读书·新知三联书店，1997，第 92 页。
④ 〔英〕艾里斯·扬：《超越不幸的婚姻——对二元制理论的批判》，载李银河主编《妇女：最漫长的革命》，第 96 页。

女性的地位受阶级、种族、民族因素的影响。20 世纪自由主义女性主义者贝蒂·弗里丹的《女性奥秘》着重分析女性的社会、家庭角色，提出妻子和母亲的角色限制了女性人格的发展。她们没有参加家庭外的"创造性劳动"，塑造的只是快乐、满足、幸福的家庭主妇形象，使女性自幼产生意识，即把自己的一生寄托在家庭和婚姻关系。家庭事务从本质上缺乏有形的结构和酬劳制度，而且是重复性琐碎工作，结果，女性智力没有得到充分发展，从而使她们处于第二性地位。

史学家劳伦斯·斯通也就两性关系论述过妇女无权状况。他认为，"一个已婚的妇女最接近自由社会的奴隶。她的人身、财富、个性、收入、孩子等所有的一切都通过婚姻转到丈夫的控制之下。他可以随心所欲地要求她的性服务、殴打她或者限制她，孩子完全属于父亲"。[①]"一个男人不能允许给予妻子任何东西，或者与她订立什么契约，因为允许就意味着她的独立存在。"[②]

以 M. 珍妮·彼得森（M. Jeanne Peterson）、利奥诺·戴维达夫和凯瑟琳·霍尔等为代表的学者则认为"两分领域"现象并没有阻止中产阶级女性进入公共领域，她们参与各种经济活动，不同程度上扮演着财富创造者角色，推进社会经济的发展。利奥诺·戴维达夫和凯瑟琳·霍尔的《家运》一书研究 18 世纪末至 19 世纪 50 年代英国中产阶级的理念、机构和实践活动，是研究英国中产阶级女性问题的重要著作。它以新兴工商业城市伯明翰以及埃塞克斯和萨福克斯两郡为研究地点；以伯明翰的凯德伯里家族和埃塞克斯郡的泰勒家族为主要研究对象，并就宗教与资产阶级理念、经济结构与机会、日常生活和性别与行为等方面阐述了以下观点：首先，它通过中产阶级教堂与宗教理想，展示了有秩序组织的观念，从中表明性别差异的合法性。其次，探讨英国中产阶级家庭理想，公共领域和私人领域的性别分工、财产关系、经济关系等问题，特别关注公共领域与私人领域相分离的环境对中产阶级两性产生不同的影响。再次，它解释了生活中

---

① Robert B. Shoemaker, *Gender in English Society 1650-1850*, London：Longman Press, 1998, p. 101.

② Anne Phillips, *Feminism and Politics*, Oxford and New York：Oxford University Press, 1998, p. 109.

的性别关系：求爱期、婚姻期、怀孕期、哺乳期、吃饭、穿衣、礼尚往来，包括女性如何管理仆人等家庭生活方式。在此基础上，作者提出"私人领域"的两性之间利益之争并不是政治之争，因为它主要涉及公共观念在道德、情感和理性行为上的差别。①作者试图超越公共领域和私人领域的划分，展现中产阶级男性因为他们的财富、权力和需求，或者他们的能力对人们形成影响来解释家庭中的两性关系。事实上，他们在公共领域的杰出贡献建立在家庭和女性支持的工作网中。作者明确提出，"公共领域和私人领域分离是脆弱和不稳定的，它们的界线并不清晰，通常可以跨越"。②就经济领域而言，自主的男人组织家庭，依赖性的女人提供门路和资本，支撑起无数企业。换句话说，公共领域和私人领域从来没有真正分离过，它们相互影响、相互依赖。作者认为"不管性别分离在19世纪的修辞学上多么明确，单凭经验和概念要把公共领域从私人领域中完全分离出去是不可能的"。③埃莉诺·戈登、格温尼斯·奈尔（Eleanor Gordon and Gwyneth Nair）的《公共生活：维多利亚时期英国的妇女、家庭和社会》一书研究1840年至20世纪早期的格拉斯哥西区克莱尔蒙特街区和伍德赛德、伍德兰兹地区中产阶级女性的状况，着重选出了其中12个街区的中产阶级女性生活状况作为研究对象，得出以下结论：中产阶级妇女并非纯粹的"家庭天使"，她们没有被阻止在公共领域之外，尤其是寡妇和单身女子，出入各种场合，占有公共资源。"作为城市文化品位的裁决者、文化展品的管理者、文化产品的消费者，中产阶级妇女成为中产阶级理想和文化的创造者。即使一个人相信妇女的位置在家庭，中产阶级的家庭也不能与广阔的世界割断联系。"④

20世纪90年代，约翰·托什（John Tosh）的《男人的位置：男性和维多利亚时期英国中产阶级家庭》、吉尔·李廷顿（Jill Liddington）的《女性的命运、土地、性别和权威》等著作相继出版。托什从中产阶级男

① Leonore Davidoff and Catherine Hall, *Family Fortunes*, Chicago: Chicago University Press, 1987, p. 14.

② Leonore Davidoff and Catherine Hall, *Family Fortunes*, p. 33.

③ Leonore Davidoff and Catherine Hall, *Family Fortunes*, p. 33.

④ Eleanor Gordon and Gwyneth Nair, *Public Lives: Women, Family and Society in Victorian Britain*, New Haven and London: Yale University Press, 2003, p. 5.

人家庭生活、社会责任、情感等角度研究问题，证明男人并非只与外部世界相连，他们与家庭生活的关系同样紧密，夫妻关系较多地表现出伙伴关系。他认为"婚姻就好像铁路上在一起的两个或更多的车厢，妻子和丈夫是一只手上的手指头"[①]。19世纪末男权制呈弱化趋势。"维多利亚后期的男人在成长过程中已经历过，且不再幻想在家庭中坚持男权制或者男权制的特性"[②]。李廷顿的著作以里斯特1833~1836年的日记为研究材料，证明妇女不仅享有一定的财产自主权，还在政治领域和经济世界冒险，勇敢地追求公共领域的目标。

上述可见，以帕森斯为代表的结构功能主义者、传统的马克思主义者、女性主义者与珍妮、戴维达夫等学者论证问题的着眼点不同，前者更多地强调"两分领域"状态下的性别歧视和性别的对抗性，19世纪的家庭理想与性别角色定位共同构成了女性第二性地位，这在一定程度上夸大了"两分领域"性别角色分工的不可超越性。后者则更多地强调中产阶级的男女以家庭为单位组成一个共同体，女性在私人领域的作用向公共领域延伸和渗透，"两分领域"的界线并不清晰。

实际上，在家庭这一共同体中，性别的作用非常复杂。不同的家境、不同的年龄段、不同的身份，女性扮演着不同的角色。单身女子和寡妇没有丈夫可以依靠，"领域分离"不能阻隔她们进入公共领域获取生存资源，即使中产阶级中上层的太太，她们主要承担相夫教子的责任，但也通过慈善活动，疏通各种社会关系，甚至帮助丈夫或儿子获取经济、政治权益等行为在公共领域发挥作用。同时，中产阶级女性还通过消费、休闲文化活动，给城市的公共文化建设打上烙印。不可否认，19世纪英国中产阶级女性对公共事务做出了贡献。因此，在研究过程中，既要考虑中产阶级女性不同群体的差异性，又要考察两性作为相互帮助的共同体的情况下女性的作为。正如埃莉诺所说，"如果要真正再现男人和女人生活的丰富性和差异性，必须超越分离环境下留下的东西，以及它的狭隘性。一方面寻求差

---

① John Tosh, *A Man's Place: Masculinity and the Middle-Class Home in Victorian England*, New Haven and London: Yale University Press, 1999, p. 170.

② John Tosh, *A Man's Place: Masculinity and the Middle-Class Home in Victorian England*, p. 183.

异性对男人、女人经历和理想的影响；另一方面需要复原个人自发的东西"。① 这样才能更加客观地认识中产阶级的两性关系。

（二）财产权与其他经济权

传统观点认为，英国女性很少享有财产权，在 1870 年《已婚妇女财产法》通过以前，英国已婚妇女没有财产权。近年来，一些从事经济史、社会史研究的学者运用新的资料和新的视角对这一传统观点提出质疑。在《家运》一书中，戴维达夫和荷尔认为在 17 世纪至 19 世纪，英国中产阶级女性从乡村、小城镇至大城市，从新的工业中心到伦敦都存在着许多积极的财富拥有者、财富积累者、投资者、财富的借贷和转换者，这些人的活动远远地超越了家庭世界，她们行使财富所有者的职责。R. J. 莫里斯的《英国的男人、女人和财富 1780-1870》一书主要以 19 世纪 20 年代利兹一个非国教派的商业家族为例，以档案、遗嘱、财产记录、商业和家庭文件为研究材料，说明在工业化时代的英国中产阶级家庭中，财富的积累和短缺与男女生命过程联系在一起。他概述了资产阶级财富周期中死亡与继承是财富转移的重要过程，认为在中产阶级家庭中，分割继承占优势，信托制度是女性在家内和家外拥有独立财富的主要手段，为其儿女成年以后进入中产阶级的财富圈打下基础。欧文斯的《财富、性别和生命周期》一文，在对 1800~1857 年工业化市镇斯托克波特的 500 份遗嘱，尤其是对留给孩子的 320 份遗嘱进行研究的基础上，对家庭组织内的性别和财富的内在联系做进一步分析。她提出家庭财富所有权的变化与环境和个人生活的变化是联系在一起的，男人、女人生命周期不同，经历不同，对财富的所有权存在差异。中产阶级家庭财产采用信托和分割继承的方式，女子拥有一定的财产权。这种财产的分配法是让每个年轻人得到最大份额的财产，为将来的创业做准备。寡妇在孩子成年之前掌管家庭的财产，是两代人之间的福利中心，她们本身没有财产所有权；男人控制的财富所有权和使用权在实际执行过程中受到一定限制。

总之，这些学者在研究财富继承过程中，探讨性别和财富在生活中的

---

① Eleanor Gordon and Gwyneth Nair, *Public Lives*: *Women*, *Family and Society in Victorian Britain*, p. 3.

关系，把家庭财富所有权的变化与环境和个人生活的变化联系在一起，给人们更多的启示，有利于更加客观地认识中产阶级妇女的财产权。

关于女性在公共经济领域的作用主要涉及女性的就业和投资活动。由于受中产阶级性别角色定位的影响，中产阶级女性较少进入劳动力队伍。有关女性的就业状况，学者们主要对女工劳动状况进行研究，且较多地集中在研究女工高强度低工资的苦难方面。20世纪七八十年代以来，学者们开始关注中产阶级女性的就业状况。李·霍尔库姆的《维多利亚时期妇女工作：英格兰和威尔士的中产阶级职业女性1850-1914》一书是关于中产阶级女性在经济领域社会化过程的重要著作。此书研究英国中产阶级女性怎样进入劳动力队伍，尤其是对中产阶级女性就业人数最多的教师、护士、零售商、职员、文官等五大职业工作状况做了深入的研究，提出女性就业具有双重性。一方面，19世纪末20世纪初，随着中产阶级劳动妇女数量的增加，她们的影响也不断扩大，在各个领域冲破了维多利亚时期女性观念的束缚，实现了女性主义所主张的妇女能够而且胜任工作的主张。到19世纪下半期，中产阶级女性在公共经济领域就业被人们所接受。另一方面，参加工作的中产阶级女性只占较少的一部分，薪水是男性的50%~80%。因此，女性"长期被认为劣于男性，其工资也低于男性"[1]。工作女性依然受父权制压迫。

同时，此著作也探讨了间接影响女性就业的两种力量：妇女运动和女性教育。作者认为公共教育的发展增加了女性受教育的机会，使更多的女性能够应对市场的竞争。在妇女运动中，女性主义者提出让更多的中产阶级妇女冲破父权制传统的束缚，接受雇佣劳动的思想。但是，女性主义和女性教育都没有像工业化社会需要教育、需要支付报酬的劳动力那样强劲地推动女性雇佣劳动者人数的增长。

关于女性的经营权。20世纪90年代以来，女性在经济领域的投资经营活动成为新的研究主题。以珍妮特·罗特福德（Janette Rutterford）、约瑟芬·莫尔特比（Josephine Maltby）和阿拉斯泰尔·欧文斯（Alastair

---

[1]　Lee Holcombe, *Victorian Ladies at Work: Middle Class Working Women in England and Wales 1850-1914*, Newton Abbot: David and Charles Ltd. Press, 1973, pp. 196-198.

Owens）为代表的学者根据中产阶级女性不同的人群——未婚女性、寡妇、已婚妇女等投资债券和股票、经营企业等情况论证中产阶级女性在投资经营领域的作用。珍妮特·罗特福德和约瑟芬·莫尔特比的论文《寡妇、牧师和冒险者：英格兰妇女投资者 1830-1914》集中研究了寡妇和"过剩女子"投资情况，并且提出妇女投资群体的存在是 19 世纪新的金融资产发展的一个原因。① 在《她掌握自己的命运：19 世纪晚期至 20 世纪初期的妇女投资者》一文中，罗特福德论证 19 世纪末以后，妇女投资持有股票和公司债券，不仅在私人公司中获得经济收益，甚至还对公司有实际控制权。大卫·R.格林（David R. Green）和阿拉斯泰尔·欧文斯的《淑女资本主义？英格兰和威尔士的未婚女性、寡妇、财富持有者（1800-1860）》一文中提出，在伦敦等大城市，中产阶级妇女在家庭中是天使，在家的围墙之外是金钱世界的新人。第一，在伦敦这样的大城市，妇女非常重视自身的权利；第二，妇女财富拥有者并不是被动地继承男性的财产，而是积极地推动经济增长；第三，从单身妇女投资政府的债券可见，妇女在不列颠的经济扩张中发挥了重要作用。② 欧文斯在《订立意外条规是性别的特殊义务：19 世纪早期的英格兰女性投资者》一文中进一步表明：妇女的企业行为和信贷市场的行为已经乐观地表现出中产阶级妇女扮演了财富创造者的角色，法律对妇女经济活动的限制经常被大多数妇女在实践中加以规避，最引人注目的是未婚女性往往比她们的已婚同伴更机智。③

此外，菲力普斯、莱恩·威斯肯（Lane Wiskin）、赫德森（Hudson）等学者从商业、铁路、房产等领域分别说明 19 世纪英国中产阶级女性是积极的财富投资者。

总之，一个学者群体正在挑战 19 世纪早期的资产阶级的家庭理想与女

---

① Janette Rutterford and Josephine Maltby, "The Widow, the Clergyman and the Reckless: Women Investors in England 1830-1914", *Feminist Economic*, Vol. 12, 2006, p. 114.

② David R. Green and Alastair Owens, "Gentlewomanly Capitalism? Spinsters, Widows, and Wealth Holding in England and Wales, 1800-1860", *Economic History Review*, No. 3, 2003, p. 511.

③ Alastair Owens, "Making Some Provision for the Contingencies to Which Their Sex is Particularly Liable: Women and Investment in Early Nineteenth-Century England", in Robert Beachy, Béatrice Craig and Alastair Owens, *Women, Business and Finance in Nineteenth-Century Europe*, Oxford and New York: Berg Press, 2006, p. 22.

性的角色定位，他们的研究把中产阶级女性在经济领域的作用推向深入，为重新定位她们在公共经济领域的地位和作用打下基础。

（三）政治权

19 世纪女性政治权集中体现在争取妇女选举权问题上，中产阶级女性是争取妇女选举权运动的领导者和核心群体。1928 年雷·斯切奇出版《原因》一书，首次系统撰写英国妇女选举权运动史，随后西尔维亚·潘克赫斯特的《妇女选举权运动》（1931），乔治·丹杰菲尔德的《自由英国的离奇死亡》（1935）相继问世，这些著作奠定了妇女选举权问题研究的基础。20 世纪 60 年代以后，相关论文和著作大量出现，学者们对此褒贬不一。斯切奇认为妇女争取选举权运动是受人尊敬的妇女保守运动，西蒙娜·德·波伏娃认为它"不是一场自主的运动，它是部分政治家手中的工具"。[①] 这些学者往往从妇女选举权运动与传统社会的对立角度去考察问题，容易忽视主流政治文化与女权运动的相互影响，低估选举权运动的社会历史作用。20 世纪 80 年代末以来，学者们对英国妇女选举权的研究向深度和广度发展。桑洁·斯坦利·霍顿于 1986 年出版的《英国选举与改革的政治 1900-1918》一书，运用新材料，提出英国妇女选举运动不是狭隘地争取妇女选举权，更重要的，它还是反对传统两性关系的性革命。她运用大量的档案材料证明妇女对宪政运动的贡献，改变了史学家对"妇女参政会全国同盟"（NUWSS）的看法，她认为宪政运动对妇女选举权的实现有着重大意义。马丁·皮尤（Martin Pugh）、菲莉帕·莱维（Philippa Levine）、布赖恩·哈里森（Brian Harrison）等从不同角度论述妇女选举权运动对建立新的政治文化、政治生活的作用。这使我们从新的视角认识妇女选举权运动。

凯瑟琳·格利特（Kathryn Gleadle）的《边缘公民：不列颠妇女、性别和政治文化 1815-1867》一书从法律层面、妇女在公共领域和家庭领域的特殊地位来研究女性和政治的关系。她认为妇女虽然没有议会选举权，被排斥在政治公共领域之外，但可以通过参加家庭政治聚会、慈善活动、发放政治宣传的小册子，组织政治聚会和义卖活动，旁听政治辩论，陪同

---

① 〔法〕西蒙娜·德·波伏娃：《第二性》第 1 卷，陶铁柱译，中国书籍出版社，1998，第 150 页。

或帮助男性政治家活动等方式参与政治；也可以站在窗边挥动手绢、制造喧闹气氛来表达政治倾向。凯瑟琳·格利特的研究一反传统研究把女性参政与 19 世纪女性角色定位对立的状态，把中产阶级女性在政治领域的作为与私人生活环境联系在一起，更加深入地揭示了女性追随中产阶级的男性参与政治是中产阶级性别理想的体现，客观地解释了 19 世纪中产阶级女性的参政作用。

（四）教育权

教育权是 19 世纪英国女性走向公共领域的主要保障。欧美学者主要从妇女史、妇女教育史、社会史角度进行研究，研究成果丰富，其中有许多涉及 19 世纪中产阶级女性教育的主题。

玛丽·希尔顿（Mary Hilton）和帕姆·赫希（Pam Hirsch）的《务实的远见者：女性、教育和社会进步 1790 - 1930》（*Practical Visionaries：Women，Education and Social Process 1790 - 1930*，London：Longman Press，2000）给我们展现了 18 世纪末至 20 世纪 30 年代英国女性教育的全貌，尤其是对中产阶级女性教育做了重点论述，为我们认识 19 世纪英国中产阶级教育提供了基础。玛丽·希尔顿的《女性与国家年轻人的塑造：英国教育与公共原则 1750 - 1850》（*Women and the Shaping of the Nation's Young：Education and Public Doctrine in Britain 1750 - 1850*，Hampshire：A Shgate Publishing Ltd.，2007）论述中上层女性对国民道德教育所起的作用。琼·珀维斯（June Purvis）的《英国妇女教育史》一书对维多利亚时期各阶层的女性教育状况进行全面研究，其中第三章和第四章论述了中产阶级女性从初等教育到高等教育的状况，说明在父权制下，中产阶级女性教育权不断扩大，但并未达到两性平等的状态。

女子高等教育权是 19 世纪英国中产阶级女性取得的重要权益，也是学者们关注的重要问题。玛莎·维西诺斯（Martha Vicinus）的《独立妇女》和卡罗尔·道霍斯（Carol Dyhouse）的《没有差异吗？——不列颠大学中的妇女 1870-1939》两部著作分别讨论了 19 世纪晚期至 20 世纪初期英国女性高等教育的发展过程及其形成的女性主义文化对女性独立产生的积极影响。伊丽莎白·西蒙·埃斯巴赫（Elizabeth Seymour Eschbach）的《英格兰和美国高等教育中的妇女 1865–1920》一书比较研究了 1865~1920 年英国和美国女性高等教育状况，认为该时期英国女性在争取男女平等的高等教育权方面迈开重要的一步，但受传统束缚更多，相对美国女性，英国女性接受高等教育机会较少。埃斯巴赫对英美两国的女性高等教育做出较为客观的评价。此外，克里斯托弗·N. L. 布鲁克（Christopher N. L. Brooke）的《剑桥大学发展史》、丽塔·M. C. 威廉斯·图尔贝奇（Rita Mc Williams Tullberg）的《妇女在剑桥》等著作对英国女性在剑桥大学、牛津大学两所英国最负盛名的高等学府获得与男性同等教育权的进程进行了深入的研究，说明女性争取高等教育权举步维艰。

上述欧美学者的著作为我们研究中产阶级女性教育提供了良好的基础，但是，在研究女性高等教育问题上往往不同程度地忽略了女性高等教育与社会现代化的关系，以及女性高等教育对女性的个性独立和女性的进步与发展的影响。

总之，国外学界对 19 世纪中产阶级女性的研究成果颇丰，为深入研究 19 世纪英国中产阶级女性在公共领域和私人领域的作用打下了良好的基础。但是，这些研究也存在不足。如前所述，学者们的研究往往建立在不同的理论基础之上，他们论证的视角不同，导致观点分歧。帕森斯等学者和女性主义者的研究主要是构建在对父权制理论批判的基础上，着眼于工业化进程中某些区域性、行业性指标，揭示男女不平等的现实，没有从历史的长时段中动态分析 19 世纪英国女性在公共领域和家庭领域地位的变化，他们的观点有失偏颇。M. 珍妮·彼得森、欧文斯等学者利用原始文献、个案材料，从新的视角对中产阶级"两分领域"现象、夫妻关系、财产关系、女性劳动权、经营权和政治权等方面进行研究，充分肯定了在父权制下，女性在家庭领域和公共领域的权利。然而，这些学者主要着眼于家庭生活、特定行业或者地方性个案研究来说明 19 世纪中产阶级女性家庭地位和社会地位的变化。西方学者较少有著作从整体上考察中产阶级女性在私人领域和公共领域的生活变迁以及他们对中产阶级文化形成的贡献。

国内研究概况

国内对英国中产阶级女性研究起步较晚，20 世纪八九十年代以来，学界开始关注英国妇女史研究，并有一些相关的论文和著作问世。马嫛、傅新球、王赳、宋严萍、王晓焰、李宝芳等学者分别从英国家庭史、妇女参政权、就业权、教育权等不同角度研究英国女性问题，其中涉及 19 世纪英国中产阶级女性问题。

（一）关于中产阶级女性的家庭地位

国内学者主要对中产阶级的家庭理念、婚配状况、财产继承权等问题进行研究。学界普遍认为 19 世纪英国男主外女主内的家庭理念中，中产阶级女性主要履行家庭的责任，已婚妇女在法律上没有独立的人权，处于从属地位。郭俊、梅雪芹认为，维多利亚时代中期，英国中上层中产阶级形成了颇具特色的家庭意识。在理念上，他们坚持公共生活领域和私人生活领域的分离，推崇贤妻良母型的"家庭天使"，营造温和的家庭亲子关系。在现实中却处处体现出性别的不平等和女性的不自由，因而有悖于自由平等的时代精神。[①]

王赳指出，从表面上看"中产阶级妇女过着体面的生活，在家庭中受到尊重，在物质方面衣食无忧，她们的作用不断被美化和理想化，但她们的实际地位低下。在经济上，她们完全依赖男性，毫无地位可言；在法律上，她们丧失了独立的人格，被剥夺了婚姻自主权、财产权、择业权；在精神面貌上，她们缺乏自信、自尊，空虚萎靡。她们终身被局限在狭小的家庭领域，处于一种法定被奴役的地位，尤其在精神上她们体会到了更多的压抑，既没有上层妇女享有的各种特权，也不如自食其力的工人阶级妇女，后者至少可以在经济上独立"。[②]

近年来，一些学者的相关研究成果对中产阶级女性的家庭地位做了进一步的分析。李宝芳的《维多利亚时期英国中产阶级婚姻家庭生活研究》是反映维多利亚时期女性家庭生活和家庭地位的重要研究成果。该书系统地梳理和分析了英国维多利亚时期中产阶级婚姻和家庭生活状况。从家庭观念的形成、婚姻观念和婚配情况、择偶自主权与择偶标准等方面探讨中

---

① 郭俊、梅雪芹：《维多利亚时代中期英国中产阶级中上层的家庭意识探究》，《世界历史》2003 年第 1 期。

② 王赳：《论英国维多利亚前期中产阶级妇女的地位》，《江西社会科学》2001 年第 6 期，第 99 页。

产阶级的婚姻关系；从夫妻角色分工、地位关系、财产关系、情感状况分析中产阶级的夫妻关系；从童年意识、父母身份、亲子感情等方面研究亲子关系；从物质生活、闲暇生活、仆人雇用、家庭生活仪式等方面考察中产阶级日常生活。作者认为两性关系不仅受性别分工观念的影响，也受到社会发展、宗教文化变化的影响。在现实生活中，家庭关系是复杂的，"随着维多利亚时期社会文化的发展，越到后来，夫妇地位关系越趋向平等是可以肯定的"①。这种地位关系的变化反映出维多利亚时期法律、习俗、文化及两性社会地位的变迁，也折射出这一阶级独特的家庭观念和性别角色分工观念的变化。②

徐奕斐的《"两分领域"之辨：以英国已婚妇女从商的法律问题为视角》一文从法律关系角度论证妇女家庭法律地位的变化。她认为英国针对妇女权利的法律是多元的，普通法虽然否定妇女财产权，认为女性隶属于家庭中的男性，其中的习惯法、衡平法却给妇女支配自己财产的权利，为妇女婚后继续从事商业活动提供法律保障。在司法实践中，女性可以起诉或援引该规则进行抗辩，她们的民事行为能力及财产受到了较好的保护。因此，已婚妇女从多元化的法律体系中获取了从事商业活动的权利，同时拥有解决法律纠纷的多种路径。现实中，"两分领域"理论不足以概括18~19世纪英国女性的实际生活状况，"两分领域"理论实际上是对她们贡献的抹杀。

（二）关于女性在公共领域的作用

关于女性在公共领域的作用，国内学者的研究主要集中在19世纪女性运动争取的女性经济权、政治权和教育权三大权益方面。傅新球、王赳、王晓焰等学者的研究从不同的角度涉及中产阶级女性的职业生涯、参政活动和教育权利，在一定程度上反映了中产阶级女性在公共领域的作为。③

① 李宝芳：《维多利亚时期英国中产阶级婚姻家庭生活研究》，社会科学文献出版社，2015，第81、112页。
② 李宝芳：《维多利亚时期英国中产阶级夫妻的地位关系》，《社会纵横》2011年第10期，第91页。
③ 傅新球：《英国社会转型时期的家庭研究》，安徽人民出版社，2008；王赳：《激进的女权主义：英国妇女社会政治同盟参政运动研究》，上海三联书店，2008。

经济活动研究。王晓焰的《18-19世纪英国妇女的生活和工作状况研究》一书从社会性别角度探讨18~19世纪英国妇女社会地位的变化，论述了中产阶级妇女在教育、医疗卫生、慈善、参政领域的作用，说明在工业化社会变革过程中，男性的主宰地位没有变。"恰好是在历史发生如此巨大变革时期，妇女再次被定位为边缘化群体的过程中，催生了女性主体意识的觉醒"[①]，从而肯定了中产阶级女性在改变女性不平等地位中的作为。

陆伟芳的《19世纪英国城市公共空间的性别视角考察》一文从城市公共空间角度考察性别权利差异，指出19世纪的英国女性逐渐获得了一些与男性共享的城市公共空间：资本主义文明成果的展示场所、商业利润驱使的公共空间、女性专享的公共空间，特别是女性专用厕所。但女性享受这些公共空间有时间场合等各种限制，离平等与男性共享城市公共空间还很遥远。[②]

妇女选举权问题。陆伟芳的《英国妇女选举权运动》一书详细梳理了英国妇女争取选举权运动的脉络，为中国学界开展妇女参政史的研究提供基础。同时，作者用翔实的史料，解读了出身于中产阶级家庭的妇女选举权运动领袖对争取女性政治权、教育权所做出的贡献，说明19世纪末杰出女性在各个领域获取了一定的权益。

妇女选举权运动的对立面反妇女选举权运动是中产阶级女性领导的英国社会中有一定影响力的部分中上层女性的政治运动。1889年反妇女选举权者在《19世纪》期刊上发表了反妇女选举权运动的宣言，意味着反妇女选举权运动的开始。学界长期以来着眼于妇女选举权运动的研究，忽视妇女选举权运动的对立面即反妇女选举权运动的研究，而此研究对于较好认识19世纪末20世纪初英国女性主义政治思潮和"两分领域"保守的性别观点与政治观念具有重要的意义。

王赳的国家社会科学基金项目"多元政治文化视野下的英国反女性主义运动研究（1880-1918）"在国内首次对反妇女选举权运动进行较为系统的研究。她撰文《英国反女权主义探析——以英国维多利亚晚期和爱德

---

① 王晓焰：《18-19世纪英国妇女的生活和工作状况研究》，人民出版社，2007，第30页。
② 陆伟芳：《19世纪英国城市公共空间的性别视角考察》，《中华女子学院学报》2014年第6期。

华时期的反妇女选举权为例》《20 世纪初英国社会领域中的反女权运动》，
运用多元文化视角，从解读赫伯特·斯宾塞、奥姆罗斯·莱特等为代表的
反妇女参政者的文本出发，分析 1880～1920 年反妇女选举权运动的源起、
发展脉络、社会背景和理论动因；清晰地展现了反妇女选举权运动领袖的
主张。她分析了反女性主义和女性主义的对立和融合，强调不同时期、不
同反女性主义者对女性问题的不同主张。该研究修正传统史学对反女性主
义者的认知框架，改变对女性主义运动持单向度认识的二元对立观点，并
把反妇女选举权运动置身于英国民主化进程这一特殊的语境中进行考察，
从新的角度弥补了学界对妇女选举权运动研究的不足。[1]

　　此外，王晓伟、闵思思、杨园园的硕士学位论文从妇女选举权与工业
化和社会民主化关系的角度，对玛丽·沃斯通克拉夫特（Mary
Wollstonecraft）、哈莉特·泰勒（Harriiet Taylor）、约翰·斯图尔特·穆勒
（John Stuart Mill）等的女性主义思想理论做了有意义的研究，肯定女性自
我意识的发展和妇女选举权运动相互影响、相互促进。[2]

　　女性教育问题。国内学者从不同视角研究英国女性教育权，并产生了
较为丰富的成果，其中也有不少成果论及中产阶级女性教育，探讨了 19 世
纪中产阶级女性教育与就业的关系。有一些硕士和博士学位论文涉及英国
中产阶级女性教育状况，以及 19 世纪英国女性高等教育的研究。[3] 西南大
学姚琳的《19 世纪中后期英国女子教育研究》考察了工人妇女和中上层妇
女教育状况，从社会性别角度出发，探讨英国女性的教育权利与社会权利

① 王赳：《20 世纪初英国社会领域中的反女权运动》，《学海》2017 年第 6 期；王赳：《英国
　反女权主义探析——以英国维多利亚晚期和爱德华时期的反妇女选举权为例》，《浙江学
　刊》2016 年第 2 期。
② 王晓伟：《英国政党关于妇女选举权的策略》，硕士学位论文，河南大学，2016；闵思思：
　《19 世纪英国女权主义思想研究》，硕士学位论文，湘潭大学，2015；杨园园：《19 世纪
　英国女权运动女性自我意识研究》，硕士学位论文，西北大学，2015。
③ 杨阳：《英国女性高等教育的起源与发展（1848－1948）》，硕士学位论文，南京大学，
　2011；孙青：《英国女性争取剑桥大学高等教育权利的历程探究（1862－1947）》，硕士
　学位论文，河北大学，2006；廖雯娟：《英国女子高等学院发展研究（1869 至今）》，硕
　士学位论文，华中师范大学，2017；庞莹莹：《19 世纪英国女性教育研究》，硕士学位论
　文，四川大学，2010；姚琳：《19 世纪中后期英国女子教育研究》，博士学位论文，西南
　大学，2013。

的关系。① 该文资料丰富，是国内较为系统地研究19世纪英国女性教育的论著。廖雯娟研究了牛津大学、剑桥大学、伦敦大学三所大学附属女子学院的发展和特点，在此基础上，对我国的女子高等教育提出建议。② 吴芍洁对1848~1949年英国女子高等教育的发展状况及其影响做了探讨。③

上述国内研究成果呈现以下特点：研究深度和广度不断提高。如在研究英国女性的家庭权、政治权、经济权、教育权过程中，关于女性的家庭权，从日常的两性关系深入家庭领域法律制度的演变；经济领域从简单的就业权扩大到消费领域的作用；政治领域从妇女的选举权扩大到反妇女选举权；教育领域从初等教育扩大到高等教育。在学术观点上能更客观地表述英国中产阶级女性的生存状况，以及女性运动产生的成果。这些研究成果为深入推进英国中产阶级女性研究打下基础。然而，这些研究成果大都以微观分析为主，把19世纪英国中产阶级女性作为女性群体中的一个类别，或者作为典型的案例来分析她们的家庭社会角色定位，其内容主要集中在家庭生活中的两性关系、女性的就业权、选举权、高等教育权等领域，从某一侧面反映中产阶级女性的生存状况，研究的系统性、深度和广度尚显不足，对中产阶级女性群体不同年龄、不同身份、不同阶层间的差异性认识不足，且第一手资料应用较为欠缺，尤其是理论建构薄弱，至今尚未有从公共领域和私人领域全面研究19世纪英国中产阶级女性的专著问世。

三　研究思路和基本内容

本书的研究思路是在掌握丰富的相关资料和国内外研究成果的基础上，从19世纪英国中产阶级家庭文化和社会文化模式入手，运用历史学、政治学、经济学、法学等学科的相关知识，梳理分析19世纪不同时期、不同阶层中产阶级女性的生活理念，在家庭私人领域和政治、经济、文化教

① 姚琳：《19世纪中后期英国女子教育研究》，博士学位论文，西南大学，2013。
② 廖雯娟：《英国女子高等学院发展研究（1869至今）》，硕士学位论文，华中师范大学，2017。
③ 吴芍洁：《1848－1949英国女子高等教育发展初探》，硕士学位论文，天津师范大学，2015。

育等社会公共领域的活动状况、地位和作用的演变，考察分析 19 世纪中产阶级女性生活工作状况和家庭社会地位的演变对中产阶级文化模式的影响，以及社会经济、政治、文化进步与妇女家庭社会地位变迁之间的关系，全面客观认识 19 世纪英国中产阶级女性在私人领域和公共领域的作用，及其对中产阶级文化的贡献，并从深层次理解英国中产阶级文化内涵和 19 世纪英国经济文化发展对女性进步与发展、女性主义理论发展的重要意义。

全书分导论、正文（五章）和结语三大部分。

第一章"英国中产阶级及其文化模式"。该章分中产阶级的兴起、"向上看齐"的物质生活方式、"两分领域"的家庭理想、构建公共生活和公共精神、自由主义的理论与实践等五个部分，厘清 19 世纪中产阶级的阶层定位、中产阶级的文化特征；分析中产阶级特有的文化特征下形成的家庭私人领域的生活理念与生活方式，两性在家庭中的角色分工；说明中产阶级关于公共领域的自由民主理论和改革实践活动对 19 世纪英国社会的生活模式和政治模式的影响。

第二章"私人领域的中产阶级女性"。该章分中产阶级女性的家庭生活、中产阶级女性的家庭法律地位、中产阶级女性的财产权等三个部分，从女性的生命周期和婚姻状况出发，把中产阶级女性分成未婚女性、已婚女性和寡妇三个群体，分析在不同的生命期，三个群体的女性扮演不同的家庭角色，处于不同的家庭地位，享有不同的家庭法律权利，从而说明 19 世纪中产阶级所推崇的"两分领域"的生活理念，不同时期在不同女性群体身上存在较大差异。随着工业化和城市化的发展，人们生活方式的变迁，女性主义运动兴起，尤其是大量大龄未婚女性和寡妇的存在，使中产阶级理想的性别角色定位与中产阶级男人和女人在公共领域和私人领域的实际作用产生矛盾，不断模糊了两性的角色分工，导致父权制的神话在被创造出来的同时，又逐渐走下神坛。

第三章"公共经济领域的中产阶级女性"。该章分公共领域的"白领女性"、投资经营领域的中产阶级女性两个部分，从中产阶级不同阶层女性的职业生涯、中产阶级女性的投资经营活动等方面，论证中产阶级女性在公共经济领域的作用。如中产阶级女性在投资经营等公共经济领域的作用，中产阶级"过剩女子"生存危机和生存努力等，说明公共领域和私人领域的分离并没有阻止中产阶级女性进入公共经济领域，修正了传统观点所强调的中产阶级女性是经济上完全依赖于男性的"家庭天使"这一结论。

第四章"公共教育领域的中产阶级女性"。该章分英国中产阶级女性教育发展的原因，中产阶级女性初等、中等教育与女性独立学院的发展，中产阶级女性走进高等教育，中产阶级女性教育管理者四个部分，从19世纪英国工业化、城市化进程中英国教育发展这一背景出发，论证19世纪中产阶级女性初等、中等教育的改革与发展，高等教育权的取得，说明女性教育权与中产阶级女性家庭社会地位变化的关系，女性教育权对社会进步与发展的影响，尤其是女性在各类学校管理权的取得推进了女性主义的发展，从而促进了女性解放事业的发展。

第五章"公共政治社会领域的中产阶级女性"。该章分中产阶级女性参政的政治环境、中产阶级女性慈善活动、中产阶级女性参政运动、中产阶级女性参政运动的理论贡献四个部分，分析了19世纪英国中产阶级女性参政的家庭环境、社会政治环境，说明中产阶级女性虽然没有议会选举权，但是通过家庭、各类政治集会、报刊等阵地参与政治活动；通过慈善工作，积极参与解决社会问题，提高自身参与公共事务的能力；分析妇女选举权运动，以及妇女参政者和反妇女参政者的言行，说明19世纪在妇女选举权运动中，女性主义不同的派别对女性政治和公共政治领域的贡献。

结语是对全书的总结，表达的基本观点是19世纪英国男性霸权主义没有得到彻底改变，中产阶级认同女性是"家庭天使"，没有独立的人权。女性在私人领域和公共领域都处于从属地位，但在经济工业化、政治民主化推动下，以及女性不懈努力下，19世纪英国中产阶级女性在私人领域和公共领域的地位较前辈有所提高，两性关系逐渐向平等的方向发展。

在私人领域，中产阶级女性的家庭管理权、离婚权、对儿童的监护权、财产权等家庭权利的核心内容都呈现男权主义受到削弱，两性平等原则得到发展的趋势。

在公共经济领域，中产阶级女性通过家外就业、投资经营活动获取经济收入，享有更多的经济独立权；在公共教育领域，中产阶级女性享有更多的教育机会，尤其是她们进入高等教育领域，获得大学学位并在教育和科研等文化领域发挥作用；在公共政治领域，她们获得更多的话语权，提高了自身的政治地位和社会地位。

中产阶级女性在私人领域和公共领域地位的改变，进一步推动着性别平等关系的发展，也促进了英国经济、文化的发展和政治民主化的进程。

最后，本书从世界妇女史角度，探讨 19 世纪英国中产阶级女性在争取自身权益过程中提出并努力为之奋斗的性别平等模式；探讨她们创立的女性主义理论对当代女性主义流派和女性主义理论的形成、发展，以及女性解放和构建平等和谐的两性关系所产生的深远影响。

第一章　英国中产阶级及其文化模式

19世纪英国的中产阶级来自不同的社会阶层，处于特殊的社会地位。他们努力"向上看齐"，学习贵族的生活方式；他们追求财富，提倡"两分领域"的生活理想；他们逐渐造就了以自助、勤奋、自由、平等、民主为核心价值观的中产阶级文化模式。这种文化模式促使中产阶级从社会的边缘走向经济、政治和文化舞台的中心，从"小人物"转变成"权贵"。同时，他们引领19世纪英国社会的进步与发展，推动国家经济、政治、文化从传统向现代转型，影响英国家庭生活和社会生活方式的变革。

第一节　中产阶级的兴起

19世纪英国中产阶级是一个庞大的群体，在国家工业化、城市化进程中，他们是社会各领域创新、变革的领导者和主力军。因此，中产阶级受到众多学者的关注，国外学者布赖恩·刘易斯（Brian Lewis）等从不同的视角研究了中产阶级的起源、形成、文化特征、在公共领域的作为和家庭生活等方方面面，并产生了较为丰富的研究成果。厘清什么是中产阶级、中产阶级的特征，对于我们更好地认识19世纪英国社会的变迁、家庭生活的内涵都具有重要的意义。

一　中产阶级概念

何谓中产阶级？在西方学者的著作中用中等阶层（middling sort）、中产阶级（middle class）、贸易阶级（trade classes）和商业阶级（commercial classes）等词来表示，并给予不同的定义。

马克思认为中产阶级包括小工业家、小商人、小食利者、富农、医生、律师、牧师、学者和为数不多的管理者。艾瑞克·霍布斯鲍姆（Eric Hobsbawm）认为他们不是从事体力劳动（除娱乐外），至少有适度的资本或财产，雇用他人，尤其是雇用仆人，付别人工资，而不是为了工资受雇用，教会或国家雇用除外。① 布赖恩·刘易斯研究 1789～1850 年英国兰开夏和布里斯托中产阶级的政治文化和经济、生活状况后指出："中间阶级，也称资产阶级，是有远见的那部分人。上层中产阶级是当地的精英、城市绅士领导者或受尊敬的居民。他们是商人、工厂主、专业人员、零售商贩和他们的家人。他们是当地最有权力的人，在公共广场他们的声音最响亮，他们扮演不列颠城市最主要的批评者。在很长时间内，他们的行为和价值观比别的人群更能影响这个国家。"② 布赖恩·刘易斯的定义充分体现了英国中产阶级对 19 世纪社会发展的积极作用。虽然上述学者对中产阶级概念表述有所不同，但他们都把英国工业社会中贵族和劳工之外的社会群体定义为中产阶级。

英国中产阶级起源于何时？许多西方学者认为在 16 世纪后期到 19 世纪中期之间。陈祖洲等学者认为可将中产阶级的形成时间追溯至 A.F. 波拉德的《近代历史要素》一书。作者将 15～17 世纪的欧洲，尤其是欧洲各国有历史意义的现象，如文艺复兴、宗教改革、欧洲的殖民扩张、新君主制、国家主义、众议院的兴起、清教革命等都归因于中产阶级这个看起来无所不能的群体。③ R.H. 托尼的《16 世纪土地问题》和刘易斯·B. 赖特的《伊丽莎白时期英国的中产阶级文化》等著作把英国中产阶级出现的时间定位在都铎王朝时期，但也有一些学者质疑这一时间定位太早。20 世纪70 年代以来，随着西方学界对中产阶级研究的深入，英国中产阶级起源问题受到更多的关注，并产生了较多的相关研究成果。如彼得·厄尔的《英国中产阶级的形成：1660-1730 年伦敦的商业、社会和家庭生活》一书以伦敦中产阶级为研究对象，通过商业记录、个人日记、遗嘱、财产清单、

---

① Eric Hobsbawm, "The Example of the English", in Jürgen Kocka and Allan Mitchell, eds., *Bourgeois Society in Nineteenth Century Europe*, Oxford and New York: Berg Press, 1993, p.134.

② Brian Lewis, *The Middlemost and the Milltowns: Bourgeois Culture and Politics in Early Industrial England*, Stanford: Stanford University Press, 2001, p.1.

③ 胡玲、陈祖洲：《近代英国中产阶级形成中的问题》，《历史研究》2010 年第 1 期。

伦敦同业工会记录、政府报纸等资料，研究中产阶级经济生活、婚姻家庭等状况，提出18世纪上半期，中产阶级初步形成。① 保罗·兰福德的《文雅和富有商业精神的人们：1727-1783年的英国》一书认为1727~1783年英国中产阶级已经比较成熟且影响很大。约翰·斯梅尔的《中产阶级文化的起源》以阶级形成的文化理论为依据，以工业革命的摇篮地之一约克郡的哈里法克斯为个案，着重研究了17世纪晚期至18世纪该教区的中等阶层向中产阶级演变。他认为中产阶级的文化起源于18世纪，具有多种形式，"这些地方性的中产阶级文化呈现出某些共同的特征，在18世纪晚期和19世纪，这些共同特征的认同和明确表达导致了英国中产阶级文化形成"②。哈罗德·珀金（Harold Perkin）强调工业革命是一场社会革命，它使以依附和庇护关系为基础的等级社会成长为阶级社会，中产阶级、工人阶级、贵族进一步明确了理想，并为此而奋斗。"在19世纪中期，企业家阶级能够高兴地看到他们所创造的新社会被别的阶级所接受。"③

实际上，中产阶级是一个经济状况、理想和各种诉求差异性较大的阶层。19世纪中产阶级上层控制国家的经济命脉，富可敌国，其下层则为简单的生存而操劳。这是学者们对中产阶级概念和形成时间存在分歧的症结所在。笔者认为产生分歧的原因主要在以下三方面。

第一，社会分层的标准不同。陈义平认为西方学者有关社会分层理论的划分主要有以下几类：（1）依据占有生产资料状况进行的划分；（2）依据财富、身份和权力进行的划分；（3）依据权威关系进行的划分；（4）依据职业地位进行的划分；（5）依据声望进行的划分（财富、收入、职业、家庭背景等）。④ 这些不同的分层标准对英国中产阶级的界定理论最有影响的有三类。

一是从职业角度进行界定。以沙尼·德克鲁兹为代表将中等阶层界定为独立的贸易家庭。

---

① Peter Earle, *The Making of the English Middle Class: Business, Society and Family Life in London 1660-1730*, London and Boston: Methuen Press, 1991, p. 334.

② 〔美〕约翰·斯梅尔：《中产阶级文化的起源》，陈勇译，上海人民出版社，2006，第7页。

③ Harold Perkin, *The Origins of Modern English Society*, London: Routledge Press, 1985, p. 408.

④ 陈义平：《关于中产阶级概念的理论问题》，《广东社会科学》2002年第1期。

二是从文化认同角度进行界定。以斯梅尔的《中产阶级文化的起源》为代表。

三是从职业和文化角度来界定。以彼得·厄尔的《英国中产阶级的形成：1660-1730年伦敦的商业、社会和家庭生活》为代表。

不同的界定标准必然导致概念差异，况且无论根据何种标准来界定，就个人层面而言，特定的职业术语在区域内部或区域之间都有不同的解释，因此，很难形成统一标准的中产阶级的概念。

第二，英国中产阶级的形成是一个复杂的过程，各地区经济发展的差异性，导致职业、经济收益差异，而中产阶级的文化认同更是一个漫长的过程。因此，要厘清中产阶级概念并非易事。正如斯梅尔所说，"这种观点的差异来自中产阶级历史编纂学的内在矛盾：一方面，共同构成中产阶级的认同感的一系列重要层面，如价值观、态度、行为方式和世界观等等，看来在18世纪的某个时刻已经形成；另一方面，在19世纪以前，要识别这种高度一致的，其社会经济经历可以导致一整套价值观和行为方式产生的社会实体却又是困难的"。①

第三，中产阶级人员构成复杂，且因经济的发展而处于动态变化之中。18世纪末19世纪初期他们是富有的商人、制造商、银行家，旧式的专业人士，如英格兰教会的牧师，陆军和海军军官，较高职位的法律、医学和政府工作人员，大学专业人士，名校的校长，等等。19世纪中晚期，随着工业化的完成，职业构成的改变，英国中产阶级队伍有所扩大，除工商业金融业企业家、政府官员、军官之外，还包括商业和企业的管理者，雇用工人的农场主，民间的机械师、建筑设计师，新的职业人群，如会计、杂志编辑、律师、保险代理人、警察督察员、零售商店主、职员、一些独立的工匠、商业旅行家和学校教师等。变动中的人员构成增加了对中产阶级认定的难度。

本书只涉及19世纪这一英国中产阶级快速崛起的时代。在这个特殊的时代，中产阶级构成更为庞杂。正如施尼兹勒所说，"维多利亚时代布尔

---

① 〔美〕约翰·斯梅尔：《中产阶级文化的起源》，陈勇译，第12页。

乔亚人数庞大、意见分歧和对立强烈"。①　本人认同许多学者把 19 世纪中产阶级分成两个层次：中产阶级上层指的是商业资本家、银行家、工厂主以及政府官员、军官、高级教士、律师、教授等职业人员；中产阶级下层包括职员、教师，还有小店主、小贩、小业主等掌握少量生产资料，既是生产组织者又是掌握生产技能的劳动者。

二　19 世纪英国中产阶级的特征

19 世纪英国中产阶级在经济、职业和文化认同上表现出自身的特点。

就经济收入而言，有学者认为这一群体家庭年收入标准是 50～2000 英镑。1837 年维多利亚女王继位时，上层中产阶级家庭收入大约是 300 英镑，直到第一次世界大战爆发时，大部分中产阶级家庭收入是 100～300 英镑，有少数上层中产阶级家庭收入更高些。19 世纪研究者的数据表明，150000 个中产阶级家庭年收入在 300 英镑以上，638000 个家庭年收入在 100～300 英镑，757000 个家庭年收入在 100 英镑以下。②　随着工业化、城市化的发展，中产阶级的专业人员队伍不断扩大，中产阶级人数不断增长。1801 年城市中产阶级大约有 475000 人，到 1850 年其人数几乎占全国总人口的 1/4，1850～1870 年中产阶级家庭增加了两倍。③

可见，19 世纪英国中产阶级群体来源广泛，人数增长迅速，经济收入差距大，社会地位最不稳定。中产阶级上层，那些大商人、企业家、银行家富可敌国；中产阶级下层，那些职员、小业主年收入微薄，只够维持温饱。他们经过自己的努力，有可能积聚财富，步入上流社会；也有可能在社会危机面前，或经营不善，下降到劳工阶层。一神论教派牧师福克斯（Fox）在 1835 年关于阶级和道德布道时说："我们视野中的中产阶级普遍的现象是地位不稳定。每个人处于上升或下降状态，或者说他希望升迁或

---

① 〔美〕彼得·盖伊：《施尼兹勒的世纪：中产阶级文化的形成，1815－1914》，梁永安译，北京大学出版社，2006，第 13 页。

② Yaffa Claire Draznin, *Victorian London's Middle-Class Housewife*, London：Greenwood Press，2001，p. 5.

③ Susie Steinbach, *Women in England 1760－1914*, London：Weidenfeld and Nicolson，2004，p. 41.

害怕下降。"①

从 19 世纪英国中产阶级的主流群体工厂主来看,他们很少来自传统社会的富裕阶层。他们中有些人是出身低微的劳工,包括手织布工、美发师、学徒、模具工;另一些人来自中产阶级的下层,包括小商贩、小业主等。哈罗德·珀金认为,在工业革命的早期阶段,大部分工业家是靠很少的,但又不是可以忽略不计的本钱开始创业,这些本钱不是少到不能独立经营,也不是富裕到可以在新兴的、充满风险的行业中不需要努力就能长久生存下去……新兴工业家的最大来源就是中等阶级的底层,他们的财富水平和独立性远超过其他国家同一阶层的人群。② 另据弗朗索瓦·克鲁滋(Francois Crouzet)提供的研究数据(见表 1-1),父辈属于上层阶级的企业家在研究样本总量中占 8.8%,父辈属于中等中产阶级和下层中产阶级的企业家占总量的 84.1%。可见,大企业家群体主要来自下层和中等中产阶级家庭。

表 1-1　226 位大型工业企业创建者的父辈所属社会阶层分布(1750~1850 年)

所属社会阶层	数量(人)	占比(%)
上层阶级	20	8.8
中等中产阶级	103	45.6
下层中产阶级	87	38.5
劳工	16	7.1

资料来源:Francois Crouzet, *The Frist Industrialist*:*The Problem of Origin*, Cambridge:Cambridge University Press, 2004. 转引自尹建龙《工业化初期英国社会流动的趋势和特点——以企业家集团的来源为例》,《史学月刊》2010 年第 12 期,第 107 页。

1809 年历史学家威廉·赫顿(William Hutton)通过研究得出结论:1783 年伯明翰财产在 5000 英镑以上的富人有 209 人,其中 103 人在创业之初几乎一无所有,35 人只有很少的财产。③ 如理查德·阿克莱特出生于

① Linda Young, *Middle-Class Culture in the Nineteenth Century*, Hampshire:Palgrave Macmillan, 2003, p. 62.

② Harold Perkin, *The Origins of Modern English Society*, p. 82.

③ 尹建龙、陈晓律:《"斯迈尔斯神话":19 世纪英国社会对工业家起源的认识》,《史学月刊》2007 年第 10 期,第 90 页。

兰开夏普莱斯丹的贫困家庭，成年后是理发匠，兼做假发小生意。在工业化的大潮中，他通过努力获得水力纺织机专利，开办了科罗姆福德纺织厂，并迅速扩大再生产，身后拥有6个工厂，后被封为勋爵。在他过世时，《绅士杂志》说他留下的"制造厂收入比大多数德国的王公都要多得多"①。阿克莱特早期的合伙人和朋友杰德拉特·斯特拉特出身于小农家庭，一次偶然的机会，他花5英镑购买了提花机模型加以改进并获得专利，开厂致富。兰开夏的工业王朝之一的开山祖伊萨克·多布森是一个在400年前落户于威斯文特摩兰的老自耕农的小儿子。② 欧文1771年出生于马具匠家庭，10岁就在布行做学徒，18岁受雇于曼彻斯特一家布匹批发零售商，19岁那年，他借来100英镑与人合伙创办了自己的纺纱厂。欧文的企业不断扩大，他成为拥有2500个工人的新拉那克四家纺织厂的大企业主。

在冶金业中，许多企业主也出自小作坊。"埃伦·沃克尔是制钉匠；纽开斯尔的威廉·霍克斯和斯塔福德郡的约翰·帕克斯开始工业生涯时是铁匠；彼得·斯塔布斯在罗瑟拉姆创设厂号之前，起初在沃林顿开客栈和制造锉刀；约克郡巴恩比高炉老板斯潘塞以前是耙子制造商；索恩克利夫的乔治·牛顿则是铲子和镘子制造商；本杰明·亨茨曼在成为炼钢厂领导人之前是钟表制造人……塞缪尔·加伯特从前做过锅匠；巴罗克的父亲是谢菲尔德的小商品制造商；雷诺兹的父亲是布里斯托的铁器商。"③ 更有意思的是，1857年布莱克本（Lackburn）市政府公园开放，制造业主奥尔德曼·约翰·贝恩斯（Alderman John Baynes）指着小镇中最大的工厂区介绍道："在我右边的巨大的建筑是威廉·埃克尔斯（William Eccles）建造的。在孩提时代，威廉在一个仓库工作，依靠勤奋和坚持不懈的努力从事与法律相关的工作，然后用他挣到的资金投资棉纺织业。这个市镇最大的工厂是博贝特·霍普伍德（Bobert Hopwood）建立的。博贝特曾经在棉纺织厂

---

① 钱乘旦、陈晓律：《英国文化模式溯源》，上海社会科学院出版社，2003，第95~97页。
② 〔法〕保尔·芒图：《十八世纪产业革命——英国近代大工业初期的概况》，杨人楩、陈希秦、吴绪译，商务印书馆，1983，第302页。
③ 〔法〕保尔·芒图：《十八世纪产业革命——英国近代大工业初期的概况》，杨人楩、陈希秦、吴绪译，第303~304页。

从事低等职位的工作。左边的巨大建筑由皮尔金顿（Pilkington）兄弟詹姆斯和威廉（James and William）所建，兄弟俩当上了议员和市长，但他们的父亲原来是布莱克本的书店记账员。所有的一切说明坚持和勤奋加上良好的引导才能够获得成功，这样的成功之路向所有人敞开。"① 此外，还有英国现代陶瓷业的开创者乔塞亚·韦奇伍德、钢铁业的塞缪尔·沃克、棉布印染业的罗伯特·皮尔、棉纺业的约翰·肯尼迪等都出身贫寒，在工业化的大潮中，这些人抓住机遇，努力拼搏，从社会底层上升到控制国家经济命脉的财富巨子。

上述可见，在工业化浪潮中，中产阶级底层向上流动的机会较多，数量众多的工业家来源于中产阶级中下层，他们靠自己的勤勉努力和社会声誉，而不是靠父辈的先赋性因素向上流动。这种现象被后来的研究者称为"斯迈尔斯神话"。

从文化特征来看，中产阶级群体没有贵族阶层的特权和荣耀，却在工业化和19世纪社会经济大变革中赢得更多的发展机遇。因此，中产阶级必须不断努力自我完善，才能得到社会的认可和稳固自身的地位。一方面他们要向贵族学习那些被认为高贵的东西，"追求田园生活的高雅和情趣。置买田产，打猎、骑马、玩高尔夫，使自己从外观上完全贵族化"②。另一方面他们要用自己的精明强干改变传统的贵族懒惰的价值观，强调工作的重要性，让工作变成骄傲的事，作为有教养之人必备的道德。生产成为中产阶级建立荣耀的基础，是国家的知识和财富，也是英国人的光荣。同时，中产阶级要建立包括妻子和孩子在内的家庭共同体的新的生活方式，中产阶级的女性要学会精心构建令人向往的贵族奢华的生活风格，证明中产阶级男性事业上的成功。在中产阶级成就自身的过程中，形成本阶级特有的文化模式。斯梅尔认为"18世纪的中产阶级的文化特征，区别于下等阶层的'文雅'和土地精英的'节俭'"。③ 随着19世纪工业发展和社会进步，中产阶级文化模式进一步显现出以下特征。

---

① Brian Lewis, *The Middlemost and the Milltowns*：*Bourgeois Culture and Politics in Early Industrial England*，p. 347.

② 钱乘旦、陈晓律：《英国文化模式溯源》，第289~290页。

③ 〔美〕约翰·斯梅尔：《中产阶级文化的起源》，陈勇译，第221页。

第一，自信、理性、勤奋和创新的进取精神；第二，自由、民主、平等的观念，挑战贵族特权，实施民主化改革，争取政治权力和社会经济利益；第三，尊重产权，追求功利的价值观；第四，崇尚时尚、体面，强调"两分领域"和家庭道德的生活理念。这些特点通过中产阶级工作和生活的公共领域和私人领域充分地表达出来。

第二节　"向上看齐"的物质生活方式

"向上看齐"价值取向是英国中产阶级特有的生活理想。"向上看齐"意味着上流社会的思想和行为在任何环境下都能存在。在实践中，上流社会需要物质资源来支撑与众不同的知识和商品体系，对于财富精英来说，需要拥有足够的财富进行休闲消费和奢侈消费，但其目的和意图往往与自身的经济利益相矛盾。中产阶级来自不同的阶层，他们在财富的阶梯上越爬越高，用韦伯的地位分层概念来说是"篡位"。这意味着利用中间阶层的经济能力挑战贵族垄断地位，英国中产阶级不是用暴力或革命，而是以商业和道德篡夺地位。正如学者钱乘旦、陈晓律所说，"在一个本质上是贵族主导的社会里，他们虽然有的是钱，却没有门第和荣誉，从而对贵族头衔感到垂涎——他们不是利用自己获得的财富去创造新的门第和荣誉，如同他们在美国的同行那样，而是千方百计地屈就于贵族的优势，拼命地试图挤进贵族的行列"[1]。他们急于努力自我完善，重新塑造自己的社会身份，以期改变原来的社会形象。因此，与上层联姻，建造私密性的、豪华的住宅，仿照贵族的生活方式，频繁的社交、雇用仆人、讲究穿戴、文雅语言、休闲娱乐等都成为他们"向上看齐"的具体表现。

一　联姻与住宅

联姻是中产阶级最快融入贵族社会的途径。贵族虽有光荣的头衔，却缺少支撑门面的财富，他们日益感到入不敷出的痛苦。中产阶级的这些财

---

[1]　钱乘旦、陈晓律：《英国文化模式溯源》，第288页。

富"巨子"与贵族之间开始了皆大欢喜的联姻，开始了不同等级之间的交融。早在1702年，被债务缠身的沃宁顿伯爵娶了伦敦富商的爱女玛丽·奥德伯里。玛丽为他带去了40000英镑的嫁妆，帮他还清了债务。在19世纪的工业化浪潮中，贵族的经济势力日趋衰落，有些贵族为了得到更多的经济补偿，开始了跨国联姻。1873年，亨利·斯坦福爵士迎娶了加拿大铁路和银行大老板蒙特·斯蒂芬的养女埃利斯，经济状况立即好转。据统计，19世纪末20世纪初，共有100多名贵族的儿子娶了北美富豪的女儿做配偶。到19世纪，伯爵、子爵、男爵的婚姻内婚率分别是32%、29%、19%。[①] 可见，大多数贵族婚姻不再局限于内部。通过联姻，中产阶级得到贵族的门第，学习贵族的生活方式。P. J. 格罗斯莱发表评论："贵族通过联姻增加了财富，商人通过竭力发财取得补偿，而乡绅则企图通过联姻让自己或后代成为贵族。"[②]

同时，中产阶级通过社交、经济交往等方式主动迎合贵族的需求，向贵族看齐。如阿克莱特被授予爵士头衔，破格当上德比郡的郡守。他把克朗福德附近几乎所有的土地都买下了，还在工厂附近建了城堡。由于有钱，他得以与贵族社会开始交往，还借钱给德文郡公爵夫人。[③]

私密性的郊区别墅、排屋和讲究的室内装饰是中产阶级物质生活的目标。有学者认为供得起一座房子、雇得起仆人，这是中产阶级男性步入婚姻的必备条件。"中产阶级住宅"和"中产阶级住房"作为19世纪中叶之后常用的一个术语，主要指的就是排屋、别墅或公馆，表示"中产阶级"这一特殊地位群体的居住环境和生活方式。

随着工业化的发展，英国城市化的步伐加快。19世纪初，英国的城镇人口占总人口的33.8%，1831年达到44.3%，1841年为48.3%，到1851年达到54%，1861年为58.7%，1871年达到65.2%，1881年为70%，

---

① 阎照祥：《英国贵族史》，人民出版社，2000，第290、287页。
② 〔英〕阿萨·勃里格斯：《英国社会史》，陈叔平、刘城、刘幼勤等译，中国人民大学出版社，1991，第208页。
③ 钱乘旦、陈晓律：《英国文化模式溯源》，第78页。

1900年达到78%。[①] 英国成为当时世界上城市化程度最高的国家。

城市拥有发达的交通和林立的商铺，成为创业者的天堂；城市记载着中产阶级的光荣和梦想。他们踏着城市化的脚步成为城市的管理者，商业、工厂、金融财富的主人和各行业的专业人员。

但是，工业化和城市化又带来了城市环境的污染、生活空间的拥挤，以及公共道德的沦丧，也降低了中产阶级的生活质量。19世纪60年代以后，由于各大主城区与郊区之间交通便利，更多的中产阶级人口移居郊区，享受新鲜的空气和阳光，郊区化成为中产阶级居住方式的一个重要特征。伦敦在19世纪最后30年已经具备了现代城市的各种要素。在国王街、圣·潘克拉斯、帕丁顿、查林十字街、玛丽勒本、尤斯顿、滑铁卢等伦敦主城区各大火车站，每天大约有30万人流动，他们从郊区或周边市镇到伦敦工作。地铁系统三条线路构成了城市内部的交通：主城区（最早1863年从帕丁顿至城市）、市区、环线。地面道路上的马车从早上到午夜按时间表运行，地面和地下的交通线为人们移居郊区提供了可能。伦敦人从19世纪60年代开始向伦敦郊区搬迁，经过半个世纪或更长的时间，已经建成了一排排的排屋和别墅。在郊区化过程中，每个郊区都自成体系，有各种商店和家庭医生，还有律师、学校和教堂。在19世纪的大部分时间里，伦敦和它的郊区组成相邻的部分，各自构成单独的经济和职业实体。新婚夫妇在与自己收入相应的郊区寻找住房。到了1875年，多尔斯顿（Dalston）、布里克斯顿（Brixton）、新十字路（New Cross）、丛林山（Forest Hill）、沃尔瑟姆斯托（Walthamstow）、托特纳姆（Tottenham）是低等中产阶级职员居住区；肯宁顿（Kennington）、斯托克韦尔（Stockwell）、坎伯韦尔（Camberwell）吸引了相当数量的城市商人；皮姆利科（Pimlico）、帕丁顿（Paddington）曾经是非常时髦的区域，在19世纪的最后15年成为郊区中产阶级上层的居住区域；哈克尼（Hackney）在19世纪末成为拥有别墅和排屋的高档居住区；建有别墅的哈默斯密斯

---

① R. J. Morris and Richard Rodger, *The Victorian City: A Reader in British Urban History 1820–1914*, London and New York: Longman Press, 1993, p. 3. 转引自陆伟芳《英国中产阶级与19世纪城市发展》，《扬州大学学报》2007年第3期，第114页。

（Hammersmith）是高收入者的选择；肯辛顿（Kensington）的郊区是管理者和职业人群居住的地方，那里有付费较高的家内仆人和管理者；汉普斯特德（Hampstead）和圣约翰·伍德（St. John's Wood）是医生、律师、艺术家居住的地方；中部纺织业城市布莱克本的国王街在19世纪下半期成为当地著名企业家的居所，是城市最富有魅力的地方。①

中产阶级的房子分成三类。第一类是那些最为富有的上层中产阶级，他们模仿贵族建起豪华的府邸。如布莱克本纳别墅，1796～1800年该别墅由大商人亨利·萨德尔（Henry Sudell）建造，詹姆斯·怀亚特（James Wyatt）设计伍德福德大厅（Woodfold Hall），棉布印染业主理查德·福特（Richard Fort）重建成占地1400英亩、种植了600万棵树的里德庄园（Read Hall）。博尔顿的企业主彼得·奥姆罗德（Peter Ormrod）与父亲的合伙人托马斯·哈德卡斯尔（Thomas Hardcastle）之女伊丽莎联姻，居住在哈利韦尔大厅（Halliwell Hall），1853年他花199000英镑巨资从汉密尔顿（Hamilton）伯爵手中购买了怀雷斯代尔公园（Wyresdale Park）7000英亩的地产，并于1856年建起一所豪宅。②

第二类宅第既是新建的别墅，也是旧的庄园的翻新。这类房子散落在乡村，与工业中心毗邻。如棉布商李在事业上很成功，他在布伦顿（Prenton）建有独栋别墅。该别墅周围的农村和小农场成为居住者实现业余爱好的地方。李的别墅以早年居住的乡村的名字命名为"沃夫的河谷"。③

第三类房子是位于城市之内，是排屋。在布莱克本核心区域，早在18世纪，当地的富人就在国王街建造住宅，引导商业精英迁居于此，19世纪下半期此地成为当地著名企业家集中居住点，也是该市最富有魅力的地方。

从外部环境来看，这些位于郊区的别墅和排屋不仅环境优美、私密性

①　Yaffa Claire Draznin, *Victorian London's Middle-Class Housewife*, p. 22.

②　Brian Lewis, *The Middlemost and the Milltowns: Bourgeois Culture and Politics in Early Industrial England*, p. 351.

③　Colin G. Pooley and Sian Pooley, "Constructing a Suburban Identity: Youth, Femininity and Modernity in Late-Victorian Merseyside", *Journal of Historical Geography*, Vol. 36, 2010, p. 404.

强，还拥有城市的时尚、教育资源和各种便利。在1882年《利兹杂志》发表了一系列研究郊区生活的文章，概括郊区的特点是"有着乡村的风光，同时拥有时尚的帽子和昂贵的香水味"。① 在郊区社会里，商业、朋友和邻居的纽带融合在一起，形成一个令人满意的社交圈，有利于个人事业的发展。1886年布商李的女儿伊丽莎白记录了普雷顿别墅区内的生活情况：那里有大型的文体馆、教堂和学校，网球俱乐部，还有一年一度的大型舞会。社区将社会活动、教育功能和社区事务融为一体，形成中产阶级体面的生活方式。② 历史学家F. M. L. 汤普森说："只有在这种房子里，家人在自己花园篱笆和树篱后面的私人城堡里才能够远离外面的世界，并能展示引起邻居注意的外观，个人家庭生活的郊区生活方式和群体监督下的体面都能占有。"③

从内部结构来看，这些房屋的房间功能区分清晰。一套宽敞的中产阶级住房，往往有卧室、图书室、吸烟室、起居室、客厅、餐厅、画室、更衣室、儿童活动室、厨房、仆人用房、储藏室等十几个房间，门前屋后的花园种满花草树木。客厅、起居室和餐厅是家人共享的空间，也是他们接待客人，进行社交活动的地方，往往也是一个家庭中装修最豪华的场所。19世纪那些家庭装修建议者认为餐厅作为一个男性化的空间，应该装饰成橡树色，模仿都铎王朝时期的式样；客厅模仿路易十五时代法国的风格，贴上漂亮的墙纸，铺上长地毯，挂满油画、蚀刻画、版画、侧面影像、水彩画、绣花样本、手工织品，还装点蜡花、精巧的首饰盒、造型别致的镜子等，展示豪华精致和典雅。1828年伍德福德大厅主人因破产而出售，其中有20间卧室、一间音乐室、一间台球室、一间板球室；酒窖里有6164瓶葡萄酒、32个开瓶器。与此媲美的约翰·哈罗克斯·安思沃斯的莫斯银行（John Horrocks Ainsworth's Moss Bank），有富丽堂皇的家具、油画和一

---

① Simon Gunn, "Class, Identity and the Urban: The Middle Class in England, c. 1790-1950", *Urban History*, Vol. 31, No. 1, 2004, p. 37.

② Colin G. Pooley and Sian Pooley, "Constructing a Suburban Identity: Youth, Femininity and Modernity in Late-Victorian Merseyside", *Journal of Historical Geography*, Vol. 36, 2010, p. 40.

③ Simon Gunn and Rachel Bell, *Middle Classes: Their Rise and Sprawl*, London: Cassel, 2002, p. 337.

个巨大的图书馆；宽敞的花园里一条运河或护城河，还有池塘、步行道、花坛暖房、温室和一个鸟舍（养着国外的金丝鸟）；距离房子最近的四层砖塔楼飘扬着旗帜，它的窗户镶嵌着彩色的玻璃。在那里可以凭栏远眺，或者在静好的夜晚研究天文。[1]

19世纪中产阶级住房的功能发生了变化，从居住和工作一体空间变成单一的家庭生活空间。学者约翰·R.吉利斯（John R. Gillis）认为，虽然房子和家在物理上是重叠的，但两者演变成完全不同的含义和精神形态。[2]家是楼梯以上部分，厨房不再是一个普通房间，它与仆人联系在一起，成为严格的工作空间，因而它不是家的组成部分。餐厅和客厅成为家庭的礼仪中心和社交场所。

二 生活方式

举止优雅，崇尚传统文化，模仿贵族生活方式是19世纪英国中产阶级"向上看齐"的手段。尼尔·麦肯德里克（Neil McKendrick）介绍19世纪英国的新消费主义的动力：奢华被看作"体面"，"体面"被看作"必需品"，其结果是对生活水平的影响，它使家庭生活更舒适，更具吸引力和更复杂化。[3]

雇用仆人是中产阶级家庭希望生活在舒适和清洁环境下，维持家庭体面的必要条件，尤其是有小孩或有卧床不起的老人需要照顾的时候。大部分中产阶级家庭雇用1个或2个家内仆人[4]。有人认为在维多利亚时代的英格兰，至少雇用3个仆人才能保持中产阶级的生活标准。雇用仆人的费用比较昂贵，要提供膳食和住宿，外加工资。许多正在成长中的中产阶级家庭没有雄厚的经济实力，甚至牺牲物质需求来雇用一个女

---

① Brian Lewis, *The Middlemost and the Milltowns: Bourgeois Culture and Politics in Early Industrial England*, p. 357.

② John R. Gillis, "Ritualization of Middle-Class Family Life in Nineteenth Century Britain", *International Journal of Politics, Culture, and Society*, Vol. 3, No. 2, Winter 1989, p. 222.

③ Neil McKendrick, John Brewer and J. H. Plumb, *The Birth of a Consumer Society: The Commercialization of Eighteenth-Century England*, London: Europa, 1982, p. 1.

④ Brian Lewis, *The Middlemost and the Milltowns: Bourgeois Culture and Politics in Early Industrial England*, p. 358.

仆。学者琳达·扬（Linda Young）认为 19 世纪英国中产阶级根据家庭经济状况可以分三个层次雇用仆人。第一层次是雇用一般的打理家务的仆人；第二层次是雇用一个女佣或者带孩子的保姆；第三层次是雇用一个厨师。此外，根据家庭的年龄结构和家庭结构决定是否可以雇用一般的男仆、赶车的车夫，或专用于缝纫和照顾女眷的女仆。① 伦德尔夫人把家庭收入具体化为雇用仆人的数量。一个男人年收入 250 英镑，可雇用一个女仆；年收入 400 英镑可以雇用 2 个女仆、一个马夫；年收入 1000 英镑可以雇用 3 个女仆、一个马夫和一个男仆；年收入 5000 英镑可以雇用 13 个男仆、9 个女仆。② 越是富有的家庭雇用仆人的数量越多，仆人成为中产阶级维护家庭秩序和良好生活品质的组成部分。女管家帮助女主人管理家庭账务、安排家庭生活、指导和监督仆人；举止文雅、外貌美丽、知书达理、熟悉女红的贴身女仆专职服侍女主人；高级的男仆是男管家，他驾驭所有的仆人。男性雇工的专区是酒窖和管家的餐具室，烹饪由较高级别的女仆来承担，她的形象对她的下属而言是具有保护性的女性。最辛苦的是大厅里的女仆，如洗碗工、厨房杂工或熏制食品工。这些女管家、厨子、杂活女仆、客厅女仆、男管家、男仆等各司其职，应对日趋复杂的家庭生活，以及烦琐的社交礼仪和频繁、奢华的宴请，使家庭机器正常运转。

管理仆人是中产阶级家庭女性的重要职责。在工业化影响下，工业企业高效、机器管理的理念渗透到中产阶级家庭管理模式。威廉·肯奇纳（William Kitchiner）劝告女主人应该建立每日时间表，涵盖每个员工的日常工作，包括起床、膳食和休息时间，以及额外的家务劳动时间。在厨房、大厅安置时间准确的大钟，仆人要按照时钟准时照料一切。③ 有些女主人会在厨房放置职务说明书和时间表，还有家内规则和奖惩条例，主仆双方有一个纪律严明的契约。这样清晰的命令，实施的是"时间经济"，

---

① Linda Young, *Middle-Class Culture in the Nineteenth Century*, p. 55.

② John Burnett, *Plenty and Want: A Social History of Diet in England from* 1815 *to Present Day*, London: Scolar Press, 1979, pp. 87–88.

③ Caroline Lieffers, "'Every Family Might be Its Own Economical Housekeeping Company (Limited)': Managing the Middle-Class Home in Nineteenth-Century England", *Women's History Review*, Vol. 21, No. 3, July 2012, p. 448.

其目的是避免工作仓促和人员疲乏，保证家庭事务得到良好的管理，并且能够节省工资。家政专家比顿夫人称"烹饪可以有规律地进行，如同机器般精准，正如工厂去人性化的环境导致工人的身体非人性化"。① "家庭机器"意味着仆人的身体非人性化。我们从一位女仆在1863年3月7日写的日记中可见一斑。

  我们起得很早，因为他们所有的人要到教堂去看公主。他们坐的马车要在9点以前出发——玛丽、莎拉和我三位女仆留下来，这是我们最佳的打扫卫生的时间。我擦亮壁炉，擦了三双靴子，然后把早饭送上楼，加里先生下楼来，让我把他的裤子刷一刷，我按照他的吩咐做了，并且跪在地板上帮他穿好鞋子，……我吃早饭，清扫房间，清洗衣服，给炉子加煤，上楼清理所有的床铺，下楼打扫起居室，打扫大厅，然后吃午饭。接着，我擦洗过道和大厅的窗子，清洗大厅的每一个台阶，把楼下的东西都搬出去，打扫墙壁……

  下午6点左右，家庭中的第一批人回来了，我要准备好茶……我端上茶一直等待他们使唤，然后大批人回来了，我清理东西并端上新茶。清理好一切之后，再铺上晚餐用的桌布，然后准备土豆，端上晚餐，在旁边伺候他们。餐后，清洗好所有的刀叉和盘子，把一切都清扫干净，我才吃晚饭。等一切都收拾停当，上床时我已经非常累了。②

  讲究穿戴成为中产阶级妇女的时尚。女性的穿戴是中产阶级家庭在社会上的身份和地位的标志。她们学习贵族妇女衣着考究，服饰数量繁多，式样丰富，引领时装潮流。她们的服装有晨服、散步服、拜访服、待客服、旅行服、高尔夫球服、晚礼服等。为了体现女性的高雅和美丽，女装紧束上身、勒紧腰间，用鲸骨撑起硕大的裙子，里面穿衬裙。女性服饰在

① Caroline Lieffers, "'Every Family Might be Its Own Economical Housekeeping Company (Limited)': Managing the Middle-Class Home in Nineteenth-Century England", p. 449.

② Deborah Valenze, *The First Industrial Women*, Oxford and New York: Oxford University Press, 1995, pp. 171-172.

材质上大量运用蕾丝、细纱、荷叶边、缎带、蝴蝶结、抽褶等元素。那些中下层的中产阶级妇女因没有相应的经济实力，所以采用较便宜的物品。如客厅家具和晚餐服务，会谨慎地选择既符合中产阶级的标准，又付得起的合适的布料和饰品。

频繁、奢侈的宴请原是上流社会家庭社交的方式。贵族府邸是为儿女提供婚姻机会、结识权贵、建立政治联系及各类关系网的社交场合。19世纪下半叶，有些贵族甚至把一年之中的大部分时间花在访友待客上。中产阶级竭力模仿贵族奢华的生活方式。因为他们希望通过模仿贵族的生活方式让社会认可自身的地位，准确地界定阶级界线，并理性地认为他们应该享受辛勤劳动获得的成果。因此，中产阶级家庭的宴请活动十分频繁，从食物到礼仪都仿效贵族。高档的餐具在19世纪早期成为文雅的标准，一个中产阶级家庭如果提供不起银质的餐具，也要有镀金、大不列颠合金或者彩虹陶瓷的茶壶和奶壶。学者雅凡·克莱尔·简斯尼称"这种行为是从拒绝加尔文宿命论和热衷于慈善活动开始，在情感主义和浪漫主义影响下逐渐形成的。同时，它又是理性的新教伦理、勤奋和成就的孪生兄弟"。①

琳达·扬从中产阶级晚餐、餐后甜点、茶或咖啡服务的餐桌上的陶瓷品、玻璃器皿和特定的饮品推论，一个标准的晚餐服务由80种到140种或更多餐具组成，主要有不同尺寸、各种样式的盘子、碟子、碗，有盖子的盆和调料容器。甜点服务通常是高度装饰化，包括12个盘子和几个碟子。② 另外，我们从克莱尔蒙特（Claremont）的遗嘱对餐厅财产的描述中可以看出中产阶级家庭具备的接待客人能力。椅子至少是12把，刀叉、酒杯等通常准备24套。安德森医生在1870年有179个各种类型的酒杯，还有一个别致的开塞钻。1854年威廉·霍兹沃思（William Houldsworth）家中有184个酒杯，酒窖贮藏丰富，有55打雪利酒，26打波尔多葡萄酒和马德拉白葡萄酒，还有白兰地、威士忌、香槟、红酒等各式各样的酒。霍兹沃思是中产阶级上层，而詹姆斯·沃斯顿（James Watson）家中的物品

---

① Yaffa Claire Draznin, *Victorian London's Middle-Class Housewife*, p. 88.
② Linda Young, *Middle-Class Culture in the Nineteenth Century*, p. 182.

要逊色一些，但是酒窖里也至少有 1478 瓶各种酒，价值总计 139 英镑 10 先令。①

斯托里夫人（Mrs. Story）描写了 19 世纪 40 年代在爱丁堡的家里举行大型晚宴的情况：至少有 22 个客人，需要做许多准备和额外雇用厨子和侍者，提供的食物很丰盛，不能引起消化不良，因为她的父亲希望每件事情都做到最好。两盆汤……两大盘鱼都放在餐桌上，在汤和鱼之后，有四大盘开胃菜放在桌子上……其中之一是不变的咖喱食品。开胃菜被撤掉后，巨大的烤牛肉或者烤羊腿会摆在客人面前；桌子的另一边则是庞大的或烧烤的或煮熟的火鸡……桌子的每一边还有大盘子，里面有各种食物，包括鸭肉、火腿或者牛舌、牛排馅饼，每个客人都可以满足自己特殊的口味。接下来是甜品，在旁边通常有一碟意大利面和奶酪，还有更多的适合男性口味的食品；……堆放成塔形的糖和糕点，还有美味的果脯……两边的盘子，一个有时是简单的甜食，同时四个英俊男子端着水晶甜食盘子，其中有原味和果酱味的冰激凌、一盘酒红色的果冻和红色的酒。②

晚宴礼节也十分烦琐，有客人在场时，许多中产阶级家庭在第一次世界大战前都保持着正装就餐的习惯。女孩穿呢绒或丝绸连衣裙，男孩穿就餐背心，晚宴大约 7 点半开始，客人不能迟到，男仆在旁边桌子上切肉、倒酒、提供食物、轮流伺候客人。饭后，女士们离开餐厅到起居室里喝咖啡；男士们则坐下喝白兰地或者葡萄酒，进行男人之间的谈话。然后，男士与女士一起在起居室喝茶，客人在 10 点半或者 11 点离开。

社交场合有严格的规范。中产阶级上层家庭中仆人、女人和男人的卫生间是分开的。如果女士用了男士的卫生间是很丢脸的事，用仆人的卫生间也是不允许的。凯瑟琳·乔利（Katharine Chorley）回忆："楼下的卫生间是给男主人和男性客人专用，同样，楼上卫生间是女士专用。如果我偷偷溜进楼下的卫生间，那是非常恐怖的事。相反，如果有教养有学识的男

---

① Eleanor Gordon and Gwyneth Nair, *Public Lives*：*Women*，*Family*，*and Society in Victorian Britain*，New Haven and London：Yale University Press，2003，p. 122.

② Eleanor Gordon and Gwyneth Nair, *Public Lives*：*Women*，*Family*，*and Society in Victorian Britain*，pp. 118-119.

客人进入楼上的卫生间，那他在晚宴上穿戴体面的服装马上就成为问题。"① 因此，中产阶级女孩子外出应酬常因找不到卫生间而尴尬。

女孩子在公共场合必须保持女性的纯洁形象。小姑娘也要以天真无邪、干净整洁的面貌出现在公众面前，穿上白色的带花边的裙子，保持干净、安静。不符合淑女的举动会被母亲禁止，母亲是各种礼仪的教导者。亨利·萨默赛特（Henry Somerset）太太回忆年轻时与母亲一起在斯乔伯里·希尔（Strawberry Hill）家做客时的情景：晚饭后，满屋的客人玩一种叫许愿的游戏。年轻的伊莎贝拉宣布她的梦想是住在乡村，拥有 15 个孩子。当她离开起居室时，遭到母亲强烈批评，因为她说了女孩子最不得体的话。伊莎贝拉回忆那晚"自己在哭泣中入睡"。②

休闲被作为释放压力、进行社交、沟通情感，乃至创造财富的一种方式而得到重视。休闲把中产阶级追求的优雅与体面融入其中。美国学者保罗·福塞尔认为，"优雅是对中产阶级的致命诱惑，这个阶级指望依靠它将自己与上层的傲慢无知和贫民阶层直率的粗鲁区分开来"③。中产阶级在家中看书朗读、弹奏音乐、做园艺。到 19 世纪末期，中产阶级的休闲活动非常丰富，有照相、收集、学习自然史和植物学；有绘画、插花、刺绣、养家庭宠物等；有散步、滑冰、射箭、打网球、打高尔夫球、爬山、钓鱼、野营、旅游、度假；有光顾歌剧院、音乐厅、舞厅、各种公私展览会，欣赏戏剧、音乐，购买时尚物品。每逢演出季节，"戏院前便车水马龙，出租马车载着戴礼帽的绅士和袒胸露臂的女士，隆隆地驶过铺石的街道"。④ 19 世纪 40 年代音乐沙龙较早在纽开斯尔、博尔顿、诺丁汉、谢菲尔德等地出现。在 19 世纪 50 年代伦敦有 200~300 个音乐厅，位于伦敦莱斯特广场的阿尔汉布宫可容纳 3500 人，⑤ 中产阶级是最早的观众。19 世纪

---

① Jane Lewis, *Labour and Love: Women's Experience of Home and Family 1850-1940*, New York and Oxford: Basil Blackwell, 1987, p. 35.

② Carol Dyhouse, *Girls Growing up in Late Victorian and Edwardian England*, p. 23.

③ 〔美〕保罗·福塞尔：《格调：社会等级与生活品位》，梁丽真、乐涛、石涛译，中国社会科学出版社，1998，第 224 页。

④ 钱乘旦：《第一个工业化社会》，四川人民出版社，1988，第 386 页。

⑤ 〔英〕克里斯·布尔、杰恩·胡思、迈克·韦德：《休闲研究引论》，田里、董建新等译，云南大学出版社，2006，第 12 页。

60 年代和 70 年代音乐厅供应酒水、食物，成为非常普遍的娱乐场所，中产阶级的男性经常出入其中，有些还带着妻子和孩子。有报道称，"在斯托克顿自行车俱乐部赛季的最后一次集会中，在雷德卡公路两边的休闲场所，提供的食品和饮料包括烤面包、威士忌酒、调和酒……在贝尔福德，一个著名的旅店在星期天晚上经常会成为中产阶级人士的聚集地，来的人包括市镇议员、文员、律师、建筑师和艺术家。一位羊毛商对戏剧有兴趣，一位布商对烈性酒有兴趣，一位议员对音乐有兴趣。混杂在音乐大厅的娱乐者中，有板球和橄榄球员和歌唱家，有些人刚从教堂完成布道来到这里"。①

打高尔夫球需要昂贵的费用，1911 年年平均费用是 18 英镑，是普通工人年收入的 1/3。作为中产阶级体面的时尚运动，它在 19 世纪晚期得到迅速发展。据《今日历史》，1850 年，英国只有一个高尔夫俱乐部，1880 年有 12 个，1887 年达到 50 个，1914 年超过 1200 个，大约有 20 万人在俱乐部打球。

然而，中产阶级的某些休闲娱乐活动不仅与体面不相一致，还跟堕落联系在一起，如酒吧和吸烟厅的酗酒行为。学者迈克·J. 哈金斯（Mike J. Huggins）研究表明，19 世纪 70 年代在贝尔福德，体面家庭的父亲，公共团体的成员，富有的商人和勤劳的职员、店主与招待员一起在低档次的音乐厅喝酒，一些早期的音乐厅还提供赌博的机会。赛马是一项并不受人尊敬的活动，许多中产阶级和上流社会却参与其中。1867 年在曼彻斯特看台上喝彩的人群中有许多是来自金融界的贵族，也有下议会议员、市政府的参事。②这些低档次的娱乐形式与高雅无缘，但又从另一侧面迎合了中产阶级享乐主义文化的需求，它与高雅并存，迎合上流社会和中产阶级享乐的需求。布商李的女儿伊丽莎白的日记反映出 19 世纪末郊区的公共生活非常丰富："讲座、音乐会和舞会越来越频繁地举行，在公共音乐厅跳舞的人群中，年轻人

① 　Mike J. Huggins, "More Sinful Pleasures? Leisure, Respectability and the Male Middle Classes in Victorian England", *Journal of History*, Spring 2000, p. 594.

② 　Mike J. Huggins, "More Sinful Pleasures? Leisure, Respectability and the Male Middle Classes in Victorian England", *Journal of History*, Spring 2000, p. 594.

占主导。"①

可见，在居住郊区化过程中，中产阶级在居住环境中融入生活理念，实际上，这也是中产阶级在城市化和社会发展中寻求自己的生活位置，创造新的社会秩序，成为城市文化的创造者和传播者。可以说城镇化创造了中产阶级，并为他们提供了表达理想、施展才华、捍卫权利的舞台；中产阶级的成长也为新城镇注入活力，形成独特的文化氛围和生活环境。因此，19世纪英国的首相格雷说："看来中产阶级是一种生活方式。"《卫报》记者W. H. 米尔斯（W. H. Millsr）认为，曼彻斯特作为1871年"中产阶级"的天堂，郊区的豪宅、豪华马车和有活力的公共文化，正是中产阶级生活方式的体现。②

总之，中产阶级借助"向上看齐"的生活模式，把自己与下层社会区分开来，维护自身的荣耀及社会与文化的自尊，塑造阶级文化和阶级认同。

第三节　"两分领域"的家庭理想

19世纪中产阶级的家庭文化、家庭理想是在职业、政治、宗教的多样性基础上确立起来的一种生活理想。中产阶级家庭的核心是中产阶级防范来自企业、商业界的各种风险，并在特定环境下维持养育的需要和舒适的物质条件，更重要的是满足道德、信仰和感情的需要。建立家庭成员之间恰当、有序的等级关系是中产阶级家庭文化和家庭理想的重要组成部分。中产阶级女性从属于家庭中的男性，但有权控制工人阶级男性、女性和孩子；中产阶级家庭的孩子与在身体上照顾他们、情感上满足他们的仆人建立联系，并有权控制他们。

随着工业化和城市化的发展，家庭与工作场所的分离使中产阶级的家庭从前工业化时期集工作、生活于一体的多样、混杂的功能场所，变成父母和孩子生活的私人领域。中产阶级越来越注重家庭从公共视野与外界干

---

① Colin G. Pooley and Sian Pooley, "Constructing a Suburban Identity: Youth, Femininity and Modernity in Late-Victorian Merseyside", *Journal of Historical Geography*, Vol. 36, 2010, p. 405.

② Simon Gunn, "Class, Identity and the Urban: The Middle Class in England, c. 1790-1950", *Urban History*, Vol. 31, No. 1, 2004, p. 26.

扰中分离出来，突出家庭单一的生活功能，家庭生活被理想化成隐私、舒适、温馨的私人领域。因此，中产阶级推崇"两分领域"的生活理念，强调男女天生的能力不同决定了他们扮演不同的角色。男性从事政治、经济、教育等公共领域的活动，女性则适合于私人领域的家务劳动和家庭管理。因此，在空间布置、衣着、就餐等家庭生活中，中产阶级处处表现出以男性为中心的迹象。但是，现实家庭生活中，男尊女卑的性别定位和性别空间并非绝对。

一 "两分领域"下的性别理想

在"两分领域"理念下，男权主义认为，从生物学意义而言，妇女的体力和智力都比男人低。1744年《妇女观察》杂志刊载的一篇报道说："对大脑的解剖证明了女性无法进行深奥的思考。"[1] 因此，分娩与怀孕"等同于疾病"，女性天生就是弱者，缺少理性能力，决定了她们要服从男性；妇女敏感、感情丰富、富有想象力等特性使她们善于处理人与人之间的关系和细小的问题，决定了她们最适合处理家庭事务；妇女仁慈、温柔、善良、忠诚而又胆怯的本性决定了她们需要别人的帮助。因此，妇女的职责限于家庭私人领域，当好母亲和妻子，管理好家庭。19世纪的思想家、艺术家，以及《男人的责任》《女人新的责任》等道德教导书上都强调妇女作为"家庭天使"的责任。19世纪作家约翰·拉斯金笔下理想中的家是最美的世界，是男性逃离现实社会中的烦恼、得到心灵慰藉的温馨港湾，也是享受悠然自得的天伦之乐的乐园。女性就是营造理想的美好家园的天使。任何一个地方"只要出现一位真正的妻子，在她的周围就构成了一个家。也许她的头顶只有星光，也许冰凉夜草间的萤火虫是她唯一的火，但有她在那里就有家。对于一位高尚的女人，她周围的那个家延伸得很宽很广，论安稳，上方覆盖有雪松顶篷的场所没有它安稳；论辉煌，四壁涂抹有朱红的屋宇没有它辉煌。它向人发散出恬淡的光，那些未能沐浴其中的人，就被我们称为无家可归的人"。[2]

---

① Robert B. Shoemaker, *Gender in English Society 1650-1850*, p. 20.
② 〔美〕凯特·米利特：《性的政治》，钟良明译，社会科学文献出版社，1999，第148页。

　　19世纪的画家 T. 艾罗姆（T. Allom）有一副《晚上的家》的雕刻作品，生动地展现了晚饭后中产阶级的起居室的生活场景。父亲坐在火炉旁边，小女儿 5 岁左右，她脱下父亲的靴子，轻轻地摸着他的脚，稍大一点的姐姐抚摸着他的头发，母亲离火炉远一点，两个女儿各拉着她的手臂，第五个女儿为她们的父母沏茶，同时目光注视着在地板上玩的小姑娘，第七个女孩子坐在钢琴边，深情地凝视着年轻的男子，这表明她主要为他弹奏。显然，这年轻男子是她们的兄弟，或者是她的情人。① 整个画面刻画了女性服务于男性的家庭生活角色定位，女孩子从小接受这样的性别角色教育。

　　19世纪《妇女指南》等有关女性行为教导书中，社会道德学家们都把女性的家庭责任与社会责任联系在一起。他们强调女性最重要的三大职责，一是生儿育女，扶养后代；二是每天努力让丈夫、父母、兄弟姐妹生活舒适；三是妇女在道德上要保持贞洁，以自己高尚的道德行为影响社会。中上层女性的社会责任就是要通过开导邻居，教育穷人，在慈善事业中成为好榜样，为改造社会服务。《英国女总管》一书说："妇女是潜在力量，就像好邻居、好教师、好作家一样引导人们，在社会上引起一场道德革命。"② 更多道德家们强调女性的自我牺牲精神，完成道德教化责任。用当时道德家的话来说："女人要取悦于男人，要贡献给男人，要赢得男人的爱和尊重，要哺育男人，要照顾男人，要劝慰男人，并要使男人的生活甜蜜且愉悦。"③ 1839年萨拉·刘易斯（Sarah Lewis）写了《妇女的责任》一书，十年中再版了十三次，在社会上产生了较大的影响。该书告诫妇女以忍受痛苦、服务他人为荣，以自我牺牲为快乐。它指出："让男人享受和睦和成功的快乐，知识王国属于他们，毫无疑问这些都是为他们设计的……道德世界是我们的，通过我们的位置、我们的个性，上帝对我们的指示表达出来……妇女的任务体现在平静、爱和无私中。她们的付出与成

---

① Carol Dyhouse, *Girls Growing up in Late Victorian and Edwardian England*, London: Routledge Press, 1981, pp. 26-27.

② Robert B. Shoemaker, *Gender in English Society 1650-1850*, p. 30.

③ 〔英〕苏珊·艾丽丝·沃德肯斯:《女性主义》，朱侃如译，广州出版社，1998，第9页。

功都是为了这一目的，她们的影响是无私的、非世俗精神的。在大部分时间里，她们主要在促进高雅、幸福和良好的道德品质方面发挥作用。"①

总之，社会要求女性要牺牲自我成为家庭中的贤妻良母、社会上的道德模范，让家庭温馨快乐、社会和谐有序。

男人拥有强健的体魄、良好的心理素质、丰富的知识和思想，具有出色的概括能力；勇敢、大胆、诚实、认真、明智的自然素质使他们属于公共领域，适宜研究难解的学问与哲学问题，处理公共事务；他们是家庭中的"挣面包者"，也是社会财富的创造者；他们在社会公共领域从事职业活动，享有各种特权；在家庭私人领域发挥保护作用，理所当然拥有绝对权威，控制家庭的财富和生活。女画家凯瑟琳在车站给邻居们画素描时说："我不能把太太们与她们的丈夫、儿子画在同一平面上，因为把他们放在平等的位置是不自然的。对于男人来说，他是主宰金钱的上帝，因为他们是每个家庭的经济基础。妇女是依靠者，她为丈夫和父亲而活着，她们的生活全围着男人。"② 因此，父亲作为维持家庭生计者的角色，在家庭中反对19世纪的自由主义，但肯定浪漫情感、福音派的仁爱理念和女性的优雅。男性穿礼服，倡导骑士气概是以责任、约束和家内承诺为标志，这正是历史学家认识到的多样性的男性气质的一种。

这种以男性为中心的生活理念渗透到家庭生活的各个方面。从着装来看，女性的衣着十分突出女性的性别特征。维多利亚时期流行有衬架的女裙，衬架完全张开可遮住下半身，突出杨柳细腰，隐隐约约显示出臀部曲线，巨大下摆与纤细的腰成为鲜明的对比。马奈的名画《草地上的午餐》中，男子十分端庄，十分体面、正派，妇女则袒胸露背，这反映了19世纪60年代女性本质是男人的玩物这一思想。

家庭就餐也体现出中产阶级家庭男性的中心地位。就餐时间根据男性的工作时间来定。史学家雅凡提供的较为富有的中产阶级就餐时间和仪式资料能充分证明这一点。

早餐是一天开始的餐。在较富有的家庭中，当男主人穿衣服时，茶、

① Janet Murray, *Strong Minded Women and Other Lost Voices from Nineteenth-Century England*, New York: Penguin Book, 1984, pp. 23-24.

② Jane Lewis, *Labour and Love: Women's Experience of Home and Family 1850-1940*, p. 31.

甜点送到男主人卧室。主妇在 7：30～9：00 准备早餐并照看着餐厅的服务，一切根据男性的工作时间来定。同样的早点供应给家中的成年人、仆人，然后是孩子。食物通常是热的，有煎鱼、烤面包、烤马鲛鱼、肉馅饼或肉饼、煎培根、土豆、煮熟的鸡蛋或煎鸡蛋、炸薯条、粥、加上果酱的面包、英国松饼、茶、咖啡或可可。

午餐是由家庭主妇准备的比较简单的餐饮。一般在下午 1～2 点，一份午餐的菜单有白菜、土豆、洋葱、肉、鱼、面包，可能还有不贵的水果。

下午 4～5 点是下午茶时间。

一天的正餐是晚餐，一般在晚上 8 点，主妇将花一下午的时间准备食物。

父亲在用餐期间享受美味食品与天伦之乐，饭前准备和饭后的清理工作则是妇女的事。母亲"要不厌其烦地教孩子们就餐的礼仪，尤其要让女孩子懂得当女主人的艺术和餐桌上的谈吐艺术"①。

二 "两分领域"下的性别空间

就生活空间来看，房间使用上的性别区分更是体现了男性的支配地位。在中产阶级家庭中，主要是上层中产阶级家庭中，房间的布局性别区分较为清晰。一般来说，闺房、客厅是女性的空间；学习室、图书馆、吸烟室、桌球室是男性的空间。1902 年 H. J. 詹宁斯（H. J. Jennings）在一个关于装饰的咨询手册中写道："餐厅应该是男人的天堂，就如客厅是女人的天堂一样。"② 家居装修者认为餐厅作为一个男性化的空间，应该装饰成暗的橡树色；学习室和图书室作为一个男性化的空间，必须保持安静，有秩序，用橡木家具；吸烟室是一个男人从工作空间回到家中的休息场所，它的基本格调应该安静而舒适，一进房间让人马上有远离嘈杂和混乱世界的感觉。

---

① Jane Lewis, *Labour and Love: Women's Experience of Home and Family 1850-1940*, p. 33.

② H. J. Jennings, *Our Homes, and How to Beautify Them*, London: Harrison and Sons, 1902, p. 173, in Jane Hamlett, "The Dining Room Should be the Man's Paradise, as the Drawing Room Is the Woman's: Gender and Middle-Class Domestic Space in England 1850-1910", *Gender & History*, Vol. 21, No. 3, November 2009, p. 576.

学者们普遍认为家庭空间的性别隔离程度与女性的社会权力有直接关系。19世纪中产阶级家庭中，男人和女人的空间区隔是女性被排斥出19世纪社会的公共领域和权力之外的工具，这与维多利亚时期更宽泛的文化分流和领域分离现象相联系。因此，学者们通常对与客厅相联系的维多利亚时代的女性进行负面的描述。萨德·洛根（Thad Logan）认为，维多利亚客厅是维多利亚时代的女性受挫的产物。① 朱丽叶·肯钦（Juliet Kinchin）说："客厅里的女性象征着妇女被认为与生俱来智力低下本质的具体化。"②

　　然而，家庭生活和性别观念是社会政治经济生活的具体体现。随着19世纪社会改革、政治改革的进行，中产阶级女性受教育机会、参政机会、工作机会增加；19世纪中产阶级的家庭理念、性别观念发生变化，从而促使家庭生活空间的性别功能发生改变。家庭居住区的性别空间分属并非与女性屈从地位绝对相关，男性的空间可以用来加强父亲的权威，但同时男性空间的渗透也可以用来强调对父权制的限制。性别的物质文化对这些家庭的孩子产生了强烈的影响，但它不一定会强化父亲的家庭权力，在某些情况下反而会使孩子与父亲的关系疏远，削弱父亲权威。历史学家约翰·托什（John Tosh）认为，"性别空间反而加强了家庭中的女性权力。在19世纪晚期，由于女性控制了家庭的习惯和行为，男性增加了对抗情绪，尤其是男人试图在学习室、抽烟室躲避5点钟的喝茶时间"。③ 简·哈姆雷特（Jane Hamlett）通过对性别空间的研究，提出"空间隔离并没有简单地强制性别地位的形成，相反，空间隔离是在各种不同方面确保赋予女性权力或让她们处于服从地位的手段"④。

　　实际上，性别空间区分程度与家庭财富和职业相关。19世纪晚期，家

①　Thad Logan, *The Victorian Parlour: A Cultural Study*, Cambridge: Cambridge University Press, 2001, p. 25.

②　Juliet Kinchin, "Interiors: Nineteenth-Century Essays on the 'Masculine' and the 'Feminine' Room", in Pat Kirkham, *The Gendered Object*, Manchester: Manchester University Press, 1996, pp. 18-20.

③　John Tosh, *A Man's Place: Masculinity and the Middle-Class Home in Victorian England*, p. 89.

④　Jane Hamlett, "The Dining Room Should be the Man's Paradise, as the Drawing Room is the Woman's: Gender and Middle-Class Domestic Space in England 1850-1910", p. 582.

庭中的性别空间区分呈弱化趋势，中产阶级男性的专属空间特权受到质疑，人们开始否定让男性专用吸烟室和学习室，甚至认为家中女性专用休息的空间应该优先于男性的学习室和吸烟室，因为抽烟可以在任何场合，不需要专用房间。霍伊斯夫人（Mrs. Haweis）在19世纪70年代写作的《艺术家居》一书中提供了一种折中方案。她认为吸烟室起初是疲惫不堪的男人休息的场所，最终会成为男女共享空间，是"丈夫、妻子和他们的亲密朋友共享的非常精致的、愉快的和漂亮的圣地"①。大多数中产阶级家庭在家庭生活中不太喜欢实行严格的性别隔离，很难发现有专属于男人的学习室和密室。对中产阶级中下层来说，由于房屋空间局限，他们很少有固定的性别空间。因此，中产阶级家庭的日常生活中，这些空间的划分和使用是灵活的。如在空间较小的家庭中，餐厅可以充当起居室、客厅或先生的接待室。许多中产阶级家庭的起居室，如第三起居室与性别无关，既是早餐室，也是男性的学习室和女性的工作室。如在利兹的布莱克特家庭中，"早餐室"放置着缝纫机和工具箱，在英格兰西北的几种早餐室都有缝纫机。②

可见，19世纪末，性别的物质文化存在变动的空间，性别隔离在中产阶级家庭生活空间开始弱化。即使存在性别空间，对于女性来说，有时可以通过占有一个单独的空间而实现自治。而对于男性而言，男性的空间有时也可以用来限制父权，鼓励孩子们去质疑它，削弱父权制的影响。

在公共空间中，男女也处于相对隔离状态。

大多数女儿、妻子对父亲、丈夫在城市中干什么一概不知，儿子随着年龄的增长获得父亲每天工作的信息，因为他们今后也要如此生活。曼彻斯特的工商业者在工会俱乐部共进午餐，这是男人的圣地，禁止女性入内，妇女不敢研究她们的男人在这座神圣大门内干什么事，因为那是大逆不道的事。作为女性，非法进入男人世界是失礼和有辱门庭的行为。

随着商业、工业和社会文化基础设施的发展，城市化的社会展现出了

---

① Jane Hamlett, "The Dining Room Should be the Man's Paradise, as the Drawing Room is the Woman's: Gender and Middle-Class Domestic Space in England 1850-1910", p. 581.

② Jane Hamlett, "The Dining Room Should be the Man's Paradise, as the Drawing Room is the Woman's: Gender and Middle-Class Domestic Space in England 1850-1910", p. 583.

更多的新的男性公共空间，众多的俱乐部扩大了男性活动的空间，而图书馆、百货商店、音乐厅等公共设施为女性进入公共空间创造了条件。同时，在女性主义影响下，中产阶级女性开始进入俱乐部、图书馆、百货商店、音乐厅，逐渐打破了男性垄断公共空间的局面。百货商店为男女提供了购物和休闲全方位服务，使男女共享公共空间成为可能。如位于伦敦韦斯特伯恩·格罗夫（Westbourn Grove）的怀特利（Whiteley）百货商店，1863 年还是布店，1869 年发展成为女子服装和男士制服商店，1872 年为女性开设休息室，1875 年增设了定制成衣、靴子、帽子服务，还经营文具、家具、瓷器、玻璃制品，并开设了食品部，1874 年开设干洗服务部，1875 年开设银行部，1879 年提供剧院戏票代理。1887 年该百货商店被称为"全能的提供者"①。各地的男女络绎不绝到此购物，共度闲暇时间，分享快乐。商店的男性管理者要倾听女顾客的需求，并为她们提供服务。朱迪斯·沃克威斯（Judlth Walkowits）和米卡·纳瓦（Micca Nava）强调百货商店对女性非常重要，她们"在城市中心的公共空间自由自在地逛街，没有社会压力，没有强制性的购买"。② 此外，议会为了发展公共文化事业，相继颁布了《1845 年博物馆法》《1850 年公共图书馆法》两个法案，促进各地博物馆和图书馆大量建立，如曼彻斯特图书馆、博尔顿图书馆和牛津图书馆都相继对外开放，为女性进入公共空间提供了条件。

可见，19 世纪在公共领域，两性分离的公共空间界线逐渐被打破，中产阶级女性与男性一起逐步分享公共空间。因此，无论是私人空间还是公共空间都没有实现性别绝对分离的局面。

第四节　构建公共生活和公共精神

公共生活是人们在公共空间里发生相互联系、相互影响的共同生活。公共精神，是指公民超越个人狭隘眼界和个人直接功利目的，以利他方式关怀公共事务、事业和利益的思想境界和行为态度。公共生活是公共精神

① Yaffa Claire Draznin, *Victorian London's Middle-Class Housewife*, p. 159.
② Simon Gun, *The Public Culture of the Victorian Middle Class*, Manchester：Manchester University Press, 2000, p. 49.

形成的舞台，公共精神是公共生活健康发展的保障。19世纪中产阶级通过建立协会和各种社团组织，建立公共空间，传递公共精神，为解决贫困失业问题、传递中产阶级价值观、增强阶级凝聚力、进行政治民主改革发挥了重要作用。

一 协会和社团组织的兴起

在19世纪英国工业化与社会转型过程中，社会发展面临几大问题。一是"城市病"问题。工业化、城市化促进人口从农村向城市集中，城市人口呈膨胀式增长，1801~1851年纺织业市镇年平均人口增长率是299%，伦敦人口增长率是146%。[①] 城市人口快速增长不仅造成城市环境污染，还造成住房拥挤。恩格斯在《英国工人阶级状况》中写道："伦敦有5万人每天早晨醒来不知道下一夜将在什么地方度过。"[②] 工业化、城市化打破了旧的生活规范，产生一系列的社会问题，如酗酒、卖淫、强奸、偷盗、弃老虐幼、女工、童工等问题。英格兰和威尔士犯罪率逐年上升。刑事犯罪案件1805年4605起，1815年7898起，1825年14437起，1835年20731起，1842年31309起。[③] 二是阶级对抗问题。19世纪英国财富分配不均现象异常突出，社会上茅屋与宫殿并存。保尔·芒图说："两个阶级对立，其中一个在人数上增多了，而另一个则在财富上增多了；前者不停地劳动而只得到一点不稳定的生活资料，后者则享受高尚文化的一切好处。这种对立各处都同时表现出来，并且造成同一的思潮和情感。"[④] 贫富两极分化的结果是工人阶级和资产阶级的对立日益加剧，工人阶级开展卢德运动、宪章运动等各种运动，对抗有产者，争取自己的权利。三是贫困问题。下层阶级面临贫困、失业、疾病的威胁，尤其是经济危机年代，他们经受着生存考验。据估计，在工业革命期间，有三分之一左右的工人家庭生活处

---

① B. R. Mitchell, *Abstract of British Historical Statistics*, Cambridge: Cambridge University, 1962, p. 187.

② 〔德〕恩格斯：《英国工人阶级状况》，《马克思恩格斯全集》第2卷，人民出版社，1957，第311页。

③ 〔德〕恩格斯：《英国工人阶级状况》，《马克思恩格斯全集》第2卷，第416页。

④ 〔法〕保尔·芒图：《十八世纪产业革命——英国近代大工业初期的概况》，杨人楩、陈希秦、吴绪译，第12页。

于贫困状态。1834 年，英国贫困人数有 126 万，占全国总人口的 8.8%。有些地方更严重，伯明翰 23 万人口中，至少有 3 万人属于最穷的阶层。根据济贫委员会报告，社会上 1/5 的人口衣不蔽体。另据提交枢密院的医疗状况报告，农业工人和大批劳动者食不果腹，甚至因饥饿而命丧黄泉，绝大多数英国人终身劳作，年老时唯有靠教会救济。① 政府对贫困的救济不足加剧了问题的严重性。当时许多中产阶级人士认为，有些家庭贫困源于疾病、多子女和低收入，部分家庭贫困却是懒惰和酗酒等不良习惯所致。因此，他们呼吁济贫要鼓励穷人自立，马尔萨斯的《人口论》进一步提出人口的增长大于物质资料的增长，应该让穷人自生自灭的主张。1834 年议会通过了《济贫法修正案》，史称"新济贫法"。该法取消按人口、收入和物价标准实施救济的《斯品汉姆兰法》，规定建立济贫院，对穷困儿童实行教育，严禁对有工作能力者实施院外救济，接受济贫者必须进济贫院并参加劳动。济贫院内劳动强度大，食宿条件差，男女分居，被称为"穷人的巴士底狱"。这些举措引起贫困者不满，多地爆发了反"新济贫法"的抗议运动，导致济贫院建设缓慢。1846 年，英格兰和威尔士的 643 个济贫区只建了 707 个济贫院，平均每个济贫院能容纳 270 人。② 因此，如何有效地解决贫困问题是当时政府和社会必须面对的主要社会问题。

对于在财富阶梯上不断上升的中产阶级来说，为了获得政治权利，应对工业化城市化过程中带来的各种社会危机和社会问题，承担社会的责任与道义，扩大本阶级的社会影响力，他们无法回避 19 世纪社会转型带来的一系列问题。他们试图通过在公共领域创办各种自愿组织的社团、协会，构建与经济社会发展相适应的公共生活和公共精神，传递中产阶级的价值观，重建社会秩序和创新管理体制，实现财富的进一步增长与社会协调发展同步进行。

19 世纪涌现了许多以中产阶级为主体的协会和社团组织。如 1828 年

---

① Carl Chinn, *Poverty Amidst Prosperity*, *The Poor in the England 1834 - 1917*, Manchester: Manchester University Press, 1995, W. D. Hussey, *British History 1815 - 1939*, Cambridge: Cambridge University Press, 1984, 转引自钱乘旦主编《英国通史》（第五卷）《光辉岁月：19 世纪英国》，江苏人民出版社，2016，第 252~253 页。

② 钱乘旦主编《英国通史》（第五卷）《光辉岁月：19 世纪英国》，第 270 页。

成立的普雷斯顿知识传播协会，其主要成员是中产阶级人士。1841 年协会登记本上显示有 6 名妇女、14 名绅士、3 名银行家、96 名专业人士、40 名制造业者、76 名商人、84 名职员和店主、77 名大商人、34 名细木工人和其他劳动者、6 名学校的年轻人、6 名工厂雇工和 29 名其他各类人士。[1] 19 世纪涌现出各种慈善协会组织。19 世纪 40 年代，历史学家詹姆斯·斯蒂芬爵士（Sir James Stephen）将这一时期称为"慈善协会时代"，因为"每一处悲伤……都有相应的庇护人、副理事长和认捐者"[2]。

爱德华·贝恩斯（Edward Baines）自封为工业资产阶级领袖，他在 1843 年描述协会和社团发展的情况时说："我研究了许多机构和协会在传播知识、扩大优秀品行中发挥作用。这些组织在现在和上一代人中兴起，在制造业城镇和乡村最为繁荣。如机械学院、文学社团、流动图书馆、儿童监护协会、友好协会、节制协会、医疗慈善机构、服装协会、慈善和区域访问协会等，50 个协会中有 49 个是最近兴起的。"[3] 贝恩斯在他的名单中罗列了包括工会组织和激进团体在内的各种协会组织，如抑制罪恶协会、哲学协会、铜管乐队协会、国际象棋俱乐部和园艺协会等。

各种协会组织用募集、捐赠、收缴会费等方式筹集资金。从表 1-2 可见，许多自愿社团组织募集的资金数量可观，保障了各类活动的开展。

表 1-2　1859 年全国性自愿社团所获捐助金额[4]

社团名称	募集资金（英镑）
国家协会（National Society）	725000
英外教育协会（British and Foreign School Society）	157000
天主教贫困者学校委员会（Catholic Poor School Committee）	72000

① Brian Lewis, *The Middlemost and the Milltowns: Bourgeois Culture and Politics in Early Industrial England*, pp. 257-258.
② Frank Prochaska, *The Voluntary Impulse, Philanthropy in Modern Britain*, London: Faber and Faber Limiteg, 1989, 转引自吕晓燕《施善与教化：伦敦的慈善组织研究（1700-1900）》，中国社会科学出版社，2018，第 230 页。
③ R. J. Morris, "Voluntary Societies and British Urban Elites 1780-1850: An Analysis", *The Historical Journal*, Vol. 26, No. 1, 1983, p. 95.
④ R. C. on Popular Education (C. 2794), 1861, I, p. 575. 转引自袁弋胭《19 世纪英国中产阶级自愿社团的经济机制》，《社会科学家》2012 年 8 月，第 184 页。

续表

社团名称	募集资金（英镑）
国内和殖民地协会（Home and Colonial Society）	116000
神学教育协会（Church Education Society）	10000
卫斯理教育协会（Wesleyan Education Committee）	88000
宗教团体教育委员会（Congregational Board of Education）	174000
伦敦贫困者学校协会（London Ragged School Association）	58000

　　有一些小镇设立特殊基金，通常由镇长和公司、救济穷人委员会筹集。在利兹，此类基金在1800~1850年至少筹集了17次。[1] 利用筹集的资金，这些自愿社团组织开展非常广泛的活动，从济贫、医疗救助、道德提升、公共秩序、教育和节俭，到科学、文化知识的传播和休闲活动。从工作目标来分，它们大致可分成四个种类：一是解决城市下层民众的困难，从事慈善事业的组织；二是致力于中产阶级的文化建设，创办文学和哲学团体、图书馆和阅览室及各类学校；三是公共娱乐活动的俱乐部；四是推进国家和地方的政治改革。学者布赖恩·刘易斯（Brian Lewis）概括这些自愿组织在城市社会公共系统中有六大功能。第一，为集会提供经济和组织基础，这是工业市镇资产阶级个人资源和个人力量所不能达到的目标，哪怕它是国家行为也只是特定环境下的愿望，不能顺利实现；第二，在特定的团体内重新分配有限的资源，最大限度地发挥防卫作用，干预社会经济系统，避免结构性变动；第三，通过劝说或强制性措施进一步向下渗透本阶级的社会理想；第四，通过融合党派和宗派分歧，使商业阶层不稳定的兄弟友爱，团结成为激进一翼；第五，重新确认资产阶级的道德、伦理价值，并将它渗透到处于不道德、失败、贫困状态的穷人群体中；第六，建立必要的工作网，为企业、职工提供信息，这是公民平等的基础。[2] 也就是说，协会和自愿团体活动的范围涉及社会的各个领域，填补了政府治理体系中的缺失地带。笔者认为，从总体来看，这些自愿组织在组织中产

---

[1] R. J. Morris, "Voluntary Societies and British Urban Elites 1780-1850: An Analysis", p. 106.

[2] Brian Lewis, *The Middlemost and the Milltowns: Bourgeois Culture and Politics in Early Industrial England*, p. 248.

阶级的公共生活、传播中产阶级文化精神，以及加强中产阶级公共文化认同过程中发挥了不可替代的作用。

二　协会和自愿社团的作用

协会和自愿社团作为中产阶级的公共团体，在19世纪的英国社会主要发挥以下作用。

首先，在救灾减灾、济贫、建立慈善文化，以及维护社会稳定中发挥作用。

19世纪国家和教会机构对穷人的照顾因为农村人口向城市的迁移、收获季节人口压力、周期性的经济危机和马尔萨斯人口理论的影响而中断。各大城镇建立的自愿团体主要为解决由经济危机引起的贫困、失业、心理危机等问题开展一系列活动。它们通过捐赠、救济活动，帮助就业，提供医疗设施和医疗服务，帮助下层社会减灾救灾，使他们感受到互助精神，为在危机年代重建公众的信心和稳定社会秩序，促进财富的积累和经济发展发挥作用。作为作家兼工厂主的帕特里克·科恩宽写道："在1806年私人慈善机构一年支出的慈善金有400万镑。在1719年到1756年有5家私人捐助的医院建立起来，其中第5家是由伦敦富有书商托马斯·盖单独遗赠的。19世纪30年代，这所医院声称一年可以治疗5万多名患者。"[①]

中部纺织工业区博尔顿、布里斯托波纳、布里斯顿的中产阶级精英相继组建了各种救助机构，在经济繁荣时代，开展各种活动，提高穷人抵御危机的能力；在危机年代，采取救助措施，降低灾害的影响。1813年博尔顿医务室（Bolton Dispensary）建立，吸纳了该地区的精英，给穷人提供医疗帮助。在1826年经济危机中，各大城市的中产阶级把救济活动作为稳定社会秩序的手段。如"伦敦制造业主救济委员会"宣布的两个理由已超出救济本身的范畴。一是强调沉默的穷人处于难以想象的贫困状态，值得成功者去救助；二是强调贫困造成的不安定因素正在发展，必须要尽快救助

---

① Royle Edward, *A Social History：Modern Britain in 1750－1985*, London：Edward Arnold, 1987, pp.180-181, 183-184. 转引自许洁明、李强《英国新兴工业资产阶级道德观浅析》，《四川大学学报》2011年第1期。

贫困者。① "伦敦救济委员会"和"博尔顿保护穷人协会"集中了当地所有的精英阶层，为应对一些极端事件、临时性灾难，避免谎言和错误信息的扩散发挥了重要作用。在1841～1842年经济最萧条的危机时期，协会的另一支部集中分配物品，建立救济厨房，从"伦敦制造业主救济委员会"中拿出1100英镑作为救济金，为身体健康的男性申请者寻找工作，与大布里斯顿理事会联合建立了人员信息库，为贫困的失业者提供帮助。② 有些组织甚至给穷人提供低息贷款，帮助他们渡过难关。1840年协会在报告中评论道："从最初怀疑能否运用筹集到的财富维持穷人的最低生活，到现在通过高等级和低等级团体的交往，增进彼此之间美好的情感。"③ 1857年建立的"皇家慈善协会"（The Royal Benevolent Society）主张救济品行良好的贫苦家庭，给他们无息抵押贷款，以及就业帮助。1860年159人获得贷款，61人获得工作。在协会对申请救济者的环境进行彻底的调查之后，39人获得5先令到72英镑不等的捐助，捐助总共达810例。④ 贷款使许多穷人家庭生活有了转机。利兹的一名贷款受益人给协会写信致谢："我很高兴地说，我从你们协会得到了贷款证明，你们提供的贷款使我得以偿还房东的债，并将转入一所租金较低的房子，开一家小商店……这对我大有益处。"⑤

针对19世纪慈善组织数量多，存在对穷人重复救济和不合理救济等现象，许多中产阶级自愿社团组织人员努力完善救济程序，审核救济者的具体情况，以便把有限的资金用于真正需要救济的家庭和人员身上。在爱丁堡，1812年建立了"禁止行乞协会"，它的主要目标是确定"值得救助的对象"给予救助。它通过与警察委员会的合作，调查所有申请救济者的情

① Brian Lewis, *The Middlemost and the Milltowns*: *Bourgeois Culture and Politics in Early Industrial England*, p. 250.

② Brian Lewis, *The Middlemost and the Milltowns*: *Bourgeois Culture and Politics in Early Industrial England*, p. 254.

③ "Boton Distrct Propvident Society Report 1840", in Brian Lewis, *The Middlemost and the Milltowns*: *Bourgeois Culture and Politics in Early Industrial England*, p. 254.

④ F. David Boberts, *The Social Conscience of Early Victorians*, Stanford: Stanford University Press, 2002, p. 463.

⑤ R. J. Morris, "Voluntary Societies and British Urban Elites 1780-1850: An Analysis", p. 116.

况，酌情给予食品和现金救济，或帮助找工作，给儿童提供适当的教育，或者把有些行乞者遣送回原教区。利兹还组织了慈善问题调研处，核查救济申请者信息，防止重复救助，并减少了申请救济者从一个社团到另一个社团重复救助的欺骗行为。[1]

随着慈善事业的发展，1869年，作为全国性的指导机构"慈善组织协会"成立，这使慈善工作从分散的个人活动成为有组织的集体行为。托马斯·霍克斯利统计，1869年伦敦注册的慈善机构有989个，收入大约有530万英镑。[2] 这些款项用于救助贫困人口，资助教育、医院、老人院、疯人院等公共福利机构。1888年英国上院对慈善机构支出的调查报告显示，当年英国各类慈善机构的总支出为2050962英镑，其中用于教育方面的支出最多，为778528英镑，用于医院方面的支出为534701英镑，养老方面的支出为236523英镑，个人救济方面的支出为193834英镑，贫民院的支出为157101英镑，宗教方面的支出为102232英镑，其他方面的支出为48043英镑。[3]

上述自愿组织的行为是中产阶级公民理想的体现。中产阶级的精英和他们的追随者试图通过自愿协会等非政府性的组织，寻找解决城市社会问题的方法，控制疫情危机、民众暴乱和经济衰退引起的社会灾难，通过强制性或者更加细微的社会理想规划维护社会稳定，促进社会进步。历史学家莫里斯认为，19世纪30年代和40年代自愿协会是中产阶级克服分歧，形成特定范围的阶级行为的主要工具。罗伯特·格雷（Robert Gray）强调在19世纪50年代和60年代组成的职业工作网、慈善组织、社会科学促进会和非国教派年度会议等组织机构帮助城市解决贫困和失业问题，强化了大城镇为代表的独特的社会空间和大城镇中共同的生活理念。[4]

---

① R. J. Morris, "Voluntary Societies and British Urban Elites 1780 – 1850: An Analysis", pp. 107–108.

② Bernard Harris, *The Origins of the British Welfare are State*, New York: Mcmillan, 2004, p. 65.

③ W. H. B. Court, *British Economic History 1870 – 1914: Commentaries and Documents*, Cambridge: Cambridge University Press, 1965, p. 33.

④ Simon Gunn, "Class, Identity and the Urban: The Middle Class in England, c. 1790-1950", *Urban History*, Vol. 31, No. 1, 2004, p. 42.

其次，构建中产阶级公共文化体系与文化精神，传递中产阶级的道德观。19 世纪中产阶级努力向上流动最突出的表现是在职业生涯中自强不息，步入更高的等级，也就是社会学所描述的"通过工作获得地位升迁的新的可能性"。自强运动的领袖塞缪尔·斯迈尔斯（Samuel Smiles）的《自我帮助》一书，在 30 年中销售 250000 册，成为 19 世纪成功的畅销书。[①] 斯迈尔斯主张勤奋、努力、节俭、发展职业生涯是通向体面的社会地位的途径。实际上，这一价值观让人们明白做一位受人尊敬的"绅士"，不是取决于时尚和外貌，而是道德价值；不是个人财产，而是个人的素质。这就是要鼓励中产阶级的男性消除贵族的懒惰，举止文雅，在道德和知识方面得到发展，成为真正的绅士。因此，自我帮助、自我完善在 19 世纪成为中产阶级的社会道德责任。

创办学校，为各阶层提供各种学习文化知识的机会，成为中产阶级提高自身和下层群众文化素质、传递中产阶级价值观的重要手段。19 世纪许多工业巨子或中产阶级职业人员热衷于办学事业。"国教会全国协会""非国教徒不列颠协会"作为 19 世纪促进下层社会义务教育的团体，积极开办主日学校，为穷人孩子提供受教育机会。1829 年在"非国教徒不列颠协会"主日学校就读的男生 100477 人，女生 74136 人。[②] 工业资产阶级领袖爱德华·贝恩斯称赞主日学校："有来自中产阶级的 6 万名教师、40 多万名学生。学生来自工人阶级，主日学校是中产阶级和工人阶级这两个社会阶层之间最重要的纽带。"[③] 此外，还有许多企业家出资兴建各类高等院校。1846 年曼彻斯特纺织业主约翰·欧文斯出资 10 万英镑建立了欧文斯学院，19 世纪六七十年代因为有更多的工业家资助，欧文斯学院得到更好的发展。如 1866~1873 年棉花商和当地的制造商出资 20 万英镑，用于校址搬迁。伯明翰大学的前身是由当地企业家、当时世界上最大的钢笔笔尖制造商和电镀金银的先驱约西亚·梅森创办的；谢菲尔德大学的前身由钢铁大王马克·费思创办。

① Linda Young, *Middle-Class Culture in the Nineteenth Century*, p. 67.
② Meg Gomersal, *Working-Class Girls in Nineteenth-Century England*, London：Weidenfeld and Nicolson, 1997, p. 55.
③ R. J. Morris, "Voluntary Societies and British Urban Elites 1780-1850：An Analysis", p. 115.

同时，各工业城市建立的各类知识协会成为研究和传播文化科技知识的重要机构。达比、伦敦和曼彻斯特等各大城市都相继成立了"文学哲学协会"。利物浦的历史学家威廉·罗斯科（William Roscoe）组织建造了"雅典娜神庙"城市绅士图书馆，知识分子群体投资建设了植物园、学术讲演会堂、艺术学院、哲学研究团体和利物浦皇家协会。

这些协会利用各种途径筹集经费，购置书籍、科学实验设备，成为人们掌握信息、获取知识、提升文化水平的殿堂。建于1823年的"布莱克本文学和哲学协会"，在1844年拥有藏书2000册的图书馆，该协会理事会还发起建立博物馆、新闻室、娱乐场所等倡议并组织了一系列演讲活动。1831年该市还成立了"科学协会"，或称"科学学院"。19世纪50年代中期"布里斯托哲学文学协会"的图书室有4000册藏书，还有来自伦敦图书馆直接捐赠的书。谢泼德博士（Dr. Shepherd）图书馆由一名医生捐赠，于1761年建立，1852年已拥有5700册藏书。19世纪中期以后，在"公共图书馆法案"的影响下，这些图书馆得到更大的发展，进一步提升了城市的文化品位。

同时，协会还举办各类讲座，其内容非常丰富，从蒸汽机到经济发展、磁学理论；从古代、现代的悲剧到海洋生物的生存问题。如1807年，W. 里夫特和W. 特纳（W. Revd & W. Turner）在纽卡斯尔文学和哲学协会做了关于植物学的讲座；1823年，约克郡哲学学会聘请威廉·史密斯（William Smith）做了关于地质学的讲座；1843年，惠特比文学和哲学学会请大英博物馆的G. F. 理查森（G. F. Richardson）做了三次讲座，1845年该机构聘请杨博士（Dr. Young）做了两次关于动物生理学的讲座；1857年普利茅斯学院由C. S. 贝特做"甲壳纲动物"报告，主教做关于海洋生物的讲座……在19世纪的最后10年中，纽卡斯尔文学和哲学协会（1890~1891年）请M. C. 波特（M. C. Potter）教授做了12次关于植物的生命，特别是蔬菜生物学的讲座，F. 莫尔顿（F. Moulton）教授做了12次关于植物分类的讲座；1892年，普利茅斯学院由W. 加斯顿（W. Garstang）做"海洋——海葵和珊瑚"讲座；1896年，斯卡伯勒哲学协会与田野自然学家协会举行联席会议，由J. W. 伍德尔（J. W. Woodall）

做关于北东约克郡的山谷的讲座。① 这些讲座不仅为中产阶级和下层社会提供职业技能培训，而且还提供文化科学研究的信息。

与协会组织同时成长起来的中产阶级俱乐部同样也发挥传播文化和塑造资产阶级生活方式的作用。惠灵顿俱乐部在格雷西姆·圣（Gresham St）的楼上开设很多课程，如唱歌、钢琴、演讲、剑术、跳舞、法语、意大利语和德语。

此外，一些娱乐性俱乐部成为绅士追求快乐的业余生活的地方。如1840年建立的博尔顿台球俱乐部主要由30名业主构成，布莱克本保龄球俱乐部把上层的商人聚集在一起。布莱克本曲棍球俱乐部由市镇的下议员威廉·费尔顿（William Feilden）和约翰·霍恩比（John Hornby）等及他们的家人捐赠建立，太太和绅士们在此练习射击，偶然也练习马术。此外，还有更多的俱乐部提供其他的娱乐项目。如惠灵顿俱乐部宪章派成员亨利·文森特指出，"惠灵顿俱乐部就像学院一样，能够提高伦敦年轻工作者的道德水平和知识水平"。② 这些俱乐部强调自我管理，"每个人都是他自己的主人"。

19世纪40年代惠灵顿俱乐部开展"提早歇业运动"，主张店员一天工作14小时，每周工作6天，留出时间可以干别的事或用于自我提高学习。③ 同时，这一运动呼吁重视社会道德建设，反对商业中的欺诈行为，为建立商业道德、纯洁社会风气而努力。不可否认，这些俱乐部在中产阶级的自我提高过程中发挥了重要作用。

总之，协会、公共图书馆和俱乐部，还有系列讲座都是中产阶级融合本阶级及其他阶层的工具。这些机构和组织都试图用中产阶级的理想指导中下层人群的生活，让他们接受社会雇用原则，放弃懒惰和放荡的恶习，努力学习各类知识，在企业的工作实践中掌握更多的技能，学会同情弱

---

① Michael D. Stephens and Gordon W. Roderick, "Middle-Class Non-Vocation Lecture and Debating Subjects in 19th-Century England", *British Journal of Educational Studies*, Vol. 21, No. 2, 1973.

② Christopher Kent, "The Whittington Club: A Bohemiam Experiment in Middle Social Reform", *Victorian Studies*, September 1974.

③ Christopher Kent, "The Whittington Club: A Bohemiam Experiment in Middle Social Reform", *Victorian Studies*, September 1974, p. 38.

者，努力营造更舒适的家庭环境和社会环境。

"节制运动"是与中产阶级自我提高相联系，试图控制中下层社会的酗酒、赌博等不良社会行为，以建立良好的社会风尚的社会运动。19世纪30年代相继建立的"不列颠和外国禁酒协会"（The British and Foreign Temperance Society）、"布莱克本禁酒协会委员会"（The Committee of Blackburn Association for Suppression of Intemperance）、"博尔顿戒酒协会"等组织都是由中产阶级精英领导，超越党派的自愿团体。各组织的精英们试图把不同利益群体团结在一起，通过发放宣传小册子、集会等方式开展禁酒运动。如"布莱克本禁酒协会委员会"领袖里夫·富来勃克赛斯·斯金纳（Rev. Frabcis Skinner）所说，"要通过这一组织，消除疑虑和不信任，共同面对地球上最难对付的敌人"。1840年，"利兹禁酒协会"在马绍尔的新磨坊举行了2600人的游行集会活动。[①]

从上述可见，无论是自我帮助、学习知识，还是提倡节制与社会道德，都是中产阶级追求的文明生活理念，代表新兴的城市文化对抗守旧落后的乡村文化，也是减少社会不同阶层间对抗性矛盾，推动社会和谐发展的内在动力，这正是城市和中产阶级受人尊敬的地方。琳达·扬，一位维多利亚时代早期的历史学家写道："在19世纪初，美德促进国家向前发展。到19世纪30年代，对贵族恶习的宽容消失在中产阶级和体面的工人阶层中，适应已经变化的新贵族道德被看作是一种策略。如维多利亚女王采用上流社会的价值将自己从她叔叔那一代堕落的贵族的价值观中分离出来。"[②]

最后，传递中产阶级政治观念，推进政治改革。

在市镇成长过程中，各阶层收入差距扩大，阶级矛盾和社会矛盾日益尖锐，中产阶级在市镇建立的许多志愿社团力图克服不同党派、不同宗教派别、不同社会群体之间的矛盾，试图调和中产阶级思想中的功利主义和福音派的分歧，解决辉格党和托利党的对立，缓解城市中产阶级精英和激进的小资产阶级之间的思想意识矛盾，加强中产阶级创新意识和内部凝聚力。1844年3月布莱克本建立了机械学院，推举棉纺织业主约翰·艾伯特

---

① Brian Lewis, *The Middlemost and the Milltowns*: *Bourgeois Culture and Politics in Early Industrial England*, p. 266.

② Linda Young, *Middle-Class Culture in the Nineteenth Century*, p. 62.

（John Abbott）为主席。约翰强调"严格限制有关党派政治、非正统宗教或者非道德倾向中存在争议的理论或观点"。1810 年一神论者牧师里夫·约翰·拉德（Rev. John Rudd）发起建立的"布里斯托文学和哲学协会"第 10 条会规中规定，"主持人必须强调有秩序的言论，尤其是阻止不同宗派、不同教派、现代不同政治观点的争论"①。"博尔顿德尔塔协会"（Bolton Delta Society）也是一个试图超越政治和宗派的俱乐部。在俱乐部中，中产阶级精英一起阅读、讨论问题、相互交流思想，不仅为他们步入政坛锻炼了口才，而且为他们的事业成功积累社会基础。惠灵顿俱乐部最受欢迎的活动是周演讲，人们在那里可以听到一些领袖的演讲，其中有俱乐部的成员，也有社会上的名流。演讲的主题涉及社会各方面，包括妇女问题。1835 年建立的"曼彻斯特雅典那神庙"是曼彻斯特学院较为富有的中产阶级组织，它为专业人员、商人和职员提供理性和舒适的娱乐场所，每年的晚会邀请政治领域和文学领域杰出人物参加，晚会活动的主题通常会引起公共机构的关注。1846 年，一位杂志编辑评论道："俱乐部是这一时代最具特色的发明，它是集政治、文学、社会、快乐为一体的联合机构，其成员扩大到中产阶级下层。它通过提高成员的自尊，增强了阶级的凝聚力。"②

同时，许多协会和自愿组织服务于不同党派，推动 19 世纪的政治改革。19 世纪是英国中产阶级通过民主改革不断取得政治权力，推进社会民主化进程的时代。中产阶级的精英在社会变革过程中不希望使用暴力手段，快速地获取自己在市镇和国家的主导地位，他们试图利用俱乐部和自愿社团组织传递政治观念和社会改革思想，联合本阶级和社会中下层的力量，推进改革目标的实现。因此，一些俱乐部和自愿协会组织成为各党派争取政治支持的阵地。博尔顿的"彼特俱乐部"建于 1810 年，吸引着支持托利党的精英。"新闻交流中心"建于 1834 年，由詹姆斯·皮卡普（James Pickup）任主席，印刷商、书商 W. H. 莫里斯（W. H. Morrice）承

---

① Brian Lewis, *The Middlemost and the Milltowns: Bourgeois Culture and Politics in Early Industrial England*, p. 259.

② Christopher Kent, "The Whittington Club: A Bohemiam Experiment in Middle Social Reform", *Victorian Studies*, September 1974, p. 34.

诺捐赠，会员年费为 30 先令，成员限于 60 人。这是一个具有政治倾向性和社会排他性的组织，其主要工作目标是追求成就，处理托利党的事务。[①] 1832 年建立的"卡尔顿俱乐部"在成立当月就有 500 名保守党人加入，次年，增长到 800 人。该俱乐部从 1832 年到 1868 年都是保守党的活动中心和总部。[②]

"惠灵顿俱乐部"也具有很强的政治倾向性。许多出现在俱乐部会议上的名字都是伦敦激进俱乐部的成员。如弗兰西斯·普来斯（Francis Place）、W. H. 阿什赫斯特（W. H. Ashurst）、皮特·A. 泰勒等都是议会选举权运动的创始人，J. A. 诺威罗·赫威茨（J. A. Novello Howitts）和考登·克拉克斯（Cowden Clarkes）与激进文学圈子有密切关系，而杰米·斯坦斯菲特（Jamea Stansfeld）和查尔斯·米尔纳·吉布森（Charles Milner Gibson）都是国家政治圈中的重要人物，他们的女儿和妻子都是积极的政治家和女性主义改革家，也是俱乐部理事会成员。大部分惠灵顿俱乐部的支持者都积极支持反谷物法运动，在国际上惠灵顿俱乐部积极支持欧洲受压迫民族的反抗斗争，为政治难民提供庇护，并为这些难民生活得更好而努力。

总之，自愿协会、俱乐部在很大程度上覆盖了资产阶级的公共生活。中产阶级男性精英通过城市文化团体延伸了活动舞台，丰富了个体的政治、经济和文化生活，把资产阶级不同阶层融合在一起，加强了阶级的凝聚力。同时，他们通过这些组织，采用不同的方式把本阶级的价值观传递给中下层的人们，影响社会对其文化的认同，促使中产阶级文化逐渐成为社会的主流文化。但是，中产阶级不同个体、不同团体、不同社会等级间的文化价值观与生活方式存在差异，这种差异与融合使权力关系处于不断变动状态，导致公共权力结构不断调整，促进国家和公共机构更好地适应社会的需求。

---

① Brian Lewis, *The Middlemost and the Milltowns: Bourgeois Culture and Politics in Early Industrial England*, p. 270.

② 沈汉、刘新成：《英国议会政治史》，南京大学出版社，1991，第 294 页。

第五节　自由主义的理论与实践

1832 年议会改革前，英国政治统治权掌握在贵族手中，议会选举权由贵族把持，下院议员的选派资格和选民资格都沿袭旧制。在议席分配上，东部、东南部许多昔日繁荣的地方已经人迹稀少，甚至已淹没在水底，但它们仍有向国会选派议员的资格；而新兴的工业城市，曼彻斯特、伯明翰等已拥有百万以上居民，还是没有选派国会议员的资格。打破贵族垄断国家政坛的局面，夺取政治统治权，建立民主政治模式是中产阶级的政治目标。因此，以亚当·斯密和约翰·穆勒为代表的自由主义理论家，不断发展自由主义思想，构建自由主义民主改革的理论基础。在自由主义理论指导下，19 世纪的英国进行了三次议会改革，完成了英国中产阶级夺取政治权力的任务，使贵族政治转变成资产阶级的民主政治。

一　自由主义的理论

自由主义的理论随着英国工业化的发展，社会经济基础的变化，不断充实新的内容，成为民主改革的基础。19 世纪初期，它主张抛开一切约束，废除政府对工业和贸易的过度限制，实行经济上的放任主义，扩大议会选举权，完善代议制政府。以亚当·斯密为代表的古典自由主义相信社会和经济的进步源自个人对财富和利益的追求，市场的社会基础不是公共的组织，而是个人利益，但一味地追求个人利益也将危害到政府和社会利益。在《国民财富的性质和原因的研究》一书中，亚当·斯密强调"每个人把资本用以支持国内产业，必然会努力指导那种产业，使其生产物尽可能有最大的价值"。[1] "利己是个人经济活动的出发点，这种利己的行为使经济发展。我们每天所需要的食料和饮料，不是出自屠户、酿酒家或烙面包师的恩惠，而是出于他们自利的打算。"[2] 亚当·斯密提出这一私利行为

---

[1] 〔英〕亚当·斯密:《国民财富的性质和原因的研究》下卷，郭大力、王亚南译，商务印书馆，2002，第 26 页。

[2] 〔英〕亚当·斯密:《国民财富的性质和原因的研究》上卷，郭大力、王亚南译，商务印书馆，2002，第 14 页。

通过市场"看不见的手""引导他们对生活必需品作出几乎同土地在平均分配给全体居民的情况下可能作出的一样分配,从而不知不觉地增进了社会利益,并为不断增多的人口提供生活资料"①。因此,工商业者在进行投资"追求自己的利益,往往使他能比在真正出于本意下更有效地促进社会的利益"②。在此,亚当·斯密揭示了个人利益和社会利益的关系。社会利益以个人利益为基础,个人利益实现也促进社会利益的实现。市场这只看不见的手协调了私利和公益的关系,引导人们在社会经济生活中遵循经济规律,在政治生活中建立社会法规,实现经济均衡和政治均衡。

同时,亚当·斯密提出了协调个人利益与社会利益的方法和途径。就个人而言,"人道、公正、慷慨大方和热心公益的精神都是对别人最有用的品质"③。就社会而言,应该通过多种手段促进个人利他品质的发展。在亚当·斯密看来,商人和制造业主的利益能促使政府否定与一般利益相对抗的特权和垄断。他怀疑地主和劳工是否拥有能够支撑资本主义利益的公民精神。他相信,"商业社会使造就普通公民成为可能:少数人的利益再也不能建立在大多数人服从的基础上。同时,社会和政治机构必须培育促进公共精神的发展,丰富的市场将促进公民权利的获得,但是也威胁侵蚀忠于公共利益的精神,这种公共利益正是公民关系的基础"④。在《亚当·斯密全集:道德情操论》中,亚当·斯密进一步论述了政府对促进私人利益和公共利益的责任。一方面,他认为通过政治机构、法律、税收等手段强制调节个人利益和社会利益的协调发展。他警告,"如果没有司法、防卫和监督建立必要的安全保障机构,必将危害到政府,公众利益会被特殊的利益所败坏"。他认为"一切政治法规越是有助于促进在它们指导下生活的那些人的幸福,就越得到尊重。这也是那些法规的唯一用途和目的。"⑤ 另一方面,他强调政府要通过教育建立个人的权利与义务意识,引

---

① 〔英〕亚当·斯密:《国民财富的性质和原因的研究》下卷,郭大力、王亚南译,第27页。
② 〔英〕亚当·斯密:《亚当·斯密全集:道德情操论》第1卷,蒋自强等译,商务印书馆,2014,第332页。
③ 〔英〕亚当·斯密:《亚当·斯密全集:道德情操论》第1卷,蒋自强等译,第239页。
④ H. S. Jones, *Victorian Political Thought*, New York: St. Martin's Press, 2000, p. 8.
⑤ 〔英〕亚当·斯密:《亚当·斯密全集:道德情操论》第1卷,蒋自强等译,第233页。

导个人形成积极承担社会责任的价值观，社会在考虑任何个人的品质时，"要从两个不同的角度来考察它：第一，它对那个人自己的幸福所产生的影响；第二，它对其他人的幸福所产生的影响。如果把每个人的主要的注意力引向人类大家庭的一个特定部分——这个部分基本上处在个人的能力和理解所及的范围之内——可以大大地促进人类大家庭的利益"①。

　　实际上，亚当·斯密提出现代政治理论中如何保障个人权利与公共权利的两难问题，并提出解决问题的途径：一是通过教育培养公民必需的心理素质和道德标准；二是通过议会主权和税收由代表决定，防止政府的强权。亚当·斯密提供了自由市场经济下维多利亚时期政治思想的两大基石：议会主权原则和教育公民权利与义务，亚当·斯密的思想代表新兴工商业阶层的诉求，对英国的经济政策从重商主义向自由主义转变产生了影响。

　　19世纪中后期，工业社会暴露出一系列社会问题，如劳资纠纷、贫困、失业等问题。约翰·穆勒等自由主义思想家在古典自由主义理论基础上，更多地论证个人主义的利益建立在社会整体利益基础上，否定社会是虚构的，个人才是真实的论点。穆勒提出，政治自由的真正意义是它能够让公共问题得到自由的讨论，民众有权参与政治决定，具有道德和信念，并能承担责任，这是造就理性人类的主要途径。他在《论自由》一书中，主张真正宽容大度的公众舆论，重视不同的观点，限制要求一致意见的数量，强调新观念是新发现的源泉，政府必须扩大公共参政范围，完善民主与法律制度，以保障人的自由权利的实现。穆勒的思想促使自由主义理论体系走向成熟，明确了个人自由与政府职能之间的关系、个人自由与社会利益的关系。

　　首先，就个人自由和政府的职能而言，穆勒认为个人有权享有无害于他人的自由。自由仅只涉及本人的那部分，在权利上则是绝对的。根据这一原则，穆勒指出了人类自由的领域："第一，人类在内在意识领域的自由：它要求最广义的良心自由，思想和情感自由，对举凡实践、思想、科学、道德、宗教等所有事物的意见和态度的绝对自由。第二，每个人应享

①　〔英〕亚当·斯密：《亚当·斯密全集：道德情操论》第1卷，蒋自强等译，第272~298页。

有的品位和志趣的自由。第三，由个人自由可以推出在同样限制内的个人联合自由：人们可以在不伤害他人的任何目的下的自由联合……如果一个社会不尊重这些自由，无论其政体的形式是什么，都不能算是自由的；如果这些自由不能绝对无条件的存在，社会也不能算是完全自由的。"[1] 一方面，穆勒肯定个人拥有自由权，个人自由是评判社会是否自由的主要依据，政府的职能是保护个人的自由权，让多数人获得最大的快乐。个人是个人利益的最好的评判者，从这一点出发，他认为自由市场的一般规则服从于最大数量的人得到最大幸福这一原则，政治制度的设计就是为了实现个人的愿望和爱好。实现个人的愿望意味着更好地实现个人的潜能，政府应该成为达成个人愿望的创造者而不是控制者。为了防止政府越权而造成对个人自由的侵害，国家要建立以保障安全或公正为基础的法律，实行议会改革，扩大选举权，让大多数人有表达意见的机会，包括有产者妇女。另一方面，穆勒又认为个人自由不能伤害他人的权利，国家政府为了保障个人自由的合法性，也要行使监督职能，避免个人利益侵害社会利益。国家"不但要在每个人特别关乎一己的事情上尊重个人自由，同时，还须在他行使任何能够左右别人的权力上，保持一种警觉的监控"[2]。在《功利主义》一书中，他强调依靠社会制度把个人利益和幸福尽可能地与社会集体利益协调在一起，社会进步通过利他主义对享乐主义的节制来实现。穆勒坚信教育、习惯、情操的培育将使普通人形成为国家卖力，真正地为国而战的信念。因此，他强调政府应对社会承担道德教化的任务。在一个社会中，人的心理和道德就像身体的肌肉一样，构成社会健康发展的基础。政府有责任为改进这种心理和道德创造良好的社会环境。社会改革的目标"不是建立道德改革的框架，而是产生一种社会环境，在这种环境下严肃、节俭、性别节制特性都将得到发展"[3]。他主张政府和社会发挥教育职能，把"自爱之私德"和"兼爱之公德"结合起来，让个人的愿望与公共福祉相一致；利用宗教的人文性，为建立人类无私的优秀品德服务。实际上，穆勒与当时中产阶级的政治家和道德家一样，希望通过政府的行为，推进

---

① 〔英〕约翰·穆勒：《论自由》，孟凡礼译，广西师范大学出版社，2011，第13页。

② 〔英〕约翰·穆勒：《论自由》，孟凡礼译，第125页。

③ H. S. Jones, *Victorian Political Thought*, p. 31.

政治民主化改革和社会改革的进程，建立与中产阶级生活方式相一致的社会道德观，促使社会认同中产阶级的文化价值观。

其次，在个人自由和社会关系上，肯定人具有社会性。人的自由必定是社会性的自由，实现个人的自由不能妨害他人的利益，这使自由主义蒙上利他的色彩。穆勒在自由原则的应用问题上提出两条准则："第一，只要个人行为仅关乎一己利害而与他人无干，个人就无须向社会负责。如果有人觉得有必要维护自身利益，不妨对其进行忠告、规诚、劝导乃至回避，社会能够正当地对其行为表达厌恶与责难，仅此而已。第二，对于个人任何损害他人利益的行为，个人都应该对社会负责，并且如果社会觉得为了安全必须给予某种惩处，则行事还应该受到社会舆论或法律的惩罚。"①

可见，穆勒的个人自由与社会自由的关系是亚当·斯密古典自由主义利他思想的深化和发展。从亚当·斯密开始，英国古典自由主义很长一段时间都强调个人的利益通过市场这一"看不见的手"来实现，也有助于他人的利益。穆勒认为这种利他的自由主义内涵是促进社会进步的动力。

节制个人享乐、带有利他主义思想的自由主义正是维多利亚时期中产阶级文化价值观的体现。代表中产阶级利益的自由主义者较 19 世纪早期古典自由主义者更加强调个人利益与整体利益的关系、极端个人主义对社会的危害性。他们试图通过道德上的自我约束来完善社会秩序，克服工业化带来的社会问题。基督教政治经济学家斯迈尔斯的著作《个性、节俭与责任》是维多利亚时代价值观的写照，对功利主义思想影响较大。他赞同哈立特·曼丁纳罗（Harriet Martinerau）的主张，即社会并不是个人的总和，必须处理好个人与团体的关系，因为这是唯一建立在平民素质整体提升基础上的个人素质提升。政府的行为主要依靠个人组成的道德力量，所有的服务证明国家的价值和力量较多依靠的是个人的品质而不是机构本身。斯迈尔斯指出，"没有一个人独立存在于世界上，每个人都是社会相互依赖整体的一部分，个人的行为会直接导致增加或者减少人类优秀品质"。② 斯

---

① 〔英〕约翰·穆勒：《论自由》，孟凡礼译，第 113 页。

② Samuel Smiles, "Self-help: With Illustrations of Character and Conduct（1859）", in H. S. Jones, *Victorian Political Thought*, p. 34.

宾塞虽然用生物进化论的法则解释人类社会的发展过程，强调人类社会优胜劣汰的自然法则，但也承认人类社会是一个有机体，强调国家要关注社会整体的发展。当然，自由主义的这种利他主义的自我约束与个人自由平等权及人的潜能的充分实现并不矛盾。"利他"提高全民德行，创造良好的社会环境，最终目的是促进人的自由权的充分实现。因此，正如学者 H.S. 琼斯（H.S. Jones）所说："维多利亚早期和中期的个人主义限定在自我帮助先于政府行为的基础上，然而这种优先选择是建立在发展而不是静态的伦理基础上。自我帮助是好的品格，因为它所产生的令人振奋的结果是它促使个人形成更高的品质，通过实践发展个人，但是个人主义并不是建立整个社会的最小原子，也不仅仅是经典的自我概念。"①

总之，19世纪英国的自由主义一方面确定社会由自治的个人组成，要保护这些个人免受社会和政府的侵害；另一方面，自由主义平等观点作为一种法则又超越了个人自治组织允许的范围，取而代之的是让社会有效地行使对个人不良行为的约束，使个人自由、个人利益与社会利益相一致，也就是说，资产阶级在追求个人利益最大化的同时，要顾及社会利益。

二　自由主义的改革

19世纪英国资产阶级主导下的政治改革和社会改革以自由主义思想为指导，在很大程度上体现了中产阶级的利益和愿望。政治上，1832～1884年的三次议会改革调整议席分配，降低选民的财产资格，扩大选举权，让新兴的工业城市享有选派议员的资格，中产阶级因此分享了政治权力。

首先，从选民资格来看，1832年议会改革规定选举人的资格是年收入在10镑及以上的地主或房主，年收入在50英镑及以上的租地经营者。结果，全国选民人数从1831年的51万增加到81万，选民人数在全国成年居民中的比例由5%提高到8%。1867年第二次议会改革规定，凡缴纳济贫税的房主和定居一年以上、缴纳10英镑及以上年租的房客均有选举权；在各郡，凡每年土地收入达5英镑的佃户或缴纳5英镑租金的佃农都有选举权。

---

① H.S. Jones, *Victorian Political Thought*, p. 35.

根据这一条例，选民人数从 130 万扩大到 200 万。1884 年第三次议会改革对郡和城市选区的选民规定了同样的财产资格，即年收入在 10 英镑及以上的成年男子均有选举权。1884 年，选民人数达 570 万，当时英国人口不到4000 万人，如果不计妇女和 21 岁以下的男人，绝大多数成年男子享有选举权。

其次，从议席分配来看，1832 年议会改革取消了 56 个居民人数不足2000 人的 "袖珍选区" 选送议员的资格，30 个居民人数在 2000 人至 4000人的 "衰败选区" 选送议员的人数从 2 名减少至 1 名，空出的名额给予新设立的新兴城市选区。1867 年的议会改革进一步调整选区设置，取消了 46个 "衰败选区" 选派代表的资格，空出的席位再次分配给新兴的工业城市。1885 年议会还通过了《重新分配议席法案》，废除实行数百年的由各选区选派两名代表的制度，规定除 22 个城镇选区和牛津、剑桥大学选区外，各选区均选送一名议员，81 个居民人数不到 15000 人的城镇丧失了选派议员资格，被取消议席的选区并入郡选区；居民人数在 50000 人以下选区各减少一个议席，下院议席增至 670 人。① 通过议席分配调整，新兴工业城市逐渐取代了传统的农业选区成为国家政治权力的中心。

经过议会改革，工业资产阶级在国家各级政权机构中取得了统治权，结束了贵族垄断国家权力的局面。在下院中，1865 年土地贵族的代表为436 人，工商业、金融界的代表 545 人，1900 年土地所有者代表仅占 23%，而工商业代表上升到 77%。② 1868～1892 年历届内阁中贵族占 58%，1895～1919 年只占 33%。③

政府机构实行文官制度的改革。1855 年 5 月 21 日，帕麦斯顿首相直接以枢密院的名义颁布了文官制度改革的正式法令，即《关于录用王国政府文官的枢密院命令》，成立 3 人组成的文官制度委员会，负责审核参加文官考试人员的资格，对考试合格者颁发合格证书，并把他们派遣到各部门，6 个月试用期满后进行考核，决定是否录用。尽管这一法令没有规定

① 阎照祥：《英国政党政治》，人民出版社，1999，第 342 页。
② 〔美〕乔治·霍兰·萨拜因：《政治学说史》，盛葵阳、崔妙因译，商务印书馆，1990，第345 页。
③ 阎照祥：《英国政党政治》，第 351 页。

公开竞争考试和考试标准，仅适用于被推荐的低级文官候选人的资格考试，而且推荐候选人的权力还保留在各部门的长官手中，恩赐官职和文官腐败的作风还没有彻底得到改变，但它开启了以择优录取的方式代替恩赐官职的新起点。1870年4月格莱斯顿内阁颁布了文官制度改革第二个枢密院令，规定多数文官职位的任命必须根据文官委员会委员们的要求，通过公开考试择优录取。委员们在财政部的监督下，有权决定被录用的文官必须具备的合格条件。但是，此枢密院令规定外交部和内政部例外，一些高级文官还可以由大臣直接任命。同时，财政部发出通知，考试分为两类，分别定出不同的标准。由于录取的标准不一，文官也分为低级和高级两类。因此，1870年4月枢密院令确定了英国文官制度中最重要、最基本的原则，它的颁布标志着近代英国文官制度的最后确立。此外，政府还通过文官委员会、财政部颁布了许多补充规定，对文官的年龄、待遇、晋升、分级等方面都做了补充或修正，使文官制度日益完善。尽管1870年英国文官制度改革还没有完全实行公开竞争考试录用文官，恩赐官职还存在，但是文官制度改革取消了贵族对政府官职的垄断地位，使不同层次的中产阶级能够进入政府机构，与议会改革一起，巩固了中产阶级的政治地位。同时，文官制度改革也提高了文官队伍的质量，提高了行政效率，推动了工业化、城市化的深入发展和社会的进步。文官录用中竞争考试、择优录取的原则，意味着个人的才能而不是门第定胜负，这与19世纪中产阶级流行的自助、自尊、努力奋斗的价值观相一致，有利于社会形成尊重知识、尊重人才的良好氛围，推进教育改革和发展。如格莱斯顿政府颁布法令，普及初等教育，提高国民文化水平，通过考核授予学者们学院院士或其他学术职称和奖学金，取消了宗教信仰的限制，为广大学者打开了取得高级学术职称的大门。

地方市镇改革。1832年议会改革后，地方政府也相应进行了民主化改革。1835年议会通过了《市镇自治机关法》，取消200多个不合时宜的市镇团体，设立100多个有选举权的议会市镇，规定从市长、市府参事到市议会议员所有的市镇自治机构的人员都由市议会或选民投票产生。同时，规定镇议会必须定期公布账目和年度预算，市镇收入必须用于当地的居民，地方政府可以制定必要的法规。这一法令扩大了市镇机关的权限，削弱了地方上贵族势力把持地方议会和地方选举的局面，并把教会势力排除出地方行政事务之外，使中产阶级开始控制地方政权。随后，为了进一步适应工业化、城市化的发展，19世纪80年代后，又通过了《1888年英国政府法》《1894年地方政府法》《1899年伦敦政府法》，建立全国统一的行政区划和自治性管理体系，奠定了现代地方管理制度的基础。地方官员和议员都由当地居民选举产生，并对选民负责，在一定程度上体现了民主精神，结束了官职恩赐的任命制度，为中产阶级夺取地方政府的职位，进而控制全国政坛，并实施一系列的社会改革，解决工业化城市化带来的一系列问题打下基础。在市镇议会中，工业资产阶级掌权更早。在罗奇代尔和索尔福德市参议会中，工业资产阶级占据的议席1856年为52.5%，1890年高达80.35%，在布莱克本和博尔顿，他们获得过40届市长职位中的25届。[1] 在布里斯托，1835~1850年地方议会议员的职业构成如下：纺织业雇主65人，其他制造业主23人，绅士26人，专业人员46人，零售和批发商61人，其他15人。表1-3显示，1843~1850年博尔顿（Bolton）议会成员基本上来自中产阶级阶层，其职业构成中，制造业主占50%以上，各类商人约占30%左右。[2]

表1-3 1843~1850年博尔顿议会议员职业构成

职业	1843~1845年		1846~1850年	
	No.	Pct. (%)	No.	Pct. (%)
制造业主	66	50.8	96	53
商人（商人和银行家）	0	0	3	1.7
店主	37	28.5	45	24.9
建筑商	2	1.5	3	1.7
著名商人（钢铁商、木材商、酒商、煤商、茶商）	3	2.3	4	2.2
其他企业家	1	0.8	5	2.8
绅士	19	14.6	14	7.7
专业人员	2	1.5	11	6.1
总计	130	100	181	100

注：1846~1850年各类职业人员占比总计100%，表中数字相加为100.1%。

---

[1] 李宏图：《英国工业资产阶级与社会政治现代化模式》，《世界历史》1992年第2期。

[2] Brian Lewis, *The Middlemost and the Milltowns：Bourgeois Culture and Politics in Early Industrial England*, pp. 317, 321.

通过上述改革，工业资产阶级执掌国家政治大权，标志着英国结束了政治统治权与经济统治权相互分离的状态，贵族政治彻底让位给资产阶级民主政治，中产阶级自由民主观念从理想变为现实。

同时，中产阶级通过掌握的政治权力按照自身的意愿实行相应的经济改革和社会改革，如 1846 年废除了谷物法，标志着中产阶级对土地贵族的胜利。张伯伦当选伯明翰市长，在当地推行教育改革，兴建学校，提高入学率；拆除贫民窟、改造供水和排水系统、改善居住和卫生条件等措施获得成功。这些社会改革与资产阶级的自愿社团、协会组织一起在建立资产阶级价值观的同时，努力解决工业化、城市化所带来的社会问题，完善社会治理体系，推动社会的和谐发展。

总之，19 世纪自由主义的理论和自由主义的改革实践不断推进英国民主化进程，最终以工业资产阶级为代表的中产阶级获得政治统治权，完成了以农业为基础的传统社会向以工业为基础的现代社会的转型。资产阶级文化模式成为主流，直接影响着家庭、社会和性别关系。

第二章　私人领域的中产阶级女性

　　家是现实世界的避风港，女性是家庭的核心并不是新的概念，而19世纪英国中产阶级"两分领域"的观念把女性从劳动力市场中分离出来，强化了女性在家庭中的性别角色。"两分领域"的观念象征着19世纪英国既定的社会性别与权力关系，包含着女性对男性的依赖，以及家庭社会施加给女性的社会生活规范、家庭责任与道德标准。然而，"两分领域"对中产阶级不同阶层、不同类型女性的家庭生活有不同的影响，处于不同生命周期和婚姻状态的中产阶级三个女性群体——未婚女性、已婚女性、寡妇，在19世纪时代变迁中，她们的家庭生活、法律地位和财产权利也经历着深刻的变化。

第一节　家庭生活

　　"两分领域"理念是19世纪英国中产阶级家庭理想的核心。中产阶级妇女被设想为"家庭天使"，与世隔绝，生活在受保护的客厅，退出公共领域，成为没有独立人格、从属于男性的人。然而，中产阶级女性的家庭作用和家庭地位到底如何？这是一个复杂的问题，学者们的观点存在分歧，如导言所示，以帕森斯为代表的学者强调女性在家庭中的从属地位；以M.珍妮·彼得森为代表的另一些学者则认为"两分领域"不但没有削弱女性的家庭权力，而且还在一定程度上扩大了女性的家庭实际权力。笔者认为，不同时代、不同的女性群体有着不同的经历，她们在家庭中的地位和作用存在较大的差异。根据女性的生命周期和婚姻状况，中产阶级女性可以分为未婚女性、已婚女性和寡妇三个群体，她们在家庭中扮演不同的角色，发挥不同的作用，并在19世纪经历着家庭生活和家庭地位的变迁。"家庭天使"不能涵盖所有中产阶级女性的生活，对男性的从属性也不能完全概括整个19世纪英国中产阶级女性的处境。

一 已婚女性

婚姻是人生中的重要内容，它不仅是一对男女一起共同生活，也是经济、宗教和阶级集团的重要组成部分。19世纪"两分领域"和两性的社会家庭角色定位中，婚姻对中产阶级男性和女性有着不同的意义。对男人来说，他们驰骋于公共领域，是社会的纳税者，也拥有政治权利，控制家庭的财富，在家庭中拥有权威。对大多数中产阶级女性来说婚姻是社会生存的保障，经济上依靠丈夫，生活上服从丈夫，并致力于家庭服务。她们把婚姻看作人生是否幸福的最重要一步，甚至是人生的唯一出路。如果中产阶级女性一生没有进入婚姻的殿堂，那意味着人生的失败。1859年11月12日《星期六概览》杂志上表述了这一观点："婚姻生活是妇女的职业，妇女为此而努力就是为了获得可依赖的生活。当然，找不到丈夫，或是失去丈夫，她无依无靠，只能说是她生活的失败，没有任何社会改革能阻止这种失败。"① 19世纪中产阶级最流行的观点是："一个未婚女性最高尚的行为就是缔结一门能使自己家庭财产进一步增加的美满的婚姻，至于新郎的年龄、道德品质及知识才能与亲事毫无关系。"②

已婚女性是得到社会认可的群体，她们在家庭中扮演一个组织者、教育者、指挥者和上等的清洁工。由于经济地位差异，中产阶级不同阶层的已婚女性拥有不同的生活方式。家内仆役的雇用确保了中产阶级女性与从事体力劳动、肮脏、地位卑微的工人阶级女性的区别。一般来说，年收入在300英镑以上的上层中产阶级家里至少雇用2~3个女佣，越是富有的家庭，雇用的仆人数量越多。如第一章所述，在中产阶级上层有不同类型的仆人从事家务工作。上层中产阶级的主妇主要的工作是做好预算，筹划家

---

① "Queen Bees or Working Bees", *Saturday Review*, 12 November 1859, in Patricia Holls, *Women in Public*, *1850 - 1900*: *Ducument of Victorian Women's Movement*, London: George Allen and Unwin, 1979, p. 11.

② Marian Ramelson, *The Petticoat Rebellion*, *A Century of Struggle for Women's Right*, London: Lawrence and Wishart, 1972, p. 35.

庭消费，安排家庭成员生活和组织以家庭为中心的聚会活动等。

一方面，她们充当家庭管家或像男性亲属的仆人一样伺候左右，其目的是让家庭生活更舒适。她们比低等的中产阶级女性生活优越，每天要做的是与厨子讨论菜单，布置鲜花，安排购物，严格规范仆人的工作和生活，如规定仆人对供热、照明、清洁材料、食品的消费量，有些主妇甚至要算计每一分钱的花费，生活趋于精细化。

埃丝特·斯托克斯（Esther Stokes）出身于上层中产阶级，在她的记忆中，家里有7个女仆，还有一个男工，主要负责搬煤。家庭生活都有规矩：母亲早上下楼检查厨房中的早餐，布置各类事情。然后，如果她想起什么事要做就交代给仆人，或者只需打铃，饭菜就可以送上来。她母亲一般不下楼。①

另一方面，上层中产阶级女性成为家庭社交的中心。如第一章所述，在频繁的家庭聚会中，她们承担布置房子、准备食物、安排接待等主要任务。同时，上层中产阶级女性通过相互访问，开展社交活动。一般来说访问分为三种：一是如果来访者不想马上见到女主人，就在客厅桌子的银托盘上留一张名片，名片留到下午4点，因为那是最适合拜访的时间；二是来访者与女主人约好来访时间；三是家庭主妇"在家日"制度。"主妇的'在家日'没有人来是罕见的。有时来了二十几个，甚至更多的太太，门前的铃声不停地响着，毛皮围巾、伞挂满整个大厅，银盘子到处都是，母亲和太太们都精疲力竭，我们却只能吃冰凉的晚餐。"②尽管有很多太太不喜欢这种接待日，但她们必须参与，因为这不仅是一种社交方式，也是不可推卸的家庭责任。

同时，已婚女性还负有对孩子教育的义务。孩子童年期，她要教他们礼仪，为他们安排家庭娱乐，安排晚餐、聚会，有时带他们去城市的动物园或有博览会展览的集市参观，带他们去牛津街和摄政街购物，看陈列在橱窗的外国食品。等孩子到了青春期，社会化需求增长，要为他们安排野餐、骑自行车、在家欣赏音乐、开娱乐晚会等活动。

---

① Jane Lewis, ed., *Labour and Love*：*Women's Experience of Home and Family 1850-1940*, p. 32.

② Jane Lewis, ed., *Labour and Love*：*Women's Experience of Home and Family 1850-1940*, p. 39.

此外，她们还要组织家庭旅游活动。在圣诞节过后的第 6 个月是核心家庭单独在海边过暑假的时候（经常是一名仆人跟着）。布兰顿（Brighton）、坦布里奇温泉（Tunbridge）、斯卡伯勒（Scarborough）等原来都是贵族绅士休闲的地方，19 世纪中期成为中产阶级固定的休闲场所，还有伯恩茅斯（Bournemouth）、伊斯特本（Eastbourne）、福克斯通（Folkstone）等因中产阶级需求新发展起来的度假胜地，这些都是他们可选择进行短期休闲娱乐的地方，有时兴趣相近的家庭会相约一起去旅游。对于家庭主妇来说，这一活动甚至比圣诞庆祝活动的工作更加繁重，她要安排度假的酒店和其他事项。

中产阶级中下层家庭财产有限，这些家庭的女性安排家庭消费，组织家庭生活，比上层女性更加辛劳。因为 19 世纪的清洁工作已经成为家庭生活中的一个核心部分。对家庭清洁的管理和维护意味着中产阶级与下层社会生活的界线，标志着该阶层的生活规范和地位。在 19 世纪的最后几十年，随着工业的进步，生产出了家用肥皂、洗涤剂、地毯和墙纸等日常用品，家务劳动变得更容易，但同时提高了家务劳动的标准，增加了劳动量。中产阶级中下层家庭经济能力有限，一般只雇用 1~2 个女佣，家庭主妇只能亲自动手或监督仆人劳动。加上在 1851 年前，中产阶级企业规模较小，据统计，1851 年，伦敦最重要的 41 个行业中不到 2% 的工人受雇于雇工人数超过 50 人的企业。[1] 许多中产阶级家庭仍然居住在商店、工厂旁边，企业主也是管理者。因此，中产阶级中下层女性不可避免地成为男性的助手，她们需要熟悉业务、管理账目，甚至帮助家庭经营企业。家庭酿酒厂、铸造厂、旅店、餐馆等业主的妻子帮助丈夫经营业务，校长和医生等专业人员的妻子配合丈夫工作。如 19 世纪 30 年代，路易莎·加勒特帮助丈夫写商务信函，19 世纪 40 年代凯瑟琳·泰特管理家庭财务，以及管理她丈夫任校长的橄榄球学校的账户。[2] 中产阶级下层的妻子就像上足油的机器，每天不停地为家庭忙碌。她可以跟屠夫的妻子聊天，或花一天时

---

[1] Gareth Stedman Jones, *Outcast London：A Study in the Relationship between Classes in Victorian Society*, Oxford：Clarendon Press, 1971, p. 374.

[2] Leonore Davidoff and Catherine Hall, *Family Fortunes*, p. 384.

间与仆人一起在厨房制作果酱，她也发布命令和组合预算。① H. G. 韦尔
（H. G. Well）是一位店主的儿子，他后妈的生活就是当时下层中产阶级妇
女生活的写照。他回忆说："在我们到来之前她很恐惧，后来她爱我们，
全心全意地为我们服务。她把所有的精力放在我们这个贫穷、凄凉的家
中。保持家庭环境清洁，保持孩子们衣着整洁，照顾我们衣食，还要教育
我们。她要到商店去帮忙，她唯一的休息是带着大而杂乱的针线篮，永无
休止地缝补着。"② 因此，1852 年《家庭和平真理》杂志指出，女主人的
责任是思考、命令、提供、安排、看管、监督、回忆、提醒，她没有更多
的权利期望从仆人中得到这些东西，他们必须早上第一个起床，生火，或
让厨房一切就绪。这些女主人和仆人是一个思想两个身体。③

　　不可否认，中产阶级女性在家庭管理中充分发挥自己的才能，为家庭
良好运行发挥了重要作用。同时，她们通过家庭管理，一定程度上分离了
丈夫的家庭权利，提高了她们在家庭中的实际地位。

　　首先，加强了女性对家庭经济的实际驾驭能力。在实际生活中，中产
阶级家庭是一个整体，男性和女性完成不同的工作，用理想的秩序和管理
手段来应对各种事情，建立良好的家庭经济状况是生活幸福的基础。适当
的家庭管理，可以保证家庭财富的安全，使家庭繁荣，从而派生出舒适的
家庭环境、和睦的家庭关系。斯迈尔斯说，一个家的管理"是一种与商店
或一个会计室一样的商业管理。它需要方法、组织、勤劳、节俭、自律、
机智、知识和平衡等各方面的能力。家政管理的水平体现在最精细化的评
估中，男女两性的最佳和最有用的特征是：男性的智慧，女性的理性、勤
奋。在家中，女主人是一个了解情况、有培训能力和技能的人，也是善于
分析的专家"④。就普遍意义而言，19 世纪丈夫仍然操纵家庭的经济大权，
他们对家庭的开支、雇用仆人数量等有决定权，女主人只扮演副手的角

① Caroline Lieffers, "'Every Family Might be Its Own Economical Housekeeping Company (Limited)': Managing the Middle-Class Home in Nineteenth-Century England", p. 456.

② Jane Lewis, ed., Labour and Love: Women's Experience of Home and Family 1850-1940, p. 179.

③ Caroline Lieffers, "'Every Family Might be Its Own Economical Housekeeping Company (Limited)': Managing the Middle-Class Home in Nineteenth-Century England", p. 450.

④ Caroline Lieffers, "'Every Family Might be Its Own Economical Housekeeping Company (Limited)': Managing the Middle-Class Home in Nineteenth-Century England", p. 462.

色。但是，许多男人对家庭的管理权形同虚设，社会认可妻子对家庭的实际管理权，19世纪后期的法律也确认妇女的管理权。在19世纪60年代后期，牧师詹姆斯·凯利（James Kelly）被带到离婚法庭，他偏执地谩骂妻子，并不顾一切地花费妻子所继承的遗产，还以婚姻中的权利相要挟。结果，法院以他取代妻子的家庭管理权而判决其败诉。法官认为他完全剥夺了妻子作为家庭主妇这一自然角色的权利，否认她控制家庭的金钱权或购买权，而这些都是家庭主妇的权限。尽管没有身体虐待，法官裁定以虐待理由判决他的妻子胜诉。有观察家评论道，"虽然19世纪英国男人是家长，但是，这个绝对权威的人从理论和实践上都非常肯定地承诺在任何时候都可以搁置那些权力"。①

其次，提高了母亲对孩子的影响力。"两分领域"使中产阶级家庭的孩子与父亲相处的时间减少，父亲对孩子们的影响在削弱。虽然维多利亚时代男人在外工作是独立和成熟的标志，但父亲在孩子们的心目中只是一个在家庭之外强大而遥远的身影。在家里，父亲被视为一个依赖且幼稚的人。约翰·迪莫斯（John Demos）称"父亲为入侵者"。② 在维多利亚时代中期长大的人们在自传中通常描写母亲在家庭中起支配作用，父亲是不在家的主人，几乎如同陌生人。在家庭中，父亲可能比母亲更放任、纵容孩子。母亲在养育孩子方面花费更多的时间，对孩子成长的影响力超过父亲。孩子们在母亲的身边学习基本的金钱管理知识，树立道德标准，塑造个人品格，母亲成为维护家庭道德的核心。女性主义者巴巴拉·法斯·利维（Barbara Fass Leavy）研究1845年开始发行、1864年停刊的《不列颠妇女杂志》所提供的信息后得出结论："母亲的作用扩大到父亲领域，她同时还承担了家庭教师的角色。在家庭生活中，男性的无为和依赖性与父权制的权威发生矛盾，那些事业上成功的男人在成长过程中与母亲的关系更密切。"③

---

① Caroline Lieffers, "'Every Family Might be Its Own Economical Housekeeping Company（Limited）': Managing the Middle-Class Home in Nineteenth-Century England", p. 458.

② John R. Gillis, "Ritualization of Middle-Class Family Life in Nineteenth Century Britain, International Journal of Politics", *Culture, and Society*, Vol. 3, No. 2, Winter 1989, p. 225.

③ Robert B. Shoemaker, *Gender in English Society 1650-1850*, pp. 126-127.

因此，有学者强调以家庭为核心的生活方式隐含着英国中产阶级的重大转变。在 19 世纪 30 年代，至少"中产阶级"与一个男性化的公共领域相关，到维多利亚时代中期，"中产阶级"这一概念开始带有女性化色彩，因为女性在性别和阶级的行为规范形成过程中起到关键性作用。有学者认为一条重要的线索是针对中产阶级女性的文学刊物迅速增长，1853 年后逐渐获得免税权，大量训导书、礼仪指导书出版。比顿太太和她的丈夫 1852 年出版了以英国妇女为读者的《家内》杂志，它比其他杂志拥有更多的读者。据《每日电讯报》报道，它的姐妹杂志《女王》（1861 年创刊）发布消息，该杂志从着装、礼仪到花园艺术都提出建议。① 这充分体现了中产阶级女性文化的影响力。

二　寡妇

关于寡妇和大龄未婚女性，学者安妮·赛特琳（Ann Sadrin）称她们是"拥有经济自主权的未婚者、情感被剥夺的特殊人群"。②

由表 2-1 可见，1851 年和 1871 年，寡妇分别占 15 岁以上英格兰威尔士女性人口的 11% 和 12% 左右。

表 2-1　1851~1871 年英格兰威尔士 15 岁以上女性婚姻状况

分类	1851 年		1871 年	
	人数（人）	占比（%）	人数（人）	占比（%）
未婚女性	2786587	40	2713644	36
已婚女性	3401524	49	3948527	52
寡妇	795273	11	879173	12
总数	6983384	100	7541344	100

资料来源：Janette Rutterford and Josephine Maltby, "The Widow, the Clergyman and the Reckless：Women Investors in England 1830-1914", *Feminist Economic*, Vol. 12, 2006, p. 117。

---

① Simon Gunn, "Class, Identity and the Urban：The Middle Class in England, c. 1790-1950", *Urban History*, Vol. 31, No. 1, 2004, p. 37.

② Janette Rutterford and Josephine Maltby, "The Widow, the Clergyman and the Reckless：Women Investors in England 1830-1914", *Feminist Economic*, Vol. 12, 2006, p. 117.

由表 2-2 可见，1851 年在伦敦、利物浦、曼彻斯特、伯明翰、利兹、布里斯托等六大城市中，寡妇占 20 岁以上女性人口的 12.7%~16.6%，除伯明翰外，其他五个城市都在 14% 以上。

表 2-2　1851 年英国六大城市 20 岁以上女性婚姻状况

城市	未婚女性		寡妇		已婚女性	
	人数（人）	占总数的%	人数（人）	占总数的%	人数（人）	占总数的%
伦敦	246124	32.3	110028	14.4	406266	53.3
利物浦	23774	30.8	11178	14.5	42131	54.7
曼彻斯特	19658	28.7	9927	14.5	38870	56.8
伯明翰	11511	23.7	6175	12.7	30801	63.5
利兹	7783	26.2	4289	14.4	17700	59.5
布里斯托	6667	31	3567	16.6	11295	52.5

资料来源：David R. Green and Alastair Owens, "Gentlewomanly Capitalism? Spinsters, Widows, and Wealth Holding in England and Wales 1800-1860", *Economic History Review*, No. 3, 2003, p. 513。

寡妇如果不再婚，重新为人妻，那么她就要独自承担养育孩子和管理家庭的责任，甚至还要替代丈夫承担经营管理企业的责任。从 1851 年人口普查结果来看，埃塞克斯郡和萨福克郡有 296 名寡妇，其中有 200 名，或者说有 68% 是户主。[1] 寡妇再嫁在现代早期比较普遍。因为在现代早期，中上层家庭还是一个生产单位，拥有农场经营权或财产租赁权，这些都会吸引单身男性迎娶寡妇，以获得生活资源，改善生活状况。但是，在 19 世纪中产阶级的成长过程中，个人的社会地位不再完全取决于土地或财产持有。他们的收入来源多样化，神职人员、海军或陆军军官、专业人士，不同级别的公务员除了财产性收入外，主要靠专业知识的业务收入。这种收入的终止与挣面包男性的死亡联系在一起，它无法给寡妇留下作为结婚交换的物质条件，加上 19 世纪英国存在大量未婚的"过剩女子"，导致 19 世纪寡妇再婚率低。根据教区登记册提供的材料，在 16 世纪中期，婚姻登记中有 30% 是寡妇和鳏夫再婚，到 1851 年，这一人群在新郎新娘中的比

[1]　Leonore Davidoff and Catherine Hall, *Family Fortunes*, p. 313.

例下降到 11.27%，到 19 世纪下半期基本上都维持在低比例状态，1855 年下降到 11.94%，1860 年再降到 11.46%。① 可见，19 世纪英国寡妇再婚的比例较低，大多数寡妇不能依靠再婚来改变命运。

　　中产阶级不同阶层的寡妇生活来源与生活方式有较大的区别。如果寡妇拥有丈夫留下的土地或者企业，从法律意义而言，她们有权以自己的名义独立经营或处置财产，但实际上她们要独立经营土地和企业都非常困难。学者辛西娅·柯伦（Cynthia Curran）认为妇女土地所有者的地位在 17~19 世纪早期逐渐恶化，主要原因是 1833 年结束了习惯法中的嫁妆权，这使一个女人的财产永久合法地控制在丈夫手中。② 大部分丈夫留给寡妇的只是孩子成年以前的财产权和企业处置权。因此，寡妇的经营权会受到来自行业和家族的干预。虽然有些寡妇根据遗嘱经营丈夫留下的企业，成为企业家，但经营不善趋于破产者比比皆是。菲维太太（Mrs. Fyvie）是作家伊莎贝勒·费维·梅奥（Isabella Fyvie Mayo）的母亲，她守寡时，孩子们年龄尚小。她拥有她丈夫经营得很好、长达 200 多年历史的家族企业，她试图为孩子掌控企业，以维持他们的继承权和社会地位。结果，由于她经营不善，企业破产，还积累了大量债务。③

　　许多中产阶级下层家庭的寡妇还要承担丈夫生前留下的债务，生活更为艰难。玛格丽特·奥利芬特（Margaret Oliphant）的丈夫弗兰克死于 1859 年，给她留下了三个孩子。她描述丈夫离开时的情景："当我在这个世界重新开始生活时，我拥有的所有的财富大约是 1000 英镑的债务，一份小额保险。此外，还有一些家具和我自己的能力，这就是维持我们生活和偿还债务的工具。"④

① E. A. Wrigley and R. S. Schofield, *The Population History of England 1541－1871*, Cambridge: Camrbidge University Press, 1981, p. 258.

② Susan Staves, *Married Women's Separate Property in England 1660 － 1833*, Cambridge, Massachusetts, London: Harvard University Press, 1990.

③ Cynthia Curran, "Private Women, Public Needs: Middle-Class Widows in Victorian England", *A Quarterly Journal Concerned with British Studies*, Vol. 25, No. 2, Summer 1993, p. 229.

④ Mrs. Harry Coghill, ed., *The Autobiography and Letters of Mrs. M. O. W. Oliphant*, New York, 1899, pp. 64, 77, in Cynthia Curran, "Private Women, Public Needs: Middle-Class Widows in Victorian England", *A Quarterly Journal Concerned with British Studies*, Vol. 25, No. 2, Summer 1993, p. 223.

虽然寡妇也可以进入雇工行列，但对于带孩子的寡妇来说却非常困难。雇主喜欢年轻且可能结婚就离开工作岗位的女性，因为这样他们可以支付低工资，避免提供退休金。也有许多职业虽然没有特别排斥寡妇，但在实践中，尤其是与年龄相结合的工作条件限制了她们就业。据统计，当时，一般店员的年龄为17~20岁，邮局的女职员一般在14~18岁，邮局女性职位明确排斥已婚妇女，实际上阻断了中产阶级寡妇在这些领域就业的可能性。大量寡妇以打零工来维持生存。她们服务的范围从清洁瓷器、家具到护理宠物，有些人靠写作、出租房子、办学，或当家庭教师等低收入的工作维持生活，陷入贫困。如上述玛格丽特·奥利芬特作为带着两个孩子并怀有身孕的寡妇靠写作为生，收入微薄，生活没有保障。

有些寡妇只能寄人篱下，艰难度日。辛普森太太（Mrs. Simpson）在日记中记载了她依靠慈善和他人救济，被迫无休止地从一个亲戚家搬到另一个亲戚家的不堪经历："我得到来自M阿姨的消息，她希望我下个星期去并给我20镑……得到L阿姨的消息，她希望我28日去，真去了，我是多么可怜啊……［阿姨］玛丽亚和我曾经有过可怕的争执，我不知道有过这样的争执后，我们如何一起生活。我主动写信给菲利普叔叔，他不愿意接纳我。"[1]

也有中产阶级寡妇靠保险年金生活，实际上依赖年金生活与依靠亲戚和邻居的慈善救济一样不可靠。因为年金通常由男性亲属管理，或者数量少不能维持相应的生活需求。

三　未婚女性

这里未婚女性是指未婚未育的成年女性。19世纪社会价值观认为，如果女性一直单身，成为"过剩女子"，她就是无用之人。19世纪英国的中产阶级阶层存在大量的大龄未婚女性，人称"过剩女子"，或"老处女"。威廉·海利定义"老处女"是40岁未婚女性，也有人把年龄界线放到45岁，甚至有学者把年龄界线放到50岁或者60岁。1984年《家庭历史杂

---

① Cynthia Curran, "Private Women, Public Needs: Middle-Class Widows in Victorian England", p. 228.

志》界定为 35 岁未结婚，似乎不可能结婚的女性。剑桥人口研究组织定义的 "老处女" 概念指的是 50 岁以上没有结婚的女性[1]。学者迈克尔·安德森计算，若寡妇也包括在单身女性之列，1851 年，英国有 1800000 名女性没有丈夫，或者说占人口总数 8.9% 的女性没有丈夫。[2]

由表 2-1 可见，1851～1871 年，英国未婚女性占 15 岁以上女性人口总数的 40% 左右。

表 2-2 显示，19 世纪中期，英国六大主要城市（除伯明翰外）中，20 岁以上女性至少有 40% 是未婚女性和寡妇。尤其是伦敦等中产阶级聚居的大城市，未婚女性数量占女性总人口的 32.3%，约占城市人口的 23%。19 世纪中晚期，随着城市化的发展，这一群体的总人数不断增长。1851 年格拉斯哥 26 岁以上未婚女性占女性总人口的 35.3%，1891 年达 50.9%。[3] 一般来说，45 岁以上单身女性很少有结婚机会，1851 年这一人群达 204650 人，1891 年增加至 342072 人。[4] 无疑，这是一个人数众多的群体。学者 D. 斯塔尔斯（D. Staars）也考证得出结论：在中产阶级居住的市郊，如果每一个女性都能结婚的话，每一个男人必须要与二至三名女性结婚。[5]

19 世纪的英国为何产生如此众多的 "过剩女性"？从客观上看，是因为海外移民、医学进步、死亡率降低、女性平均寿命延长等诸多因素导致男女人口比例失调。

从表 2-3 议会文件公布的数据可见，1831～1901 年，英格兰和威尔士的男女人口比例失调现象趋于严重，1831 年女性人口超过男性 667520 人，1891 年达 1103744 人，这在客观上导致部分女性不可能结婚。

① Bridget Hill, *Women Alone: Spinsters in England 1660-1850*, New Haven and London: Yale University Press, 2001, p. 5.

② Michael Anderson, "The Social Position of Spinsters in Mid-Victorian Britain", *Journal of Family History*, Winter 1984, p. 378.

③ Eleanor Gordon and Gwyneth Nair, *Public Lives: Women Family and Society in Victorian Britain*, p. 172.

④ Martha Vicinus, *Independent Women: Work and Community for Single Wowen, 1850-1920*, p. 152.

⑤ Janette Rutterford and Josephine Maltby, "The Widow, the Clergyman and the Reckless: Women Investors in England 1830-1914", *Feminist Economic*, Vol. 12, 2006, p. 118.

表 2-3　1831~1901 年男女人口数量

单位：人

年份	男性	女性	女性人口超过男性人口数量
1831	11680532	12348052	667520
1841	13060497	13670432	609935
1851	13369227	14021402	652175
1861	14063477	14864008	800531
1871	15301830	16182831	881001
1881	16972654	17912194	939540
1891	18314571	19418315	1103744
1901	20102408	21356313	1253905

资料来源：W. D. Handcock, ed., *English Historical Documents 1783 - 1832*, London and New York：Routledge Press, 1996, p. 202. W. D. Handcock, ed., *English Historical Documents 1874 - 1914*, London and New York：Routledge Press, 1996, p. 171。

笔者认为，除了性别人口比例失调外，19 世纪中产阶级的价值观主导的英国社会生活和家庭生活加剧了这一现象。"两分领域"下男尊女卑的性别角色定位，限制了中产阶级女性的生活空间，减少了两性交往的机会。一个 30 岁以下的未婚女性不能单独到任何地方，只有在已婚女士或仆人陪同的情况下才能与非亲属男性共处一室。当时的公共场所也很少向单身女性开放。一般来说，未婚女性与男性的聚会都要在家中、在受监督的情况下进行。女孩子不能轻易与男性交往，除非是结婚对象。女孩子拜访男性必须要有父母或女伴陪同。年轻男性被允许星期天来访，意味着他是认真与女孩谈婚论嫁。直到 20 世纪初，单身男女之间建立友谊仍然是困难的事。19 世纪 50 年代，切斯特菲尔（Chesterfiel）太太不允许女儿在无人陪护的情况下参加社交。汉弗莱·沃德（Humphry Ward）太太写信给她的女儿多萝茜（Dorothy）说："的确，我不想写信告诉你在没有母亲和亲戚陪同的前提下参加公共舞会……这么大的舞会，你这样的年龄，如果没有我在，会出问题的。"① 况且 19 世纪的英国社会是一个高度分层的社会，不同社会阶层处于相对封闭状态，尤其在社交场所社会等级的界线非常清

---

① Deborah Gorham, *The Victorian Girl and the Feminine Ideal*, London and New York：Routledge, 2013, p. 103.

晰，这在一定程度上限制了年轻人的择偶范围，大多数人是在同一阶层内通婚。

同时，中产阶级男性结婚年龄的推迟，减少了女性获取婚姻的机会。19 世纪中产阶级价值观强调男人应该在有能力让他的妻子和家人过上舒适生活的情况下才能结婚。有学者把这一生活标准量化成支付得起一所房子和仆人的花费。19 世纪末，随着帝国的扩张，生活水平的提高，以及性别平等思想的影响，女性对婚姻期望值提高，许多中产阶级中上层女性期盼的远远不是一所房子或是对男性的心理崇拜，而是希望通过婚姻获得经济地位，越来越多的中产阶级单身男性感到难以承受这样的负担。同时，19 世纪"两分领域"状态下成长起来的男性缺少家庭的感情生活和对家庭的依恋。约翰·曼斯菲尔德（John Masefield）说："男孩和年轻的男人伴随着一种思想成长，仿佛男人的世界是战场，当你疲劳或患病时回家，却受姐妹鄙视。他们习惯于伙伴和竞争关系的男人世界。"[1] 相反，男性俱乐部的发展给他们在家庭以外提供了感情寄托和生活乐趣。结果，中产阶级的男性推迟婚姻，甚至有些人为了逃避家庭责任而选择终身单身。1896 年爱德华·卡彭特（Edward Carpenter）说："通常年轻的男人放弃婚姻，认为结婚是适合爷爷奶奶那一代的愚蠢的旧习惯。"[2] 帕里·雷伊（Barry Reay）统计样本证明 1800~1880 年鲍顿（Boughton）、敦克尔克（Dunkirk）、亨希尔（Hernhill）等地男女初婚年龄分别是 25.8 岁，22.8 岁。[3] 而中上层社会男子，尤其是专业人员要经过长时间的教育和专业训练，他们的初婚年龄高于这一水平。1874 年，统计学家查尔斯·安塞尔（Charles Ansell）推算出专业人员家庭男性的平均初婚年龄是 30.51 岁，19 世纪末有提高趋势。16 年后的奥格尔（W. J. Ogle）统计样本显示，专业人员男性的初婚年龄是 31.2 岁，奥格尔还观察到该群体较大比例的男性 50 岁以上还是单身。[4] 显然，这一现象进一步减少了中产阶级女性步入婚姻的机会。斯蒂

① John Tosh, *A Man's Place: Masculinity and the Middle-Class Home in Victorian England*, p. 177.

② John Tosh, *A Man's Place: Masculinity and the Middle-Class Home in Victorian England*, p. 172.

③ Barry Reay, *Microhistories: Demography Society and Culture in Rural England 1800–1930*, Cambridge: Cambridge University Press, 1996, p. 183.

④ John Tosh, *A Man's Place: Masculinity and the Middle-Class Home in Victorian England*, p. 172.

芬·拉格尔斯（Stephen Ruggles）说："资产阶级的男性推迟结婚年龄的结果是资产阶级的女性结不了婚。"①

19世纪"过剩女子"的问题成为中产阶级难解的家庭和社会问题。中产阶级要求女性受人尊敬的社会生存状态是经济上依靠男人，而那些没有丈夫的女性面临两种选择，一是寻求另一个男性亲属的保护，以便自己可以被包含在家庭这一安全避难所内；二是面临自己养活自己的挑战，无法承担生育子女、照顾丈夫等社会认可的角色。在最坏的情况下，她们被视为对婚姻内性行为的威胁；在最好的情况下，她们被视为不能履行生物意义上妻子和母亲的责任，是"不完整"的人。当时的学者和政府官员都把"剩女"问题与国家的发展、民族的强盛联系在一起。他们承认独身是自然状态下的人口组成部分，在任何情况下，不能设想全部的人口都会结婚。但他们认为，单身人口的数量惊人是社会的不幸。《北部英国评论》的一位作家认为，"单身女人是有用的，但一时之间太多，不能让她们自己安心，还让人们会发出维护社会和道德的声音"。② 1862年不列颠作家威廉·拉斯伯恩·格雷（William Rathbone Greg）在《民族评论》上评述道："英国女性人口多于男性500000人，真正应该关注的是未婚女性。"格雷抱怨"在国家中数量众多、日益增加的单身女性……这一现象相对反映了不健康的社会状态，它产生和预示着许多不幸和错误。"③

有些道德家、社会学家则从人口再生产的角度认证单身女性人口过多的危害。单身女性非但没有尽做母亲、妻子和家庭主妇的社会职责，还充斥劳动力市场，导致男性人口失业，降低家庭生活质量，引起社会不稳定。一个国家面临最重要的生产是人口再生产，如果社会需要生产强壮的人口，提高人口素质和社会的道德水平，中产阶级女性必须成为妻子和母亲。因此，婚姻和家庭都被认为是对人口和社会道德的贡献。19世纪社会道德学家威廉·法尔（William Farr）提出妻子、母亲和家庭主妇的职业对

---

① Eleanor Gordon and Gwyneth Nair, *Public Lives*: *Women Family and Society in Victorian Britain*, p. 173.

② Kathrin Levitan, "Redundancy, the 'Surplus Woman' Problem, and the British Census 1851-1861", *Women's History Review*, Vol. 17, No. 3, July 2008, p. 365.

③ Martha Vicinus, *Independent Women*: *Work and Community for Single Wowen*, *1850-1920*, pp. 3-4.

国家的发展至关重要。他声称，"圣保罗在教诲女人结婚、生育孩子、打理房子，作为女人应该放弃企业……忽略他们孩子的种族往往会消失，在这种情况下，一夫一妻制的国家如同实行一夫多妻制的种族一样不可避免地陷入落后。"①

因此，威廉·法尔之类的社会道德家号召国家调整人口政策，调整思想观念，努力寻找一种方法使英国的单身女性在社会上发挥应有的作用。

结果，"过剩女子"被社会公众认为是失败的一群人，她们的生活具有特殊性，往往居住在父母或亲属家中。豪（Howe）研究19世纪兰开夏棉花业主家庭状况时发现，有一些扩展性家庭中生活着单身未婚女性，这些女性习惯住在父亲、兄弟或叔叔等已婚男性为户主的家中。利奥诺·戴维达夫等学者发现30岁以上与父母住在一起的女儿比儿子多两倍。②

由表2-4可见，1851~1891年格拉斯哥中产阶级居住区中，居住在一起的非核心家庭成员，女性占70%以上，1871年达79.5%，男性只占20%~30%。

表 2-4 居住在一起的非核心家庭成员

	1851 年	1861 年	1871 年	1881 年	1891 年
女（人）	74	94	120	120	130
男（人）	29	26	31	50	45
总数（人）	103	120	151	170	175
女性占比（%）	71.9	78.3	79.5	70.6	74.3

资料来源：Eleanor Gordon, Gweneth Nair, "The Myth of the Victorian Patriarchal Family", *History of the Family*, No. 7, 2002, p.130。

不同阶层的中产阶级单身女性在家庭中的作用和生活状况差异较大。

中产阶级上层单身女性家境殷实，衣食无忧。她们享受没有儿女拖累的自由。弗兰西斯·鲍尔·科布（Frances Power Cobbe）在1861年写道：

① Kathrin Levitan, "Redundancy, the 'Surplus Woman' Problem, and the British Census 1851-1861", p. 366.

② Leonore Davidoff, Megan Doolittle, Janet Fink, Katherine Holden, *The Family Story: Blood, Contract and Intimacy, 1830-1960*, London: Longman Press, 1999, p. 313.

老处女是极其快乐的人群，可以不被丈夫孩子牵绊，自由地到处闲逛，她们能随性地今天去她们亲戚乡村的房子做客，明天在镇上待一个月，后天去日内瓦湖边住一住，又可以去意大利爬山，还可以去看金字塔。① 但是，对于大多数单身女性来说，不结婚就意味着没有孩子（没有第二人生），年老时无人照顾。年轻时她们主要的工作是尽义务照看她们年迈的双亲，生活空虚乏味。凯瑟琳·塔尔博特（Catherine Talbot）虽然经济殷实，生活舒适、悠闲，但她在给朋友伊丽莎白·卡特的信中写道，"幸福在我的生活中是最不值得一提的事，虽然我很满足，我说不上需要什么。我几乎不读书、不写字、想得少，工作和画画，骑马散步占据我很多时间"。②

莎拉·阿克兰是文特沃斯爵士亨利·阿克兰唯一的女儿。她生于1840年，有七个兄弟，因母亲身体不好需要照顾，她放弃婚姻而在家照顾母亲。她母亲去世前，由莎拉与保姆一起护理，她的父亲认为这样的行为很高尚。1878年母亲去世后，她兄弟结婚，搬出父母的家，莎拉的生活越来越空虚。接下来的22年时间里，她照顾父亲的晚年生活，直到他去世。她心甘情愿地履行她的职责和义务，成为父亲孝顺的女儿、管家和社会秘书。然而，尽管父亲对她有依赖性，但她与父亲的关系是冷淡和模式化的。1900年她父亲死后，她给兄弟的一封信中写道："我永远回不到从前，现在觉得自己是个老妇人，我生活中唯一的目标已经走了，无法想象我要做什么，如果我还活下去。我所有的生活兴趣已经完全消失在对父亲的长期护理中。我最大的安慰是他到最后越来越依赖我。"她父亲的死亡使她失去了生命中的唯一角色。孤独使她的健康状况恶化。她很清楚她的问题在于没有任何事可以带给她快乐，没有生活目标。当她的哥哥威廉试图把她拉出自怜境地，她却愤怒地回应："你有一个舒适的家和妻子，你不能体会到瞬间失去父亲、家和原来的位置意味着什么！"与其他老处女相比，她还是幸运的，她有一个家，她兄弟每季度给她25英镑的生活费。③ 不

---

① Moira Martin, "Single Women and Philanthropy: A Case Study of Women's Associational Life in Bristol 1880-1914", *Women's History Review*, Vol. 17, No. 3, July 2008, p. 401.

② Bridget Hill, *Women Alone: Spinsters in England 1660-1850*, p. 73.

③ Bridget Hill, *Women Alone: Spinsters in England 1660-1850*, p. 75.

过，在莎拉生命的最后几年里，她找到了自己的位置，投身于阿克兰疗养院的慈善事业。

还有一些知识女性辅助父亲或母亲工作，从工作和交友中获得生活的乐趣。

利蒂希娅·霍金斯（Laetitia Hawkins）是约翰·霍金斯唯一的女儿，她与范妮·伯尼（Fanny Burney）有过类似的经历。她们的父亲研究音乐史，她们都成为父亲的文书，私下写小说。利蒂希娅·霍金斯写道："我父亲的工作单调乏味，但我可以从无休止地抄写、笔录中抽出时间。我每天为父亲工作6小时，为母亲阅读，每天花太多的时间抄写父亲的东西，很少有朋友来访。"①

凯瑟琳·赫顿（Catherine Hutton）是一个受过教育的聪明女人，她父亲在世时她帮助父亲写作。从她的信件中获悉，她曾为众多出版社供稿，写过三本小说。在她父亲过世后，1816年她编辑出版了父亲的自传《威廉赫顿的生活》，并再版了多次。激进的小说家罗伯特·贝奇（Robert Bage）是欣赏她的男人，也是她的亲密的朋友。当罗伯特去世时，凯瑟琳以他的名字命名作品，并收藏在沃尔特·斯科特的巴兰坦（Walter Scott's Ballantyne）的小说家图书馆。朋友对她的生活来说意义重大，正如那个时代所有的女性那样，通过书信与众多的朋友保持联系是战胜生活中的挫折和无聊的调解器。凯瑟琳富有激情地写道："朋友是眼睛、心、舌，是近距离内的手，真正的朋友遍布世界。"②凯瑟琳·赫顿的生活没有受到太多的限制，她相对享有较多的生活自由。她和她父亲在威尔士的原野上策马扬鞭，到处旅行，拜访她的朋友们。

中产阶级中下层单身女性面临艰难的生活。有些人居住在父母家中，与父母相依为命，或者在兄弟、侄子等男性亲属家中，依靠男性亲属生活。作为成年女性，她们通常在兄弟姐妹或亲戚家充当管家、保姆，或者充当家庭主妇而日夜操劳。姐妹往往在兄弟的支持下承担管家的职责，只是在财务和情感方面不同于夫妻关系。简·奥斯丁作为一个未婚女性，在

---

①　Bridget Hill, *Women Alone: Spinsters in England 1660-1850*, p. 76.

②　Bridget Hill, *Women Alone: Spinsters in England 1660-1850*, p. 74.

家庭生活中发挥了重要作用。她照顾病人，照顾孩子们，为哥哥的生活提供方便，在家中成为亲爱的阿姨和妹妹。

此外，还有一些单身女子居住在女性为户主的家庭中，与寡居的母亲一起生活，或者与姐妹住在一起，按照当时的社会规范，履行女性的责任，有些人像男性一样承担家庭户主的责任，支撑着扩展型家庭中其他成员的生活。随着19世纪各种改革和家庭法律的变化，越来越多的单身女性成为家庭户主，他们也没有按常规居住在男性亲属家中，寻求男性保护，而是居住在女性户主家中，独立生活。

埃莉诺·戈登（Eleanor Gordon）等学者研究格拉斯哥的样本发现，19世纪下半期，格拉斯哥的女性户主人数在增长。由表2-5可见，1851~1891年约一半单身女性与姐妹生活在一起，姐妹一起居住的模式呈上升趋势，1851年占42.9%，1871年占57.7%，1891年占57.4%。

表2-5　姐妹一起居住模式

单位：%

	1851年	1861年	1871年	1881年	1891年
兄弟为户主数量	20	27	22	40	23
姐妹为户主数量	15	19	30	28	31
总数	36*	47*	53*	68	55*
与姐妹一起居住比例	42.9	41.3	57.7	41.2	57.4

* 有些姐妹居住在没有户主的家中。

资料来源：Eleanor Gordon, Gweneth Nair, "The Myth of the Victorian Patriarchal Family", *History of the Family*, No. 7, 2002, p. 132。

作者还发现在该地区的其他地方，女性户主的数量因社会经济地位不同而存在着显著差异。斯坦利街和卡那封街（Stanley Street and Carnarvon Street）是下层中产阶级家庭居住区，因小型的房子和出租公寓吸引单身女性。1851年女性为户主的家庭占总数的29%，1891年占比近50%。在斯坦利街，1891年女性户主多于男性户主。同时，在拥有大露台的中产阶级中上层家庭中，由女性领导的家庭数量呈上升趋势，女性户主占户主总数的比例从1851年的20%上升到1891年的30%以上，未婚女性在女户主中的比例有所增长，相反寡妇户主的占比略有下降。19 世纪中期寡妇占女户主总数的 77%，1891 年下降到 60%。在更富裕的街道，女性户主在增加，工业巨头、商人和专业人士在很大程度上由未婚女性来补充。[①] 30 岁以上的单身女子更喜欢居住在女性户主的家中。1851 年有 51.4% 的 30 岁以上未婚女性生活在女性为户主的家庭中，这一数字稳步上升，1891 年达 66.7%。同样，寡妇也较少居住在男性为户主的家庭中。19 世纪下半期，格拉斯哥不到 1/4 的寡妇生活在男性为户主的家庭，1881 年该比例降低至 6.4%。所有 30 岁以上的单身女性，包括寡妇和未婚女性生活在男性为户主的家庭中的比例从 1851 年的 1/3 下降到 19 世纪末的 1/4。[②]

可见，到 19 世纪中后期，与男性生活在一起，得到他们"保护"的单身女性群体的人数在减少。那些女性为户主的家庭中，有些是无亲属关系的个体混合体，它反映了"过剩女子"和寡妇自行组成的联合家庭作为生活单位，依靠女性自己的努力维持生活，打破了传统"两分领域"的家庭理想，实现了经济上的独立和人格上的自尊。到 19 世纪末，她们中有许多人冲破传统理念在公共领域显现出自己的能力和才华，成为走在时代前列的新女性。

显然，19 世纪"两分领域"观念对不同类型的女性有着不同的影响。已婚妇女有丈夫可以依靠，扮演着"家庭天使"的角色，而那些寡妇和"过剩女子"则承担了为自己和家庭其他成员提供生活资料的责任。因此，我们不能夸大"两分领域"观念对单身女性生活的影响。埃莉诺·戈登等学者说："社会依赖性并不是维多利亚时期的中产阶级女性特定的生活特征，父权制的资产阶级家庭并不普遍。"[③] 普遍流行的学术文献中关于维多利亚时期中产阶级的家庭形象有失偏颇，只有通过社会和经济范畴给予女性的多样性的分析，我们才能客观认识生命期限内的个体女性的不同经历。不可否认"两分领域"的界线已经模糊，当然这并不是否认男性在 19 世纪经济和社会权力中仍然处于支配地位。

[①] Eleanor Gordon, Gweneth Nair, "The Myth of the Victorian Patriarchal Family", *History of the Family*, No. 7, 2002, p. 131.

[②] Eleanor Gordon, Gweneth Nair, "The Myth of the Victorian Patriarchal Family", p. 132.

[③] Eleanor Gordon, Gweneth Nair, "The Myth of the Victorian Patriarchal Family", p. 135.

第二节　家庭法律地位

19世纪中产阶级女性的家庭法律地位是一个复杂的演变过程，它与女性家庭、社会生活的变化相一致。其中离婚权、家庭财产权、对孩子的监护权等家庭法律权利充分体现了两性关系的变化。就总体而言，19世纪的英国，男性霸权主义作为一种观念、一种社会行为渗透到社会、家庭生活的各个领域。在家庭法律关系上，已婚女性如同罪犯、未成年人一样被剥夺所有的公民权。正如穆勒所说，"所有的妻子都完全服从丈夫，他可以任意剥夺她的所有"。① 在财产权、离婚权、对孩子的监护权等家庭权利的核心内容中都体现了男权主义的原则。许多学者因此断言，19世纪英国女性的家庭法律地位没有得到改善，但是，在男权主义理念背后，19世纪家庭两性关系中平等、互爱的理念在成长。1846年《英国的女总管》一书曾写道："婚姻从来都没有让妇女处于从属地位……一个最常用的词'团体'的意思就是平等。"② 新女性作家格兰特·埃伦在《行动的女人》一书中，通过女主人公赫敏娜的口表达了这一思想："如果我真心爱一个男人，我会给他彻底的自由。我不会把一个我不爱的男人多束缚在我身边一天，也不会把我的爱献给一个根本不值得我爱的男人；抑或是我会发现一个更适合我爱的人。"③ 许多新女性身体力行地追求以爱为基础的婚姻。这种平等相爱的婚姻理想侵袭着传统的男尊女卑的两性关系模式。19世纪中后期与19世纪之前，或19世纪上半期相比，财产权、离婚权、对孩子的监护权等家庭权利的核心内容呈现男权主义受到削弱、两性平等原则得到发展的迹象。

一　离婚权

就离婚权而言，1857年离婚法通过以前，离婚不被教会和社会认可，

---

① Sophia A. van Wingerden, *The Women's Suffrage Movement in Britain*, *1866-1928*, London: Weidenfeld and Nicolson, 1999, p. 6.

② Sophia A. van Wingerden, *The Women's Suffrage Movement in Britain*, *1866-1928*, p. 102.

③ 〔澳〕亨利·理查森等：《女人的声音》，郭洪涛译，广西师范大学出版社，2003，第96页。

且手续烦琐，费用昂贵，单方面地维护男性在婚姻中的统治权。1846 年，一位律师称议会离婚平均费用是 1700 英镑。法律规定如果丈夫有足够的理由证明妻子犯有通奸罪，可以申诉离婚，而妻子则不能，除非她有确凿的证据证明丈夫行为恶劣，如重婚、乱伦等罪行，或者证明丈夫在已婚的家庭中与非婚的女子住在一起。① 1857 年议会正式批准"婚姻及离婚法"，还保留了双性标准。

实际上，单方面对妻子通奸的惩罚，就是确保男性在婚姻中的统治地位。就社会观念和法律而言，丈夫有权拥有孩子、财富、血统，包括妻子的身体和性行为。学者基思·托马斯（Keith Thomas）认为 1857 年的"婚姻及离婚法""完全建立在妇女是男人的财产这一观念基础上。男人犯通奸罪，不管多少次、多长时间，女人都要原谅他，而女人犯了通奸罪，哪怕是一时失足，也是不可饶恕的。"② 法律规定，妻子宽恕丈夫的通奸行为不会影响到她的社会地位，而丈夫不能以同样的方式宽恕妻子的通奸行为。没有一个人认为丈夫有任何理由这样做……妻子的通奸行为会使孩子的血统成为疑问，而丈夫通奸则没有这样的后果。③ 妻子几乎没有机会主动结束不幸的婚姻。据统计，1650~1850 年，由妻子提出的离婚案中只有四起成功。④ 事实上，议会离婚成为男性贵族或者富人保护财富的特权，普通人采用卖妻或私下协议离婚等方式解除婚姻的方法都对妇女不利。

卖妻对女性来说是一种人格的侮辱。丈夫在妻子的脖子上套上绳子把她带到附近的市场去，如同拍卖一头传宗接代的母马或母牛一样，成交后，丈夫把缰绳交给对方，意味着双方之间的婚姻关系到此结束。对妻子来说，最好的结果是卖给事先约好的情人，但也有许多卖妻案例是丈夫突然的想法，妻子的身心受到极大摧残。

协议分离。根据习惯法，夫妻双方协议分离时，女性拥有三项重要权利：一是经济自由，妻子可以像单身女性那样签订合同，可作为原告

① Carol Smart, ed., *Regulating Womanhood*, London and New York: Routledge Press, 1992, p. 150.

② Mary Lyndon Shanley, *Feminism, Marriage, and the Law in Victorian England*, Princeton: Princeton University Press, 1993, p. 38.

③ Carol Smart, ed., *Regulating Womanhood*, p. 16.

④ Robert B. Shoemaker, *Gender in English Society 1650-1850*, p. 108.

或被告；二是人身自由，丈夫不能通过教会法庭强制与她共同生活；三是择居自由，双方都不得以法律诉讼来骚扰对方。如 1677 年苏塞克斯的一对夫妇分居协议中规定妻子有择居自由，妻子可以带走首饰、衣服以及任何想带走的东西，妻子监护最小的儿子满 8 岁和将要出生的孩子满 4 岁。丈夫答应每年给妻子 25 英镑的生活费，另加儿子抚养费 10 英镑，未出生孩子 4 英镑，分居以后妻子自己负责生活开支。① 但是，女性的这些权利是模糊的，分离后的妻子今后能否再婚，能否与别的男人同居，丈夫是否可以以此起诉她犯了重婚罪等都没有明确规定。况且所有这些关于妻子的权利，部分或全部与普通法、教会法、大法官法相矛盾。直到 19 世纪英国的世俗法官和教会都反对给予离婚妇女特殊的权利。如在关于离婚法的争议中，许多立法者都持反对态度。1817 年大法官埃利斯（Ellenborough）反对分居法案，他说："分居行为将反对整个世界，包括丈夫的声誉。"②

相反，法律规定许多对丈夫有利的内容。如丈夫只要证明妻子有通奸罪就可以取消妻子的赡养费和对孩子的监护权，却没有提及丈夫通奸或者是残暴行为导致婚姻关系破裂应如何处理。法律还规定丈夫可以监护妻子，并以适当的方式限制她的生活自由。如果分居以后的妻子浪费钱财，或者与通奸者住在一起，那么丈夫有权监禁她，以维护他的荣誉与财产安全。即使夫妻协议分离，丈夫还是可以占有妻子分居期间的收入，包括她所有的劳动所得，因为就法律而言他还是她的丈夫，她是他的财产。1716 年莫尔太太在马车上与其前夫邂逅，他扣留了她，强迫她签订合同，以付给他 1000 英镑现金和每年 200 英镑生活费为代价重新换取自由。③ 更有甚者，为了逃避付赡养费等经济责任，丈夫通常捏造妻子通奸的伪证，采取绑架、私自关押甚至送进疯人院等各种残酷的手段让妻子就范。1770 年一丈夫把妻子送进疯人院，并把她捆绑在地板上两个星期。1774 年，贝尔费尔德伯爵怀疑他的妻子与他的兄弟通奸，把她关押了

---

① Lawrence Stone, *Road to Divorce England 1530-1987*, p. 151.
② Lawrence Stone, *Road to Divorce England 1530-1987*, p. 155.
③ Lawrence Stone, *Road to Divorce England 1530-1987*, p. 165.

30 年，直至她死亡。① 直到 19 世纪末，分居的妻子受丈夫绑架、虐待的事件屡见不鲜。结果，无论言辞上多么美好，都不能阻止丈夫以各种方式侵犯妻子的利益。

1857 年议会正式批准的"婚姻及离婚法"对妻子的权利来说是一个转折。尽管该法仍然存在性别歧视，它规定丈夫可以单独指控妻子通奸，而妻子指控丈夫通奸要有以下附加条件：遗弃、暴力行为、乱伦、鸡奸或者性变态。约翰·曼纳斯伯爵曾经说："该法案使不平等的两性关系在法律眼里得到再次确认。"② 但是，该法专门设立世俗的离婚法庭，离婚诉讼判决由教会法院转向离婚法庭，在法律上第一次通过司法手段来解决离婚问题，节约了开支，为社会各阶层结束不幸婚姻创造了条件。同时，离婚法比之前的法律更加明确了女性的权利，规定在恶劣的生存状况下，夫妻双方都有权提出离婚。恶劣的生存状况包括被遗弃两年，被对方施暴。施暴的范围包括肉体上和精神的折磨。丈夫指控妻子通奸，必须由律师提供真名和目击者证明，以免男性以莫须有的罪名败坏女性的名声。可见，该法承认了妻子的独立存在，否定双性标准，使离婚权向男女平等的方向迈进了一步。史学家斯通说："1857 年之后，两性双重的道德规范逐渐向两性同等的标准发展。"③ 此后通过的法律给予妻子更多的保护和更大的离婚自主权。1884 年"婚姻法"规定如果配偶一方获得恢复婚姻关系的令状，另一方却拒不回家，那么被遗弃方可以立即向法院提出离婚。1897 年，有法律评论者高度评价该法对已婚妇女的影响。他说："妇女是带着锁链诞生，被监视，现在每一方面都是自由的……我所提及妇女的地位改变已经发生，在维多利亚时代全面发生。"④

离婚法颁布后，许多女性借此维护自己的合法权益。从女性申请离婚的人数来看，19 世纪前 40 年中，只有 6 名女性向议会提出离婚申请，均未成功。1857 年后，40% ~ 45% 的离婚申请是由妻子提出的。

从离婚率的情况来看，1857 年后，英国的离婚率呈上升趋势。由表

①　Lawrence Stone，*Road to Divorce England 1530-1987*，p. 167.
②　Lawrence Stone，*Road to Divorce England 1530-1987*，p. 388.
③　Lawrence Stone，*Road to Divorce England 1530-1987*，p. 388.
④　Lawrence Stone，*Road to Divorce England 1530-1987*，p. 389.

2-6 可见，1857～1901 年，英格兰威尔士离婚率从 0.0001‰上升到 0.08‰，这一增长速度是当时英国人口增长的两倍。对于妇女来说，合法的离婚可以比私自分居或被遗弃更能保护自身的利益。离婚率的上升说明英国两性拥有更多的机会结束不幸的婚姻，为建立以平等与爱为基础的婚姻关系打下基础。

表 2-6　英格兰威尔士 1851～1911 年夫妻申请离婚比例

年份	离婚案（件）	离婚在婚姻中的比例（‰）	年份	离婚案（件）	离婚在婚姻中的比例（‰）
1851	4	0.0001	1886	325	0.07
1857	4	0.0001	1891	369	0.07
1861	141	0.04	1896	459	0.08
1866			1901	477	0.08
1871	161	0.04	1906	546	0.09
1876	208	0.05	1911	580	0.09
1881	311	0.07			

资料来源：Lawrence Stone, *Road to Divorce England 1530-1987*, p. 435。

在离婚法案实施的基础上，人们更多地关注妻子的权益问题，如妻子的经济利益和家庭暴力问题等。当时，女性主义者公开指责丈夫有权控制妻子身体的设想。她们宣告不列颠法律对个人自主的推崇，当婚姻产生义务限制丈夫和妻子的自由，这种义务是相互的、互惠的，不包括配偶单方面对另一方身体的控制、严惩。女性主义者同时也强调通过立法反对家庭暴力。哈莉特·泰勒把已婚妇女财产权与反对家庭暴力联系在一起。她说："如果妻子拥有自己的财产权会受到丈夫的尊敬；如果能挣钱，她会顺利地离开丈夫。"[1] 19 世纪 60 年代的法律规定地方法官有权对殴打妻子造成其严重身体伤害者判处六个月的苦役监禁，并明确家庭侵害范围包括：打断腿、颌，扼住咽喉几乎勒死对方，用刀割，咬、踢、用拳头打，

---

[1]　Mary Lyndon Shanley, *Feminism, Marriage, and the Law in Victorian England*, p. 160.

揪住头发拖上楼或拖下楼等行为。①

1878 年的"婚姻诉讼法"对于女性来说是一场革命性的变革，它授权地方法官保护被殴打的妻子与丈夫分居，强制丈夫每周给妻子付生活费。为了保障离异妻子生存安全，有些地方法院向地方法官提出了保障女性安全的规则，以免执法时受父权家长制特权的干扰，侵害女性的权利。1878 年婚姻诉讼法宣布已婚妇女对自己的身体有自主权，但是该法还是保留了丈夫对妻子的权威，给予他惩罚妻子身体的权力。议会准备把妻子从生活在一起的残暴丈夫的压迫下解放出来，但不允许她们离婚和再婚；丈夫反复侮辱妻子不管多么残暴也不能像妻子不忠一样单独作为破坏婚姻的理由来处理。

1878 年和 1886 年议会先后通过两项支持妻子法，规定地方治安法官有权强制丈夫为妻子提供生活费，为受到家庭暴力侵害或被遗弃的妻子提供暂时的生活帮助，并把救助范围从 1857 年离婚法规定的有孩子的工人妇女，扩大到所有的妇女。1900 年左右大约有 15000 名妻子得到法律救助。②

同时，19 世纪后期通过三项法案，对维护妇女的权利、改善两性的家庭和社会地位起到了非常重要的作用。

一是 1886 年"妇女婚姻法"。该法授权地方法官要求丈夫给被遗弃的妻子提供生活费。

二是 1895 年"即决裁判法"，该法规定如果妻子向法院提供丈夫袭击她，丈夫长期残酷地虐待她，丈夫故意不给她和孩子提供合理的生活费等证据，法院可以判决她离开丈夫，给予妻子对孩子的监护权和抚养权。

三是 1902 年"兰塞斯特法"，该法规定地方法官判决夫妻分居的法律条件包括丈夫或者妻子被确认为习惯性的酗酒者。

此外，议会在 1884 年法案中规定，任何法院不得以监禁相威胁，强迫妻子与丈夫生活在一起。在此基础上，一些女性提出男性要对婚生子女和非婚子女负有相同的责任，反对国家给女性提供保证金代替男性的责任。

---

① George K. Behlmer, *Friend of the Family：The English Home and Its Guardians* 1850 - 1940, Standford：Standford University Press, 1998, p. 193.

② Lawrence Stone, *Road to Divorce England 1530-1987*, p. 386.

结果，丈夫虐待妻子的行为一定程度上受到控制。据南西·托姆斯（Nancy Tomes）统计，1850～1890年，伦敦警察法院受理的虐待妻子案件从1853年的800起减少到1889年的200起。① 在社会观念上，人们痛恨对妻子的施暴行为，认可男女平等的法律原则。大法官赫斯伯里伯爵说："现在和过去的法律都承认一部分英国人无权擅自监禁另一部分英国人，包括他的妻子。"② 1891年3月，埃米莉·戴维斯的丈夫把她关押在家，强迫她与自己共同生活，结果法院判决："妻子有权拒绝与丈夫生活在一起，丈夫无权通过限制妻子的行动来行使夫妻权。"当时的《法律时代》杂志评论此事是"已婚妇女个人自由的马车"。埃米莉·戴维斯在给朋友的信中说："这是正义和平等最伟大的胜利。"③ 可见，从19世纪晚期到20世纪初，英国离婚法的变革尽管还保留了一些男性优先的条款，但一定程度上体现了个人自由、婚姻自主、配偶双方义务和责任平等的两性关系准则。

二　对孩子的监护权

英国的普通法从男人的自然本质优越于女性出发，认定父亲是孩子唯一的监护者。一方面，父亲给孩子以生命，应该照顾他（她），直到他（她）有能力自助；另一方面，孩子应该与父母中更强壮更令人信服的一方生活，从自然本质上看，父亲比母亲更强壮、更有能力，父亲是孩子合适、自然的监护人。孩子如果离开父亲的监护是不适当的。普通法规定未成年人的父亲享有监护孩子的权利，还可以设置障碍不让妻子接近孩子。在他有生之年，他可以把孩子带出家门，给孩子冠名，即使他让妻子作为遗嘱监护人，他也可以通过遗嘱在他死后剥夺妻子照顾孩子的权利。因此，在1839年《婴幼儿监护权法案》通过前，法律单方面认可父亲对孩子的监护权。1839年后，虽然法律认可了母亲对7岁以下孩子的监护权，但她却要跟7岁以上的孩子分离，直到19世纪末，立法还是较大程度上保留父权制原则。

女性主义者把女性缺少对孩子的监护权作为婚姻中处于服从地位的主要表现。首先，她们批判传统的监护法把母亲作为父亲保护的对象，认为

---

① Mary Lyndon Shanley, *Feminism, Marriage, and the Law in Victorian England*, p. 170.
② Mary Lyndon Shanley, *Feminism, Marriage, and the Law in Victorian England*, p. 181.
③ Jane Rendall, ed., *Equal or Different*, Oxford：Basil Blackwell, 1987, p. 149.

根据自然法则，夫妻双方都拥有平等的对孩子的监护权；其次，她们断言没有任何女性在结婚时约定同意放弃她的孩子，普通法认定监护权给父亲深深地伤害了自由和平等的精神。卡罗琳事件成为女性变更孩子监护权的起点。卡罗琳聪明、美丽，出身于中产阶级家庭，祖父是著名剧作家理查德·布林斯利·谢里登，父亲也是个诗人，她嫁给了性格暴躁的乔治·诺顿。诺顿不仅占有妻子的所有收入，而且不顺心时还经常殴打卡罗琳，结果导致夫妻双方感情破裂。1836年，乔治以莫须有的"通奸罪"起诉离婚，并在离婚后不让卡罗琳探望孩子。卡罗林曾这样描写探望孩子的情景："我能够听到孩子们在楼上欢快的脚步声，而我却在楼下哭泣。我们之间就隔个天花板，我不能见到他们。"她写信给墨尔本伯爵（Lord Melbourne）说："他不让我见到孩子，我要疯了。"[1] 为了获得对孩子的探视权和监护权，卡罗琳在悲愤中拿起笔，勇敢地走上法庭，向维护男性特权的传统法律宣战。1838年她在《19世纪英国有关妇女的法律》一文中，直接把矛头指向英国现存的法律制度。她批评道："当法律判决丈夫和妻子离婚时，把妇女有限的接近孩子的权利都给了丈夫。一个男人在有关他自己的案件上几乎不能被控告，这种异常的现象是法律造成的。……在我们的时代，我们的国家中，所有的自由观念都得到鼓励，英国男人对他孩子的母亲却拥有错误的权力，这是多么奇怪、多么羞耻的事！"[2] 卡罗琳寻找每一个机会，申诉自己的不幸，要求修订现有的法律。在议员塔尔福德的帮助下，她终于获得成功。议会迫于压力于1839年批准了《婴幼儿监护权法案》。该法规定母亲可以监护7岁以下的儿童，有权探视7岁以上的孩子。但是法律规定如果母亲有通奸罪，在宗教法庭或者其他地方有不良行为记录，经济状况欠佳等情况都将丧失监护权。也就是说只有生活富足、没有性行为过失的母亲与丈夫离婚后才能享有这种监护权。虽然在该法中母亲的权利是有限的，夫妻双方对孩子的权利还是不平等，但这是女性第一次通过自己的行动改变传统法律，使法律承认女性不是与孩子同等需要男性家长监护的弱者，而是与男性平等的独立的人。

---

① Mary Lyndon Shanley, *Feminism, Marriage, and the Law in Victorian England*, p. 136.

② Susan Groag Bell and Karen M. Offen, *Women, the Family, and Freedom: The Debate in Documents, Volume 1: 1750–1880*, Stanford: Stanford University Press, 1983, pp. 161–163.

1857 年离婚法扩大了女性的权利。如法案规定父母都可以指定遗嘱的监护人，法官可以自行决断儿童的监护权，甚至是有罪的一方也可以有权监护孩子，行为清白的母亲可以监护 14 岁以下的孩子。这一法案的出发点不是首先考虑离婚的母亲是否有过错，而是着眼于对孩子的影响上。离婚法与普通法的区别就是后者认为婚姻可以合法地解除，父亲的权威在家庭组织中是必需的，但是如果这样的家庭团体已经破碎，维系孩子与父亲的纽带也就削弱。然而，该法案还是坚持婚生孩子的监护权属于父亲，即使是名义上完整的家庭还是以男性为家长。法案单方面强调犯通奸罪的妇女不能享有对孩子的监护权。1862 年，一法官判决不允许妻子探望孩子："这对公共道德是有益的，如果妇女犯通奸罪，她将失去监护孩子和探望孩子的权利。"[①] 可见，夫妻之间平等权远没有实现。

1873 年的《婴幼儿监护权法案》虽然还是维护男性的权威，但法案已经强调从孩子利益而不是双亲的权利的角度去考虑问题。新法案规定母亲可以监护 14 岁以下的儿童，即使她犯有通奸罪。当时《英国妇女评论》评论道："尽管它是有限的，但对许多妇女来说将获得不可估量的好处。"[②] 19 世纪 80 年代后，更多的人认可从孩子的需要的角度变革法律。1878 年阿加-埃利斯（Agar-Ellis）夫妇对孩子抚养权问题的争执引起女性主义者进一步关注母亲对孩子的监护权。阿加-埃利斯先生是新教徒，而他太太是天主教徒。婚前阿加-埃利斯先生承诺所有的孩子可以按天主教的信仰抚养成长，婚后他食言了，他的孩子在新教环境下成长，他甚至还干预阿加-埃利斯太太私下教导孩子天主教知识，结果导致 1878 年夫妻俩离婚。法院没有直接决定孩子们的宗教信仰问题，但规定孩子必须按父亲的愿望抚养。阿加-埃利斯先生把孩子送入寄宿制学校，监督母女间所有的通信，禁止她们讨论宗教问题。1883 年 17 岁的女儿请求与母亲共度假期，父亲拒绝女儿的要求，女儿向法院上诉，结果遭到拒绝。法官科顿和鲍恩（Cotton and Bowen）说："他们不能按感情上的喜欢和不喜欢来判决，而是按事情的严重程度来定……父亲行使双亲的权利。"[③] 但是，具有讽刺意义

① Lawrence Stone, *Road to Divorce England 1530-1987*, p. 179.

② Mary Lyndon Shanley, *Feminism, Marriage, and the Law in Victorian England*, p. 140.

③ Mary Lyndon Shanley, *Feminism, Marriage, and the Law in Victorian England*, p. 142-143.

的是法院认为女儿与母亲一起生活更幸福，父亲不能利用人身保护令而重新获得监护权，因为她已经超过 16 岁了。此事件引发公众舆论要求在法律上修改父亲监护权的呼声，艾米利等女性主义者开展运动，要求议会通过新的法律，给予父母平等的监护权。

19 世纪 80 年代，人们开始呼吁监护法的基础应该着眼于孩子的利益。虽然父母是孩子天然的保护人，但是如果他们违背了照顾的责任，法律应该支持孩子的利益。A. 贝克先生（Mr. A. Baker）赞同法院在审议离婚案例中，对孩子的监护权问题不应考虑父母对孩子的权利，而应考虑孩子的最大利益。布赖斯先生（Mr. Bryce）也认为儿童监护权的法律首先应该建立在维护孩子利益的基础上，其次才是以个人平等为基础的父母利益。[①] 因此，1886 年的《婴幼儿监护权法案》就体现了上述思想，在道义上变得更加能够被接受。它规定对年幼孩子的监护权只属于母亲。1895 年《婴幼儿监护权法案》进一步规定地方法官有权允许女性抚养、监护孩子，直到他们年满 16 岁。

可见，1839~1895 年议会通过的《婴幼儿监护权法案》中，对孩子的监护权从父亲一方转移至母亲一方，也就是承认女性独立的人权，并更多地考虑孩子的权利。儿童监护法的发展反映了女性权利和夫妻关系的变化，而且也体现了法律对孩子需求的尊重，承认孩子与父母之间的自然纽带，从而挑战了男性在家庭中的权威。

第三节　财产权

财产权是反映两性家庭地位的最重要的内容。学者们普遍认为，1870 年《已婚妇女财产法》通过之前，英国妇女很少享有财产权，已婚妇女几乎没有财产权。近年来，一些经济史、社会史的学者运用新的资料，从新的视角出发对这一传统观点提出质疑。利奥诺·戴维达夫和凯瑟琳·霍尔、R. J. 莫里斯（R. J. Morris）等学者（见导言）通过档案、遗嘱、财产记录、商业和家庭文件等研究材料，分析英国中产阶级的财富继承状况。他们把家庭财富所有权的变化与环境和个人生活变化联系在一起，认为男

---

① Mary Lyndon Shanley, *Feminism, Marriage, and the Law in Victorian England*, p. 151.

人女人不同的生命周期、不同的经历使其对财富的所有权存在差异，未婚女性和寡妇相对已婚女性拥有较多的财产权。

从总体上看，英国的财产法与其他家庭法律制度一样，坚持男尊女卑的两性关系原则，家庭中女性处于被动的无权状态。从法律原则上说，已婚妇女没有独立的法律权利，她们上法庭必须由父亲或兄弟代替，或由在法律上属于单身女性身份的姐妹、母亲、亲戚朋友陪同，妻子所有的债权和债务都由丈夫来受理。妻子的"人身、财富、个性、收入、孩子等所有的一切都通过婚姻转到丈夫的控制之下"，而丈夫"可以随心所欲地要求她的性服务，殴打她或者限制她，并完全拥有孩子"①。丈夫可以得到妻子所有的财产，包括孀妇遗产和嫁妆，甚至还可以任意处置妻子的衣服、珠宝或其他任何杂物和妇女的劳动所得。妻子如果在婚前协议中没有得到丈夫的允许，也不能立遗嘱。因此，17~18 世纪订立婚前财产协定的只占已婚妇女的 10%，基本上都是上流社会妇女，而且是由新郎与新娘父母订立协议。立遗嘱者 80% 是寡妇，20% 是单身女性，很少是已婚妇女。② 已婚女性的财产权被变相剥夺。

但是，在这些不平等的法律制度下，英国法律也规定女性享有某些特定的权益。16 世纪以后，根据习惯法规定女性可以得到相应的财产权，她们出嫁时需要有嫁妆，寡妇有权获得部分遗产。根据普通法规定，一个寡妇，在婚姻存续期内，她有权拥有的生存财产是丈夫法定的不动产的 1/3。③ 17、18 世纪还建立了一种妇女独立的财产托管制度，即妻子在婚前与丈夫签订协议，保障妻子对某些指定财产的独立处理权，如新娘可自由支配的零用钱，孀妇遗产的数量，给前夫孩子的遗产份额等。17 世纪晚期开始，实行限定继承法，婚生女儿的嫁妆通常在其父母结婚时就定下来，女性甚至还可以立遗嘱，分配自己的财产。16 世纪中期至 18 世纪中期，200 万份遗嘱样本中只有 1/5 是女性所立。④

---

① Robert B. Shoemaker, *Gender in English Society 1650-1850*, p. 6.

② Amy Louise Erickson, *Women and Property in Early Modern England*, London and New York: Routledge Press, 1992, pp. 130, 204.

③ Susan Staves, *Married Women's Separate Property in England 1660-1833*, p. 27.

④ Amy Louise Erickson, *Women and Property in Early Modern England*, p. 204.

19 世纪，在工业化、社会民主化改革和女性运动等多种因素推动下，英国中产阶级女性的财产权与其他家庭法律权利一样发生了变革。不同的生命周期、不同阶层的女性拥有不同的财产权。就财产权的主要构成内容，即财产继承权、立遗嘱权、已婚妇女财产权三方面而言，她们比前辈获得更多的法律权利。

一　家庭财产继承权

家庭财产继承权是女性是否享有与男性平等财产权的标志。研究女性财产继承权的学者埃米·刘易斯·埃里克森（Amy Louise Erickson）认为，在近代早期，英国父母为女儿提供的供养和教育方面的财产与儿子相差无几。19 世纪财产继承关系的实践对女性造成较大的影响，它也揭示了女性的财产权在不同的生命周期是不同的。

当英国的乡绅和贵族沉迷于保存巨额财产的完整性，坚持在"长子继承制"基础上的财产不可分割原则时，资产阶级却首先开始在孩子中平等分配家庭财产的尝试。大量资料显示，19 世纪中产阶级女性拥有一定的财产权。许多英国中产阶级家庭实行财产分割继承，通常是一个儿子获得股票或厂房、机器设备，其他孩子收到相应的现金。利奥诺·戴维达夫和凯瑟琳·霍尔从伦敦两个地区的遗嘱材料中发现，55% 的下层中产阶级家庭，48% 的上层中产阶级家庭实行分割继承，有些地方 79% 的家庭是分割继承。[①] 兼有乡绅与商人或工厂主身份的家庭，往往让儿子继承土地和流动资本，女儿持有一定数量的信托资金作为生活的经济来源，或作为创业和投资的基础。也有一些上层中产阶级的女性直接继承并管理丈夫、兄弟、父亲的财产。安娜·帕莱切克（Anna·Playtrick）死于 1894 年，她从父亲那里继承了 10000 英镑的财产，全部是以她名义购买的债券，她的个人财产达 12237 英镑。[②] 少数父母，尤其是母亲，因考虑到女儿的谋生能力弱而倾向把较多的财产留给她们。有些父亲，把财产在他们的孩子中进行等额分配。乔治在他的遗嘱中表明，当他的妻子死后，他的孩子到 21 岁，他

---

① Leonore Davidoff and Catherine Hall, *Family Fortunes*, p. 206.

② Eleanor Gordon and Gwyneth Nair, *Public Lives：Women，Family and Society in Victorian Britain*, p. 193.

的女儿出嫁，每个孩子都将平等得到流动资产份额。① 甚至有父母偏向照顾女儿的分配方案。安·戈登（Ann Gordon）把所有的地产平均分给了她的四个女儿，没有儿子罗伯特·梅特兰（Robert Maitland）的份。她认为儿子"已经比姐妹们拥有更好的前景"。此外，她表示预付给儿子200英镑，不是作为礼物，日后必须偿还姐妹。② 在另一个类似的案例中，雷切尔·巴克利（Rachael Barclay）是一名伦敦建筑师的寡妇，她把所有的地产，都给了她的女儿杰西。因为多种原因，她认为女儿"为家庭提供了特别的服务，尤其是我和我的小女儿生病期间"③。相反，她没有留下遗产给她的两个儿子，因为他们是独立的，不是因为她爱他们少一点。这些遗嘱表明父母亲在财产分配上依据的是孩子们的生存能力，而不是性别。没有孩子的女性一般把财产在亲属中分配，同姓的外甥女比侄子要多一点，尤其是未婚的姐妹。也有人把少量的财产捐赠给慈善机构。这些财产的分配法的理念是让每个年轻人得到最大份额的财产，为他们日后从事工商业活动，进入中产阶级财富圈打下物质基础。

寡妇相对已婚女性享有更多的财产权。男性业主为了保障家庭成员的生活，通常给寡妇一定的财产继承权。利奥诺·戴维达夫提供的研究样本中，28%的遗嘱执行者是妻子；马克辛·贝奇（Maxine Berg）提供的资料证明，19世纪在伯明翰和埃塞克斯农村，中产阶级男性主要选择自己的妻子作为遗嘱执行人。④ 贝奇研究了斯托克波特地区女性财产继承状况，结果显示该地区几乎所有男人的遗嘱都提供给妻子。无论是个人托管财产的利用，还是设计独立使用的配偶财产，妻子都被指定为处理财产的执行人。84%的已婚男人的遗嘱中，妻子是执行者和托管人。⑤ 埃莉诺·戈登

---

① Alastair Owens, "Property, Gender and the Life Course: Inheritance and Family Welfare Provision in Early Nineteenth-Century England", *Social History*, Vol. 26, No. 3, 2001, p. 307.

② Jon Stobart and Alastair Owens, eds., *Urban Fortunes: Property and Inheritance in the Town 1700-1900*, p. 165.

③ Jon Stobart and Alastair Owens, eds., *Urban Fortunes: Property and Inheritance in the Town 1700-1900*, p. 166.

④ Maxine Berg, "Women's Property and the Industrial Revolution 1700-1800", *Journal of Interdisciplinary History*, Vol. 24, No. 2, Autumn 1993, p. 238.

⑤ Alastair Owens, "Property, Gender and the Life Course: Inheritance and Family Welfare Provision in Early Nineteenth-Century England", p. 309.

和格温尼斯·奈尔（Eleanor Gordon，Gwyneth Nair）也从 1876~1914 年格拉斯哥的 423 起案例中发现，女性作为唯一遗嘱执行人的有 139 起，男性作为唯一继承人的有 226 起，男女共同继承的有 58 起。[①]

切斯特宗教法庭保存的资料显示，斯托克波特地区 1800~1857 年 365 份财产遗赠中，45.2%的男性立遗嘱者让妻子作为遗产继承人，11.2%的人把遗产留给儿子，17.5%的人把遗产留给女儿（见表 2-7）。

表 2-7　1800~1857 年财产遗赠收入

遗嘱受益人	不动产	企业收入	投资收入	总计
妻子	87	14	64	165
儿子	22	3	16	41
女儿	29	1	34	64
孩子	10	0	12	22
父亲	3	0	2	5
母亲	3	0	2	5
孙子	2	0	2	4
孙女	2	0	3	5
孙辈	1	0	4	5
兄弟	4	0	5	9
姐妹	9	0	14	23
外甥、侄子	4	0	4	8
侄女、外甥女	2	1	6	9
总计（遗嘱）	178	19	168	365

资料来源：Alastair Owens, "Property, Gender and the Life Course: Inheritance and Family Welfare Provision in Early Nineteenth-Century England", p. 306。

但是，亡夫给予寡妻的财产权继承权是有限制的，这种限制体现了家庭关系中男权主义的本质。R.J. 莫里斯（R.J. Morris）研究了 1830~1834 年利兹 202 份男性遗嘱，发现其中 131 份（占 65%）遗嘱中，丈夫为妻子提供遗产的方式有以下 5 种类型。

[①]　Eleanor Gordon and Gwyneth Nair, "The Economic Role of Middle-Class Women in Victorian Glasgow", *Women's History Review*, No. 4, 2000, p. 809.

（1）不受限制者：寡妇拥有完全的财产权。

（2）自然生命期：寡妇在她有生之年拥有来自财产的收入，无权处理身后财产，无权干预产业，除非是她自己管理的信托财产。

（3）缩减者：寡妇在有生之年享有来自财产的收入，在她再婚后减少。

（4）守寡者：寡妇来自财产的收入只允许其孀居时期，如果再婚则取消。

（5）直接为孩子建立的保证金。

在上述五种类型中，第二种类型，寡妇在自然生命期享有财产权的有62份遗嘱，占47.33%；第四种类型，寡妇未改嫁前提下享有财产权的占23.66%；第一种类型，完全给予妻子财产权只占17.56%；第三种类型，寡妇改嫁减少收入的占10.69%，直接给孩子保证金的只占0.76%[1]。有些遗嘱对妻子继承的财产限制条款非常具体，如约翰·本森（John Benson）是一名羊毛商，家中主要财产是通过认证的10000英镑。他告诉他的遗嘱执行人，"允许和容忍我亲爱的妻子朱迪斯·本森（Judith Benson）使用和享受在卡普来斯的住房，以及家中的家具、盘子、瓷器、家庭日用织品和其他有用的东西，如果她在有生之年能作为我的寡妇……此外，她可以得到150英镑的年金。如果她再婚，房子和物品将被拍卖，年金减少到100英镑"[2]。在钦克利的案例中，29.3%的男人规定：如果寡妇再婚，不再继续享受财产利益。约翰·奥顿（John Orton）的遗嘱中包括限制妻子生活的条款，"如果我的妻子再次结婚，嫁给第二个丈夫，她会收到20先令，她不能从动产和不动产中获得利益"[3]。

同时，也有一些档案资料证明，中产阶级中下层的男性委托寡妻管理身后的企业，以维持遗孤的生活，妻子的企业管理权限仅限于儿子未成年时期。如玛丽·威尔接受遗赠，管理一间杂货店和不动产直到她的儿子乔治达到法定的可独立经营的年龄。同样，约翰·洛克顿（John Lockton）1824年在留下的遗嘱中规定，"我直接让我的妻子继续经营企业，留下工具和设备归她所用，直到我儿子年满21岁"。还有罗伯特·古德是当铺老

---

[1]　R. J. Morris, *Men, Women and Property in England 1780-1870*, p. 101.

[2]　R. J. Morris, *Men, Women and Property in England 1780-1870*, p. 102.

[3]　Jon Stobart and Alastair Owens, eds., *Urban Fortunes: Property and Inheritance in the Town, 1700-1900*, p. 183.

板和袜商，拥有价值 3500 英镑的动产。他在遗嘱中写道："如果妻子在他死后选择了继续经营当铺业务或任何其他企业，她必须把我一半的动产在 6 个子女中平分，每人高于 60 英镑。"[①]

可见，只有少数妇女完全享有丈夫给予的遗产权，大部分寡妇只限于孀居未改嫁，或儿子未成年时期，甚至有些遗嘱还规定孀妇必须在男性亲属监护下使用遗产。实际上，寡妇只是家庭中连接两代男性的桥梁，她们在孩子未成年时，以"照顾者"或财产"监护人"的角色发挥作用。

就寡妇所继承的财富结构而言，不动产比例大于其他财产。因为普通法规定，妻子可以合法地拥有住房和土地等不动产的所有权，在婚姻期间她不能管理或控制这些不动产，没有丈夫许可，她不能出售、出租，或抵押贷款，也没有权利收取来自不动产的租金。但是，法律又规定丈夫未经妻子同意，也不能处理妻子的房地产，他对妻子的不动产，只能在有效婚姻期间占有、管理，如果她亡故，丈夫首先有权通过鳏夫产业在余生中租用，但不能得到妻子不动产的继承权。因此，立遗嘱者首先把不动产作为最安全的利润来源，其次才是投资和经营企业收入。19 世纪早期，妻子继承丈夫企业比较少见。在斯托克波特案例中，寡妇经营企业的比例小于9%。由表 2-7 可见，丈夫通过遗嘱留给寡妇的财产中，不动产收入占52.7%，投资收入占 38.8%，企业收入仅占 8.5%。

乔恩·斯托巴特和阿拉斯泰尔·欧文斯（Jon Stobart and Alastair Owens）提供的 1750~1835 年欣克利（Hinckley）的情况与斯托克波特地区略有不同。由表 2-8 可见，60 名丈夫先于妻子过世，寡妇在生命期中全部继承或部分继承丈夫不动产的有 15 人，占总数的 25%，受益于丈夫不动产的有 26 人，占 43.3%；寡妇全部或部分继承丈夫的动产的有 34 人，占 56.7%，受益于丈夫动产的有 15 人，占 25%；寡妇继承企业的有 12 人，占 20%；寡妇通过年金维持生活，或由儿子供养的有 11 人，占 18.3%。显然，多数寡妇的经济来源主要得益于丈夫留下的不动产、动产收入，只有少数人直接经营企业养活自己。

---

① Jon Stobart and Alastair Owens, eds., *Urban Fortunes: Property and Inheritance in the Town, 1700-1900*, pp. 180-182.

表 2-8　1750~1835 年欣克利的寡妇财产继承状况

类型	数量（人）	占比（%）
男人先于妻子去世	60	68.2
男人把妻子作为唯一的遗嘱受益人	9	15
遗赠不动产给已婚男性	51	85.0
寡妇全部或部分继承丈夫的不动产	15	25
寡妇在生命期中受益于丈夫的不动产	26	43.3
不动产变卖，不遗赠给任何人	20	33.3
寡妇继承全部或部分丈夫的动产	34	56.7
寡妇在生命期中受益于丈夫的动产	15	25
寡妇通过年金维持生活，或者由儿子供养	11	18.3
寡妇继承企业	12	20
保留寡妇的限制性条款	17（58）	29.3
男子与寡妇一起作为遗嘱执行人	34	56.7
男人与寡妇一起作为受托人	5	8.3

资料来源：Wills Proved at the Archdeaconary Court Leicester, Leicester Record Office; Jon Stobart and Alastair Owens, eds., *Urban Fortunes*: *Property and Inheritance in the Town*, *1700-1900*, p. 179。

从上述可见，在中产阶级家庭中，父母为了保障孩子的生活，女儿也享有一定的财产继承权，甚至有些案例中，家庭遗产在儿女中接近平均分配。但是，在分配财富的结构上，儿子往往是家庭企业的继承者，获得生产资料和经营技能，拥有经营性收入，而女儿只是获得生活所需要的财产性收入，或者现金和投资收入。在孩子未成年的家庭中，妻子继承亡夫遗产的比例较高，财产的类型较多，涉及房屋、土地等不动产，还有债券、企业股份等动产；妻子对遗产的控制权往往限于寡居期和孩子未成年期；妻子持有遗产的财产构成以不动产为主，大部分中产阶级男性选择为寡居妻子和孩子提供相对稳定的财产性收入，以保障她们的生活，而不是带有较大风险的企业经营收入，尤其是家庭财产较为丰厚的中上层中产阶级寡妇大都是靠财产性收益和投资收入维持生活，只有少部分中产阶级中下层的寡妇继承夫业，经营企业养活自己及家人。同时，女性在继承财产或持

有财产的总量上低于男性。在利兹地区的案例中，男性认证的财富价值为
440190 英镑，女性为 130480 英镑，占总量的 22%，女性控制了 1/5 的动
产……在现存的税收登记本上女性的财产只占 5%。①显然，19 世纪英国中
产阶级女性在一定程度上享有财产继承权，并不意味着男女具有平等的财
产权，女性在家庭财富中占有较小份额。

二　立遗嘱和信托财产

遗嘱是立遗嘱人处理身后事情的工具，直接表达他们的身体状况如
何，应该怎样处理财产，安排对孩子的监护权。立遗嘱使一个人对另一个
人实施控制权，或者在他死后，移交他对财产、家庭的控制权，也是立遗
嘱者通过遗嘱以防家庭分裂、财产流失和家庭陷于贫穷状态的手段。学者
西蒙·冈恩（Simon Gunn）解释道，立遗嘱是资产阶级男性对财产负有责
任和良好管理的途径，也是预防家庭男性遭遇不测、家庭生活发生变故的
手段。19 世纪人们推崇自由立遗嘱观念。法学家李认为，"个人有权决定
财产的归属，这是维护个人财产安全的途径"②。许多人呼吁要用人性的法
律代替父母的情感，让社会的情感和观念左右遗嘱的内容，避免对孩子的
不公正。但是，在女性获得与男性平等的财产权之前，立遗嘱只是男性拥
有财产支配权的体现。

女性立遗嘱起源于 13 世纪，它是英国女性拥有财产支配权和独立人权
的标志。随着近代以来社会经济的发展和人权平等意识的加强，女性财产
权的扩大，女性立遗嘱的人数不断增长。马克辛·贝奇研究发现，1700 年
伯明翰女性留下遗嘱的人数大约是 597 人，谢菲尔德 329 人。在随机抽样
的遗嘱中，伯明翰女性占所有留有遗嘱人数的 23.6%，谢菲尔德女性占留
有遗嘱人数的 48%，这些案例中的男性都属两个城市的金属生产行业。③
19 世纪离婚法和已婚妇女财产法改革扩大了英国女性对财产的支配权，因
而有更多的女性立下遗嘱，按自己的意愿分配个人财产。在一些小镇，

①　R. J. Morris, *Men, Women and Property in England 1780-1870*, p. 234.

②　R. J. Morris, *Men, Women and Property in England 1780-1870*, p. 99.

③　Maxine Berg, "Women's Property and the Industrial Revolution 1700 - 1800", *Journal of Interdisciplinary History*, Vol. 24, No. 2, Autumn 1993, p. 237.

40%的女性留有遗嘱，处理身后的财产。在斯托克波特，55%的女性留下关于财产的遗嘱，这种情况在伯明翰和谢菲尔德也得到证实。[1] 1876~1888年格拉斯哥教区法庭确认的452个遗嘱记录中有一半立遗嘱者是女性，其中个人财产超过20000英镑的有55人，占女性立遗嘱者的1/4，财产达2000~5000英镑的有34~39人，其数量超过男子。其中伊丽莎·斯密斯（Eliza Smith）是一位寡妇，1883年留下372000英镑，这是统计样本中最富有的一个例子。这些女性中有30人拥有正式的职业，她们是教师、酿酒业老板、肉店老板、鱼老板、烟草商、制靴商等，她们的财产在37~12982英镑。[2] 当时一个饭店的老板一般资产是700~1110英镑，这意味着这些中产阶级女性的经济收入与男性财产所有者，如军队中的长官、拍卖商、保险经纪人、代理商、作家、医生、钢铁业商、船舶经纪人类似。

从立遗嘱女性的人群来看，未婚女性和寡妇比已婚女性拥有更大的立遗嘱权。从1830~1834年利兹的女性遗嘱文本数量来看，寡妇32人，占女性立遗嘱者的50%，未婚单身女性18人，已婚女性7人，经济自立者6人。[3] 尽管样本的数量有限，但可以证实寡妇是处理身后财产的主要群体。在相同的条件下，她们中有些人与男性拥有同等的立遗嘱权，寡妇可以确认财产遗嘱执行人。安妮·林达（Anne Rinder），一名肉店老板的寡妇，拥有认证价值为1500英镑的财产和在利兹的不动产，她将这些财产平均分配给她的两个女儿。[4] 这是以崇尚平等、延续企业为目的，女性像男性立遗嘱者那样在她孩子中选择继承人，有时她们的遗产成为家族企业成长的经济基础。玛丽·柯特可（Mary Coldcall）死于1831年1月3日，留下认证价值在8000英镑以上的动产和不动产，她把遗产分配给整个家族中的许多人。首先，她给她最后一任丈夫的姐姐伊丽莎白·威格尔斯沃斯（Elizabeth Wigglesworth）的孩子每个人200英镑，然后给这些孩子的孩子每人100英镑，这些钱都作为信托资金用于他们的生活和教育。然后，她

[1] R. J. Morris, *Men, Women and Property in England 1780-1870*, p. 240.

[2] Patricia Hollis, *Women in Public, 1850-1900: Documents of the Victorian Women's Movement*, London and Boston: George Allen and Unwin, 1979.

[3] R. J. Morris, *Men, Women and Property in England 1780-1870*, p. 234.

[4] R. J. Morris, *Men, Women and Property in England 1780-1870*, p. 238.

给丈夫的侄子和妻子安妮 200 英镑，这些安排保障了企业和未成年的孩子的生存费用。安妮最终成为一个肉店老板，约翰是奥特利附近的一名亚麻布商人，他们的家族发展成一个企业网。①

相对寡妇而言，未婚女性立遗嘱分配自己财产的人数较少。因为没有孩子，她们的遗产分配受益面比男性和寡妇的遗产分配要广，包括核心家庭以外的亲戚、朋友、仆人、教堂、慈善机构。普里西拉·卡特罗（Priscilla Catlow）留下家具、企业中合作的股份给她的朋友汉娜·罗伯特（Hannah Robert）有生之年享用；玛撒·莎克尔顿（Martha Shackleton）在决定把财产在亲戚中分配之前，把她家中的家具和不动产给了她的姐姐苏珊娜。②

在遗嘱记录中显示，有少量的妻子立遗嘱。上述利兹的样本中有 7 名妻子立遗嘱，这些妻子立遗嘱往往在特定条件下进行：一是像利兹一名贵格派啤酒制造商的妻子莎拉·阿辛顿（Sarah Arthington）那样，立遗嘱是婚姻的条件；二是在他人遗嘱中，她们拥有的财产处理权。如玛丽亚·比利（Maria Bewley）有权处置她兄弟和爷爷遗嘱中的财产；莎拉·布罗德黑德（Sarah Broadhead）有权处理她第一任丈夫留下的一大笔财产；安·查普曼（Ann Chapman）与一位橱柜制造商再婚，有权处理她父亲遗嘱中的财产。③

财产信托制度。英国的财产信托制度起源于 12 世纪，就是将财产委托给受托人经营管理，由此产生的收益归委托人，或委托人指定的受益人享用。有学者认为信托是丈夫控制妻子、限制女性财产权的手段。贝奇认为，与其像传统观点那样认为财产信托制度是限制妇女拥有财产，不如说信托制度是庇护妇女促使妇女拥有财产权的一种手段。这一制度让受益于丈夫财产的妻子受到保护，允许她在丈夫过世之后享用家庭财产。妻子作为托管人在家庭中管理财产，拥有较大的权力，也为她们进行投资提供可利用的资本。寡妇通常扮演了维护家庭经济独立的角色，对所托管的财产负责，保证家庭其他成员的财产受到保护。

笔者认为贝奇的观点夸大了信托财产对女性的益处。实际上，财产托管制度具有双重性，它既是男性通过信托人控制女性财产的手段，也是女

① R. J. Morris, *Men*, *Women and Property in England 1780-1870*, p. 240.

② R. J. Morris, *Men*, *Women and Property in England 1780-1870*, p. 239.

③ R. J. Morris, *Men*, *Women and Property in England 1780-1870*, p. 237.

性通过信托的个人条款获得独立经济收入、控制家庭财产免受债权人或未来丈夫伤害的途径。随着工业化的发展，社会竞争加剧，个人财富在积累过程中面临更大的风险。有时由于债务，整个家庭的财产面临被查封的危险，甚至女儿和寡妇也会成为债权人获得巨款的目标。因此，保护女性财产安全成为中产阶级的实践目标。就这一层面而言，通过信托，转换家庭财富形式，也是为了保护家庭资产安全、保障家庭成员主要是寡妇和孩子经济来源的策略，甚至是保存孩子未来创业资金的手段。有许多男人在特殊情况下，在有生之年让妻子托管一些财产，这些财产一般是以丈夫的收入和资本不受干涉为前提，或者这些财产属于借款或是抵押债券，在企业破产时能得到保护，财富的管理权属于活着的丈夫。

19世纪信托产品处于不断变化之中，主要有由英格兰银行管理的政府债券资金和不动产，还有通过金融、信贷组成混合的产品，以及铁路股份等。如斯托克波特杂货店主乔治·弗恩斯（George Ferns）在遗嘱中要求他的三位受托人在他死后出售和处理他所有的不动产。[①] 登记在册的财产以及动产用于还清债务，购买议会的股票，或大不列颠的公共基金，或其他类型的政府基金和有实物担保的基金，投资的收入作为他妻子莱迪斯（Lettice）的年金，金额是在他死后第一年300英镑，之后是每年200英镑，他孩子21岁前或结婚前，每人拥有30英镑的年金。该遗嘱还规定这些收益严格用于家族成员的生活和孩子教育开支，他的儿子必须当学徒。[②]

大部分男性在遗嘱中把妻子作为信托财产的受益人或托管人。由表2-9可见，1830~1834年利兹的196份遗嘱中，信托财产的受益人大部分是女性群体。其中112份遗嘱的受益人是妻子，占57.14%，其余的是女儿、外甥女、侄女、姐妹获得有限的财产权。有时，信托财产成为维持男性企业发展的资本，在企业两代人交替阶段，信托财产尤其重要。如罗伯特·乔伊特（Robert Jowitt）在他父亲死后运用了他母亲和妹妹的信托资本维持企业。

---

① 三位受托人是约翰·肯尼恩·温特鲍顿（John Kenyon Winterbottom），当地杰出的银行家、律师，当过镇长；约翰·布劳特霍斯特（John Broadhurst），布商；托马斯·斯来克（Thomas Slack），医生。Alastair Owens, "Property, Gender and the Life Course: Inheritance and Family Welfare Provision in Early Nineteenth-Century England", p. 309.

② Alastair Owens, "Property, Gender and the Life Course: Inheritance and Family Welfare Provision in Early Nineteenth-Century England", p. 307.

表 2-9　1830~1834 年利兹遗嘱样本中信托受益人比例

受益人	数量（份）	比例（%）
孩子	24	12.24
女儿	21	10.71
孙子辈	8	4.08
外甥女、侄女	17	8.67
姐妹	14	7.14
妻子	112	57.14
总计	196	

资料来源：R. J. morris, *Men, Women and Property in England 1780-1870*, Cambridge：Cambridge University Press, 2005, p. 260.

有些女性自己也留下信托财产。早在 18 世纪，女性在信托财产中占有一定的比例，在伯明翰占 23.3%，在谢菲尔德占 26.9%。女性作为信托财产受托人在伯明翰受托人中占 23.6%，在谢菲尔德占 25.8%。[①] 19 世纪 30年代利兹地方司法登记本残存的记录显示，当地 37 名女性业主和 56 名男性业主是信托执行人或委托人。[②]

可见，寡妇需要承担抚养孩子的责任，在财产遗嘱和信托财产中享有较大的权利，是立遗嘱和享用信托财产的主要女性人群。而妻子的权利受到多种限制，这与她们从属于丈夫的法律身份相关。

三　已婚妇女财产权

已婚妇女财产权较为复杂，尽管 19 世纪中产阶级已婚女性在社会身份认同中附属于丈夫，没有独立的人权，也没有财产权，但随着各种社会改革的推进，一系列已婚妇女财产法的通过，她们逐渐取得独立财产权，改变着她们在家庭和社会中的地位。

19 世纪 70 年代《已婚妇女财产法》通过前，一方面，普通法把妻子的合法身份掩盖在丈夫的身份之中，她不能签订合同或立遗嘱分配财产，丈夫对妻子财产有合法的监护权，他可以随意占有和处理妻子的动产。另

---

① Maxine Berg, *Women's Property and the Industrial Revolution, 1700-1800*, p. 238.

② R. J. Morris, *Men, Women and Property in England, 1780-1870*, p. 257.

一方面，普通法也规定了丈夫对妻子的不动产只有管理权，没有自由处理权和继承权，但妻子持有的动产在三种常见情况下可以得到保护。

第一，妻子个人财产的构成被认为是生活必需品，丈夫在法律上有义务为他的妻子提供必需品，至少满足温饱需求，如基本服装和食宿。如果妻子在基本生活这一层次的需求未得到满足，则可以通过衡平法院寻求救济。

第二，妻子可以通过受托人获得个人财产，这一财产是她步入婚姻时，由丈夫、父母专门为她留下的信托财产。

第三，妻子可以不选择持有容易被丈夫合法侵占的知识产权、动产。1870年财产法颁布前，如果妻子持有这种风险财富，可以在法院进行资产公证，或者选择投资房地产规避风险。

这些法律一定程度上限制丈夫滥用权力，侵吞妻子的合法产权，起到保护妻子生活的作用。1857年以来，有关妻子的财产法进一步起到保护妻子产权的作用。

1857年的《婚姻及离婚法》规定，如果妇女没有任何过错被丈夫抛弃，法院将保证她可以像未婚女性一样拥有财产权。虽然这种保护并不适用于妻子离开丈夫的情况，但它毕竟是女性合法拥有财产权的开端。

1870年议会通过英国历史上第一部《已婚妇女财产法》。该法规定："已婚妇女因从事任何职业、工作或手工艺，或者因独自经营而得到的工资收入，她因凭借文学、艺术或科学技术获得的现金和财产，以及用这类工资、收入、现金或财产投资所得全部利息，都应被视为和确认是她独自拥有和处理的财产，她本人的收据将是这类工资、收入、现金及财产的有效偿还者。"① 就是说妻子有权控制自己的动产，如持有储蓄银行账户、股票和基金，或在企业、房产和友好协会的股份。同时，该法还规定妻子对200英镑以下的个人财产和现金有立遗嘱权，也可以控制自由持有农和公簿持有农的租金，可以立遗嘱处理动产。② 该法虽然没有给予妻子完全独

① David C. Douglas, ed., *English Historical Documents*, Cambridge：Cambridge University Press, 1996, p. 537.

② Mary Beth Combs, "A Measure of Legal Independence：The 1870 Married Women's Property Act and the Portfolio Allocations of British Wives", *The Journal of Economic History*, Vol. 65, No. 4, December 2005, p. 1033.

立的财产权，但它一定程度上降低了妻子个人财产被丈夫剥夺的风险，并为她们提供了对自己的财富安排做出选择的法律权利，她们可以作为新的财产所有者拥有获得家庭财富更大份额的机会，这使她们改变投资组合和财富持有的形式成为可能。我们从 1870 年后已婚妇女财产构成的变化可以看出财产法对保障已婚女性财产所有权的意义。

由表 2-10 可见，玛丽·贝斯·康姆斯（Mary Beth Combs）收集了 1238 份个人财富信息，其中 310 人死于 1860 年，287 人死于 1890 年，641 人死于 1901~1903 年；641 人中 123 人在 1870 年之前结婚，518 人在 1870 年后结婚。她发现这些样本中，在 1870 年前结婚的妇女不管她死于何时，婚姻状况如何，她们拥有不动产的价值高于动产价值，她们的父母都会把房地产留给她们。因为这些财产在女儿守寡时回到她手中，而不是作为丈夫的个人财产，任意处置。投资不动产是妻子规避财产风险的主要手段。1870 年前结婚，死于 1901~1903 年的 123 名女性，占有不动产的平均价值是 958 英镑，动产平均价值 762 英镑；1870 年后结婚，死于 1901~1903 年的 518 名女性，持有动产的平均价值是 1299 英镑，不动产平均价值只有 435 英镑，持有动产的价值远远高于不动产的价值，她们拥有财富的总量和占有家庭财富的比重也高于1870 年前结婚的女性。1870 年前结婚的女性持有财产占家庭总财富不到30%，而 1870 年后结婚的妇女持有财产超过家庭总财富的 30%。[①]

表 2-10　已婚妇女持有不动产和动产的平均价值

死亡年份	人数（人）	每一个记录对象的不动产平均价值（英镑）	每一个记录对象的动产平均价值（英镑）	每一个记录对象的平均财富总价值（英镑）
1860 年	310	855	732	1587
1890 年	287	921	750	1671
1901~1903 年 1870 年前结婚	123	958	762	1720
1901~1903 年 1870 年以后结婚	518	435	1299	1734

① Mary Beth Combs, "Wives and Household Wealth: The Impact of the 1870 British Married Women's Property Act on Wealth-holding and Share of Household Resources", *Continuity and Change*, Vol. 19, No. 1, 2004.

上述数据说明，1870 年财产法颁布后，中产阶级已婚女性动产受到法律的保护，越来越多的妻子喜好选择灵活、机动性强的动产作为主要的财富持有形式，这有利于她们在市场经济博弈中合理配置资源，获取更大的收益，可以不依靠丈夫的荫护生活，并免受不称职、懒惰、不守法的丈夫侵害。

1870 年《已婚妇女财产法》通过之后，女性主义者继续为争取已婚妇女完全独立的财产自主权和债务处理权而努力。在 19 世纪 80 年代初期，约翰·欣德·帕尔默（John Hinde Palmer）提交 1880 年已婚妇女财产法案，主张已婚女性像未婚女子一样拥有处理财产的权利，在议会引起争论，最后议会否决了该法案。1882 年议会通过了《已婚妇女财产法》。该法规定："一个已婚妇女应该能够根据她自己的标准签订或者修订契约，有对任何侵权行为、合同或其他案件起诉或应诉的能力；和单身女性具有同样的法律地位；已婚妇女的丈夫不再对已婚妇女的行为负法律责任，所有的行动和程序的前提条件是她有独立的财产。"① 该法案承认已婚妇女拥有独立的财产权、订立契约权，从法律意义上承认已婚妇女的独立存在，肯定已婚妇女的经济权和政治权。因此，法案在社会上产生了很大的反响，许多男性认为这将打破家庭的和谐。议员亨利·詹姆斯在法案二读时说："这一法案在头脑中产生，很可能是导致涉及所有已婚男人的一场革命。"② "已婚妇女财产委员会"在最后的报告中高度赞扬了该法案：这一法律"和平地推翻了道德权力的错位，这是人类平等法则战胜性别不公正的第一次胜利。这是没有流血却有益的革命"③。

但是，该法没有给已婚妇女完全立遗嘱权，它规定妇女遗嘱的范围不包括她从丈夫那里继承的财产，如果她要把这部分财产留给选定的继承人，必须以一个寡妇的身份再立遗嘱。同时，已婚女性不能完全为她自己的行为负责，涉及已婚女性的侵权行为仍然由丈夫负责。1882 年法案只是模糊地强调"妇女如果婚姻状况糟糕，丈夫野蛮、没有责任心，她们有权

---

① Mary Lyndon Shanley, *Feminism, Marriage, and the Law in Victorian England*, p. 126.
② Mary Lyndon Shanley, *Feminism, Marriage, and the Law in Victorian England*, p. 12.
③ Mary Lyndon Shanley, *Feminism, Marriage, and the Law in Victorian England*, p. 103.

处理自己的事务"。①丈夫在婚姻中的法律权威身份没有完全取消，直到1908 年财产法规定妻子无须征得丈夫同意，可以处理自己的财产，英国法律才完全认可已婚女性拥有完全独立的财产权。

　　综上所述，在"两分领域"环境下，19 世纪英国中产阶级女性在家庭私人领域处于从属地位，但是，"两分领域"的生活方式让中产阶级男性更多地投身于公共领域的竞争，逐渐缩小了他们对家庭生活的实际操控范围。中产阶级女性逐渐分离男性的家庭权力，如女性在家庭的日常生活与消费安排、养育孩子、家庭为中心的社交等方面都更加有作为，从而提高了她们在家庭中的实际权利。同时，数量众多的"过剩女子"和寡妇挑战了传统的女性角色定位，她们中许多人通过各种方式自食其力，甚至有些人成为自尊、自信、自强的新女性的典范，促进了女性主义权利意识的成长，以实际行动推动了女性家庭和社会权利的获得。虽然 19 世纪英国的家庭法律制度保留了一些女性从属于男性的社会标准，但是，随着自由主义和女性主义的发展，19 世纪英国女性的家庭财产权、离婚权、对孩子的监护权等家庭法律权利逐渐向两性平等的方向发展，中产阶级女性逐渐在家庭中获得更多的独立自主权，尽管这些自主权是有限的，并在每时每刻都遭遇阻力。直到 19 世纪 80 年代，在已婚妇女财产法和儿童监护法改革中，议会认识到"在父母和孩子一起生活的家庭中，夫妻平等会引起道德和精神提升，反之则会导致家庭混乱、不顺从和社会衰落"。②它抓住家庭法律中的男性所有权制度的症结，反对制定建立在性别角色基础上的法律。不可否认，19 世纪有关女性家庭法律权利的变化标志着英国女性在反男性霸权主义、争取男女平等的道路上迈出了重要的一步。

---

①　Mary Lyndon Shanley, *Feminism, Marriage, and the Law in Victorian England*, p. 127.

②　Mary Lyndon Shanley, *Feminism, Marriage, and the Law in Victorian England*, p. 155.

第三章　公共经济领域的中产阶级女性

劳动权是女性进入公共经济领域，获得人格独立和发展的基础。剥夺或限制中产阶级女性的家外劳动权是中产阶级男性在经济上控制女性，维护以男权制为核心的性别分工的主要手段。在工业化和城市化大潮中，大量的中产阶级女性，尤其是"过剩女子"和寡妇进入"白领行业"，充当护士、教师、职员、店员，成为艺术工作者或文化科学研究者，甚至有人从事投资经营活动，与男子一样拼搏于商海。她们活跃在公共经济领域的各行业，人数不断增长，职业领域不断扩大。她们努力工作，自食其力，享受着劳动权带来的经济上的自立、自尊，同时也模糊了"两分领域"的性别界线，动摇了父权制的神话。

第一节　公共领域的"白领女性"

19 世纪英国社会的主流价值观强调女性的位置在家庭，从亚当·斯密到 19 世纪许多自由主义思想家在理论和实践上都否认女性在公共领域的劳动权。自由主义理论家 R.J. 理查德森曾告诫女性："公共领域是男人的工作……你不应该去完成，你的位置在家庭，你的劳动就是你对家庭的责任，你的兴趣存在于你的家庭利益中，不要投入别的，财富积累这样的服务看起来是你自愿的，却是你的耻辱！去寻找丈夫，没有丈夫，你会受累，有丈夫家庭，你就回家去，管理家庭使它舒适。"①

在 19 世纪中上层妇女中很有影响的《女王》杂志也宣传"工作"是上

---

①　〔英〕亚当·斯密：《亚当·斯密全集：道德情操论》，蒋自强等译，商务印书馆，1998，第 124 页。

流社会夫人文雅的消遣，并在"工作室栏目"中把女性工作定义为针织和缝纫。该杂志编辑甚至认为，"女性就业是恶魔出现，当女人以低廉的价格受雇用，也许会让男性丢掉工作。男性工作才是妻子和家庭所依赖的经济来源……女性抛售男性，只会伤害自己，这种伤害显然是用次要地位的人取代那个可依靠的人"。①

19世纪资产阶级政府通过工厂法，在许多行业和工种维护男性的垄断地位。如1844年颁布的"安全设备法"规定只有男工才能维护、保养机器。② 结果，工厂法一方面保护了雇用劳动者的利益，另一方面却依然坚持男女不平等的劳动权，一定程度上强化了男性是经济领域的主导者这一观念，并在国家社会保障政策中也很少照顾到女性的利益。但是，工业化、城市化的发展和大英帝国的扩张，扩大了投资和经营渠道；社会分工的精细化，管理人员队伍的扩大，增加了社会对"白领职业"的需求量，为中产阶级女性进入公共领域获得劳动权提供了基础。当时，激进的自由主义思想家和女性主义者都把劳动权作为解决性别不平等的手段。穆勒强调给予两性平等的劳动权是解决女性问题的唯一办法，也有益于人类进步。"让妇女自由地选择职业，对其他人开放的同样职业领域及同样的奖励和鼓励也向妇女开放，让妇女自由地运用其才能可以期待的第二个益处，就是可以有双倍的智力才能为人类更好地服务。"③ 同时，女性主义把公共领域的劳动权作为女性解放的手段之一。她们比自由主义经济学家更加深刻地认识到劳动权是经济权、政治权、婚姻自主权和社会平等权的基础。"兰汉姆"组织明确指出："女神和政治经济学都告诉人们，地球由工作的人们拥有。"④ 巴巴拉等女性主义领袖批判"妇女在市场上出卖劳动力会夺走男工嘴里的面包"的观点从本质上是行使男权主义特权，剥夺女性

① Arlene Young, "Ladies and Professionalism: The Evolution of the Idea of Work in the Queen 1861–1900", *Victorian Periodicals Review*, Vol. 40, No. 3, Fall 2007, p. 193.

② Robert Gray, "Factory Legislation and Gendering of Jobs in the North of England 1830–1860", *Gender and History*, No. 5, 1993, p. 75.

③ 〔英〕约翰·斯图尔特·穆勒：《妇女的屈从地位》，汪溪译，商务印书馆，1995，第334页。

④ H. M. Swanwick, "The Future of the Women's Movement, London 1913", in Marie Mulvey and Tamae Mizuta, eds., *The Suffragists-Towards the Vote*, London and New York: Routledge/Thoemmes Press, 1995, p. 77.

的劳动权。她在1857年出版的《妇女和工作》一书中指出："在各个领域妇女和男子平等，妇女是上帝的孩子，和男子一样可以享受平等的权益。因为妇女要吃饭，要养活孩子，还有其他人要靠她生活，所有的男人希望工作的理由也正是妇女的工作理由。男人必须自立和工作，女人也应如此，否则她将堕落，立即处于男人之下，接受奴役的地位。"[1] 结果，在多种因素影响下，19世纪后期，大量中产阶级女性涌入各行业，成为"白领女性"。

"白领女性"指接受一定的文化知识教育和技能训练，在教育、医院、企业、法律、军队等部门充当教师、医生、护士、文职人员和管理人员的职业女性。长期以来，这些白领职业由男人垄断，尤其是教堂、法律部门、军队几乎没有女性工作的机会。19世纪后期，随着国家政治、经济、教育的发展，中产阶级女性大量涌入教师、护士、职员和店员等白领职业队伍，成为自食其力的劳动者。本章主要论述中产阶级女性相对集中就业的护士、职员、店员职业的工作状况，教师职业在下一章论述。

一　护士

护士和教师职业与社会上所期望的相夫教子的女性角色相联系，照顾家人是女性的责任。就此而言，所有的英国女性都是护士。英国早期的医学读物作者杰维斯·马卡姆（Gervase Markham）说："属于英国主妇的优点是照顾家人，包括他身体的各个方面……我们的妇女应该懂得普通的医药知识，如退烧、骨折、脱臼等特定的外科手术过程。"[2] 因此，女孩从母亲那里学习人体知识，中上层女性从《家庭主妇指南》中增强医疗保健技能。许多女性为邻居提供免费医疗，牧师的妻子为居民提供复杂的医疗服务，特别是为本教区的穷人服务；贵族妇女负责家庭成员的医疗保健工作；劳工的妻子为邻里提供接生等简单的医疗帮助。总之，这些女性只是没有执照的医生、助产士、护士和药剂师。

19世纪50年代前，护士没有得到正规的职业训练。除了宗教团体中

---

① Martha Vicinus, *Independent Women: Work and Community for Single Wowen, 1850-1920*, p. 22.

② Robert B. Shoemaker, *Gender in English Society 1650-1850*, p. 181.

从事护理工作的修女以外，其余的护士大都出身于社会下层，没有文化教养，更没有专业护理知识，有一些人还沾染偷窃、酗酒等恶习。护士在医院中与人打架斗殴现象时有发生。因此，只要你愿意做辛苦而又不快乐的工作，任何人都可以成为护士。在伦敦，护士每天的工资是一先令，外加一些食物和啤酒，这对于一个非熟练的女工来说，算得上比较好的收入了。但护士的工作非常辛苦，随时等候病人的差遣，她们没有自己的房间，只有一张简易的床，睡在厨房、病房，甚至地下室。

对护士的职业训练开始于贵格派的宗教运动。贵格派慈善家伊丽莎白·费赖（Elizabeth Fry）1840 年到德国凯撒斯韦特（Kaiserswerth）参观训练女牧师、女护士的学校，回国后在伦敦开始组织护士训练。第一所训练护士的学校是非国教派的"慈善姐妹协会"（Society of the Sisters of Charity），后来简单称为"护士姐妹学院"。在学院中，学员一起生活，一起接受严格的职业训练。这些学员起初几个月在盖伊医院（Guy's Hospital），然后到伦敦医院接受实践训练，从医生和护士那里学习护理实践知识。培训结束后，她们作为私人护士照看病人。后来非国教组织、天主教会组织机构因训练女牧师而创办了护士培训学校。1845 年，天主教会创办了该会第一所护士学校，即"幸运姐妹"（Sister of Mercy）学校。此后，天主教护士训练机构纷纷建立，如圣约翰之家和修女会（St. John's House and Sisterhood）等机构为社会输送私人护士和女牧师。在克里米亚战争中，与南丁格尔一起上战场的 38 名女护士中有 24 人就是这些教会系统训练出来的。但教会的培训数量有限，对护士职业的系统性、规范性训练不到位，对护士职业提升影响较小。直到 19 世纪 50 年代，南丁格尔等杰出女性创建了现代护士职业体系，才改变了护士职业的现状。

弗洛伦斯·南丁格尔（Florence Nightingale，1820-1910）出身富裕的中产阶级家庭。17 岁时，她冲破家庭的阻拦，成为一名护士，并先后到法国、德国学习和培训。1854 年克里米亚战争爆发时，南丁格尔率领数十名护士奔赴战场，对伤员进行科学的护理，并给予热情的人性关怀，使伤员的死亡率大大降低。南丁格尔因此受到女王的嘉奖，也改变了人们对护士的看法。

南丁格尔从战场归来后，着手创建现代护士制度，英国的护士培养进入规范化、科学化、系统化阶段。从总体上看，英国现代护士制度的形成可以分为两个阶段。

第一阶段是19世纪50年代到19世纪80年代，初步建立现代护士制度。在这一时期，南丁格尔等第一代改革家认为护士应该把自己看成战场上的士兵，与疾病做斗争，作为一名合格的护士必须要有医学知识，也要有护理病人的实践经验。护士制度改革先驱者之一，威廉·法尔（William Farr）说："一个忠诚的护士，必须要有医学知识、实践知识和应急处理各种疾病的能力，就像南丁格尔小姐所表现的那样，护士配合着医生，优秀的护士可以让治疗产生更好的效果。"[①] 为此，她们制定各种训练护士的标准，对准护士进行医学知识教育、护理实践训练和纪律观念的训练，重视清洁医院的环境，铲除它的脏、腐败和老式护士的不文明举动，为建立新型的护士制度打下基础。

1860年南丁格尔在伦敦的圣·托马斯医院开办了"南丁格尔护士学校"，亲自挑选第一批学生15人进行训练。她制定严格的规章制度，进行专业的护理训练，要求学员不能迟到、每个月要进行成绩和道德评估。此外，还有一些次要的条款，如有不礼貌行为，或未穿符合要求的服装都要受到处罚。就像军队中的士兵一样，准护士们穿上特制的护士服切断与外界的联系，工作、训练和学习填满了每个人的时间。当时接受训练的护士安吉尼斯·简说："护士学校一年的训练生活就是12个月的监禁。"[②] 结果，这些新型的女护士们成为一个个与疾病、肮脏、罪恶作战的战士，受到社会的好评。政府也开始关注南丁格尔等先驱者的改革成果。1887年，维多利亚女王在执政50周年纪念庆典上，从全国妇女捐赠的金额中拨款70000英镑资助护理事业。[③] 两年以后，建立了"维多利亚女王庆典护士协会"，对"女王护士"进行专业训练。它包括一年（后来增加到两年）在医院的总训练，加上6个月的护士训练；农村地区的护士还要进行三个月的助产士训练才能获取"伦敦助产士协会"颁发的助产士资格证书，或者获得相应的执业证书。这些专业护士穿着专门的制服，佩戴徽章和臂章。"女王护

---

① Martha Vicinus, *Independent Women：Work and Community for Single Wowen，1850-1920*，p. 88.

② Martha Vicinus, *Independent Women：Work and Community for Single Wowen，1850-1920*，p. 91.

③ Pamela Horn, *Victorian Countrywomen*，Oxford：Basil Blackwell，1991，p. 214.

士"不能干涉病人的宗教信仰,必须在男医生直接指导下工作。这样,更多的新型护士活跃在全国各地医院,完成救死扶伤的神圣使命。

清洁与纪律一样是护士制度改革的一项重要内容。因为清洁不仅可以帮助病人恢复健康,而且意味着用一种新的标准和新的理念对待病人。南丁格尔强调卫生对病人康复所起的作用。她说:"不是医生,也不是护士治愈病人,只有自然环境能够做到这一点。"[1] 护士有责任创建良好的自然环境。在改革家看来,护士不仅要在医院中与肮脏和疾病战斗,而且要与产生疾病的环境——贫穷、酗酒和罪恶战斗。这些思想是对医生只是治病这一狭窄的传统医疗观念的挑战。

护士长制度的建立进一步完善了现代护士制度。1880 年,伊娃·鲁克斯(Eva Luckes)26 岁时成为伦敦医院的护士长,她提倡南丁格尔提出的护士肩负着一种使命的观念。埃塞尔·戈登·曼森(Ethel Gordon Manson)成为伦敦圣·巴斯罗缪(St. Bartholomew)的护士长时只有 24 岁,六年中她为护士学校现代化做了大量工作。护士长制度使女护士脱离男人的监控,自己管理自己。1893 年,英国的护士领导者玛萨生动地描述:"她们像军队的指挥官一样指挥护士,在男人控制的世界中建立妇女管理妇女的权力。她们就像一支独立的部队,围绕在医生周围,与疾病战斗,她们又是由她们自己控制的部队。"[2]

第二阶段是 19 世纪 90 年代到 1919 年,是英国职业护士得到大发展的时期。这一阶段职业护士得到进一步发展主要有三个原因。一是医院现代化和扩张需要更多的拥有专业知识、能处理医疗问题的护理人员;上层阶级也需要更好的医疗照顾,他们寻求更高水平的私人护士。二是人们认为护士具有女性的自我牺牲精神,符合传统的伺候人的女性角色,加上南丁格尔等先驱者的言传身教,逐渐改变了社会对护士职业的偏见,促使大批拥有专业知识的护士走上岗位,在医疗领域发挥了不可替代的作用。因此,有更多的中产阶级女性接受护士这一职业,甚至把它当作理想的职业。学者埃伦·乔丹(Ellen Jordan)认为,媒体报道 19 世纪 50 年代克里

---

① Martha Vicinus, *Independent Women*:*Work and Community for Single Wowen*, *1850-1920*, p. 9.

② Martha Vicinus, *Independent Women*:*Work and Community for Single Wowen*, *1850-1920*, p. 93.

米亚战争中南丁格尔的浪漫形象，鼓励中产阶级和上层阶级的年轻女性从事从前属于工人阶级的、低技能的护士职业；中产阶级女性的同情心和道德优势，以及"慈善护理姐妹会"的工作推动了护士职业向受教育女性开放。[1] 三是护士工作性质发生变化。在前一阶段护士制度建立的基础上，19世纪末的护士接受更加规范的培养和训练，护士进入正式合同服务期至少需要 1~3 年学习培训。在这期间，她不仅要在病房进行护士实践工作的锻炼，还要听讲座，准备考试，最后要通过护士资格考试才能获得医院的护士资格证书。这样，护士成为拥有较强专业技能的专业人士，她们的工作与病房中的一般的清洁女工有所区别，她们可以不做打扫卫生、清洗痰盂等肮脏的工作。在一些规模较大的"护士之家"，准护士们接受训练时，还有自己独立的房间。同时，"维多利亚女王庆典护士协会"影响不断扩大，在许多地方成立了分支机构。如 1891 年，"曼里森乡村护士协会"（Malleson's Rural Nursing Association）成为它在乡村地区的分支组织，1893 年 32 名护士进入"女王护士"的登记册。此后，许多中产阶级和贵族妇女成为各地方护士协会的领导人。如 1891 年成立的"乡村护士协会"得到赛伯纳伯爵夫人和温彻斯特侯爵夫人的资助。当年，该协会在英格兰和威尔士拥有 137 个分支机构，加上 40 多个非隶属机构，大约雇用了 800 名护士，其中 4% 是助产士。[2]

结果，护士成为拥有专业知识的职业，它的从业人群也发生变化。学者埃伦·乔丹（Ellen Jordan）指出，在 1851 年和 1891 年人口普查之间，护士群体从没有受过教育的老年寡妇向年轻受过教育的未婚女性转变。[3] 1851 年，人口普查记录了 25775 名护士和助产士，占 20 岁以上女性总人口的 0.5%。1891 年，这一数字增加了一倍多，达到 53057 人，占 20 岁以上女性的 0.6%。35 岁以下的从业人数从 1851 年的 2312 人增加到 1891 年的 15650 人，这一年龄组的人从占所有护士总数的 8% 增加到 30%。[4] 到 19 世纪末，在城区大医院的护士变成中上层阶级女性能接受的职业。1892 年

---

[1] Gerry Holloway, *Women and Work in Britain since 1840*, London and New York: Routledge Press, 2005, p. 119.

[2] Pamela Horn, *Victorian Countrywomen*, p. 215.

[3] Gerry Holloway, *Women and Work in Britain since 1840*, p. 119.

[4] Ellen Jordan, *The Women's Movement and Women's Employment in Nineteenth Century Britain*, London and New York: Routledge Press, 1999, p. 123.

南丁格尔说："护士变成一种时髦，它从公共生活融入私人领域中。"① 在城市地区，医院中不存在缺乏护士候选人问题。护士由护士长来挑选，最小的年龄一般在 23 岁。这些人大都来自受过良好教育的中产阶级，许多是职业男性、商人、农场主、工厂主的女儿。在世纪之交，著名的护士长伊斯拉·斯图尔特（Isla Stewart）说："护士来自各个阶层，在医院女佣与男爵的女儿紧挨着坐……"② 护士人数大量增加，由表 3-1 可见，英格兰威尔士护士人数从 1861 年的 24821 人，增加到 1901 年的 64214 人，1861～1901 年护士人数增长了 1.6 倍。

表 3-1　1861~1911 年英格兰威尔士雇用护士数量

年份	数量（人）	年份	数量（人）
1861	24821	1891	53057
1871	28417	1901	64214
1881	35175a	1911	77060

资料来源：Lee Holcombe，*Victorian Ladies at Work*：*Middle-Class Working Women in England and Wales 1850-1914*，pp. 204-205。

护士的工作时间和工资收入在不同的医院存在较大的差异。正规医院的护士一天工作在 8 小时或 9 小时，每周 63 小时，包括就餐时间。大部分医院让护士一周休息一天，或者一个月休息一个周末，一年有三周的假期。但有些医院护士的周工作时间长达 73～80 小时。护士的薪水有不同的级别。在培训的第一年，年薪是 12 英镑，接下来的一年是 18～20 英镑，刚参加工作的护士年薪 20～30 英镑，有经验的护士年薪 35～60 英镑，有些护士长年薪 100～350 英镑。此外，还有免费房间、制服、熨烫衣服等服务。③ 学者维莎纽斯和哈里森认为，到了 19 世纪 80 年代以后，护士职业

① Florence Nightingale，"Unpub. Letter to Catherine Marsh"，24 March 1892，Boston University Nursing Archives，in Martha Vicinus，*Independent Women*：*Work and Community for Single Wowen*，*1850-1920*，p. 102.

② Lee Holcombe，*Victorian Ladies at Work*：*Middle-Class Working Women in England and Wales 1850-1914*，p. 78.

③ Lee Holcombe，*Victorian Ladies at Work*：*Middle-Class Working Women in England and Wales 1850-1914*，p. 79.

就像其他女性职业一样，存在人满为患、工资停滞和各地标准不一现象。护士工作很辛苦，令人不愉快和工资低等问题在19世纪90年代议会上院选举委员会关于市医院的调研报告中得以证实。①

在农村地区，由于缺少专职的医生和护士，19世纪60年代以后，产生了乡间诊疗所，到19世纪90年代中期，大约有300个这样的乡间诊疗所。每个医院由当地医生轮流值班，但至少要配备一名专职护士。为了提高农村护士的业务水平，1883年，巴斯·布劳德全特小姐在奥卡力建立了家庭护士系统，开始培养有专业知识的乡村护士。这些护士来自农村，她们在伦敦的普雷斯顿特别训练中心接受简短的产科训练和特定的护士技能训练，成为农村地区的专职护士。

乡村护士的工作非常辛苦。她们常常驾着驴车或骑着自行车奔走在各个乡村。20世纪初会骑车成为农村护士和助产士的必要条件。如护士恩吉住在她自己的家中，工作一般从上午9点开始，但是，她不管白天晚上随时都会被病人叫走，没有固定的工作时间。她每周工资是15先令，有免费住房……一周一次到女管理人（本地的协会）那里去汇报工作。恩吉有一辆驴车，可以在较大范围开展工作。②

1909年布劳德全特小姐说："乡村护士就像部队中地位最卑微的战士一样，要与'三D'——脏、酗酒、疾病作斗争。"③乡村护士为改变农村落后的医疗水平发挥了重要作用。

乡村护士年薪是25~60英镑。一位名叫安妮的女王系统的护士，年薪30英镑，外加制服、4英镑的保证金，每周11先令伙食费，她与房东一起住在城堡里，她的衣服在城堡的洗衣房里洗④。这一收入水平高于农村中的其他劳动妇女。

同时，妇女医学协会等女子医学机构把训练助产士作为医学事业的一部分。1872年初，协会决定设立自己的考试委员会，发放证书，希望这个临时措施最终促使正式立法。考试每年在伦敦举行三次，只对21~30岁女

① Gerry Holloway, *Women and Work in Britain since 1840*, p. 120.

② Pamela Horn, *Victorian Countrywomen*, p. 215.

③ Pamela Horn, *Victorian Countrywomen*, p. 213.

④ Pamela Horn, *Victorian Countrywomen*, p. 216.

性开放。这些"有技能的女助产士"受到公众欢迎，并在随后的 30 年中逐渐成为被社会认可的英国女性的职业。[①] 据统计，1905 年，有 22308 名助产士登记在册，其中 7465 人通过"产科协会"的考试，2322 人拥有医院的合格证，12521 人是"合法的助产士"。[②] 后者没有经过正规的技能训练，许多人还是文盲，与老式的接生婆没有多大区别，但毕竟有近一半的助产士经过一定的技术训练，她们的工作降低了母婴的死亡率。

总之，经过南丁格尔等先驱者的努力，护士工作从社会的低贱职业变成需要科学文化知识和专业技能的职业。护士用自己的智慧解除病人的痛苦，给人们战胜疾病的勇气和信心，并为提高整个英国的医疗水平，提高人们的生活质量发挥重要作用。女护士在医治病人的过程中实现了社会价值，受到社会的尊重。同时，护士职业为中产阶级女性打开了新的就业之路，为她们赢得经济上的独立与自尊提供了基础。更重要的是护士职业让许多中产阶级的女子脱离不幸的家庭和无聊的生活，实现自我价值。护士汉娜·莫尔顿（Honnor Morten）的传记中写道："我打算把我的生命贡献给护理病人，这一想法并不是来自抽象的自我牺牲的愿望，也不是来源于解除人类痛苦的愿望，而是首先来自我对自己利益的考虑。"[③]

此外，在护士职业专业化的同时，中产阶级女性也涉足了医学领域的其他职业。1865 年 9 月，伊丽莎白·加勒特（Elizabeth Garrett）小姐通过药剂师协会的考试，成为符合英国医学注册资格的第一个女性。同年 10 月女子医学协会建立了伦敦女子医学院，紧接着，各大学纷纷建立女子医学院，1881 年有 25 名女性注册为医生，1911 年女医生注册人数上升到 477 人，占该职业就业人数的 2%。[④] 女医生打破了医学领域的男性垄断地位，虽然医学界仍然没有消除性别歧视现象，但这是女性在该领域争取平等就业权的起点。

二　女职员

女性职员主要指机关、企业、学校、团体里担任行政职位或业务工作

---

① Jean Donnison, "Medical Women and Lady Midwives: A Case Study in Medical and Feminist Politics", *Women's Studies*, No. 12, July 2010, p. 149.

② Pamela Horn, *Victorian Countrywomen*, p. 220.

③ Martha Vicinus, *Independent Women: Work and Community for Single Wowen, 1850-1920*, p. 105.

④ Gerry Holloway, *Women and Work in Britain since 1840*, p. 126.

的人员。这一群体在 19 世纪后期的英国迅速兴起,对中产阶级女性群体的工作和经济生活,以及女性主义运动产生了较大的影响。20 世纪 70 年代以来,随着妇女史研究的深入,少数学者开始关注女性职员的研究,但总体来看成果较少。F. D. 克玲杰德(F. D. Klingender)用大量的工资数据说明,19 世纪末以来,女性职员收入降低,升迁机会减少,从中产阶级走向无产阶级化。洛克伍德(Lockwood)则把女职员作为建立职员工会的阻力,她强调一般的女职员,或者说现代办公室的打字员,她们将来的生活相对男子来说较少依靠自己,最终靠结婚获取生活资料。安德森(Anderson)认为 19 世纪末到 20 世纪初,男性职员工资降低的原因之一是廉价的女职员进入各部门。① 李·霍尔库姆、马塔·齐梅克(Meta Zimmeck)等学者则从性别角色出发分析女性比男性较容易安于现状,容易接受缺少升迁机会的职业,成为普通的职员。女性职员代替了低等级的男性职员工作,是"白领职业"中的"蓝领"群体,她们属于低等的中产阶级队伍趋于"无产阶级化"的那个群体。②

上述学者主要从社会性别分工角度论证女性职员相对男性职员而言,属于低技能、低收入阶层,对男性职员的就业岗位、工资标准和社会地位构成威胁,但这些学者较少从更深层次上讨论女性职员群体扩大对女性主义运动的影响,以及对改变女性的家庭和社会地位的意义。笔者在本节中试图通过探讨女性职员人数增长及原因、女性职员的工作状况,进一步认识女性职员对女性家庭地位和社会地位的影响。

19 世纪 70 年代以来,在工业化和城市化进一步发展过程中,出现了"白领革命",英国职员的数量迅速增加。1851~1911 年,职员人数从95000 人增加到 843000 人,职员在整个就业人口中所占的比例从 1.2%上升到 4.6%。③ 同时,女性职员人数增长速度快于男性职员,职员的性别比

① Michael Helle, "Work, Income and Stability: The Late Victorian and Edwardian London Male Clerk Revisited", *Business History*, Vol. 50, No. 3, May 2008, p. 254.

② Meta Zimmeck, "Job for the Girls: The Expansion of Clerical Work for Women 1850-1914", in Angela V. John, ed., *Unequal Opportunities: Women's Employment in England 1800-1918*, Oxford: Basil Blackwell, 1986, pp. 154-155.

③ Meta Zimmeck, "Job for the Girls: The Expansion of Clerical Work for Women 1850-1914", p. 154.

例发生了变化。李·霍尔库姆提供的数据显示，19 世纪最后 40 年，女性职员每 10 年都以较快的速度增长，其中增长最快的 1861～1871 年达 418.3%，1871～1881 年达 344.0%（见表 3-2）。

表 3-2　英格兰威尔士职员增长率（1861～1911 年）

单位：%

年份	总数增长	男性增长	女性增长
1861～1871	42.1	40.9	418.3
1871～1881	80.6	77.7	344.0
1881～1891	56.9	52.8	195.2
1891～1901	40.1	31.2	204.7
1901～1911	32.2	21.7	116.2

资料来源：Lee Holcombe, *Victorian Ladies at Work：Middle-Class Working Women in England and Wales 1850-1914*, Newton Abbot：David and Charles Ltd. Press, 1973, p. 210。

从女性职员就业的部门来看，她们主要集中在商业和工业企业。表 3-3 显示，1891～1901 年新兴工业城市兰开夏的商业和企业部门女职员增长达 211%，这与表 3-2 显示的该时期英格兰威尔士女职员增长的速度持平，同期，政府部门的女职员增长 76%，低于商业和企业部门的增长水平。

表 3-3　兰开夏女职员数量（1891～1901 年）

行业	1891 年	1901 年	上升百分比（%）
商业和企业（人）	1800	5600	211
政府部门（人）	1300	2300	76
学校教师（人）	16000	21000	31

资料来源：Jill Liddington and Jill Norris, *One Hand Tied Behind Us：The Rise of the Women's Suffrage Movement*, London：Virago Press, 1978, p. 102。

学者格里·霍罗威（Gerry Holloway）认为，直到 1911 年英格兰和威尔士 94% 的女职员在商业部门或公司工作。在政府部门工作的女职员只有 40000 人，其中 21% 为邮局职员、电报或电话操作员，约 20000 名妇女受雇于济贫局、城市和教区公务员。①

为何女性职员人数增长如此迅速？史学家李·霍尔库姆（Lee Holcombe）提出，工业企业和商业企业不断扩大，自然导致办公室事务增多，增加了职员工作量，出现办公室工作理性化、机械化的迹象，一些日常事务性的工作可以由半熟练人群来完成，中产阶级妇女充当了这一角色。20 世纪 80 年代，一些女性主义者对李·霍尔库姆的观点提出质疑。海迪·哈特曼在《资本主义、家长制与性别分工》一文中强调资本主义和父权制是劳动力性别分工的基础。

笔者认为，女性职员人数的增加与当时工业化的发展，政府部门与企业规模的扩大，以及 19 世纪的各类改革关系密切。更重要的是与职员的职能变化、中产阶级女性就业观念的转变和女性自身素质提高等因素相关。

从职员工作职能来看，19 世纪职员工作呈现简单化、独立化、职业化的发展趋势，政府部门和企业为了节约开支，用女性替代男性普通职员。19 世纪 60 年代，文书工作向女性开放，1871 年政府公务员职业对女性开放。塞缪尔·科恩（Samuel Cohn）对大西部铁路和邮政总局的研究和埃伦·约旦（Ellen Jordan）对保诚保险公司的研究已经表明，雇用女职员没有对男职员产生不利影响。保诚保险公司招聘政策把主要的位置留给男职员。② 办公室产生大量的事务性工作，如进入总账的日常分类账、处理信件等事务性工作大部分由抄写员完成。在 19 世纪 70 年代以前，这项工作由年轻男性学徒完成，这些人工作 2~3 年后被解雇。19 世纪末之前，因公众的批评和社会态度的改变，解雇年轻学徒的做法逐渐受到限制，年轻女性取代男性学徒成为新的第二等级劳动者。由于职员收入基于任期系统，享受每年的工资递增，女性职员往往婚后被解雇。迈克尔·赫勒认为雇主能够利用"综合劳动周转"系统，降低雇用成本，并保证了行业内一部分雇员愿意接受初级工作岗位。③

①　Gerry Holloway, *Women and Work in Britain since 1840*, pp. 113-114.

②　Ellen Jordan, "The Lady Clerks at the Prudential, the Beginning of Vertical Segregation by Sex in Clerical Work in Nineteenth-Century Britain", *Gender and History*, Vol. 8, No. 1, April 1996, p. 67.

③　Michael Heller, "Work, Income and Stability: The Late Victorian and Edwardian London Male Clerk Revisited", *Business History*, Vol. 50, No. 3, May 2008, p. 261.

斯克达默尔先生（Mr. Scudamore）在 1871 年的报告中陈述邮政系统雇用女性职员的理由：第一，她们优秀，眼睛和触觉灵敏是优秀话务员最基本的素质；第二，她们比男性能更好地做久坐的工作，并能长时间关注一个地方；第三，用低层次男性话务员的工资吸引高层次的女性。她们写作比男职员好，拼写更正确，在男女员工混合的情况下，女性员工将提高整个员工队伍的素质；第四，她们也没有要求比男性更高的工资。永久从业的公务员总是期望随着他们服务年限的增加而提高报酬。然而，妇女们一旦结婚回归家庭，就不存在退休问题。"如果我们把相同数量的女性和男性放在同等工资上升范围内，女性的总工资水平永远少于男性……退休金的表格中女性总比男性少。"① 斯克达默尔的报告站在雇主的立场，说明在简单的工作环境中用女职员作为廉价的劳动力取代男性的原因。

可见，女性进入职员队伍适应了社会劳动力分工的需要，也降低了企业成本。

同时，如第二章所述，19 世纪英国存在大量中产阶级"过剩女子"和寡妇，她们迫切地需要工作以自食其力；有些中产阶级下层的妻子因丈夫不能提供足够的生活资料，也需要合适的工作；还有一些中产阶级女性在女性主义影响下，盼望经济独立，寻求合适的就业机会和维护自身的劳动权益。此外，女性受教育机会增加为女性从事文字工作打下了基础。女职员的工作性质符合中产阶级女性的岗位要求，因为女职员在办公室中可以穿着漂亮的衣服，从事打字、文书等事务性工作。当时许多人认为"打字机是一个相对简单的机器，就像一架钢琴"。② 职员工作不会让中产阶级女性丧失温柔、优雅的品格。她们有组织地进行工作，工作环境相对封闭，不像教师和护士工作中要与社会底层打交道，女职员也不会过多地接触男人和社会，相对减少社会的诱惑和败坏道德的风险。因此，女职员成为社会认可、中产阶级女性追捧的职业。小说家玛格丽特·沃尔夫特在 1874 年高度赞赏女性职员："我很高兴地说妇女职员任命已经取得了巨大的成功。首先它

---

① Mr. Scudamore, "Report on the Re-organization of the Telegraph System", in Gerry Holloway, *Women and Work in Britain since 1840*, 1871, p. 115.

② Leonore Davidoff and Belinda Westover, *Our Work, Our Lives, Our Words: Women's History and Women's Work*, Hampshire: Macmillan Education Ltd., 1986, p. 12.

是一个好的主意……它没有干扰别的办公室事务，但它给大量几乎在其他地方找不到工作的妇女一个雇用的机会。"① 职员成为中产阶级女性青睐的职业。齐梅克（Zimmeck）提供的数据表明，在1901年，当有新的岗位招聘时，有329名候选人在竞争25个邮局职员岗位。②

就总体而言，职员工作存在性别差异，女性职员进入低等级职员行列，她们所从事的工作只是男性工作的补充。从工作岗位来看，银行、律师事务所、医院、军队、国家政府机构中的高级文官基本上由男性垄断。在同一行业中，男性一般从事技术含量高、工作难度大、综合素质高的管理和技术岗位，那些高等级、高薪水的工作大都排斥女性。女职员大部分受雇于商业公司和地方政府，少量在法律、银行、保险、铁路公司就业。在某些行业和某些工种女性占很大比例，表3-4显示，直到1911年，在法律、银行、铁路系统中女性管理者和职员所占比例很少。银行管理者和职员只占1.2%，铁路系统管理者和职员只占1.3%，邮局电报员中女性所占比例最高，占58.9%。

表3-4　1911年人口普查特定职业领域中的职员数量和女职员所占比例

职业	总数（人）	女职员（人）	女职员比例（%）
邮局电报员	10338	6093	58.9
邮局管理人员和职员	50210	20337	40.5
其他公务员和职员	33037	1697	5.1
商业职员	477535	117057	24.5
法律职员	36265	2159	6.0
银行管理者和职员	40379	476	1.2
保险部门管理者和职员	45897	4011	8.7
铁路系统管理者和职员	85922	1120	1.3

资料来源：Ellen Jordan, *The Women's Movement and Women's Employment in Nineteenth Century*, London：Routledge Press, 1999, p.195。

---

① Ellen Jordan, "The Lady Clerks at the Prudential：The Beginning of Vertical Segregation by Sex in Clerical Work in Nineteenth-Century Britain", *Gender and History*, Vol.8, No.1, April 1996.

② Guerriero R. Wilson, "Women's Work in Offices and the Preservation of Men's 'Breadwinning' Jobs in Early Twentieth-Century Glasgow", *Women's History Review*, Vol.10, 2001, p.93.

　　政府部门的女性职员基本上分成两个等级，如邮局女职员，实行公开招聘考试，16~18 岁的年轻女性参加应聘考试，试用两年后自动转为正式职员，如果事实证明她不能胜任职员工作，就进入女分类员行列。这些女职员主要从事打字、速记等事务性工作，很少能进入政府文官行列，或成为教育局、商业局的劳工部、注册总局的管理人员。"快速打字"成为 19 世纪女性运用打字机工作的代名词。

　　男女职员之间的等级差异就像一条难以跨越的鸿沟。女职员基本上处于男性职员之下，即使男女职员在同一部门工作，相互之间也处于分离状态。如男性报务员拥有更多的管理权力，从事远距离发送，做信号员工作，而女性报务员只充当线路员。男性信号员比女性线路员工作更有保障。与男性职员相比，女性职员向上升迁的机会少，时间长。如在邮局，每年 281 名女职员中只有 18 人升迁。一级女职员 75% 留在原来位置。[①] 因此，学者齐梅克认为，性别隔离支持了这一时期男性和女性的服务模式和主流观点，其中男性被赋予的角色涉及智力和决策，而女性主要从事集中注意力的机械化工作，灵巧但不能垄断。[②] 这种性别隔离也意味着男人和女人在公共工作空间物理上的分离，与 19 世纪对女性的性别角色定位相一致。

　　从工作时间来看，女职员的工作时间因行业、级别的不同而不同。在铁路系统，她们的工作时间是 12~14 小时，工作时间内还受监督；一般商业职员的工作从早上 9 点开始。根据"速记员和打字员协会"1906 年的报道，大部分女性职员的工作时间从上午 9 点至下午 6 点，一天工作 8~9 小时，包括中间 1 小时午餐时间。27% 的女性不用超时工作，61% 略有超时，12% 超时。[③] 超时工作通常没有加班费，有时给点茶钱。一位出生在曼彻斯特的女孩，她父亲是开当铺的老板，她 14 岁离开学校后决定从事职员工作。她的父母把她送到雷明顿（Remington）学校，学习三个月的速记和打字后，

---

① Lee Holcombe, *Victorian Ladies at Work: Middle-Class Working Women in England and Wales 1850-1914*, p. 176.

② Gerry Holloway, *Women and Work in Britain since 1840*, p. 115.

③ Lee Holcombe, *Victorian Ladies at Work: Middle-Class Working Women in England and Wales 1850-1914*, p. 149.

她在牛津街的航运公司工作，周工资是 15 先令，这对一个刚入职的年轻女孩子来说是比较好的收入。但是，她说："我很快发现其中的原因，因为一周有两个晚上开夜工，星期二、星期五晚上是货船起航去印度和中国的日子，这两个晚上不算工作时间。我通常的工作时间是 8 点半到 18 点，但在这两个晚上，很少在 20 点以前结束，有时还要晚。加班没有额外的报酬，只是在仓库喝杯茶。"① 也就是说，她每周无偿为雇主加班两个晚上。

以男性为主的政府部门的公务员相对工作时间较短。历史学家霍尔库姆提供的研究证明，19 世纪七八十年代，大部分政府官员的工作时间是一天 6 小时，周六工作半天虽然不是很普遍，但政府职员每周工作时间最多为 36 小时，包括午餐时间。1890 年文职人员的周工作时间为 42 小时，每天 7 小时，包括午餐时间。公务员还享受病退、休年假，病假 6 个月以下领全额工资，6 个月以上可以领一半工资等待遇。此外，邮局职员还享受附属本部门医疗机构的免费医疗，邮局老职工五年服务中的第一年享受 2 周的年假，此后每年享受 3 周的年假。监督员每年享受 27 天的年假。年轻女性职员每年有 18 个工作日的假期，已婚妇女一个月。1859 年《退休金法案》规定公务员 60 岁退休，退休金根据工作年限领取，到退休年龄退休的职工，退休金是本人在职工资的 2/3，服务 10 年以上未到退休年龄却病休、退休的职工，退休金按比例减少，工作年限低于 10 年的职工，退休时领取养老金。② 大量女职员因结婚回归家庭，没有退休待遇。

从工资水平来看，男女职员的工资存在较大的差异。因为职员的工资与工作年限和岗位级别相关，男性职员占有优势。E.C. 格迪斯（E.C. Geddes）认为铁路系统自从 19 世纪中叶以来发生了根本性的变化。它规模更大，专业化程度更高，竞争更激烈。交通统计办公室的职位成为调控货车供应、汽车运输、货物运输的新部门。同时，新部门也开展分销和营销方面的业务，如广告及大陆航运等，这些新岗位给拥有专业技能的男性职员提供了更多的晋升机会，从而也获得更高的收入。格迪斯估计 19

① Jill Liddington and Jill Norris, *One Hand Tied Behind Us*: *The Rise of the Women's Suffrage Movement*, London: Virago Press, 1978, p.103.

② Lee Holcombe, *Victorian Ladies at Work*: *Middle-Class Working Women in England and Wales 1850–1914*, p.171.

世纪晚期东北交通部门职员的工资增加了 6.5 倍。① 学者迈克尔·赫勒认为 1875~1914 年银行男职员的提升机会大幅度增加,升迁的时间呈缩短趋势。由表 3-5 可见,一名银行初级职员在 1875~1879 年上升为高级职员的平均时间为 19.5 年,1900~1904 年是 14.5 年。

表 3-5　全国各省份银行男职员首次升职年限（1875~1904 年）

年份	1875~1879	1880~1884	1885~1890	1890~1894	1895~1899	1900~1904
样本数量	35	35	35	35	50	50
首次升职年数	13~44	11~39	12~36	5~28	9~30	7~28
未升级百分比	11.4%	11.4%	5.7%	0	2%	10%
首次升级平均年数	19.5	20.2	18.3	16.4	17.1	14.5

资料来源:Michael Heller, "Work, Income and Stability:The Late Victorian and Edwardian London Male Clerk Revisited", *Business History*, Vol. 50, No. 3, May 2008, p. 267.

女职员升迁机会却相对较少,工资较低。一方面,她们大多数处于职员的底层,受婚姻条件的限制,往往婚后被解雇,在行业中工作时间相对较短,降低了升职提薪的机会;另一方面,在人们的观念中,男性的工资养活全家,女性的工资只养活她自己,男性的工资应该比女性高。维多利亚时期的社会规则让中产阶级妇女赚取维持生存的工资,不比结婚或是待在家里富裕。因此,女性的工资被定位在所谓恰当的水平,鼓励那些需要工作的人出去工作,阻止那些不需要工作的人。有一雇主曾这样说:"根据公平工作得到平等舒适的生活标准这一原则,给一个单身女子的工资与一个有家庭的男子一样多,你就给她比男人更高的生活标准。"②

因此,女职员的工资一般是男职员的 25%~50%。据史学家埃伦统计,虽然男职员的工资起点是年薪 15 英镑,而女职员是 20 英镑,但女职员从未达到过男职员年收入 180 英镑、215 英镑、350 英镑的水平。1891 年,在商业部门,200 名女职员中只有 17 人在工作的第四年年薪在 60 英镑以上,工资最高的女职员年薪也只有 90 英镑,男职员在 20 多岁时,年薪自

---

① Michael Heller, "Work, Income and Stability:The Late Victorian and Edwardian London Male Clerk Revisited", *Business History*, Vol. 50, No. 3, May 2008, p. 265.

② Mate Zimmeck, "Jobs for the Girls:The Expansion of Clerical Work for Women 1850-1914", p. 163.

动上升到 150 英镑。① 即使男女同工，也不同酬。在罗伯特的小说中有下面这么一段男女职员的对话。

男职员罗伯说："很惭愧，很惭愧，你工作比我辛苦，比我好，你的工作时间比我长，而你的工资是我的一半，为什么？尼尔。"

女职员尼尔说："因为我是个女孩子。"②

19 世纪妇女选举权运动领袖玛丽昂·霍姆斯（Marion Holmes）提供的邮电部门工资状况也可以证明同一级别的女性工资是男性的 1/3 ~ 1/2。③

此外，女职员低级岗位机械性的工作更容易遭遇工作差错的罚款。一个女邮政职员曾因报告差错，一周被扣 1 英镑工资，她的一个朋友某一天损失了 10 英镑。此外，邮局老员工还会因差错而影响年金增长和额外缴税。也有人因工作速度慢而遭遇罚款，如电话接线员由于太多的线路，几个接线员被组成一组，计算平均每次的回应速度，最慢的那个要受惩罚。④

可见，19 世纪后期的女职员获得在公共经济领域就业的机会，扩大了生活空间，但在一定程度上又成为雇主利用她们的廉价工资取代男性职员的工具。她们没有完全打破男性垄断的岗位和僵化的性别隔离的劳动场所，职业中的从属地位与家庭的从属性相一致。正如史学家 S. 沃尔比（S. Walby）所说，"这是父权制和资本主义共同压迫的结果"。⑤

然而，把 19 世纪英国女性职员放在女性解放和建立两性平等社会这一长时段主题下考察，我们可以发现，它为中产阶级女性开辟了在公共领域就业的机会，为她们经济上自立提供了条件，从而促进女性自尊自强，为建立两性平等社会提供了基础。

---

① Ellen Jordan, "The Lady Clerks at the Prudential: The Beginning of Vertical Segregation by Sex in Clerical Work in Nineteenth-Century Britain", *Gender and History*, Vol. 8, No. 1, April 1996.

② Mate Zimmeck, "Jobs for the Girls: The Expansion of Clerical Work for Women 1850–1914", p. 16.

③ Marion Holmes, *The A. B. C. of Votes for Women*, The Women's Freedom League, p. 4, in Marie Mulvey Roberts and Tamae Mizuta, eds., *The Suffragists-Towards the Vote*, London: Routledge/Thoemmes Press, 1995.

④ Lee Holcombe, *Victorian Ladies at Work: Middle-Class Working Women in England and Wales 1850–1914*, p. 176.

⑤ S. Walby, *Patriarchy at Work: Patriarchal and Capitalist Relations in Employment*, Minnesota: Minnesota University Press, 1986, p. 116.

首先，女职员改变着劳动力队伍的构成，扩大了女性在国家决策中的话语权。19 世纪女性职员无论是数量上，还是在各部门的重要性上都在不断提升。中央政府机关原是男性垄断的领域，由表 3-6 可见，女性职员在英格兰威尔士中央政府从业人员中的比例得到较大提升，从 1861 年的 4.1% 上升到 1901 年的 18.1%。这说明女性参与政府工作事务的人数不断增长，为她们获取政府部门的话语权提供了基础。

表 3-6　英格兰威尔士中央政府雇用人员数量（1861~1911 年）

年份	所有的职员（人）	男性		女性	
		数量（人）	占比（%）	数量（人）	占比（%）
1861	50445	48363	95.9	2082	4.1
1871	56179	52658	93.7	3521	6.3
1881	59687	53106	89.0	6581	11.0
1891	94196	79965	84.9	14231	15.1
1901	139232	113902	81.8	25330	18.2
1911	189445	149672	79.0	39773	21.0

资料来源：Lee Holcombe, *Victorian Ladies at Work*: *Middle-Class Working Women in England and Wales 1850-1914*, p. 211。

同时，在女性职员队伍中，少数女性精英已经开始涉足男性垄断的职位，获得与男性平等的权利。1882 年，W. T. 斯戴特（W. T. Stead）被雇用为杂志女编辑，与男编辑同工同酬。[1] 19 世纪末，新闻编辑成为一种新的大多数受教育妇女的职业之一，它成为女性与男性竞争的顶级职位。如雷切尔·比尔小姐（Mrs. Rachel Beer）成为《星期日时报》记者，玛丽·F. 比林顿（Mary F. Billington）是《每日邮报》通讯作者，赫尔达·弗里德里希斯（Hulda Friederichs）是第一位与男性同等被《倍尔美公报》（*Pall Mall Gazette*）雇用的女性。[2] 尤其是 19 世纪末内政部官员中出现了女性视察员，她们代表着中产阶级女性精英进入政府的管理层，挑战传统

---

[1]　Marian Ramelson, *The Petticoat Rebellion*, *A Century of Struggle for Women's Right*, p. 38.

[2]　Jihang Park, "Women of Their Time: The Growing Recognition of the Second Sex in Victorian and Edwardian England", *Journal of Social History*, Vol. 21, No. 1, Autumn 1987, p. 54.

的性别分工。19 世纪末梅·阿布拉哈（May Abraha）和阿德来德·安德森（Adelaide Anderson）最早被指定为女性工厂监督员，这两名女士都是工会运动和女性主义运动领袖。梅·阿布拉哈是"工业部妇女特别分支机构"的领导人、"女工工会同盟"的一名官员，也是皇家委员会关于 1892～1894 年劳工问题研究中心的女性工业研究员。阿德来德·安德森毕业于格顿学院，在 1894 年被指定为工厂监督员之前她是皇家委员会劳工部的一名雇员。雇用妇女监督员最多的部门是新建立的国家健康保险委员会、劳工贸易局，以及国家内政部。这些部门通过女性监督员监督监狱、公共信托机构、贸易局。所有的女性监督员像男性一样，独立处理相关问题，她们深入工厂、学校、济贫院、医院，调研社会下层生存状态，如流浪妇女的情况、济贫法下工作场所的疾病、女孩子入学问题等。她们深入工厂女工中间，比男性视察员更能发现和理解女性问题，并提出解决问题的可行性方案。伊丽莎·奥姆（Eliza Orme）、克拉拉·科莱特（Clara Collet）、梅·阿布拉哈和玛格利特·欧文（Margaret Irwin）奉命调查男女职工之间的工资差别、女职工的不满，以及妇女在工业领域就业的影响，包括对她们的健康、道德和家庭的影响。①

在调研基础上，她们站在女性的视角，提出修订立法，保护女性权益的意见。如女监督员积极参与 19 世纪 90 年代的工厂立法讨论。迪恩与安德森和她们的监督员主管梅·阿布拉哈与支持妇女工会同盟立法的积极分子保持联系，尤其是埃米莉亚·迪尔克（Emilia Dilke）太太和格特鲁特·托克威尔（Gertrude Tuckwell）提供未发表的统计数据，把严重违反工厂立法和工业疾病的案例提供给"女工会同盟"的支持者，并进行生动的解读。然后，通过查尔斯·迪尔克（Charles Dilke）先生在下议院的工作，争取公共舆论支持国家加强对妇女工作的监管力度。② 同时，她们把调研的情况写入国家工业部的年度报告，力图通过国家立法维护女性的劳动权益。

---

① Ruth Livesey, "The Politics of Work: Feminism, Professionalization and Women Inspectors of Factories and Workshops", *Women's History Review*, Vol. 13, No. 2, 2004, p. 244.

② Ruth Livesey, "The Politics of Work: Feminism, Professionalization and Women Inspectors of Factories and Workshops", *Women's History Review*, Vol. 13, No. 2, 2004, p. 239.

　　从上述可见，女性监督员的工作代表中产阶级精英群体对自由主义理论关于个人契约自由信条的否定，承认了女性参与公共领域工作，也是50年前"兰汉姆"组织为之奋斗的自由主义女性主义的一个胜利。社会主义女性主义者伊莎贝拉·福特（Isabella Ford）认为，如同济贫局官员一样，担任工厂监督员和卫生监督员的中产阶级女性的工作与劳工运动和工人阶级女性更接近，获得了工业生活和工人阶级女性工作状况的新视野，促使了自由主义女性主义向社会主义女性主义的转变。[1]

　　同时，女性监督员的工作介入穷人妇女与儿童的生活，在一定程度上体现了这一工作带有利他主义者的官方色彩。作为政府的代言人，她们运用利他主义理念把传统的中上层社会女性的慈善工作建设成更高层次的专业化的社会服务。学者劳拉·普列托（Laura Prieto）和利洁娜·柯赛尔（Regina Kunzel）都认为19世纪90年代见证了"女性化工作的女性文化变迁，通过被前辈们贬低的中产阶级职业化女性，培养公共和私人意识相结合的职业精神"[2]。

　　总之，女性监督员的工作对教育工人妇女、化解社会矛盾发挥了重要作用。同时也证明中产阶级女性已经进入高层工薪职业队伍，在服务社会需求中获得权力，并直接对上层社会产生政治影响。

　　其次，女性职员在工作中获得较为广阔的公共空间和经济独立能力，推进了两性平等观念的建立。

　　女职员走出家庭的生活圈子，参加职业联合会和俱乐部活动。在社会俱乐部等公共领域中，她们结交朋友，阅读报纸杂志，了解社会信息；她们追求理想，不断变换工作，有自己的主见；她们充分认识到自身的价值，充满自信。女职员们曾经骄傲地说："我们完成的工作属于所谓的机械劳动，我们可以这么说，这已经是过去的事了，我们工作的机械性不比那些高工资的工作岗位强。虽然打字对于男性监督员来说是机械的工作，但每一个经历此事的女性都知道，没有一定的判断力和熟练的技能是不可

---

① Marie Mulvey Roberts and Tamae Mizuta, eds., *The Reformers: Socialist Feminism*, London: Routledge Press, 1993, p. 17.

② Ruth Livesey, "The Politics of Work: Feminism, Professionalization and Women Inspectors of Factories and Workshops", *Women's History Review*, Vol. 13, No. 2, 2004, p. 234.

能有效地完成这一工作的。"①

　　同时，女职员在工作中证明女性的能力，促进女性主义思想的成长。女性主义者指出，主张女性的能力天生劣于男性是没有逻辑的，女性在商店、学校、办公室、政府部门工作的事实证明她们的工作可以像男性一样出色。她们认为，女性虽然能较好地完成日常事务，但不能完成更高责任的工作，妇女没有创造力等说法毫无根据。她们强调，女性在劳动力市场上的从属地位是婚姻地位的结果，如果女性在婚后不继续工作并把婚姻作为毕生的生活，这并非她的自由选择，而是社会阻碍她们就业所致。因此，她们主张两性平等，给予所有的男性、未婚和已婚的女性更多的工作机会，开放更好的工作岗位和任职资格。同时，女性主义者认识到女性在商业职员岗位、行政部门的低工资状态已经成为威胁男性的工作机会和工资收入的重要因素。因此，她们坚持把职业领域的男女平等作为维护男性权利，对抗剥削的条件。

　　在实践上，女性职员积极组织和参与工会运动，努力争取平等的就业机会、平等的服务、平等的工资，推动了女性主义运动的发展。1897年第一个"邮政女职工联合会"成立，几年中发展到1300人，并出版自己的杂志和协会笔记，其成员数量不断增加。邮政女性职员协会得到男性职员第二分支协会的支持。它强调女性与男性有同等的受雇用权，包括平等的工资，消除已婚妇女的就业障碍。1903年"女性分类员联合会"成立，要求提高最低工资标准，女分类员要与女电报员享有平等的工资待遇。"女电报员协会"则提出与男子同工同酬，非邮局女职员要求与邮政女职员享受同等待遇。她们明确提出，"妇女应该拥有选择的机会，如果不能胜任某一职位，她必须让路，但是，她应该有权涉足每一件事情，这样的感觉非常强烈"。② 也就是说，消除性别隔离和性别歧视，两性可以凭自己的能力公平竞争。

　　尽管各类女性职员工会人数少，规模小，影响力有限，但不可否认，

---

① Mate Zimmeck, "Jobs for the Girls: The Expansion of Clerical Work for Women 1850-1914", p. 168.

② Mate Zimmeck, "Jobs for the Girls: The Expansion of Clerical Work for Women 1850-1914", pp. 169-170.

女性职员在各自的岗位上发挥作用，打破了中上层社会家庭领域和公共领域相分离的状态，扩大了女性主义的社会影响，从而促进了女性生活观念的变化，以及社会对中产阶级女性进入职业领域的认同感。一男性观察家宣布，"这是一个令人满意的时代，公共舆论有了合乎情理的进步，女性不会因为勤奋工作养活自己而感到羞耻，不再成为亲戚的负担而受到赞扬，并且她们因为分担实际的工作受到行业的嘉奖"。①

可见，女性职员表明她们已经不是雇主简单的工具，也不是甘愿屈从男性的奴仆。正如学者马塔·齐梅克所评价的："她们带着人类的希望、才志，同时又拥有一些小缺点。她们在家庭外的世界中崛起，在充满着困难、疲倦和不道德的条件下抗争；她们努力工作，为整个世界创造舒适和美；她们在工作中得到快乐，也为自己拥有熟练的技能而感到骄傲。她们在寻找最好的雇主和最好的工作，如果有必要，她们要用自己的技能、认真、能力赢得自己的权利。"②

三 女店员

女店员指在各类商店从事营销工作的女性。19 世纪后半期，由于工业组织规模扩大、专业化水平提高和劳动力分工更精细、产品数量和种类的巨大增长等因素导致城市商业经营模式变革，过去那些规模很小的商店无法适应市场的需要，也不能服务于大型的公共购物领域。19 世纪末，虽然个体经营的商店没有消失，但它不断地失去市场，零售商如同工业家一样抓住有利的机会，根据新的原则组成有限责任公司和大型的商店，寻求更广阔的公共领域，增加商品的销量以获取更大的利润。他们扩大经营场所，开设分店，组成零售合作团体和多样化的商店。据统计，1875 年英国有 295000 家商店，1907 年，达 459592 家，这期间商店数量增长了 56%，而 1871~1901 年人口只增长 43%。③ 零售商店快于人口增长。

---

① Lee Holcombe, *Victorian Ladies at Work: Middle-Class Working Women in England and Wales 1850-1914*, p. 194.

② Mate Zimmeck, "Jobs for the Girls: The Expansion of Clerical Work for Women 1850-1914", p. 170.

③ Lee Holcombe, *Victorian Ladies at Work: Middle-Class Working Women in England and Wales 1850-1914*, p. 105.

消费成为中产阶级休闲生活的一个组成部分。莉萨·夏皮罗·桑德斯（Lise Shapiro Sanders）从英国消费文化角度提出："在维多利亚时代后期，消费从一种责任转向快乐，从购物转向日常的一种休闲活动。"[1] 对于中产阶级和上层女性来说，19世纪40年代和50年代的小商店变成百货商店，意味着丰富多彩的新世界和新构建的公共领域的出现。当女性消费者成为商店的销售目标，雇主寻找女性雇员更好地为女性服务，女店员为女性顾客服务也符合当时的社会价值观。

同时，女性主义者从解决女性的经济自立问题出发，鼓励女性就业，她们认为百货商店是中产阶级女性较合适的就业领域。女性主义者致力于为女孩和年轻妇女建立学校，让她们接受专门的商业训练，教导她们做账、簿记、折叠服饰、捆扎包裹，以及许多其他工作细节；让退休的女店员教她们如何礼貌对待顾客，约束自我，在顾客中留下好印象；训练她们以文雅的气质、美丽的外表、得体的谈吐和对商品独特的见解，引导顾客消费。

19世纪末20世纪初，女性店员和男性店员分别以319%和118%的速度增长。学者霍利斯估计，女店员的数量从1861年的87000人上升到1901年的250000人[2]。一般女性在零售商店工作的年龄在15~24岁，很多人结婚后离职。

男女店员同样存在性别分工。女店员主要集中在以女性顾客为主的行业，如布店、女帽类、内衣、袜子、烘烤食品、零售商供货员。从表3-7可见，1851~1911年女店员主要集中在布店、袜子和缝纫用品店、面包店和杂货店，且这类商店的女性店员人数增长也最为迅速。药剂师因为需要专业训练，很少有女性任职。同样在珠宝店、水产类店、杂货店、五金店、家具店、肉店就业的女性比例较低。

---

① Lise Shapiro Sanders, *Consuming Fantasies: Labor, Leisure, and the London Shop Girl 1880-1920*, Columbus: The Ohio State University Press, 2006, p. 23.

② Patricia Hollis, *Women in Public: Documents of the Victorian Women's Movement 1850-1900*, London and Boston: George Allen and Unwin, 1979, p. 47.

表3-7 1851~1911年女店员工作的部门及占比

单位：人，%

部门	1851年 雇用总人数及 女性占比	1871年 雇用总人数及 女性占比	1891年 雇用总人数及 女性占比	1911年 雇用总人数及 女性占比
布店	2750/6	10458/14.1	26307/24.6	50475/33.4
袜子和缝纫用品店	789/13.8	1602/18.8	3221/25.8	782/8.03
肉店	140/0.23	685/0.9	977/1	1996/1
鱼店	439/4	408/2.7	963/3.2	1693/3.8
面包店	575/1.11	1393/2.4	3263/3.9	20860/2.8
杂货店	1464/1.3	3244/2.9	9068/5	10959/5.2
蔬菜水果店	580/4.3	939/3.6	2614/6.4	5566/7.7

资料来源：Gerry Holloway, *Women and Work in Britain since 1840*, p.110。

女店员到底属于哪个阶层？这是一个复杂的问题。女店员来自各个社会阶层，有工匠、农业劳动者、熟练技工、店主、职员和专业人士的女儿，很难断定这一群体在公共领域的社会层次。中上层阶级认为店员与雇工是同一阶层，而工人阶级却讥讽她们自负，称她们为了受人尊敬，成为"商业跳虫"。学界对此也有不同的看法，有人认为店主属于中产阶级，店员属于工人阶级，也有人认为店员也属于中产阶级。学者莉萨·夏皮罗·桑德斯认为她们是不同年龄、不同社会地位、拥有不同背景和工作经验的商业工人。[①]

实际上，店员有不同等级，归属不同的社会阶层。在高档商店，女店员可能是一个小商人的女儿，或是职员、经理、农场主和熟练工匠的女儿。她们在16岁左右进入职业生涯之前或许上过几年学，或受过中等教育。高档商店的工作环境和工资待遇较好，也是中产阶级女性所追求的职业。杂货店、小商店女店员来自工人阶层，直接从寄宿制学校进入职场。店员的上层，如高档商店的领班、巡视员、部门主管属于中产阶级，而她们的下层，如普通商店的销售人员属于工人阶层。店员社会层次是流动

① Lise Shapiro Sanders, *Consuming Fantasies: Labor, Leisure, and the London Shop Girl 1880-1920*, p.21.

的，对于许多工人阶级女性来说，做店员是向上等级升迁的途径。

女店员的上层待遇较好，下层工作时间长、工资低、工作环境差。从工作时间来看，在不同的商业区域、不同的行业差异较大。一般来说，在市区商业中心的商店歇业要早一点，而在住宅区的店铺打烊要迟一些。1876 年皇家委员会关于工厂和车间的调研表明，女店员的周工作时间是 85 小时。① 李·霍尔库姆估计 1884 年大部分店员的一周工作时间是 75～90 小时，1/4 的店员工作 90 小时，占人数一半的店员工作 80 小时，还有 1/4 的店员工作 75 小时。1886 年工厂观察员发现，在谢菲尔德市中心商店打烊时间是晚上 7 点，周末是晚上 9 点；在郊区，打烊时间工作日是晚上 9 点，非工作日是晚上 10 点或 11 点。在同一地区，小商店比大商店关门要迟，主要是为了赢得客户。1886 年在肯辛顿，大商店一天营业时间是 9 个半小时，夏天 11 个小时；小商店在工作日营业 12 个半小时，周末长达 15 个小时。②

不同商品种类的营业时间也各不相同。1886 年肉店一周营业 97 小时，杂货店最多营业 98 小时，布店供应商 92 小时。在中等和上层阶级区域，商店关门时间要早一些，因为这些客户不在晚上购物。工人社区商店关门要晚一些，因为工人白天上班，晚上才能购物。1886 年在伦敦西区的时尚商店，一周营业时间是 56 小时（周末店员有半天假，营业从下午 2 点开始），而都市的穷人社区一周营业时间是 76～90 小时。③ 花边厂工头的女儿邦德菲尔德回忆："19 世纪末，我们在伦敦西区商店工作是非常辛苦的，工作时间从早上 7 点半（低职位的店员）到下午 8 点，一周只有半天假，通常每周有 1 到 2 个晚上营业时间最晚到 10 点或 11 点。"④

一般女店员工作时间长，工作期间一直站着，持续关注顾客，忍受顾客的不耐烦和苛刻的要求，有些商店室内过热或过冷、空气污浊，一天工作让人精疲力竭。一位曼彻斯特妇女描述她当店员的姐姐的工作情况：

---

① Gerry Holloway, *Women and Work in Britain since* 1840, p. 111.

② Lee Holcombe, *Victorian Ladies at Work*：*Middle-Class Working Women in England and Wales 1850-1914*, p. 108.

③ Lee Holcombe, *Victorian Ladies at Work*：*Middle-Class Working Women in England and Wales 1850-1914*, p. 108.

④ Lise Shapiro Sanders, *Consuming Fantasies*：*Labor*, *Leisure*, *and the London Shop Girl 1880-1920*, p. 45.

"我的姐姐弗罗莉到家时几乎是半夜，站了一天之后，从车站走到家那一公里的路异常疲倦。她把穿在身上的脏衣服清理一下，虽然很饿，但因为太累而吃不下晚饭。"①

女店员的工资一般是男性的 50%~70%，但不同区域、不同工种存在较大的差异。导购需要漂亮的外表和耐心，让顾客满意，而收银员只要反应敏捷、有智慧的大脑和诚实的心即可。一般普通的女收银员年薪 15~30 英镑，而在伦敦西区的商店，售货员领班可能获得 100~200 英镑的年薪。② 19 世纪末，在伦敦西区高档商店就业的女店员的周工资有 18 先令~1 英镑，在低等的商店，周工资只有 10~14 先令，或 7~8 先令。在同一类商店，年轻的女店员年薪 10~12 英镑，资历较深的 20~50 英镑，销售领班、时髦商店的窗口模特儿、巡视员 100~200 英镑，购物和部门主管 100~1000 英镑。③ 当然，高收入者属少数。有时候雇主为了节省开支，以实物或由雇主提供食宿作为部分工资，变相降低她们的实际收入。同时，店员还会因迟到、粗心、疏忽或损坏物品而被处以罚金。《女性产业新闻》曾报道，"罚金掌握在一个恶霸手中，从纪律的工具变成迫害的手段"。④ 有些店主为了做消费广告，怂恿或强制年轻女店员购买本店商品，从中渔利。

19 世纪普通商店的店员生存环境较差。在一般小商店或者较大的商场，店员住在商业场所的楼上，或者是雇主在商店边上购买一幢房屋，她们食宿都在那里。有时一个小房间住 2 人，或更多人，她们没有机会选择合居者，有时像一个工棚一样的大厅安排十多个人一起住，或者把大厅隔成几个小间几人合住。更糟糕的是这些住房拥挤、肮脏，存在各种安全隐患。如在伦敦的贝克街 24 个女店员只有 3 个房间，1 个房间住 8 人，1 张

① Jill Liddington and Jill Norris, *One Hand Tied Behind Us：The Rise of the Women's Suffrage Movement*, p. 102.

② Lise Shapiro Sanders, *Consuming Fantasies：Labor, Leisure, and the London Shop Girl 1880-1920*, p. 28.

③ Lee Holcombe, *Victorian Ladies at Work：Middle-Class Working Women in England and Wales 1850-1914*, p. 111.

④ Lise Shapiro Sanders, *Consuming Fantasies：Labor, Leisure, and the London Shop Girl 1880-1920*, p. 34.

床睡 2 个女孩子。这样的住处容易传染疾病，甚至发生火灾。这些房子大都没有专门浴室，居住者通常要到公共浴室洗澡，一般每 25～100 名女店员生活的地方才能提供一个公共浴室，她们被允许每周洗一次热水澡。①由雇主提供的食物非常单调，还可能变质。如有陈腐味的黄油、面包、熟食和其他变质食品常常引起投诉。面包、黄油、少量茶常作为额外消费，由员工的工资支付。

那些高档商店的女店员穿戴整齐，工作环境优美，服务对象是有钱的中上层人物，她们把职业作为通向高一等级社会的通道。莉萨·夏皮罗·桑德斯认为，女店员作为一个雄心勃勃的、向上流动的年轻女子群体，她们离开工厂车间进入明亮洁净的商店，伴随着更高雅的生活方式和较高的社会地位。②中产阶级女店员设想自身是罗曼蒂克的主角，她们希望在商店中辛勤劳动，为上流社会提供休闲服务和贵重的消费品，然后通过婚姻进入这一阶层，过上富有的生活。1853 年伊丽莎白·加斯克尔（Elizabeth Gaskell）的小说《鲁特》的主人公罗莎贝尔想象她有一天拥有很大的卧室，到处都有暗银色花瓶插上粉色和白色玫瑰；她坐在镜前，一位法国女仆会给她系帽子，戴上轻薄的面纱……她在皮衣、手套和手帕上洒上香水；男管家打开门，哈利正等在那里，他们驾车一起走……③但是，对于绝大多数人来说，现实等待她们的还是一如既往的辛劳，无法超越自身阶层的限制。

世纪之交随着大众娱乐活动的增加，未婚的年轻"女店员"独立工作和生活，她们居住在商店的宿舍中，脱离父母的监管，相对自由地支配业余时间。她们经常在公司，或与男性追求者出入剧院、影院、酒吧等地，同时，在一些高档的商店，女店员给顾客导购，在一定程度上影响中上层女性的消费倾向，在公共经济领域发挥作用。莉萨·夏皮罗·桑德斯说维多利亚后期和爱德华时期，女店员以她们的消费服务"创造了销售产品的

①　Lise Shapiro Sanders, *Consuming Fantasies：Labor, Leisure, and the London Shop Girl 1880-1920*, p. 35.

②　Lise Shapiro Sanders, *Consuming Fantasies：Labor, Leisure, and the London Shop Girl 1880-1920*, p. 21.

③　Lise Shapiro Sanders, *Consuming Fantasies：Labor, Leisure, and the London Shop Girl 1880-1920*, p. 8.

模式，从而影响到中产阶级消费模式"①。

总之，上述"白领女性"，不管是护士、职员还是店员，她们的职位、工资和工种等有不同的分层，总体上普遍低于男性同行，她们没有获得两性完全平等的劳动权益。但是，她们的家外就业挑战了中产阶级女性的家庭角色定位，许多中产阶级女性不再满足于传统的贤妻良母角色，她们走出家庭的生活圈子，参加职业联合会和俱乐部活动。在这些公共领域，她们结交朋友，阅读报纸杂志，了解社会信息，开阔了眼界；她们拥有独立的经济收入和独立精神，充满自信，成为新女性的代表，从而促进了女性主义成长。女性主义基于女性在公共经济领域的工作能力否定两性不平等的分工。她们声称"妇女精神能力低劣的时代已经过去，她们能胜任所有男性职员的工作，这已经被事实所证明了，试验的舞台已经过去，我们相信公平对待一切的时代将到来……我们认为雇主努力维护男人和女人的工种界线既不重要，也让人气恼。所谓科学的分界线已被事实证明没有必要，取消这些复杂和混乱的规则会使事情变得更简单自由"②。在实践中，女性主义开展各种活动，努力争取男女平等的就业机会、平等的服务、平等的工资，推动女性在职业场所获取更多的权益。

四 公共艺术领域的女性和其他知识女性

在工业化大潮中，缝纫是下层妇女谋生的手段。裁缝工资低，工作时间长，是典型的"血汗行业"。19世纪40年代早期，在伦敦估计有15000名贫困的裁缝成为中产阶级女性慈善工作者普遍关注的对象。1843年春季，"儿童就业委员会"第二次报告公布的结果震惊了公众，在密室和阁楼工作的裁缝工作条件恶劣，成千上万的弱势妇女受冷漠的商业世界剥削，被称为"英国的白人奴隶"。19世纪英国著名的诗人托马斯·胡德写的《衬衫之歌》反映出女裁缝的悲苦境地："手指磨破了，又痛又酸，眼皮沉重，睁不开眼，穿着不像女人穿的褴褛衣衫，一个女人在飞针走线。

---

① Lise Shapiro Sanders, *Consuming Fantasies：Labor，Leisure，and the London Shop Girl 1880-1920*, p.13.

② Angela V. John, ed., *Unequal Opportunities：Women's Employment in England 1800-1918*, Oxford：Basil Blackwell, 1986, p.169.

缝啊！缝啊！缝啊！穷困污浊，忍饥挨饿……"

随着家庭生活品质的提高，家庭装潢设计艺术的进一步普及，19世纪下半期产生了所谓的艺术工业，它涉及丝绸、缎带、糊墙纸等的生产和设计，以及各种手工工艺如蚀刻、版画和陶瓷雕刻、绘画、图片调色、艺术刺绣等。有人把这些工艺品划定为"低等艺术"，如女士们的刺绣被认为是一种"花哨的工作"，永远不能渴望艺术的尊严，因为它只涉及"手工灵巧"，而不是独创性的设计，适合由女性来完成。约翰·斯图尔特在1860年的《艺术杂志》上解释了艺术装饰和艺术产业的其他分支处理宽泛的家庭主题的设计这一工作适合女性的原因：它不是紧张的，它产生了一个正当的收益，提供"体面维持"生活的机会；它是一个新的行业，不会干扰目前男性就业。① 在斯图尔特看来，艺术装饰不同于工人阶级女性从事的劳动类型，它比其他产业工人的工作更体面，适合中产阶级的女性就业。

在社会各界的呼吁下，19世纪各类艺术学校兴起，开始培训手工艺术类人才，中产女性有机会接受正规的艺术训练。家内艺术设计，包括高端的针织、刺绣成为中产阶级女性获取经济收入的一种职业。1842年女子设计学院成立，1861年皇家女子艺术学院成立，1908年，它与中央艺术与工艺学院合并，培养了大批艺术设计人才。1910年有学者统计，自1860年以来，有2227名女性在皇家女子艺术学院接受教育，很多人成为艺术教师或各种工业设计师，也有一些被学院录取。② 1852年中央技能训练学校成立，后来校址迁往南肯辛顿，男女都有平等的学习机会。到了19世纪70年代，艺术学校在伦敦得到发展，更多的女性有机会入学。

在各类艺术学校中，缝纫、针织等女红纳入课程教学范围，其目的是提升家庭生活品质，或帮助女性就业。19世纪70年代，一方面，为了给需要就业的淑女提供就业渠道，另一方面，为了提高缝纫业在装饰艺术中

① Patricia Zakreski, *Representing Female Artistic Labour 1848-1890*: *Refining Work for the Middle-Class Women*, p. 92.
② Enid Zimmerman, "Art Education for Women in England from 1890-1910 as Reflected in the Victorian Periodical Press and Current Feminist", *Histories of Art Education Studies in Art Education*, Vol. 32, No. 2, 1991, p. 111.

的地位，艺术学校的缝纫教育制度化，并融入更多的艺术创作元素。如皇家艺术缝纫学校鼓励学生探索更多的有创意的刺绣作品，并教授她们设计原则，为提升女性艺术产品的档次打下了基础。

刺绣日益成为专业化和制度化的一种艺术形式。作为最早的艺术缝纫培训机构，皇家缝纫学校专家委员会规定了排他性入学要求，使创意刺绣成为受人尊敬的有报酬的职业，尤其是属于上层阶级女性的专长。有些高端学校的艺术作品的实践课成为特权阶层的专利，剥夺了下层阶级女性参与的机会。如皇家缝纫学校要求申请入学者必须出身高贵的家庭和接受淑女教育。1873 年，皇家缝纫学校在克丽丝丁和玛丽公主以及其他出身名门和有善心的女士们的支持下得到较大的发展，缝纫、刺绣等女红从原来女性的家内劳动或谋生的手段，成为优雅的女性创作的艺术形式。《艺术杂志》评论道："它的复兴是这一时代最令人鼓舞和最好的成就之一。"①

同时，各女子艺术学校也开设与艺术专业相关的专业课程，提高女性的创意设计水平。中央艺术学校让女生和男生一起学习大多数美术和手工艺课程，裸体绘画除外。伯明翰中央艺术学校有 14 个分校，各校设置的课程包括绘画、描图、油画、设计造型、几何、透视、建筑、建筑构造和建筑绘画，还有 28 个不同艺术分支的讲座。在这些艺术学校中，中产阶级女性接受技能训练，提高设计水平，扩大了就业机会。有许多学生成为艺术工匠、设计师、建筑师、彩色玻璃艺术家、铜管乐器的工匠、机械师和美术教师。

绘画是体现中上层女性文化教养的技能，它可以让女性在不离开家的前提下参与有目的的慈善活动，或进行获取生活资料的艺术创作。19 世纪有各类学校和家庭教师为中上层孩子提供学习绘画艺术的机会。皇家女子艺术学院主要接收中上层女性入学，一些私立学校和私人工作室，如弗兰西斯·贝特（Francis Bate）的绘画工作室接收女生前来学习。这些学校挑战了公认的绘画习俗，让学生学会了熟练地使用材料，从生活和大自然中

---

① Patricia Zakreski, *Representing Female Artistic Labour 1848-1890*：*Refining Work for the Middle-Class Woman*, p. 23.

寻找画面和着色。乔普林斯·罗（Joplins Rowe）太太主持的私人工作室只收女生，她让每一个学生必须用心去观察自然、感受自然，大胆地去遵循自然。①

这些艺术教育机构培养了许多女性画家，她们用画笔表达自己的情感，展示世界的美与丑，以及她们的艺术才华。有些女性靠画笔承担养家糊口的责任。1857 年女艺术家展览协会展出了 149 名妇女的作品，其中有一幅画作直接描绘了一个女艺术家的作品在市场交易的情景。爱米丽·玛丽·奥斯本（Emily Mary Osborn）的画作《无名而寂寞》描绘了一个年轻女子尝试在一家艺术品经销商的商店里出售一幅画作的场景。罗莎·博纳尔（Rosa Bonheur）成为那个时代一流的画家。一位评论家在《艺术杂志》对她的大型油画《马市》（1855 年）给予了很高的评价："这一巨大画面对任何画家来说都是美好的作品，但作为一个女性的作品在概念和实践上都是了不起的。"② 壁画画家特拉奎尔夫人（Mrs. Traquair）受到评论家高度评价："自然，想象丰富，有信仰，对美的热爱……拥有魅力元素……激情和启迪灵魂。"③ 一些女摄影家被誉为"依靠自己反对男人"，特别是女性为孩子和年轻女孩拍照，把男人放在次要地位。如伊丽莎白·阿姆斯特朗（Elizabeth Armstrong）作品被描述为"无可争辩的性别艺术，是一种强大的、健康的艺术，自身有震撼力，更不用说那些值得尊敬的签名"。④ 甚至有些艺术家主张用女性的作品装饰男性工作的世界，以女性特有的审美和道德观念充实公共空间，提高男性工作者的品位，扩大她们对社会道德的影响。

---

① Enid Zimmerman, "Art Education for Women in England from 1890-1910 as Reflected in the Victorian Periodical Press and Current Feminist", *Histories of Art Education Studies in Art Education*, p. 109.

② Patricia Zakreski, *Representing Female Artistic Labour 1848-1890: Refining Work for the Middle-Class Woman*, p. 63.

③ Enid Zimmerman, "Art Education for Women in England from 1890-1910 as Reflected in the Victorian Periodical Press and Current Feminist", *Histories of Art Education Studies in Art Education*, p. 110.

④ Enid Zimmerman, "Art Education for Women in England from 1890-1910 as Reflected in the Victorian Periodical Press and Current Feminist", *Histories of Art Education Studies in Art Education*, p. 110.

　　当然，在艺术工作领域，人们同样没有跳出性别角色的框架。无论是针织还是绘画都可以在家中完成，在不影响女性家庭角色、性别角色的前提下寻求职业的意义。《艺术杂志》反复强调有教养的读者群和女性画家的家庭美德，专业的女艺术家仍然是家庭中的女人。当它报道 1871 年国家奖由女性艺术学校获得时，一再向读者保证，这一活动既不是扩大女艺术家的公众角色，也没有因公共使用或展出她的作品危及她个人的声誉。甚至有很多人仍然坚持传统的偏见，否认女性的艺术创作。《艺术杂志》一评论家认为罗莎·博纳尔的出名是女性才能的陷阱，"罗莎·博纳尔因为《马市》震惊世界，或说一群半野性的公牛，然后我们听到发出这样的感叹：聪明，很聪明，但肯定不像女性！"。①

　　音乐是高雅艺术和大众娱乐的重要组成部分，作为中产阶级"向上看齐"生活方式的必要修养，钢琴、声乐也成为提高中产阶级女性文化教养的必修课。19 世纪中后期，音乐和艺术学校大量兴起，为能付得起学费的年轻女性提供了学习机会。议会的文件统计显示，19 世纪女性音乐家和女音乐教师的人数和比例都在不断上升。1841 年联合王国有 1061 名女音乐家和音乐教师，1851 年增加到 3364 人，1861 年达到 4271 人；1841 年女音乐家占音乐家总数的 7%，女音乐教师占音乐教师总数的 24%，1851 年女音乐家和女音乐教师占比分别提升到 17% 和 45%，到 1861 年女音乐家和女音乐教师占比分别达 17% 和 56%。作为经济、政治、文化中心，伦敦聚集了数量众多的女性艺术人才，19 世纪女性音乐工作者的比例也在不断提升，1841 年女性音乐家 63 人，占音乐家总数的 5%，1851 年 309 人，占 15%，1861 年 612 人，占 20%；1841 年女音乐教师 438 人，占音乐教师总数的 29%，1851 年 1124 人，占 52%，1861 年达 1296 人，占 60%（见表 3-8）。因此，1884 年《倍尔美公报》（*Pall Mall Gazette*）也提出，"音乐是为数不多的女性就业人数接近男性的工作领域之一"。②

---

① Patricia Zakreski, *Representing Female Artistic Labour 1848-1890：Refining Work for the Middle-Class Woman*, p. 64.

② Paula Gillet, *Musical Women in England 1870-1914：Encroaching on All Man's Privileges*, Hampshire：Weidenfeld and Nicolson Ltd., 2000, p. 11.

表 3-8　女音乐家和女音乐教师数量和比例

类别		1841 年	1851 年	1861 年
联合王国	女音乐家	272（7%）	758（17%）	1168（17%）
	女音乐教师	789（24%）	2606（45%）	3103（56%）
伦敦	女音乐家	63（5%）	309（15%）	612（20%）
	女音乐教师	438（29%）	1124（52%）	1296（60%）

资料来源：Great Britain. Parliament. Parliament-Papers.（Commons）.1844. XXVII. I. "Occupation abstract 1841," 27 – 51. 1852 – 53. LXXXVIII. I. "Population Tables, 1851," 135 – 141, 384 – 395. 1863. LII1. 1. "Population Tables, 1861," 295–303, 399–412, 转引自 Deborah Rohr, "Women and the Music Profession in Victorian England: The Royal Society of Female Musicians 1839 – 1866", *Journal of Musicological Research*, http://www.tandfonline.com/loi/gmur20, Published online: 16 June 2008, p. 310。

这些女性音乐家享誉声乐、器乐、作曲等领域。1855 年职业音乐家登记年鉴的目录显示，21%（472 人）的名字是女性，她们绝大多数都是歌手和钢琴家，还有 25 名是风琴演奏家，10 人是作曲家。①

可见，女性音乐工作者和音乐家非常活跃，她们创作作品，培养学生，得到社会的认可。

为何 19 世纪女性在音乐领域从业人数众多？其原因主要有以下几方面。

第一，音乐作为中产阶级"向上看齐"生活方式的必要修养，虽然在中上层男性教育中，它往往被视为毫无价值而不被重视，却是中产阶级女性教育的必修课。因为她们要在家庭聚会和慈善活动中展示才艺，博得男性的赞赏，为家庭赢得荣耀，这导致业余音乐学习的兴起和相应的师资需求。虽然这样的音乐教育的质量和专业知识都不足以让这些学生从事专业工作，但它却为更多的音乐教师提供了就业岗位。

第二，皇家音乐学院（RAM）的成立为培养音乐专业人才提供了基础。1823 年，英国皇家音乐学院创始人允许女学生入学，虽然女性限于学习声乐、钢琴或竖琴，但皇家音乐学院毕竟为女性音乐人才的成长提供了平台，培养了一批 19 世纪著名的女音乐家，其中包括几位女子皇家音乐协

---

① Deborah Rohr, "Women and the Music Profession in Victorian England: The Royal Society of Female Musicians 1839–1866", p. 310.

会的创建者。

第三，音乐会和地方音乐节使女性有可能冲破男性的垄断，进入演艺行业。音乐会和地方音乐节允许女性音乐家参加演出。同时，女性经常参加慈善机构的义演活动，促使更多的人接纳女性艺术家。

在音乐领域就业的女性分不同层次。大量的女性演奏者愿意接受低工资待遇，在茶叶商店、餐馆等低等级的娱乐场所演出。一些女性在夏天被雇用于海滨乐队，收入微薄，也没有机会提高自己的音乐技能和社会地位，其结果是常年演奏两步舞曲等简单的曲目。

更多的人在音乐教师岗位上辛勤工作。因为表演职业受种种条件限制，大多数女性在教学领域寻找生计，有的人当家庭教师，也有人当各类学校的音乐教师。就教师而言，最有前途的是在女子中学任教，因为大部分学生的成绩具有社会价值，她们的父母可以负担得起常规学校的费用。不幸的是，往往选择走上音乐之路的年轻女性如同被剥削的工人阶级一样加入低收入队伍。在维多利亚时代，女音乐老师中最多的是家庭教师，她们白天到学生的家里上课，按小时或按季度收费。她们大多数人来自中产阶级家庭，在童年时代拥有精致舒适的生活，由于家庭变故，迫于生计，居住在伦敦等大城市郊区的陋室中，一年四季不管刮风下雨，上午八点步行约十几英里，教几个家庭中懒散或任性的孩子。经过一天的工作，工资往往只有几个先令，这是艰苦的付出。一些艺术家通过作品展示表现家庭音乐女教师的艰难岁月，以唤起社会的同情。

当然，也有少数幸运的家庭音乐教师通过自己的努力成为公众认可的艺术家，改变了生活处境。杰西·福瑟吉尔（Jessie Fothergill, 1851－1891）和爱玛·马歇尔（Emma Marshall, 1830－1899）创作的小说中的主人公都有当家庭女音乐教师的艰苦生活经历，她们通过个人的努力奋斗，最终在音乐艺术领域赢得自己的地位。马歇尔笔下的女主角阿尔玛·蒙哥马利19岁，出身富贵，在她父亲去世后，承担着供养生病母亲和年纪尚小的三个兄弟的责任。除了父亲，她没有老师，但她最终成为一名优秀的钢琴家和作曲家。她曾经在当地的牧师介绍下，在两所学校兼任音乐教师。同时，她还给一个医生家庭的四个女儿上钢琴课，医生的太太只给她每节课2先令6便士的报酬。阿尔玛靠自己的才干得到艾尔（Earle）博士的赏识，在他的帮助下，阿尔玛除了表演和教学外，还负责组织著名古典音乐会系列。艾尔在演唱会上为她安排一个独奏，她表演很成功，获得了社会声望，并与艾尔博士推荐的学生签约，每小时收费 10 先令 6 便士。艾尔为她开设了工作室。路茜·安德森（Lucy Anderson）、夏洛特·圣托·多尔比（Charlotte Saintoh Dolby）和伊丽莎白·马森（Elizabeth Masson）等都成为音乐界杰出人物。

同时，也有一些女性活跃在歌剧舞台。阿比·伊丽莎白·伯茨（Abby Elizabeth Berts）19 世纪 30 年代在特鲁里街演唱，成为杰出的演唱家；玛丽·伯斯坦斯·肖（Mary Postans Shaw）在 19 世纪 30 年代已经开始了演唱事业，在伦敦合唱节和各省的演唱会中演出，并在欧洲巡演和学习，在 1842 年回到英国时，出席了考文特花园演唱会。①

随着女性在音乐领域从业人数的不断增加，杰出女性开始在音乐领域挑战男性的垄断地位。1839 年歌手和作曲家伊丽莎白·马森（Elizabeth Masson）发起成立了最早的为女性音乐家服务的组织——女子皇家音乐协会。她发布通告宣布该协会的运行和组织与男性垄断的皇家音乐协会一样。马森争取社会高层赞助，并启动年度义演音乐会，筹集资金。同年 9 月，维多利亚女王同意成为协会的赞助者，捐赠了 20 几尼，并承诺以后每年捐献 10 个几尼。女王的姿态带动了其他捐款者，包括肯特公爵夫人（每年 5 个几尼）、剑桥公爵夫人和其他上流社会的赞助人。② 在未来 26 年里，该协会大量吸收了那个时代重要的女音乐家，并通过一年一度的音乐会为女性音乐精英提供展示才华的场所。1865 年皇家音乐协会最终修改了规则，同意接纳女性音乐家入会。

女子皇家音乐协会促进女性音乐艺术家的成长，提高了女性音乐家的社会影响力。女性音乐家在舞台上大显身手，甚至在音乐界享有盛誉。安德森 49 岁，是女子皇家音乐协会创始人之一，她成为第一个表演钢琴独奏的女性，在 1822 年的爱乐音乐会上表演，随后成为维多利亚女王和她孩子

① Deborah Rohr, "Women and the Music Profession in Victorian England: The Royal Society of Female Musicians 1839-1866", p. 314.

② Deborah Rohr, "Women and the Music Profession in Victorian England: The Royal Society of Female Musicians 1839-1866", p. 308.

的老师。19 世纪末女性演奏家参加三年一度的水晶宫汉德尔节大型乐队演出，参演人数逐渐增加，从 1891 年的 8 人参演，到 1900 年的 68 人，1903 年达 110 人。①

19 世纪八九十年代女性还建立了自己的乐队，进入了男性垄断的管弦乐、交响乐领域，最著名的有拉德纳夫人乐队。19 世纪 90 年代女子乐团得到进一步发展。1899 年，《英国妇女年鉴》注意到女性职业乐团在数量上稳步上升，沃斯顿（Watson）组织了"风神女子管弦乐团"，该乐团被冠以"英国女士的管弦乐协会"名称，她把女子木管乐器和铜管乐队带入公众视野，进行专业的合奏。19 世纪 90 年代早期，女子长笛和单簧管演奏者参与了在皇家音乐学院的学生乐团演奏。科拉·卡迪根（Cora Cardigan）是英国的第一位女长笛演奏家，人称"吹笛的女王"。她 1840 年生于伦敦，跟父亲和市政厅音乐学院长笛教授理查德·谢泼德·罗克施特罗（Richard Shepherd Rockstro）学习长笛演奏技术，同时，她还学习小提琴和短笛。她在霍尔本（Holborn）的皇家音乐厅首演成功后，在牛津和皇家水族馆这些著名的表演场所表演。② 科拉·卡迪根的经历说明边缘化的女性管弦乐演奏家已经进入当时高雅的艺术殿堂。

19 世纪 90 年代中期以后，妇女管弦乐团得到公主殿下克里斯缇娜和玛丽等社会名媛的赞助，一些音乐专业人士加盟，逐渐从业余乐团发展成专业乐团，进一步扩大了社会影响力。

在女子乐团成长过程中，女性创作的音乐作品也被搬上舞台。它不仅出现在音乐学院管弦乐团中，而且在公共音乐会上被演奏。1888 年女性钢琴家和作曲家多拉·布兰特（Dora Bright）是第一位获得皇家音乐学院颁发的"查尔斯·鲁卡斯（Charles Lucas）奖章"的女性。19 世纪 80 年代，她在皇家音乐学院音乐会上演出了自己的作品，1888 年在考文特花园舞会音乐会上，她演奏的钢琴协奏曲得到很好的反响。她创作的《G 小调钢琴

---

① Paula Gillet, *Musical Women in England 1870 - 1914*：*Encroaching on All Man's Privileges*，p. 192.

② Paula Gillet, *Musical Women in England 1870 - 1914*：*Encroaching on All Man's Privileges*，p. 196. 皇家水族馆建于 1876 年，作为一个娱乐宫殿，由爱丁堡公爵开启，大厅装饰有棕榈树，水池中游动着异国情调的鱼，才华出众和训练有素的音乐家在此演奏。

幻想曲》由管弦乐团和交响乐团在皇家音乐协会演奏，这也是该协会首次演出由女性完成的作品。①

但是，女音乐家的生活非常不稳定，即使那些少数成功者在年老或没有观众时也难免陷入贫困。歌唱家塞西莉亚·戴维斯（Cecilia Davies，1757-1836）早在18世纪60年代和70年代在欧洲大陆巡演红极一时，但年老时靠做音乐老师维持生活。1836年《音乐世界》报道她当时的生活状况："这个著名的职业女歌手……还活着，年过八旬，但非常贫困，卧床，几乎失明。大约60年前，她在意大利享有盛名，在那里，她是几个剧院和国王剧院的首席演员……她比所有的朋友和亲戚都要长寿，她才华横溢，但这几年，仅靠国家慈善机构给的每年25英镑养老金和皇家音乐协会的临时捐赠，以及少数个人慈善家的捐赠生活。"②

总之，女性艺术工作者虽然是一个异质群体，承受着社会压力和生活的苦难，但在艺术领域她们展示了才华和思想，她们与其他走进公共领域的女子一起，打破了男性垄断行业的局面，在经济上自食其力，改变着女性的性别角色定位。同时，女性艺术家的艺术成就迎合了大众文化消费的需求，逐渐改变了女性的道德标准和生活标准。埃伦·特丽（Ellen Terry，1847-1928）是19世纪著名的女演员，在舞台上红极一时，享有盛名。然而，她的私生活却与19世纪的社会道德标准相悖。她16岁时离开舞台嫁给画家G. F. 沃茨（G. F. Watts），一年内离婚。在第一次婚姻失败后不久，她与建筑师兼舞台设计师爱德温·戈德温（Edwin Godwin）共同生活了六年，生下两个孩子，直到1874年她重返舞台，成为维多利亚后期最受欢迎和最成功的女演员，也是那个时代受人尊敬的女性。学者帕特丽夏·扎克莱斯基（Patricia Zakreski）认为，"特丽之所以能得到如此殊荣，一方面是因为她与当时有名望的亨利·欧文（Henry Irving）有联系，这增进了她在公众心目中优雅高贵的形象。更重要的是她卓越的演艺才华赢得了观众，让新闻界和公众看到她的热情、幽默的一面，她很好地代表了女性特

---

① Paula Gillet, *Musical Women in England* 1870 - 1914: *Encroaching on All Man's Privileges*, p. 225.

② Deborah Rohr, "Women and the Music Profession in Victorian England: The Royal Society of Female Musicians 1839-1866", p. 310.

有的完美形象和令人满意的素质"。①

此外，还有其他领域的知识女性奋斗在职场，为社会和家庭贡献自己的才能，经济上成为独立自主的女性。

写作一直被认为是受过良好教育的中上层女性的职业，因为它在时间和地点上都具有灵活性，从事写作的女性可以同时承担管理家庭和家庭日常生活的责任。19 世纪英国出现了一大批以写作为生的中产阶级女性，她们中有些人出于个人的爱好，另一些人由于家庭变故，迫于经济压力。爱玛·马歇尔（Emma Marshall，1830-1899）是八个孩子的母亲，因为一场金融灾难，她丈夫为股东的银行破产，他们失去收入，陷入债务中，她开始靠写作支撑家庭生活。19 世纪出现了简·奥斯丁、勃朗特姐妹、伊丽莎白·加斯克尔等蜚声文坛的中产阶级女性作家，她们用女性的视觉观察世界，启迪人们的思想。"她是谁"的各行业名人名录显示，1862 年女作家代表占杰出女性的 50%，其次是女演员和女音乐家，这两个群体合计占总数的 28%（见表 3-9）。19 世纪末，虽然更多的行业为女性打开大门，到 1891 年女作家在杰出女性名录中仍然只占 38%（见表 3-9）。

表 3-9　女性"她是谁"名录上的人数占比

单位：人，%

职业 ＼ 时间	1862 年	占比	1891 年	占比	1901 年	占比
作家	59	50	65	38	138	37
演员和音乐家	33	28	44	26	56	15
贵族	7	6	20	12	42	11
专业人员	10	8	22	13	104	28
公众人物	9	8	11	6	34	9
其他各方面	0		9	5	0	

资料来源：Jihang Park，"Women of Their Time：The Growing Recognition of the Second Sex in Victorian and Edwardian England"，*Journal of Social History*，Vol. 21，No. 1，Autumn 1987，p. 51。

---

① Patricia Zakreski，*Representing Female Artistic Labour 1848-1890：Refining Work for the Middle-Class Woman*，p. 181。

女作家通过写作维持家庭生活，通过作品反映中产阶级家庭的生活变迁，表达了中产阶级女性要求性别平等自强自立的愿望。汉娜·莫尔终身未婚，以写作为生。她面向中产和上层阶级的小说成了畅销书，1833 年去世时，身价达 30000 英镑。[①] 格林威尔（Greenwell）认为，社会和生物学导致女性压制自身的真实感情——她们的灵魂，而写作使她们能够真诚地与否定她们的传统家庭对话。[②] 巴雷特·勃朗宁（Barrett Browning）的《奥罗拉的肖像》显然是"独特"的中产阶级妇女的灵魂写照。在她富有想象力的作品中，女性作家外在生活与心灵世界展开了对话。夏洛蒂·勃朗特姐妹靠写小说的稿费维持着孤苦的生活，表达人格独立的愿望。因此，《英国妇女杂志》曾评论："妇女文学作为妇女的一种职业的影响远远大于目前读者所意识到的。"[③]

此外，知识女性还在法律领域、自然科学研究领域、人文社会科学研究领域做出贡献。女性历史学家以独特的视觉选择迄今为止的边缘和附属领域的研究，如她们在女性传记、法律史、社会"道德和礼仪"的历史、艺术史和旅游史等方面，文献编辑与翻译等领域留下了许多优秀著作。其中有阿格雷斯·伊丽莎白·斯特里克兰（Elizabeth Strickland）的《英格兰王后的生活 1840－1848》和《苏格兰王后的生活 1840－1848》，以玛丽·安妮（Mary Anne）、埃弗利特·格林（Everett Green）的《英格兰公主生活》为代表的传记，玛丽亚·韦伯（Maria Webb，1804－1873）的《费和彭宁顿的贵格家庭史》[*Histories of the Quaker Families of Fell*（1865）*and Pennington*（1867）]，还有伊丽莎白·斯通（Elizabeth Stone）的《针织艺术 1840》等著作。这些著作扩大了史学研究领域，为新史学的发展提供了范例。

总之，19 世纪英国"两分领域"的观念和社会现实并没有阻挡中产阶级女性进入各大行业的步伐。随着工业化和城市化的发展，越来越多的中

---

① 〔英〕琳达·科利：《英国人：国家的形成，1707—1837 年》，周玉鹏、刘耀辉译，商务印书馆，2017，第 332 页。

② Patricia Zakreski, *Representing Female Artistic Labour 1848-1890：Refining Work for the Middle-Class Woman*, p. 100.

③ Patricia Zakreski, *Representing Female Artistic Labour 1848-1890：Refining Work for the Middle-Class Woman*, p. 128.

产阶级新女性冲破传统，进入职业队伍行列，成为自食其力、独立自主的新女性。正如1894年《管弦乐协会公报》一位作者所说，"我们发现……现在银行正雇用女职员和女收银员，妇女被允许进入警察局，女侦探是私人调查办公室的耀眼明星，一些新创办的报纸几乎完全由女性负责，《导游小姐》和《夫人快递》具有鲜明的现代文明特征，女子乐团正有组织地在每一个区域发展，旅行推销员已经占领了道路，女士们在法庭上为自己辩护，女医生证明了女性的从医能力"。[①] 这些新女性在各行业与男性并肩作战，为社会的发展贡献智慧。

第二节　投资经营领域的中产阶级女性

长期以来，投资经营活动被公认为是中产阶级男性垄断的经济行为，很少有学者涉及女性投资经营问题的研究。随着妇女史研究的深入和研究领域的拓宽，近几年有一些学者开始关注此问题的研究。如导言所述，珍妮特·罗特福德（Janette Rutterford）、约瑟芬·莫尔特比（Josephine Maltby）、阿拉斯泰尔·欧文斯（Alastair Owens）和凯瑟琳·霍尔（Katherine Hall）等学者从女性在不同领域的投资状况说明中上层女性不同程度上在公共领域扮演着财富创造者的角色，尤其是在伦敦等大城市，中产阶级女性非常重视自身的权利，积极推进经济利益的增长，通过投资政府的有价证券在不列颠海外扩张中发挥作用。同时，一些学者对中产阶级投资经营活动的发展趋势比较悲观。达维多夫和霍尔认为女性经营的企业大多数局限于低成本、小规模、资本快速周转和短期信贷运行的低等行业，如零售业。也有人认为，虽然已婚女性可以开始经营自己的小企业，但随着工业化的发展，制造业企业规模的扩大和技术进步意味着小企业生存空间越来越小，女性所经营的这类企业数量也趋于减少。从18世纪末开始，女性在经济领域进一步边缘化。[②] 尼古拉·菲力普斯（Nicola Phillips）对一些地方性个案的研究表明，"文雅"的女性在商业中主要经营女帽制

---

① Paula Gillet, *Musical Women in England 1870 - 1914*: *Encroaching on All Man's Privileges*, p. 194.

② Leonore Davidoff and Catherine Hall, *Family Fortunes*, pp. 301-315.

造、女外套生产等"女性化"的企业。但是，19 世纪最普遍的情况是这些企业数量不断减少，这一现象说明女性在经济领域日益边缘化。[①] 上述这些西方学者的研究主要从 19 世纪英国某一城市女性，或未婚女性和寡妇群体参与投资经营活动的状况，说明她们在公共经济领域的影响力。国内学界尚未涉及此问题的研究。本节从中产阶级女性从事投资活动、经营旅店业和房屋租赁、经营工商企业等方面考察 19 世纪中产阶级女性的投资经营情况，以期对 19 世纪英国中产阶级女性投资经营活动有较为全面的了解，并对此做出较为客观的评价。

一 中产阶级女性参与投资经营活动的原因

女性参与投资经营活动的原因是复杂的。就理论而言，人们进入投资经营领域必须具备以下条件：拥有广阔的投资经营市场和良好的投资环境；投资风险较低，获取利润可能性较大；投资者拥有一定数量可支配的财富，具有良好的投资经营意识。19 世纪工业化为中产阶级女性参与投资活动提供了这些有利条件。

从投资环境和投资机会来看，工业化引起经济社会变革，创造出更多的投资机会和良好的投资环境，客观上为妇女进入投资经营领域创造了条件。

工业化导致经济结构改变，国民生产总值中农业比重下降，工商业比重不断增长。1801~1901 年农牧渔业在国民生产总值中所占比例从 33%下降至 6%，制造业、采矿业、建筑业从 23%上升至 40%，商业运输业从 17%上升至 24%。[②] 工商业的发展不仅推动了各种股份公司的产生和金融投资市场的活跃，也促进了商品输出额和资本输出额迅速增长。1875~1900 年不列颠主要商品出口总额达 239722339909 吨。[③] 1850 年后，英国的国外资产增长速度超过国内资产。1856~1913 年，英国国外总资产年增长

① Nicola Phillips, *Women in Business 1700-1850*, p. 11.
② Peter Mathias, *The First Industrial Nation*, London: Methuen and Co. Ltd. Press, 1969, p. 243.
③ W. D. Handcock, ed., *English Historical Documents 1874-1914*, Cambridge: Cambridge University Press, 1996, pp. 192-193.

率为 2.4%，国内资本证券增长 1.9%。① 英国每年投资海外的资本达 40 亿
英镑，利润收入 2 亿英镑。② 19 世纪英国国内外投资市场的红利稳定增长，
19 世纪中期，所有银行的红利都在 5% 以上。伯明翰米德兰银行的红利在
1856 年为 14%，1857 年为 15%，1858 年为 16%。③ 各大股份公司为了吸
引小额投资者，缩小了股份的金额。结果，19 世纪英国国内外投资渠道和
投资机会空前增加，这为中产阶级女性参与投资经营活动提供了更多获利
的机会。同时，随着金融业的发展，投资信息和渠道更加畅通。19 世纪中
后期，金融出版物如《经济学家》《统计》《金融导向》《金融时代》等杂
志大量发行，及时提供各类投资信息，银行和各类理财产品推销员也直接
为中产阶级女性提供投资指导，这不仅可以降低投资风险，提供良好的投
资环境，而且促进了中产阶级女性投资理财观念的形成，推动她们进入投
资经营领域。

　　各种小额借贷活跃，也给女性经营提供了经济环境。勒米尔（Lemire）
认为，尽管女性日益边缘化，但独立的小商人继续在正式的商业部门获得
利润，从家庭或街角获取信贷。④ 学者温斯坦利也认为，19 世纪中期政府
对合法当铺老板进行监管，检查所有交易的记录，控制费用和营业时间，
导致非法公司增长。对于小额的、短期的借贷需求增加，短期贷款产生了
许多无监督的店商和放债者，并威胁到合法贸易的进行。⑤ 这可能就是那
些女性拒绝通过正式的典当行获取信贷，而从这些非正规渠道获得资金的
原因。

　　此外，19 世纪行会制度衰落为女性创业扫除了障碍。行会制度是维护
从业者行业特权、抵制竞争的手段。在行会制度下，女性不能通过契约手

①　R. C. O. Matthews, C. H. Feinstein and J. C. Odling-Smee, *British Economic Growth 1856-1973*, Stanford: Stanford University Press, 1982, p. 128.

②　Peter Mathias, *The First Industrial Nation*, p. 249.

③　Lucy Newton and Philip L. Cottrell, "Female Investors in the First English and Welsh Commercial Joint-Stock Banks", *Accounting, Business & Financial History*, Vol. 16, No. 2, 2006, p. 326.

④　Alison C. Kay, *The Foundations of Female Entrepreneurship: Enterprise, Home and Household in London 1800-1870*, New York and London: Routledge Taylor & Francis Group, 2009, p. 27.

⑤　M. J. Winstanley, *The Shopkeeper's World 1830 - 1914*, Manchester: Manchester University Press, 1983, p. 183.

续获得准入行业的权利，年轻女性不能获得学徒的从业权利，更不能获得
合作自由，也不能像男性那样通过学徒关系促进贸易和提高政治地位。但
是，这并不意味着女性没有任何机会，各种行会通常给予寡妇在自己丈夫
的服务范围内的从业权。尽管市民会议要求开业的企业要遵循行规，商店
不能自由开张，但当伦敦市民自行开业被起诉时，能否胜诉取决于前来作
证的当地居民的意愿，由动机决定而非证据决定的判决给开业者提供了更
好的机会。在牛津，那里的女性公开经营与纺织品相关的企业，引起了
"裁缝行会"的烦恼，但这些组织对此也无能为力。19世纪初，行会系统
在表面上仍然保有特权。到19世纪中期，大多数行会的职能已经发生变
化，从与行业直接联系的团体变成关注不动产、信托财产的管理，赞助慈
善和教育活动的团体。最后，在1856年，伦敦正式废除了限制经营零售业
或其他手工业的法律与习俗，与行会制度相关的学徒制在19世纪最后终
结，这为女性的经营打开了通道。

从投资需求来看，19世纪中产阶级生存压力和致富机会的增加，数量
众多的中产阶级单身女性的存在，促进了中产阶级女性投资需求的增长。
工业化导致经济的增长和转型，中产阶级家庭成员如果不能获得维持与社
会地位相应的生存技能或收入，就要沦落到低等级的行列。利用现有的财
富和机会，积极参与资本市场的投资和经营活动，这是他们获取更多财富
的有效途径。因此，一些中产阶级下层单身女性除了进入职场获取生活资
料外，还热衷于小额投资，一些中上层中产阶级单身女性凭借掌控企业的
资本和经营权，成为资本市场的积极投资者。

从投资的基础来看，19世纪的社会变革为中产阶级女性进入投资经营
领域提供了良好的经济基础、思想基础和法律保障。

工业化导致中产阶级女性受教育机会和就业机会的增加，中产阶级女
性走进职业队伍，获得经济自立能力，为她们进入投资经营领域积累了资
金。19世纪女性主义意识形成，中产阶级女性在争取社会平等和家庭平等
权过程中，认识到独立的经济权是获取社会和家庭平等权的基础。这一思
想否定了传统的家庭角色分工，为中产阶级女性的投资经营活动提供了思
想基础。19世纪政治民主改革推进社会向公平公正方向发展，从而推动19
世纪女性家庭财产继承关系和家庭法律地位的改变，女性的财产权、继承

权、立遗嘱权等个人法律权利进一步扩大，在法律原则上她们成为独立的人，这为她们的投资活动提供了法律保障。

在上述因素影响下，19世纪英国中产阶级女性投资经营的范围非常广泛。

二 投资活动

有些学者把投资种类分成"积极投资"和"消极投资"两大类。前者指投资工厂企业以及商业活动，属于收益高、风险大的领域；后者则是用于购买政府的债券、保险、获取银行的利息等，属于低收益、低风险领域，女性则偏好"消极投资"。威廉·哈特（William Hart）的日记反映了这种情况："男性更容易接受获利丰厚的风险投资项目，而老寡妇比年轻的单身女性更倾向投资稳健性的项目。因为寡妇和老处女需要稳定收入保障生活，他们是这些低风险投资项目的核心人群。[1]"学者阿拉斯泰尔·欧文斯认为，在投资领域存在性别界线，1914年以前不列颠的女性投资者"喜欢做低风险投资，不喜欢投资高风险的企业"。[2] 实际上，19世纪英国中产阶级女性的投资经营活动涉及各大经济部门。

首先，投资运河、铁路和海运业。运河、铁路是19世纪英国工业化进一步发展的保障。这一类企业因投资风险低收益较好而受到女性的青睐。约瑟芬·莫尔特比（Josephine Maltby）和珍妮特·拉特福德（Janette Rutterford）的研究表明，1760～1850年女性在运河公司中占有18%的股份，在铁路公司中占有11%的股份。[3] 18世纪末19世纪初，西米德兰的运河开发中，女性投资者占18%。19世纪20年代女性投资者拥有铁路股份的5%～20%，1845年，除利物浦和曼彻斯特铁路外，女性投资者人数占铁

[1] Alison C. Kay, *The Foundations of Female Entrepreneurship*: *Enterprise*, *Home and Household in London 1800-1870*, p. 31.

[2] Alastair Owens, "Making Some Provision for the Contingencies to Which Their Sex is Particularly Liable: Women and Investment in Early Nineteenth-Century England", in Robert Beachy ed., *Women*, *Business and Finance in Nineteenth-Century Europe*, Oxford and New York: Berg Press, 2006, p. 25.

[3] Josephine Maltby and Janette Rutterford, "She Possessed Her Own Fortune: Women Investors from the Late Nineteenth Century to the Early Twentieth Century", *Business History*, Vol. 48, No. 2, April 2006, p. 222.

路投资者的 1/3，持有全部股份的 16%。① 李德（Reed）发现 1823～1844
年的斯托克顿和达林顿，1825～1844 年的纽开斯尔和卡理斯，1836～1845
年英格兰北部的铁路股份中，女性持有量在上升。② 因此，1851 年英格兰
银行前任行长 W. G. 科顿（W. G. Cotton）说："妇女在铁路、煤矿和合资
银行以及其他地方的收入比我们认识到的要多。"③

　　航运业是英国成为世界帝国的基础。虽然航运业是一个高风险高收益
的行业，但随着 19 世纪英国航运业的发展，为数不少的中产阶级女性通过
买卖股份、提供抵押金、继承家族股份等方式积极参与该行业的投资活
动。由表 3-10 可见，五大港口中，埃克塞特女性占有的股份最高，达
28%，怀特黑文女性占有的股份最低，占 9%，女性平均在五大港口中持有
当地 13% 的航运船只股份。

表 3-10　1865 年女性在航运业的投资

港口	妇女股份 （股）	注册的船只总数 （只）	股份数量 （股）	妇女持有股份 占比（%）
埃克塞特（Exeter）	1929	109	6976	28
福伊（Fowey）	996	155	9920	10
林恩（Lynn）	1137	104	6556	17
惠特比（Whitby）	2736	371	23744	12
怀特黑文（Whitehaven）	844	150	9600	9
总计	7642	889	56796	13

资料来源：Helen Doe，"Waiting for Her Ship to Come in? The Female Investor in Nineteenth-
Century Sailing Vessels"，*Economic History Review*，No. 1，2010，p. 92。

　　在大多数情况下，这些活跃的投资者是寡妇和老处女。在五港口样本
中，女性投资者中寡妇占 54%，未婚单身女性占 36%。但也有一些案例显

---

① Alastair Owens，"Making Some Provision for the Contingencies to Which Their Sex is Particularly
　Liable: Women and Investment in Early Nineteenth-Century England"，in Robert Beachy，
　Béatrice Craig and Alastair Owens，*Women*，*Business and Finance in Nineteenth-Century Europe*，
　Oxford and New York: Berg Press，2006，p. 24.

② Lucy Newton and Philip L. Cottrell，"Female Investors in the First English and Welsh Commercial
　Joint-Stock Banks"，*Accounting*，*Business & Financial History*，Vol. 16，No. 2，2006，p. 332.

③ Janette Rutterford and Josephine Maltby，"The Widow, the Clergyman and the Reckless:
　Women Investors in England 1830-1914"，*Feminist Economic*，Vol. 12，2006，p. 119.

示，在 1882 年《已婚妇女财产法》通过以前，已婚女性已经开始独立购买船运股份。简·威尔弗雷德·柯克帕特里克是船主的妻子，伊丽莎白·威廉·科纳韦是矿主的妻子，她们分别在 1841 年和 1851 年作为初始的买家新注册了船舶股份；简·史柯特从她丈夫利物浦的船主那里购买了 16 股；玛丽·霍斯金斯，一个皇家海军船长的妻子，1836 年获得了她哥哥的财产管理权，并以她自己的名字登记了 20 个股份。[①] 这些女性中有坐收红利的消极投资者，也有亲自经营的积极投资者。玛丽·墨菲是一个积极的投资者，她丈夫于 1872 年 5 月去世，留给她 40 个股份。玛丽与约翰·沃德（John Ward）和约瑟芬·阿库克·沃德（Joseph Alcock Ward）一起作为遗嘱执行人，玛丽拥有大部分股份，完全控制了公司的船舶业务。1873 年，玛丽·希克斯·海因斯继承了她丈夫（船舶经纪人）16 条轮船的 20 个股份，到 1880 年她的股份增加至 43 个，涉及 22 艘船，还成为 3 艘船只的所有者。[②]

其次，投资政府债券、银行、保险等金融市场。政府的有价证券是非常普遍的一种投资。历史学家认为发行债券是一场"金融革命"，它的重要性是国家向国民举债，从而使不列颠走向世界帝国。

英格兰银行出售国债，个人购买国债成为债主，政府给投资者红利，通常以 3%～6% 的年利率作为回报。当拿破仑战争结束时，国债达到 7.5 亿英镑，支付的红利几乎是全部政府开支的一半。1823 年有 284000 人购买不同种类的政府债券，最普遍的是 3% 的固定年金。19 世纪女性在政府债券领域投资的人数和总量都在不断上升。由表 3-11 可见，1810～1840 年，女性投资政府有价证券的人数比例从 34.7% 上升到 47.4%，持有的资金比例从 23.1% 上升到 32%，女性平均持有债券的种类超过男性的一半。显然，女性已成为购买政府债券的重要人群。大卫·R. 格林等学者认为中产阶级女性"在政府的债券买卖中发挥引人注目的'淑女资本主义'的作用"[③]。

---

① Helen Doe, "Waiting for Her Ship to Come in? The Female Investor in Nineteenth-Century Sailing Vessels", *Economic History Review*, No. 1, 2010, p. 94.

② Helen Doe, "Waiting for Her Ship to Come in? The Female Investor in Nineteenth-Century Sailing Vessels", *Economic History Review*, No. 1, 2010, pp. 96-97.

③ David R. Green and Alastair Owens, "Gentlewomanly Capitalism? Spinsters, Widows, and Wealth Holding in England and Wales 1800-1860", *Economic History Review*, No. 3, 2003, p. 512.

表 3-11　女性和男性投资政府债券的比例（1810~1840 年）

性别 ＼ 年份	1810	1820	1830	1840
男女人数比例（%）				
男	65.3	63.3	58.4	52.8
女	34.7	36.7	41.6	47.4
占投资市场总价值比例（%）				
男	76.9	79	79.4	68
女	23.1	21	20.6	32

资料来源：Helen Doe, "Waiting for Her Ship to Come in? The Female Investor in Nineteenth-Century Sailing Vessels", *Economic History Review*, No.1, 2010, pp.28-29。

从投资金额来看，女性投资的金额呈上升趋势。由表 3-12 可见，1810~1840 年女性投资者投资政府有价证券的价值在 100 英镑以下的比例呈下降趋势，1810 年占 3.5%，1830 年占 2.4%，1840 年占 2.6%；投资价值在 25000~49999 英镑的女性投资者的比例明显增长，1810 年占 1.3%，1840 年占 2.6%；50000 英镑及以上的女性投资者，1810 年占 0.9%，1840 年占 2.3%。

表 3-12　女性投资政府有价证券的金额（1810~1840 年）

持有金额（英镑）	女性投资者的占比（%）			
	1810 年	1820 年	1830 年	1840 年
0~99	3.5	3.9	2.4	2.6
100~499	27.9	26.3	23.0	23.4
500~999	18.1	17.2	15.8	17.0
1000~4999	33.2	36.4	36.1	35.5
5000~9999	10.2	7.5	11.3	11.7
10000~24999	4.9	6.5	8.7	4.9
25000~49999	1.3	1.9	2.1	2.6
50000 及以上	0.9	0.3	0.6	2.3

资料来源：Robert Beachy, Béatrice Craig and Alastair Owens, *Women, Business and Finance in Nineteenth-Century Europe*, Oxford and New York: Berg Press, 2006, p.30。

女性平均持有的证券市场价值从 1810 年的 3662 英镑提高到 1840 年的 4894 英镑。据当时的利率推算，1840 年女性投资者持有证券价值约 5000 英镑，获取年利率大约为 150 英镑，相当于一个白领工人的工资，说明投资收入成为部分中产阶级女性生活的重要来源。但从总体来说，持有证券价值 5000 英镑以下的女性投资者占 80% 以上，[①] 说明 19 世纪上半叶大部分女性以小额投资为主。

从女性投资者居住的地域来看，女性投资者主要集中在伦敦及其周边各郡。遗嘱样本显示，1810~1840 年的 30 年中，45% 的女性投资者来自伦敦，1840 年约 1/5 持有国债的女性投资者是伦敦妇女，伦敦及周边各郡集中了所有女性投资者的 3/4，伦敦及周边各郡和东南部的女性投资的总量占所有女性投资总量的 90%。况且，伦敦与周边郡的妇女持有资金是此消彼长的关系，1810~1840 年，伦敦的妇女投资者持有的资本价值从 61.1% 下降到 35.7%，而周边各郡却从 22.9% 上升到 42.4%，其他南部各郡从 7.8% 上升至 17%。[②] 这一趋势说明伦敦与周边地区市场信息畅通，形成了良好的投资环境，促进了伦敦周边女性投资数量增加。

从银行业来看，19 世纪无论是女性储蓄户，还是女性股东人数和她们持有的资金量都在不断增长。《经济学家》杂志提供的数据表明，在 19 世纪中期，女性在哈德斯菲尔德（Huddersfied）、巴恩斯利（Barnsley）、威斯特摩兰（Westmorland）、沃尔兹和多赛特（Wilts & Dorset）、伦敦、斯韦尔代尔和文斯利代尔谷（Swaledale & Wensleydale）、谢菲尔德及罗瑟勒姆（Sheffield & Rotherham）、伯明翰和米德兰（Birmingham & Midland）、约克郡等银行持有股份的人数占比从 7%~8% 增长到 16%，持有的资本价值从 3%~5% 增长到 11%。1856 年女性在首都储蓄银行持有 17.4% 的股份，在一些特殊项目中占有 1/3 的股份[③]。另据简斯费·曼特比（Joesphine Maltby）取样调查的结果，1873~1908 年英格兰 12 个公司中女性的投资比

①　Alastair Owens，"Making Some Provision for the Contingencies to Which Their Sex is Particularly Liable：Women and Investment in Early Nineteenth-Century England"，p. 30.

②　David R. Green and Alastair Owens，"Gentlewomanly Capitalism? Spinsters，Widows，and Wealth Holding in England and Wales 1800-1860"，*Economic History Review*，No. 3，2003，p. 528.

③　Janette Rutterford and Josephine Maltby，"The Nesting Instinct：Women and Investment Risk in a Historical Context"，*Accounting History*，No. 3，2007，pp. 326-327.

例：利物浦银行，占投资总人数 32.7% 的女性投资者拥有 16.4% 的资金；马丁银行，占投资总人数 23.3% 的女性拥有 30.9% 的股份。① 从阿尔斯特（Ulster）银行股份登记来看，1877 年女性占有 32% 的股份和 26.4% 的资金，1892 年，女性持有 40.8% 的股份和 32.1% 的资金。② 可见，女性资本已成为 19 世纪英国各种股份公司，尤其是金融资本的重要组成部分。

同时，保险业被许多家庭作为安全稳定的投资领域。女性的保险涉及人寿保险、财产保险等许多种类。女性把购买保险作为进入老年期、预防风险，以及在经济上预防丈夫不负责任的一种手段。18 世纪中期至 19 世纪中期，女性保单数量增长了 5 倍。1793 年至 1863 年太阳保险公司有 13 亿份保单，其中 1761 年、1851 年、1861 年的全部保单中有 10% 由女性持有。③ 1898 年，保诚保险公司中，女性股份持有者占 33.1%，拥有总资本的 23%。④

可见，19 世纪女性投资呈上升趋势，逐渐成为英国各种股份公司，尤其是金融资本的重要组成部分。但是，与男性相比，女性的投资活动呈现以下特点：一是投资的资金量少、规模小，参与投资的人数比例低，不能左右投资市场的发展。1827~1833 年布拉福德（Bradford）、哈德斯菲尔德（Huddersfield）、坎伯兰（Cumberland）、哈里法克斯（Hailfax）、J. S. 巴恩斯利（J. S. Barnsley）、利物浦（Liverpool）、威斯特摩兰（Westmorland）等七大银行中，女性股份持有人占银行持股者的 7.9%，女性拥有股份价值占 5.4%，女性拥有股份的平均金额是 99.9 英镑。1835~1836 年，女性持股者占 7.3%，持有股份价值约占 3.5%，持有股份的平均价值是 143.02

---

① Janette Rutterford and Josephine Maltby, "The Widow, the Clergyman and the Reckless: Women Investors in England 1830-1914", *Feminist Economic*, Vol. 12, 2006, p. 127.

② Josephine Maltby and Janette Rutterford, "She Possessed Her Own Fortune: Women Investors from the Late Nineteenth Century to the Early Twentieth Century", *Business History*, No. 2, 2006, p. 240.

③ Alison C. Kay, "Retailing Respectability and the Independent Women in Nineteenth-Century London", in Robert Beachy, Béatrice Craig and Alastair Ouens: *Women, Business and Finance in Nineteenth-Century Europe*, Oxford and New York: Berg Press, 2006, p. 154.

④ Josephine Maltby and Janette Rutterford, "She Possessed Her Own Fortune: Women Investors from the Late Nineteenth Century to the Early Twentieth Century", *Business History*, Vol. 48, No. 2, April 2006, p. 229.

英镑。[1] 学者约瑟芬·莫尔特比认为，直到 19 世纪末，60%～70% 的公司由少数男性群体控制。戴维斯特统计了 1883～1907 年 260 个公司股份的登记数据发现，妇女平均占有 6.5% 的股份。[2] 但女性投资人数和财产总量却呈上升趋势。二是女性的投资相对偏好绩优股和债券，较多集中在铁路、运河、银行、保险业等领域，尤其是在银行和保险业中，女性投资人数和资金量增长迅速，形成女性食利阶层。但是，随着工业化和投资市场的发展，女性的投资领域日趋广泛，甚至有较多的女性投资海运、工业企业等高风险行业，投资领域的性别界线开始模糊。詹妮特·鲁特福特把女性投资者分成三类：在资本买卖中增加财富的投机者；从投资中寻找利益的投资者；家庭股份的持有者，她们的股份保证了家族对公司的控制，或者将股权留给下一代。这三类女性投资者都广泛地参与高风险高收益领域的投资活动。三是女性投资者以未婚女子和寡妇等单身女性群体为主。直到 19 世纪末，妻子作为投资者的人数才有所上升。据统计，1810 年未婚女性占政府证券女性投资者的 41.2%，寡妇占 56.6%，1840 年，两者各占 49.1% 左右，1840 年未婚女性和寡妇持有的国债分别占总量的 19% 和 13%。[3] 吉尔巴特（Gilbart）官方调查的结果也证明，1845～1855 年伦敦股份制银行中，未婚女性是人数增长最快的群体。[4] 19 世纪末妻子独立投资的比例增长较快。

三　经营实业

19 世纪英国中产阶级女性经营实业范围涉及房屋租赁、旅店、酒吧，以及其他的工商业企业经营活动。

[1] Lucy Newton and Philip L. Cottrell, "Female Investors in the First English and Welsh Commercial Joint-Stock Banks", *Accounting*, *Business* & *Financial History*, Vol. 16, No. 2, 2006, pp. 320-321.

[2] Josephine Maltby and Janette Rutterford, "She Possessed Her Own Fortune: Women Investors from the Late Nineteenth Century to the Early Twentieth Century", *Business History*, No. 2, 2006, p. 243.

[3] David R. Green and Alastair Owens, "Gentlewomanly Capitalism? Spinsters, Widows, and Wealth Holding in England and Wales 1800-1860", p. 525.

[4] Janette Rutterford and Josephine Maltby, "The Nesting Instinct: Women and Investment Risk in a Historical Context", p. 322.

（一）经营房屋租赁和旅店服务业

随着城市化的发展，投资土地和房产，进行房产租赁，是获得财产性收益、预防财产风险、维持中产阶级体面生活方式的手段之一。根据1870年前的财产法，女性持有的不动产比动产更有安全保障。因此，房地产成为19世纪中产阶级女性财富的重要组成部分。如在新兴工业城市格拉斯哥，房地产是19世纪中产阶级女性投资的主要内容。

19世纪旅馆和酒吧成为重要的公共活动中心。在19世纪初期，工业化和城市化发展过程中，轻便的邮政马车等短途的运输工具和旅店的需求量迅速增加。对于中产阶级女性来说，利用住宅进行房产租赁、开设旅店与女性的家庭角色定位相一致，是被公众认可的谋生手段。因此，19世纪大量的中产阶级女性进入这一行业，有些女性出租一个房间；有些女性出租整幢房子；还有女性专门经营旅店业务；也有女性经营者面向特定的服务人群，如专门为未婚公债持有人提供住宿。这些女性经营者把公共空间和私人空间联系在一起，把家庭生活与公共服务结合在一起，获取生活资料。沃尔顿（Walton）对1871年布莱克浦（Blackpool）的旅店进行统计分析发现，只有3个未婚男子是房东，在海滨疗养胜地，开旅店是女性的事业。伦敦邮局登记目录显示，19世纪70年代1401处出租房中，女房东占40.4%；1851年世界博览会期间，53%以上的房东是女性。[1]

同时，女性通过在交通要道经营酒吧、客栈，为商人提供交易场所、储物间、酒馆、食宿等方式获取经济收入。如在艾什克斯，寡妇莎拉·诺恩（Sarah Nunn）经营的威斯姆旅店成为当地经济活动的主要组成部分。19世纪中期以后，随着铁路系统的建立，小旅馆和客栈出租马匹等交通工具的作用减少，少量女店主转向为客人在换火车的间隙提供轻便马车服务，更多的中产阶级下层女性主要从事食品、饮品、住宿方面的业务。大部分独立经营的女性是寡妇。在伊普斯威奇（Ipswich）7%的旅店和酒馆、10%的啤酒店的老板是女性，相对于47%的女房主来说这是一个很小的群体。[2]

---

[1] Alison C. Kay, *The Foundations of Female Entrepreneurship: Enterprise, Home and Household in London 1800–1870*, p. 110.

[2] Leonore Davidoff and Catherine Hall, *Family Fortunes*, p. 301.

（二）经营工商企业

19世纪中产阶级女性活跃在工商业各个领域。我们从利兹和曼彻斯特等新兴工业城市的商业登记簿上发现，女性业主占有一定的比例。如1832~1834年，在利兹商业登记簿上登记的女性业主有984人，占企业主总数的2.7%。[①] 学者们普遍认为经营工业企业和商业的女性主要是寡妇和单身女性。一方面，寡妇和单身女性的财产继承、经营权得到社会和法律的认可，她们没有丈夫可以依靠，更容易引起社会的同情；另一方面，单身女性，尤其是寡妇为了生存，不得不独立撑起企业。小本经营的零售业和杂货店等成为中产阶级中下层寡妇或单身女性维持生计的主要手段。

从1851年各保险公司投保客户的婚姻状况来看，寡妇和未婚女性大约占女性客户的80%，是女性财富所有者和经营者群体的主体。但是，也有一定数量的已婚妇女出现在女性经营队伍中，在福莱斯已婚妇女高达23.8%（见表3-13）。

表3-13　1851年保险公司女性客户的婚姻状况

单位：%

项目	已婚妇女	寡妇	未婚女性
太阳保险公司有名望的业主	9.3	63.6	26.6
太阳保险制造业主	8.5	77.2	14.4
戈登和奈尔（格拉斯哥）保险公司业主	2.1	77.0	20.8
利兹（伦敦，爱尔兰）保险公司业主	18.4	63.8	17.8
切朴林保险公司业主	14.4	78.8	6.8
克拉克（伦敦贝思纳尔梅林地区）保险公司业主	5.8	87.1	7.2
福莱斯（卡迪夫）保险公司业主	23.8	64.0	12.0
安德森（普雷斯顿）		85.5	

资料来源：Alison C. Kay，*The Foundations of Female Entrepreneurship*：*Enterprise*，*Home and Household in London 1800-1870*，p.88。

---

① R. J. Morris，*Men*，*Women and Property in England 1780-1870*，p.70.

19世纪中期，无论是太阳保险公司还是邮局提供的企业主名录都反映出已婚妇女没有被排除在企业主队伍之外。她们与寡妇和单身女性一起共同为英国成为世界工厂、英国的经济扩张发挥作用（见表3-14）。

表 3-14　已婚妇女和寡妇购买企业保单的比例（1851 年）

流行行业	太阳保险公司已婚妇女和寡妇保单比例（%）	邮局名录中带有"太太"前缀的女性比例（%）
女帽业和女装业	50	54
蜡烛业	86	89
男子服饰和袜业	57	67
食品供应商	100	88
杂货商和蔬菜商	88	91
咖啡店主	75	84
布商	67	67
亚麻布商	80	90
文具店主	100	70
烟草商	67	78

资料来源：Alison C. Kay, *The Foundations of Female Entrepreneurship：Enterprise, Home and Household in London 1800-1870*, p. 90。

（三）女性企业主经营企业的特点

第一，女性企业主的经营范围虽然涉及面甚广，但相对集中在女性用品和零售业行业。

女性企业主的经营范围涉及制造业、食品、饮料、洗衣、纺织品和装饰品行业。据统计，伦敦妇女经营的商品达 40 余种，几乎涉及所有的行业。[1] 有些女性还进行多种经营，1809 年伦敦的绳索制造商玛丽·埃克塞特的一份保单中，住宅、商业楼宇和股票投保价值是 4700 英镑，此外，她还拥有 9 种财产和 6 种没有租赁的财产保单，金额达 1225 英镑。[2] 太阳火

---

[1]　Alison C. Kay, *The Foundations of Female Entrepreneurship：Enterprise, Home and Household in London 1800-1870*, p. 107.

[2]　Nicola Phillips, *Women in Business 1700-1850*, p. 162.

灾保险公司提供的 1851 年和 1861 年 453 份伦敦女性持有的保单表明，她们涉足的行业除了女性经营的传统行业外，还涉及租赁马匹、屠宰、皮革和骑装等男性占优势的行业。[①] 但从经营行业的比例来说，女性经营者相对集中在纺织、零售等资金成本较低的行业。

由表 3-15、表 3-16 可见，男女经营的 10 大流行商业中，男女业主经营行业各有侧重，女性经营的企业 50% 以上集中在服装、袜子、女帽等针织行业，还有杂货店和零售行业，而男性经营者则侧重批发、食品供应商、货栈主、代理商等覆盖面更广、资金需求量更大的行业。

表 3-15　女性投保的十大流行商业资产（1851~1861 年）

单位：%

行业	1851 年		1861 年	
	在所有流行行业的比例	在所有女性企业保单的比例	在所有流行行业的比例	在所有女性企业保单的比例
女帽、裁缝	29	15	27	13
蜡烛	15	7	12	6
袜子/男子服饰经销商	12	6	11	5
食品供应商	11	6	10	5
杂货商和蔬菜商	9	5	10	5
咖啡店主	6	3	8	4
布商	5	3	7	4
亚麻布商	5	3	5	2
文具店主	5	3	5	2
烟草商	5	3	5	2
合计	100	54	100	48

资料来源：Alison C. Kay, *The Foundations of Female Entrepreneurship：Enterprise, Home and Household in London 1800-1870*, p. 46。

注：1851 年在所有流行行业的比例合计是 102，资料来源数据统计有误。

---

① Alison C. Kay, *The Foundations of Female Entrepreneurship：Enterprise, Home and Household in London 1800-1870*, p. 162.

表 3-16　男性投保的十大流行商业资产（1851~1861 年）

单位：%

行业	1851 年		1861 年	
	在所有流行行业的比例	在所有男性企业保单的比例	在所有流行行业的比例	在所有男性企业保单的比例
批发商	31	14	35	18
食品供应商	13	6	13	7
货栈主	12	5	10	5
代理商	11	5	9	5
杂货商和蔬菜商	6	3	8	4
钟表商	6	3	7	4
书商	6	3	6	3
靴子商	5	2	5	3
肉铺商	5	2	5	3
油/颜料商	5	2	3	2
合计	100	45	100	53

资料来源：Alison C. Kay, *The Foundations of Female Entrepreneurship*：*Enterprise*, *Home and Household in London 1800-1870*, p. 47.

19 世纪中叶以来，随着英国成为世界帝国，大量外国消费品进入英国市场，杂货店的商品种类发生变化，其主要货物包括来自世界各地的香料、干果制品和调味品。杂货店经销的茶叶、咖啡、可可、巧克力等商品都是中上层优雅生活的必需品，顾客往往被限制在中高收入群体，这对于有较强烈的阶级意识的群体来说，此类商品不仅有利可图，还是最"文雅"的交易。中产阶级女性十分青睐这些商品的经销，即使男装店和女帽店的广告上也要添加"最有情趣的新鲜茶"这样的广告。通过这种独特的营销方式，中产阶级女性影响了中上层社会的消费倾向。

第二，女性企业主经营企业比例较低，女性企业主投保比例却呈上升趋势。从妇女经营的企业保单来看，1845 年伦敦商业登记册上登记的 1040 份企业名单中有 6% 的企业是女性掌管。[①] 从 19 世纪太阳保险公司的火灾保单情况来看，女性购买的企业保单逐渐增长，1747 年有 126 份，到 1861 年增加到 1230 份。在 19 世纪中叶，女投保人的保单大约占太阳伦敦火灾

---

① Nicola Phillips, *Women in Business 1700-1850*, p. 232.

保险公司保单的10%左右。1747~1861年，男性业主的投保人数增加了3倍，女性业主的投保人数增加超过4倍。① 这些数据说明，19世纪上半期，在工业化浪潮中，越来越多的中产阶级女性进入企业经营队伍，以创业者的角色在国家的经济发展中发挥积极作用。

第三，女性企业主以小额资本经营为主，女性大企业主则人数很少。

由表3-17男女保单金额可见，1761~1861年100年中，大部分女性投保人的保单价值在500英镑以下，1761年500英镑以下保单占女性保单数量的84%，1851年占79%，1861年占86%。而投保价值3000英镑以上的女性企业主比例较低，1761年占女性企业主的2%，1851年占1%，1861年占2%。18世纪中期至19世纪中期，女性小企业主的数量相对稳定，这与当时英国经济结构和女性占有的财富份额相关。因为在工业革命期间，小企业构成英国经济的特色，上述保险记录清楚地表明女性企业主从国家经济发展潮流中寻找商机，成为英国中小企业的重要组成部分。尽管19世纪末企业规模越来越大，资本越来越集中，由个体组成的商业企业数量在减少，但这些"女性化"的小型企业为资本积累提供了潜力。

表 3-17 男女企业主保单价值比较

单位：%

年份	性别	<100 英镑	100~499 英镑	500~999 英镑	1000~1999 英镑	2000~2999 英镑	>3000 英镑
1761	男	5	54	27	5	7	1
	女	12	72	12	3	0	2
1851	男	11	31	17	17	6	18
	女	30	49	12	6	3	1
1861	男	13	44	20	10	5	9
	女	28	58	8	3	2	2

资料来源：Alison C. Kay, *The Foundations of Female Entrepreneurship: Enterprise, Home and Household in London 1800-1870*, p. 40。

注：根据资料来源提供的数据，企业主不同保单价值相加比例1761年男99%，女101%，1851年男100%，女101%，1861年男101%，女101%。

---

① Brian Lewis, *The Middlemost and the Milltowns: Bourgeois Culture and Politics in Early Industrial England*, p. 357.

此外，中产阶级女性以特殊的身份，支持着家庭企业的发展。

第一，她们与男性共同经营企业，成为维持家庭企业成长的核心力量。19世纪中产阶级选择同性或异性亲属、朋友组成共同经营的商业和投资伙伴关系。最为普遍的混合性的伙伴关系往往是母亲和儿子、母亲和女婿，或者是女性朋友间建立合作的伙伴关系。在英国各地，尤其是伦敦这样的大城市，已婚夫妇一起经营企业是司空见惯的事。许多丈夫意识到妻子作为合作伙伴比妻子作为雇工更有利于满足家庭经济的发展需求，因此，他们欢迎妻子一起经营企业。在一些案例中，丈夫和妻子共同经营杂货店、肉铺，制作钟表和经销茶叶。在乡村，农场主妻子、女儿或姐妹利用沿街的房子经营小商店。詹姆斯·比塞特（James Bisset）是伯明翰的一个制造商，有收藏的爱好，他的妻子把他的房子改造成了商业博物馆。[1]19世纪40年代，伊丽莎白是埃塞克斯小镇一名珠宝商和酒商的妻子。丈夫生前，她直接参与珠宝经营，丈夫死后，她操纵生意，使企业以E.加特纳（E. Gardner）和儿子的名字闻名于世。因此，年轻的斯缪尔·卡特尔特（Samuel Courtauld）曾经得到一个忠告："假如在人生道路上有一个好妻子，我将把她作为助手，即使她在世界财富领域并不富有。"[2]

我们从太阳保险公司的保单来看，19世纪中后期，也有男女共同购买保单，投保企业财产。如1845年的29个男女混合保单中，41%的保单是由女性名字登记的企业，不动产的投保人主要是男性。[3]这一现象表明，已婚妇女与男性亲属共同成为企业主。

对于住所靠近工作场所或者居住在工作场所的家庭来说，女性充当家庭的劳动力或管家，为这些小型企业提供人力资源。她们照看学生、店员、学徒以及外甥、侄子、兄弟姐妹，为孩子成长提供物质上、心理上的帮助。

第二，女性帮助男性亲属，包括丈夫、儿子筹集资金和建立商业网，为企业发展提供基础。中上层女性拥有的资金和家族关系网络往往是家庭企业的基础。大量的史料证明，19世纪中产阶级女性帮助男性企业主筹集

---

[1] Leonore Davidoff and Catherine Hall, *Family Fortunes*, p. 283.

[2] Leonore Davidoff and Catherine Hall, *Family Fortunes*, p. 282.

[3] Nicola Phillips, *Women in Business 1700-1850*, p. 170.

资金，尤其是在财富和资源有限的小企业中发挥重要作用。乔治·卡特尔特（George Courtauld）在开办埃塞克斯（Essex）丝织厂时，曾向姐姐和女朋友借钱集资。后来他移居美国，留下大儿子管理企业，他的妻子变卖抵押贷款的房子，还清债务，并与儿子一起管理工厂，帮助他渡过难关。[1]一些年轻人得益于母亲提供的遗产。埃塞克斯一名建筑商的寡妇有 10 个孩子和 2 个继子，她的儿子以她建立的家庭企业为基础成为一名成功的建筑师、房屋鉴定人、家庭公司的创建者，使母亲所创建的公司成为下一世纪业内著名的企业。[2]

　　随着 19 世纪女性不断取得财产权，女性进入本地信贷工作网络。她们像非正式的典当行老板一样，为朋友组织借贷，扮演放贷者的角色，保证债权人利益。妇女掌握的家内物品通常是小额借贷资金的担保，据估计，妇女信贷补充了城镇 20% 的贷款资金。[3] 这无疑为小企业的生存提供了资金保障。

　　在女帽、制衣、服装、针织品、布商等女性行业中，女性经营者一方面把家庭成员，包括孩子、兄弟姐妹、表兄妹，甚至仆人联系在一起，延伸了家庭成员和家庭非家族成员之间的联系，形成家庭工作网，以及更大的工作和商业网，支撑企业的发展。另一方面，她们利用行业中雇员和服务人员以及大部分客户都是女性这一特点，建立行业内女性业主相互拜访的习惯。1851 年寡妇伊丽莎白和未婚的沃恩都接受其他裁缝的拜访；1861 年肯迪西镇的玛丽、安·考丽（Ann Corrie）接受花编商莎拉的来访；玛莎·夏普和哈丽特接待马甲制造商露西·诺恩（Lucy Nunn）和石膏师詹姆斯·珀茜（James Purcell）来访。[4] 来访者入住业主家中，相互讨论企业经营过程中普遍存在的问题和商务经验；她们交换市场、材料和批发信息，以及工人和客户信息，从而建立工作信息网，作为批发、订货和信贷的来源，掌握企业的生长点，促进企业的发展。

---

① Leonore Davidoff and Catherine Hall, *Family Fortunes*, pp. 279-280.

② Leonore Davidoff and Catherine Hall, *Family Fortunes*, p. 284.

③ Alison C. Kay, *The Foundations of Female Entrepreneurship*：*Enterprise*, *Home and Household in London 1800-1870*, p. 25.

④ Alison C. Kay, *The Foundations of Female Entrepreneurship*：*Enterprise*, *Home and Household in London 1800-1870*, p. 102.

此外，中产阶级女性的信誉有时对家族企业的成长发挥关键性作用。业主的声誉直接影响到企业经营的各个环节，女性的商业信誉是她参与商业经营的必要条件。及时付款、拥有良好的信用不仅影响女业主与客户和债权人的业务往来，并且可以结识业内相关人士，有时甚至可以让企业度过危机。如加德纳（Gadderrer）夫人的外孙女讲述了外祖母以诚信振兴家族企业的故事。母亲简·加德纳（Jane Gadderrer）七岁时，外祖父因为担保人缴纳保费而破产。在外祖父死后的几个月里，外祖母经济上陷入了困境。因为外祖母是一位诚信而又勤劳的女人，在债权人会议上，当地的啤酒商说服其余的债权人同意她留在家里一年，通过分期付款方式还清已故丈夫的债务。结果她不仅还清了债务，还让企业成功地运营 10 年，直到她去世，企业传给她的女儿。①

上述研究表明，19 世纪投资环境的改善、投资需求的增长、女性自我意识的觉醒以及妇女家庭法律地位的改变，推动中产阶级女性走出家庭活跃在投资经营领域。就整体而言，参与投资经营活动的女性人数有限，她们中较多人偏好银行、债券等低风险领域，成为食利者，或者经营小企业、旅店，出租房屋，获取生活资料。从表面上看，此类工作的性质与中产阶级女性家庭主妇的工作相似。女房东和女旅店主把房子向公众开放，为未婚的男人提供体面的房子，为那些不能支撑自己的企业，或者无力支付昂贵的住宅费用的中产阶级家庭提供住所，恪守女性的本分，并未影响女性的性别角色定位。对于年轻的工作移民来说，他们成了道德和礼貌的化身。普里西拉·韦克菲尔德（Pricilla Wakefield）评论道："商人的女儿管理公共住房，接待旅客、劳工和单身汉，这不仅被看作女性的自然本质，也包含道德指导的因素。租赁房屋使女性在不影响她们的社会地位的前提下获取生活资料。"② 许多寡妇和未婚女性靠持有银行的股权和年金生活。有学者认为，女性投资政府的基金并非女性自主财富所有权的标志，而是反映了财富所有权更加传统的性别观念。换句话说，英格兰银行的股

---

① Alison C. Kay, *The Foundations of Female Entrepreneurship: Enterprise, Home and Household in London 1800-1870*, p. 27.

② Alison C. Kay, *The Foundations of Female Entrepreneurship: Enterprise, Home and Household in London 1800-1870*, p. 109.

份是男性供给者的替代品。①

　　然而，就本质而言，这些中产阶级女性与纯粹的"家庭天使"有较大的区别，她们的投资经营活动对社会和女性自身都产生了深远的影响。

　　第一，她们的行为跨越公共领域和私人领域的界线，在一定程度上否定了传统的性别角色定位。中产阶级女性以独立经营者的身份参与社会竞争，在银行、政府债券等投资领域，尤其在一些中小企业运营中，她们在资金、管理和技术等方面发挥重要作用，女性经营彰显了独特的企业家精神——自主创业的勇气。显然，她们的生活与公共领域联系在一起，她们的经济活动构成国家经济活动的组成部分，并影响其发展。女性群体持有较多的政府资金，刺激股票认购二级市场发展，形成融资和投资的良好环境，从而促进不列颠工业化的发展和商业的扩张。大卫·R. 格林和阿拉斯泰尔欧文斯说："妇女并非完全处于国家财富的边缘，在公共金融领域占有重要地位，她们为帝国的扩张、国家福利提供经济来源。"② 中产阶级女性在投资经营过程中掌控财富，促使人们从"两分领域"的内部矛盾和不稳定性来批判这一命题，使重构性别理想、扩大女性公共领域权利成为可能。

　　第二，中产阶级女性投资经营活动提高了自身的经济能力和参与公共事务的能力，提高了她们的家庭和社会地位。中产阶级女性在投资经营领域运用资本和才能追逐财富，成为支撑家庭经济、自食其力的财富创造者。学者哈恩（Hahn）认为，"寡妇并不是接受遗产、施舍和照顾，而是积极、独立的个体，她们自己养活自己、孩子和其他人，单身女性也是如此"。③ 可见，投资经营领域的中产阶级女性与劳工妇女的家庭外就业一样，是妇女获得经济自主权，改变她们在家庭中的从属地位的基础。学者米尔纳（Milne）评论道："让女人独立谋生更符合公平正义和人性，这不

---

① David R. Green, Alastair Owens, "Gentlewomanly Capitalism? Spinsters, Widows, and Wealth Holding in England and Wales 1800-1860", *Economic History Review*, No. 3, 2003, p. 530.

② David R. Green, Alastair Owens, "Gentlewomanly Capitalism? Spinsters, Widows, and Wealth Holding in England and Wales 1800-1860", *Economic History Review*, No. 3, 2003, p. 531.

③ David R. Green, Alastair Owens, "Gentlewomanly Capitalism? Spinsters, Widows, and Wealth Holding in England and Wales 1800-1860", *Economic History Review*, No. 3, 2003, p. 531.

仅是她们生活的希望，也是她们在年老时安度晚年的基础。"① 同时，在投资经营过程中，她们必须要掌握获取财富的知识与机会。如证券投资活动促使她们在公共领域获取市场与经济发展的信息，准确地把握机会，选择合适的投资项目以获取最大的经济利益。

　　许多中产阶级女性在投资经营过程中，不自觉地融入 19 世纪中产阶级提倡的自助、自强的理念，全面提高了自身的社会竞争力，强化了女性主义倡导的自信、自强、自尊的信念，成为热衷于社会事务、重视女性权利的新女性。她们投身于争取妇女政治权、经济权和教育权的运动，不断提升女性在公共领域和私人领域的影响力，从而扩大了她们在家庭和社会中的话语权，推动社会立法朝着两性平等的方向发展。19 世纪英国妇女财产权、教育权、政治权的扩大既是女性投资经营活动的基础，也是这些参与投资经营活动的女性与其他妇女共同努力的成果。

---

① Alison C. Kay, *The Foundations of Female Entrepreneurship: Enterprise, Home and Household in London 1800-1870*, p. 17.

第四章　公共教育领域的中产阶级女性

性别差异化教育是强化性别角色定位的手段。在"两分领域"的观念影响下，19世纪英国教育没有超越父权文化教育的传统，相对男性教育而言，女性教育处于次要地位。但是，19世纪英国女性主义者认为"教育是妇女能够取得地位和权威的公共领域之一。"① 她们把争取两性平等的教育权作为女性主义运动的三大目标之一。在工业化浪潮中，19世纪英国中产阶级女性教育在英国各类教育大发展和女性主义推动下，经历了初等、中等教育权的扩大，高等教育权和教育管理权的取得，逐渐冲破传统的教育理念，最终在教育这一公共领域发挥更大的作用，并为实施性别平等的教育打下基础。在各类教育发展中成长起来的女教师，尤其是女性学校管理者不仅在教育公共领域拥有一席之地，提高了个人地位，而且促进了教育向性别平等的方向发展。

第一节　英国中产阶级女性教育发展的原因

19世纪是英国女性教育从传统走向现代的起点。琼·珀维斯等中外学者从不同角度对英国女性教育进行研究，为我们进一步认识中产阶级女性教育的发展打下良好的基础。但学者们的研究成果大多集中在女性教育发展状况及其对女性本身的影响方面，较少论及社会层面的影响。19世纪英国中产阶级女性教育的发展是英国经济、政治、文化、社会生活方式、家庭生活理念、人口增长等众多因素相互作用的结果，尤其是19世纪英国初

---

① Carol Dyhouse, *No Distinction of Sex? Women in British Universities 1870 – 1939*, London: University College London Press, 1995, p. 70.

等、中等、高等教育体系的发展为中产阶级女性教育的发展提供了有利条件。中产阶级女性教育的发展为中产阶级妇女提供了家庭角色、社会角色转型的契机。她们从不断扩大的教育权中逐渐获得各种知识与技能训练，开始走向公共领域，挑战性别角色定位，从依赖男性的传统女性向独立自主的新女性转变，从而推动现代教育体系的完善和发展，并在社会变革过程中发挥重要作用。本章将探讨 19 世纪中产阶级女性教育的发展及其对妇女的家庭、社会地位的改变，女性教育对社会的影响。

一　各类教育发展及其对中产阶级女性教育的影响

19 世纪经济上的工业化、社会上的城市化、政治上的民主化为英国教育的发展提供了前所未有的有利条件。

工业化使科技与生产结合，需要教育为社会造就更多的人才；庞大的中产阶级队伍"向上看齐"的生活方式，更需要教育为他们提供更有品位的文化生活；工业化、城市化打破了旧的生活规范，产生一系列如酗酒、卖淫、犯罪等社会问题，这需要教育更好地发挥道德教化作用。同时，在工业化发展过程中，社会各阶层的经济利益和政治诉求不同，导致矛盾冲突。工人形成自己的组织、提出代表本阶级利益的社会改革要求，并开展各类反政府、反资产阶级的斗争。因此，英国社会需要建立、完善新的伦理道德解决社会问题；统治者更需要制定新的规则加强对整个社会的治理，维护社会稳定，巩固自身的统治。学校教育作为最重要的社会化工具之一，必然承担重建社会伦理规范和解决社会问题的责任。一些有识之士、政府官员、教会都把发展教育作为当务之急。威尔逊说："教育能直接在孩子们的头脑中灌输服从宗教与世俗政府的思想。"[1] 曾在辉格党内阁中当过大法官的布鲁厄姆把工人学习知识当成转移阶级矛盾的工具。他说："工人有了知识，并使知识与工作经验相结合，他们会成为世界上最适合做出发明创造的人，而且，科学能使工人从单纯的知识中汲取欢乐，不顾及其肉体享受。"[2] 一些宗教组织更是把教育穷人作为改良家庭和社会

---

① P. Gregg, *A Social and Economic History of Britain*, London: Pegasus, 1965, pp. 248-249.

② David Vincent, *Bread, Knowledge and Freedom: A Study of Nineteenth-Century Working Class Autobiography*, London: Europa, 1981, pp. 142-144.

道德状况的工具。18 世纪苏格兰启蒙运动和一神论者认为，英国圣公会的教育理念基于宗教原罪理论，他们把教育看成家庭和社会改革的重要手段，尤其在改良女性品格中发挥重要作用。凯瑟琳·卡普（Catharine Cappe）、普里西拉·韦克菲尔德（Priscilla Wakefield）、伊丽莎白·汉密尔顿（Elizabeth Hamilton）等教育家认为应该把教育贫困妇女作为英国女性的爱国义务。[①] 她们从反对与法国战争这一背景出发，把教育作为积极参与塑造国家形象和维护国家利益的一种方式。因此，当代史学家琼·贝利亚米（Joan Bellamy）说：“教育在维多利亚时期变成万能之策，无论是站在政治还是哲学讲坛上，人们都认为教育应该得到发展。”[②]

因此，政府通过立法手段，实施强制性的国民教育。从 1802 年政府颁布第一个工厂法开始，到 1870 年、1899 年的教育立法，都强制儿童接受教育。1870 年教育法规定儿童必须接受教育的年龄是 5 ~ 10 岁，1899 年延迟到 12 岁。[③] 1839 年开始，议会拨款 20000 英镑作为初等教育的经费，同年在辉格党人罗素勋爵的倡议下，设立枢密院教育委员会，加强政府对教育的管理。这些教育立法推动了英国教育的快速发展，1850 ~ 1870 年公立学校比上一世纪增长了 3 倍。[④]

同时，知识和能力在 19 世纪的英国社会竞争中发挥越来越大的作用。19 世纪下半期，工业化和城市化的发展导致专业人才需求量增加；文官制度改革、考试录用人才、根据业绩晋升的原则，明确了政府工作人员的文化标准，这需要教育为社会输送具有更高层次文化的人才。在较高职位就业者的调研样本中，1835 年接受大学教育的人员占 57%，1885 年占 70%。从律师从业人员来看，1836 年开始举行了首次专业资格考试，在 19 世纪 60 年代约 90% 的申请人没有参加学校毕业考试（专业录取条件），到 19 世

① Joyce Goodman, "Women Governors and the Management of Working-Class Schools 1800-1861", in Joyce Goodman and Sylvia Harrop, eds., *Women, Educational Policy-Making and Administration in England Authoritative Women since 1880*, London: Routledge Press, 2000, p. 18.

② Joan Bellamy, Anne Laurence and Gill Perry, eds., *Women, Scholarship and Criticism: Gender and Knowledge 1790-1900*, Manchester: Manchester University Press, 2000, p. 96.

③ Susie Steinbach, *Women in England 1760-1914*, p. 171.

④ Leonard Schwarz, "Professions, Elites, and Universities in England 1870 - 1970", *The Historical Journal*, Vol. 47, No. 4, 2004, p. 943.

纪 90 年代，此类人员已经下降到一半，到了 20 世纪 30 年代只占 18%。[①]
结果，19 世纪英国全社会出现前所未有的崇尚知识、追求文凭的热潮。社
会各阶层，尤其是在工业化中成长起来的中产阶级把接受教育、求知当作
为后代求得一定社会地位的途径，把提供教育看成自然地表达对孩子的
爱，并为孩子提供可靠未来的工具。

在上述多种因素刺激下，19 世纪后期英国的初等、中等、职业教育和
高等教育都得到空前的发展。

从初等教育来看，各类教育机构迅速发展。太太学校、主日学校、慈善
学校、工厂学校、全日制寄宿学校（1870 年后）、夜校、机械学院等教育机
构为社会下层的孩子提供更多的学习机会。建于 1808 年的"不列颠和外国
协会"和建于 1811 年的"全国协会"是 19 世纪两类主要的全日制学校，到
1870 年，这两个团体提供了 90%的义务教育。[②] 19 世纪，学校调查委员会的
"唐顿教育调查委员会"成员詹姆斯·布赖斯（James Bryce）对各郡的学校
进行了调研，他把学校大致分为以下三类：A 类是大城镇的文法学校，通常
提供传统课程，以及商业教育；B 类是文法学校，在小城镇，有些地方是店
主的儿子和农民儿子上学的地方；C 类包括文法学校和其他捐赠学校，资金
不足，师资缺少或没有拉丁语教学，主要接收工人阶级的孩子入学。他发现
整个国家学校的分布比较均匀，"无论在南部和东南部，还是在鲁纳和里布
尔山谷，或是更贫乏的西海岸，所有社会等级的学校都存在"[③]。但是，由于
英国政府一度把教育看成私人的事，政府没有投入资金，许多学校破旧不
堪，教学质量差。布赖斯的报告中提到，在六七十个文法学校中，只有一两
个学校是令人满意的，其他几乎都是"破旧、丑陋、通风不良，某种程度上
他们的受托人应该为之感到羞耻"[④]。

---

① Leonard Schwarz, " Professions, Elites, and Universities in England 1870 – 1970 ", *The Historical Journal*, Vol. 47, No. 4, 2004, p. 952.

② Jane Purvis, *A History of Women's Education in England*, Philadephia: Open University Press, 1991, p. 2.

③ Gary McCulloch, "Sensing the Realities of English Middle-Class Education: James Bryce and the Schools Inquiry Commission 1865–1868", *History of Education*, Vol. 40, September 2011, p. 608.

④ Gary McCulloch, "Sensing the Realities of English Middle-Class Education: James Bryce and the Schools Inquiry Commission 1865–1868", p. 609.

19 世纪 70 年代以后，在社会各界努力下，英国于 1970 年颁布了《初等教育法》，政府以立法的手段规定国家对教育的补助和监督，在一定程度上改善了英国初等教育的状况，促进了教育的发展。政府声称 1870 年初等教育议案让 150 万 6~12 岁的孩子获得政府提供的资金入学。到了 1880年，小学实施义务教育，改变了民众教育"欠缺"的状况。坎特伯雷附近的一个村庄，1851 年 5~14 岁男女儿童入学率分别是 33% 和 42%，到 1881 年分别增长到 73% 和 80%。[①] 到 19 世纪末，英国公办学校达 2500 所，在校小学生 190 万人，加上民办学校在校生 120 万人，基本上普及了小学教育。

教学内容上，自然科学知识开始进入课堂。学校建立严格的管理制度，如严格校纪、完善考试制度、鼓励竞争。维多利亚时期，有用的知识成为初级小学教学的主要内容，三 RS——写、数学、读，以及地理、历史等基础学科成为主要课程，强调自我帮助与竞争的班长制度，在下一代的思想意识中，灌输服从纪律、勤奋创新、竞争取胜的精神，使学校与社会一样，成为有序的竞争场所。

19 世纪英国国民的文化素质有了较大的提高。表 4-1 显示，19 世纪30 年代至 80 年代无论是作为工业郡的兰开夏，还是作为农业郡的诺福克、苏塞克斯，新娘和新郎文盲人数都呈下降趋势。兰开夏新娘、新郎文盲比例分别从 1839~1845 年的 67%、39%，下降到 1885 年的 18%、10%；诺福克的新娘、新郎文盲分别从 50%、44%，下降至 11%、17%；苏塞克斯则从 46%、52%，下降至 11%、19%。

表 4-1 兰开夏、诺福克和苏塞克斯 1839~1885 年新郎新娘文盲比例

单位：%

时间（年）	兰开夏		诺福克		苏塞克斯	
	新娘	新郎	新娘	新郎	新娘	新郎
1839~1845	67	39	50	44	46	52
1850	64	37	44	41	48	47
1855	59	33	39	41	41	42

① W. B. Stephens, *Education, Literacy, and Society 1830 - 1870*, Manchester: Manchester University Press, 1987, pp. 322-323.

续表

时间（年）	兰开夏		诺福克		苏塞克斯	
	新娘	新郎	新娘	新郎	新娘	新郎
1860	54	29	30	35	30	38
1865	46	24	27	32	28	34
1870	39	21	24	30	22	31
1875	34	18	20	25	19	26
1880	27	14	14	21	16	22
1885	18	10	11	17	11	19

资料来源：W. B. Stephens, *Education, Literacy, and Society 1830-1870*, pp. 322-323。

兰开夏的妇女们形成了自我学习、自我改造的风气。伊丽莎白·蒂纳回忆，她父亲不喜欢她读小说及其他读物，但是她经常到图书馆借书，偷偷地阅读；弗罗里不仅自己学习，还劝她的家人一起到图书馆借书。

从全国识字人数来看，1841 年，男性识字人数占 67.3%，1851 年达 69.3%，同期，女性识字人数从 51.1% 上升到 54.8%。[1] 成年人拥有最低限度的"签名和读写能力"的人数比例，男性从 1844 年的 67% 增至 19 世纪末的 97%，基本上扫除了男性文盲。

中等教育、成人职业教育也有了较大的发展。1851 年，英格兰和威尔士 5710 名女性、55239 名男性在机械学院注册上学。据皇家技术学院统计资料，1857 年，只有 12509 名学生在各地的艺术学校就读，1861 年，只有 1330 名学生接受科学教育，除了其中的 800 名学生之外，其余的都是在没有资格证书的教师指导下学习。1882 年，有 909206 人接受艺术学院教育，68581 人分别在 1403 所科学学校的 4881 个班上学。[2] 1851 年至少有 1545 所夜校，拥有 27829 名男生、11954 名女生，到 1901 年，约有 546405 名夜校学生。[3] 同时，政府出资在首都和各省都成立了各种技术学院，满足不

---

① E. J. Evens, *Forgoing of the Modern State*, London and New York：Longman Press, 1986, p. 238.

② W. D. Handcock, ed., *English History Documents 1874-1914*, London and New York：Routledge Press, 1996, p. 502.

③ Jane Purvis, *A History of Women's Education in England*, p. 37.

同阶层、不同年龄学员学习科学技术的需要。政府每年给各学院发放补助金，伦敦大学学院 400 英镑，伦敦国王学院（King's College）400 英镑，哈罗劳吉卡（Horological）学院 350 英镑，伍德·卡文（Wood Carving）艺术学校 250 英镑，诺丁汉大学学院（University College，Nottingham）300 英镑，曼彻斯特技术学校（Technical School，Manchester）200 英镑。此外，还给兰开斯特技术学校 700 英镑、诺丁汉大学学院 200 英镑、曼彻斯特技术学校 100 英镑用来购买仪器设备。[1] 工人在生产第一线掌握实践经验的基础上，再学习理论知识，使理论与实践能够较好地结合，有利于掌握、改进、发明新技术，加速工业化的进程。

高等教育机构在许多新兴的工业城市建立起来。如达勒姆、谢菲尔德、伯明翰、曼彻斯特、圣戴维、纽卡斯尔和利兹等地都相继建立大学和学院。各大学向民众开放，在教育理念上，以功利主义思想为指导，注重教育与社会实际需要相结合，强调求实、进取精神，提倡自我能力的提高，使人们在较大程度上能够抛弃出身、等级观念，注重自身的能力与价值，锻造了一代工业家的品格，即进取、求实、创新、竞争与冒险精神，为社会培养具有时代精神的人才。大学基本上超越了等级、宗教界限，让有产者各个等级的人们一起学习。那些继承小部分财产的孩子可以在与年轻贵族和其他社会成员交往过程中吸收与他们自身的生活境况、狭窄的生活圈子截然不同的东西。同样，非贵族子弟也能在贵族的封闭生活中注入新鲜的血液。

大学教育打破了贵族垄断文化教育的局面，为科学的发展和英国社会的现代化提供了良好的社会环境。费林通过研究工业化时期的文化史得出结论：大学是造就工业家、发明家最多的地方，许多工业革命时期最伟大的工业家，如约翰·罗巴克、博尔顿、维尔克逊等都是大学中培养出来的。

在课程设置上，英国的中学和大学都开始打破神学垄断，增设人文新科目，建立适应时代需要的中等、高等教育体系。在大学中，实行开放的学术交流，逐步增设现代课程。牛津剑桥还实行了导师制度，开设了古典

---

[1]　W. D. Handcock, ed., *English History Documents 1874-1914*, p. 504.

学、逻辑学、修辞学和近代语言学等课程。培养教士不再是学校教育的主要目标。19 世纪英国高等教育根据社会经济发展需要培养人才，增设"商业学院"之类的教育机构，为各部门输送实用人才。同时，政府大力发展侧重科技教育的世俗化大学，到 19 世纪 90 年代，各省属高校都有自己的专长。曼彻斯特和利兹以工业化学见长，纽卡斯尔以造船技术为优势，伯明翰和纽卡斯尔矿业专业都各具特色。20 世纪初，这些新学院上升为大学，为国家科技人才的培养和科技的发展做出了突出贡献，其中伦敦帝国理工学院和曼彻斯特大学在科技工程方面成为近代新型大学的榜样。

19 世纪 70 年代，议会通过《牛津和剑桥法》，指令这两所古老的学校要加强文理科知识教育，攻破贵族、教会禁锢科学教育的顽固堡垒。牛津大学和剑桥大学因而维护了自身在培养人才上的优势地位。19 世纪末以来，这两所大学成为培养英国政治精英及著名科学家的场所。英国历史上有 30 多位首相、50 多名诺贝尔奖获得者分别毕业于这两所大学。社会高层的精英群体也绝大多数从中得到补充。

上述初等到高等教育的发展为中产阶级女子教育的发展提供了有利条件。

第一，教育的发展扩大了普通人受教育的机会，教育成为国民的责任和权利，这意味着两性平等的教育权。社会各界有识之士把平等的教育权作为促进两性共同发展和社会进步的必要手段。1833 年激进主义者威廉·布里奇·亚当斯（William Bridges Adms）在《英格兰妇女教育状况》一文中强调，"为了改进男性自身的工作，女性与男性应该平等对待。"① 1811年"非国教徒不列颠协会"在英格兰的斯托克波特（Stockport）教会建立主日学校时宣告："为女孩子和男孩提供同等的教育机会，因为她们的影响是非常广泛的，在制造业地区教育妇女，是纠正下层阶级不良行为的基础。"②

第二，各种教育机构的兴起，为中产阶级女性提供了更多的接受良好

---

① Jane Rendall, *Themes in Comparative History*, London: Macmillan Press, 1985, p. 115.

② Meg Gomersall, *Working-Class Girl in Nineteenth-Century England*, p. 48.

教育的机会。在社会各界的推动下，1870年以后政府通过的教育立法承认女性的教育权，并在一定程度上保障了两性平等的教育权，促进了诸如"全日制公立女子学校协会"等女性教育组织的产生和发展，各地纷纷建立女子学校。女子学校不仅促进了中产阶级女性教育的发展，而且为女子大学提供了充足的生源。学者琼·珀维斯认为，"公立学校、文法学校与女子学院之间形成循环关系，前者为女子学院提供学生，女子学院为它们提供教师"。[1]

第三，大学从特权阶层逐渐向大众开放，超越等级和宗教界限，把各阶层融合在一起，不仅成为新型人才培养基地，而且促进教育平等观念的发展，为女性高等教育的兴起，为中产阶级女性走进男性垄断的高等学府打下基础。

二　女性主义教育思想和实践对传统女性教育的挑战

19世纪中产阶级女性接受较好的教育是身份和地位的象征，也是进入体面婚姻的基础。由于受中产阶级家庭角色分工的影响，19世纪中产阶级女性享受不同于男性的教育权利。对女性的教育是为了提高她们的天然魅力，让她们拥有含蓄、谨慎、贞洁、节俭的品格，使她们成为有教养的妻子。因此，"当男孩子们接受的教育已渐渐从过去（种种体制）中成形，并受到哲人的关注时，那种适于女孩的教育体系则早已成了无法摆脱'取悦于男人'这一目标的定势"[2]。在一般人的眼中，拥有深奥学问的女性不可能成为好妻子和好母亲，"头脑中塞满了拉丁文和希腊文的女子，极少有做馅饼和布丁的知识，她们也不喜欢照顾小孩这烦人又艰苦的工作"[3]。因此，中上层阶级的父母虽然为了女儿能获得满意的婚姻，努力让她们接受教育，但又阻止她们真正去研究学问。18世纪英国的哲学家、道德学家约翰·格里戈里（Dr. John Gregory）写了《父亲对女儿的忠告》一书，该书一直到19世纪70年代都非常流行。书中有这么一段话充分表达了社会

---

① Jane Purvis, *A History of Women's Education in England*, p. 120.

② 〔澳〕亨利·理查森等：《女人的声音》，郭洪涛译，第12页。

③ Janet Murray, *Strong Minded Women and Other Lost Voices from Nineteenth-Century England*, New York: Penguin Books, 1984, p. 213.

对女性实行第二性教育："假如你有什么东西要学习，要保守秘密，特别是对男人，他对一个妇女学习知识培养理解力怀有敌意。"①

被称为英国历史上第一位女科学家的玛丽·塞默维尔，少年时期在家中私下自学科学、哲学、数学等知识，遭到家长的反对。她父亲为了阻止她学习，甚至限制她每天用蜡烛的数量，并让仆人在她上床后把蜡烛拿走。她父亲武断地宣布："我们必须结束这一切。"她父亲还把她送到农村学校学习烹饪和针织，以免她浪费时间。塞默维尔后来回忆童年的经历："在漫长的几年中，我几乎不抱什么希望。"在世人的眼中"我是古怪的、愚蠢的，我的行为遭到很多人的反对"②。为了躲避无端的中伤，她最初着手翻译科学名著时，躲在卧室中进行，一旦有人来，马上搁笔。玛丽·蒙塔古夫人暗中研究古典语言和古典文学。她说："我辈女人通常不准研究此类学问，世人认为愚蠢是我们的本分，我们稍能读一点书抑或懂得些许道理，更能及早受人谅解……在这个世界上，没有人比一个有学问的女人，更容易受到普遍的嘲笑。"③她推想男人不让女人获得学问的理由，是要使男人更不费力地勾引到女人。

相对男子教育而言，为中产阶级女性提供教育的机构相对欠缺。19世纪中期以前，绝大多数中上层阶级的女孩子还是聘请家庭教师，在家内接受微不足道的知识教育。伊丽莎白·霍尔丹（Elizabeth Haldane）回忆自己无奈的经历时说："我喜欢到学院去，但是当时学院不是一般女孩子能去的地方，这种想法也不能得到同意。它的费用也很贵……我喜欢接受职业教育，但这是不切实际的想法，除非你处于必须要为自己挣面包这样悲伤的地位，我没有充足的理由去做这些事，如果是个年轻的男人就可以实现这些愿望。"④

这种教育理念和教育体系不仅脱离了19世纪工业化社会的需求，而且

---

① Elizabeth Seymour Eschbach, *The Higher Education of Women in England and America 1865-1920*, New York and London: Garland Publishing, 1993, p. 7.

② Elizabeth Seymour Eschbach, *The Higher Education of Women in England and America 1865-1920*, p. 4.

③ 〔美〕威尔·杜兰：《世界文明史——伏尔泰时代》，幼狮文化公司译，东方出版社，1999，第78页。

④ Pat Jalland, *Women, Marriage and Politics 1860-1914*, p. 14.

影响了中产阶级女性独立谋生的能力，强化了她们的屈从地位。况且当时存在着大量中产阶级"过剩女子"和寡妇，还有其他中产阶级中下层女性，她们需要通过教育掌握技能，获得与本阶层相应的岗位，养活自己和家人。

针对这一不平等的教育思想和教育体系，早在18世纪，玛丽·沃斯通克拉夫特运用启蒙思想家关于自由平等的理论，对此做了系统的总结批判。她认为英国的女性教育按男性为女性制定的"贤妻良母"模式去教育她们，忽视、损害乃至剥夺了女性的理性思维能力，过分地培养、鼓励女性的感性，这使女性缺少判断能力和开阔的心胸，易于服从男性的权威，把取悦男性、嫁个好男人作为人生的目标。家境好的女子学习琴棋书画，目的只是增加她们在社交场合和婚姻市场上的竞争力。这样的女性教育只会使妇女低劣。在家庭教育中，父母只是一味地让女儿服从社会偏见，而不是服从理性。因此，女孩子被训练成父母喜欢的温驯的羔羊，使她们将来成为丈夫的奴隶，永远处于软弱无知和依附状态，心甘情愿地屈从于男性。在此，沃斯通克拉夫特已经认识到，教育扭曲了女性的社会化，使她们处于第二性地位。在批判传统教育制度的基础上，她提出女性教育的两大目标：一是把她们培养成具备理性的"贤妻良母"，二是让具备理性的贤妻良母来促进人类社会的发展和进步。为了达到这两大教育目标，女性教育的核心是培养妇女的理性能力。她认为"理性、情感与想象不是对立的，相反，它们以各种复杂的方式相互作用，带领我们超越可感知的有限存在"[①]。也就是说，通过培养女性的理性能力，使她们的感情得到理性的控制和指导，从而使女性的心灵得到健康的发展，能够担负起社会与家庭的双重职责，完整地实现"社会化"。

同时，沃斯通克拉夫特还进一步设计了女性教育方案，提出家庭教育与社会教育相结合，由国家创办学校，实行国民教育；在学校教育中实行男女同校，男女接受同等的教育。她认为只有男女接受平等的教育，才能在他们之间建立友谊，才能使女性与男性一样发展自己的心灵力量，形成

---

① K. Green, *The Women of Reason*, *Polity Press*, Oxford and New York: Oxford University Press, 1995, p. 10.

独立于男性的品质。

沃斯通克拉夫特的女性教育思想无疑对旧的教育制度是一种挑战。她意识到性别差异的实质是"社会性别"差异，她提出的国民教育、男女平等教育的思想都具有超前性，为 19 世纪英国女性教育的改革与发展提供了宝贵的理论基础。

19 世纪自由主义思想家穆勒在《妇女的屈从地位》一书中，进一步提出奴性教育是妇女处于从属地位的原因。穆勒认为所有妇女"从最年轻的岁月起就被灌输一种信念，即她们最理想的性格是与男人截然相反：没有自己的意志，不是靠自我克制来管束，只能服从旁人的控制。一切道德都告诉她们，女人的责任以及公认的多愁善感的天性都是为旁人活着，要完全地克己"。[①] 相反，对男人来说，他们从孩童时期起就从对异性的歧视和偏见中，逐渐体验出了优越感和满足感，长期以来形成的男性的优越与女性的自卑使女性甘愿屈从于男性的统治。穆勒试图把实施两性平等的教育权，提高妇女的政治素质、文化素质，作为从根本上解决男女不平等地位的主要手段，促进整个人类进步的必经途径。在国会演说中，他呼吁"要教育国家的母亲，因为她们要教育未来的男人"[②]。教育使女性的知识水平提升到男性的程度，让她们有能力参与男人的一切工作，才能顺利地扩大她们的活动范围，提高她们的能力，使她们摆脱不平等的地位。

在 19 世纪政治民主化和各类社会改革中成长起来的女性主义者，在沃斯通克拉夫特、穆勒等的教育思想影响下，把争取平等的教育权与政治权、经济权作为推翻"两分领域"生活模式，实现性别平等的三大条件，教育权是取得妇女政治权、经济权的前提。因此，教育权成为 19 世纪妇女反压迫的中心问题。

伊丽莎白·沃斯滕霍姆·埃尔米（Elizabeth Wolstenholme Elmy，1833-1918）和约瑟芬·巴特勒（Josephine Butler，1828-1906）等妇女运动积极分子、"北部英格兰妇女高等教育委员会""兰汉姆"组织等女性主义组

---

① 〔英〕约翰·斯图尔特·穆勒：《妇女的屈从地位》，汪溪译，第 268 页。

② Patricia Hollis, *Women in Public: Documents of the Victorian Women's Movement 1850-1900*, London and Boston: George Allen and Unwin, 1979, pp. 302-303.

织，以及女性主义杂志《英国妇女杂志》（1858～1864）都提出女性接受教育获取知识的重要性。19世纪末，"妇女解放联合会"的行动纲领把实现男女平等的教育权，作为妇女自我发展的四大中心任务之一。[①] 巴特勒在领导全国性的反对妓女被剥削和被压迫的运动时宣布，对于女性来说，"比穷困或痛苦更糟糕的是无知的折磨"，"对教育的渴求使英国的女性广泛地感觉到获得知识是获得面包的唯一途径，对教育的呼唤导致更广泛的妇女工作权问题"[②]。这些女性主义教育思想就像维多利亚时期的妇女运动一样，反映和回应了被广泛关注的当代政治问题，挑战当时资本主义的家庭理想。强调妇女得不到教育，只能就业于低等的岗位，如家庭教师，或是生活在无业的恐怖之中。相信工作是经济独立和维护个人自我尊严的基础，教育是获取体面工作机会的前提。因此，女性主义的教育思想唤起了中产阶级女性冲破传统的勇气，成为女性教育改革和发展的动力。

第二节　中产阶级女性初等、中等教育与女性独立学院的发展

在诸多因素影响下，19世纪中产阶级女性初等和中等教育在适应时代变迁中得到创新和发展。中产阶级女性教育逐渐从聘请家庭教师的教育模式，进入全日制学校或寄宿制学校的教育模式。尤其是北伦敦学院和切滕汉姆等独立女子学院的建立，创新教育模式，为女生成为有知识、有技能、有独立思想的新女性，进入职业领域打下基础。

一　中产阶级女性初等、中等教育的发展

19世纪初期，在家庭教育的基础上产生了住宿制学校和全日制女子学校，为中产阶级女性摆脱家庭教师教育提供了条件。19世纪中后期，随着

---

① "兰汉姆"组织，其领导人是巴巴拉·博迪雄（Barbara Bodichon）和贝西·莱纳·帕克斯（Bessie Rayner Parkes）。它是争取妇女教育权、就业权，以及政治改革的中心，吸引了很多中上层阶级妇女加入，出版的《英国妇女杂志》作为它的宣传阵地，为争取妇女各种权益做了大量的工作。Jane Rendall, ed., *Equal or Different*, p. 150。

② Laura Schwartz, "Feminist Thinking on Education in Victorian England", *Oxford Review of Education*, Vol. 37, No. 5, October 2011, p. 669.

中产阶级女性教育需求的增加，这种学校得到快速发展。据统计，1861 年全国大约有 8060 所私立女子学校，包括住宿制学校和全日制学校。[①] 这些学校大致可以分成两类。

第一类是时髦的寄宿制学校。这类学校主要建在伦敦和布里斯顿、克里夫顿、巴斯等度假胜地，费用较高，教师大都来自中产阶级家庭。1780 ~ 1850 年，67 名女教师的传记中记载了父亲的职业情况：39 人（58.2%）来自绅士和专业人士家庭，19 人（28.4%）是大商人、工业家的女儿，86.6%的人属于中产阶级的中上层。[②] 一般来说，这类学校一个班有二十五六名学生，这些学生的年龄从 9 岁至 19 岁不等，她们都是有社会地位的家庭的女儿，包括乡绅、议员和贵族的女儿，还有一些女继承人。达文和萨默塞特（Somerset）估计 1867 ~ 1868 年在克里夫顿和巴斯这类学校一年级的费用平均是 120 ~ 150 几尼。[③] 有些学校收费更高，弗兰西斯·鲍尔·科布生于 1822 年，她的父亲是一名乡绅，也是地方行政长官，1836 ~ 1838 年她就读于布里斯顿新式的寄宿制学校，两年的费用是 1000 英镑，其中食宿是每年 120 英镑。[④]

学校的教育目标与中产阶级性别分工目标相一致，主要为中产阶级的家庭培养"贤妻良母"。1871 年 5 月 31 日玛丽亚·格雷（Maria Grey）在《艺术社会》杂志上说："女子教育的目标要被属于她那个阶层的传统标准所接受，让她们能装饰最好的客厅和起居室，成为好母亲，给父亲的闲暇生活增添快乐。"[⑤]

因此，学校的课程设置包括外语、英语、绘画、音乐、历史和地理等增加女性文化修养的课程；宗教、道德修养等家庭和社会教化类课程；舞蹈、仪态和柔软体操等培养女性外表魅力的课程；还有家庭生活必需的家

---

① Christina de Bellaigue, *Educating Women: Schooling and Identity in England and France 1800-1867*, Oxford: Oxford University Press, 2007, p. 14.

② Christina de Bellaigue, *Educating Women: Schooling and Identity in England and France 1800-1867*, p. 46.

③ M. J. Peterson, *The Reform of Girls Secondary and Higher Education in Victoria England: A Study of Elites and Educational Change*, New York and London: Garland Publishing, 1987, p. 142.

④ June Purvis, *A History of Women's Education in England*, p. 68.

⑤ June Purvis, *A History of Women's Education in England*, p. 64.

政课程。科布小姐说："这些学校的学生可以成为艺术家、作家……一切教给我们的东西与真正重要的东西相反。最基础的道德和宗教，最顶端的音乐和舞蹈都是彰显女性魅力。"①

此外，为了这些学生跟上时代发展，了解科学发展状况，允许她们参加一些男性主讲的科学讲座。如在布里斯顿的女子住宿制学校，学生可以适当地参加公共场所由绅士提供的科学讲座。

第二类是小型的全日制学校和廉价的寄宿学校。1867～1868 年学校调查委员会委员发现，许多父母相信小型的私立学校更像私人领域的家和家庭，更多地受个人的影响，不仅有利于发展绅士和女性气质，而且能够保障同一阶层的人在一起。在这些学校就读的主要是中产阶级中下层家庭的女儿，如职员、店主、高级技工、农场主和矿主的女儿等。这类学校对在校的学生没有上学时间和纪律约束，女孩子会因为天气或家务的原因而不去上学。

此类学校与时髦的住宿制学校类似，教育的目标与内容同样以塑造中产阶级的"家庭天使"为核心。根据"唐顿教育调查委员会"成员布赖斯的观察，兰开夏的学校新生学习读、写、地理、英语语法、算术、英国历史；2～3 年后，学生学习内容扩大到编年史、地质学、数学和其他的科学常识，并要回答一些指定的问题，或者听教义讲解；下午有 1～2 个小时的实践课程，包括针织、绘画和装饰，特别是农妇眼中珍贵的东西。有些眼界较高的父母，还让孩子学习法语、钢琴，学生花在实践课上的时间相对要少一些。休·弗雷泽（Hugh Fraser）小姐回忆在小学校学习的情况："我们学习怎样给同辈人写信，写邀请函和接受函，问候残疾人，研究仆人的特征，给长辈写信，给陌生人写信，给商人写信。"② 同时，学生还要学习家庭礼仪，她们要实践如何进入挤满人群的房间，不发出响声拿走空茶杯。女生格温·雷夫拉特（Gwen Raverat）说："每天晚上要向六个太太道晚安，祷告后排成一排。"③

19 世纪下半期在女性主义影响下，新式的女子教育机构开始出现，包

---

① June Purvis, *A History of Women's Education in England*, p. 69.
② June Purvis, *A History of Women's Education in England*, p. 72.
③ June Purvis, *A History of Women's Education in England*, p. 72.

括大量的学院教育机构，为中产阶级女性提供了新的教育机会和教育环境。1872 年成立了"女子公立全日制学校联盟"（Girls Public Day School Company），涵盖 38 所非宗教附属高中，1883 年建立的"教会学校联盟"（Church Schools Company）包括 33 所附属高中。"女子公立全日制学校联盟"的教育目标是让所有的女孩子都能接受初等教育，试图用低收费来吸引家长。1898 年 10 岁以下学生一年学费是 10 英镑 10 先令，10～13 岁或者 10 岁以上一年 16 英镑 10 先令。1890 年"女子公立全日制学校联盟"下设 34 所学校。在巴斯、布来克汉斯、布里顿、利物浦、东利物浦、诺丁汉、诺威治、约克和温布尔顿等地建立了相应的学校。①

同时，在女性主义推动下，以及社会多方努力下，女性教育开始受到政府的重视。1864 年政府组织"唐顿教育调查委员会"，首次把女性教育列入调查范围。《1869 年捐赠学校法》通过之后，女校可以像男校那样获得各种捐赠，许多城市因此而建立了各种女子高中。如 1874 年开办的曼彻斯特女子高中是"曼彻斯特妇女教育促进会"努力的结果，1885 年布林顿建立了路迪纳（Roedean）学校，1896 年伦敦附近建立了威科比·阿比（Wycombe Abbey）女子学校。从 19 世纪 70 年代至 1990 年 90 多所女子学校建立起来，包括新的城市女子高中，大部分高中是全日制学校，也有一些是住宿制学校。② 中产阶级女性受教育机会增加。与早期私立学校相比，高中的生源范围更广，除了专业人员、商人的孩子之外，还吸收一般职员、小商人、小店主等中产阶级下层的女儿。

为了使女子中等教育符合中产阶级价值观的要求，这些学校基本上都实施双重的教育目标，让学生学习知识的同时，掌握家务技能训练。1884 年布里斯顿的希尔高中设置的课程有拉丁文、语法、数学、化学、地理、艺术、音乐等，这些课程以语言和才艺为主，也有自然科学内容和烹饪、针织等家务技能培训。1900 年什鲁斯伯里学校（Shrewsbury School）语言类课程有拉丁文、法语、德语，数学包括代数、几何学和三角学，科学包

① Rita Mcwilliams Tullberg, *Women at Cambridge*, Cambridge：Cambridge University Press, 1998, p. 27.

② Sheila Fletcher, *Feminists and Bureaucrats：A Study in the Development of Girls' Education in the Nineteenth Century*, Cambridge：Cambridge University Press, 1980, p. 171.

括物理、生物、化学、生理学、地理学、历史、英文、神学和自然教育。这些女子中学的学生一般是上午学习文化知识，下午接受实践技能教育，主要是家政管理和家务技能训练。教育管理部门也非常重视女生家政技能训练，初等教育部于1882年认可烹饪课为初等教育内容，1889年将洗熨衣服工作列入课程内容中。女子学校为家政教育配备了专职教师，如在曼彻斯特家庭经济学校，专职教师每周教授12节烹饪课；在布劳顿的住宿制高中1887年聘用了专职老师解决了烹饪教学体系化问题。1888年由曼彻斯特和索尔福德卫生协会委托董事会提供的一份检查报告显示，学校使用最新流行的"实物课程"教学，这些课程把家政中"科学"和技术作为讨论的对象，包括肉食材料、蔬菜、烹饪和器具准备等。① 试图把科学知识融入家政课程教学中，数学教育要结合购物账单的统计，写作要与如何炸羊腿等家务工作相联系，化学讲的是通过烹饪实践，让女主人掌握在什么样的温度下能做出最好的食品。②

同时，女子学校按照淑女的行为规范制定了严格的纪律，约束女学生的行为。如学校强制学生参与慈善工作，培养她们的社会服务意识。牛津高中1880年建立慈善协会，其成员必须每年至少三次为穷人缝制衣服，或参与针织，制作花和玩具等手工制品；在伍斯特（Worcester）布道支持非洲的传教事业，为教堂缝制各种物品。

在服饰方面，1897年贝德福德高中的校长贝尔彻（Belcher）小姐规定女生不能露脚，不能穿透明的服装。如牛津高中、朴次茅斯女子中学都严格要求学生出门戴手套，甚至在门口安排专人督查。1879年牛津高中校刊上刊登文章告诫学生，如果不戴手套进出学校，"会给我们的敌人一个理由：高中让女孩子变得粗鲁没有女性味"，男教师上课必须有女士陪伴。③

随着工业化、城市化的发展，社会、家庭和中产阶级女性对就业需求的增长，许多女教育家意识到女性教育必须适应社会需求变化，并身体力

---

① Vanessa Heggie, "Domestic and Domesticating Education in the Late Victorian City", *History of Education*, Vol. 40, No. 3, May 2011, p. 279.

② Meg Gomersall, *Working-Class Girl in Nineteenth-Century England*, p. 82.

③ June Purvis, *A History of Women's Education in England*, p. 81.

行改变现有的教育方式和教学内容。莎拉·伯斯坦（Sara Burstall）是北伦敦学院培养出来的学生。她指出："女子高中培养的目标是女孩子将来在世界上从事有报酬或无报酬的工作，学校的创立者为之奋斗和生存的两个目标是自由的教育，准备服务于社团。当学校关闭时，女子高中制定的最初的章程永存。"① 因此，19世纪末，许多中产阶级女子学校安排女孩子学习与各行业相关的实用课程。如曼彻斯特高中给少数女生开设速记技能课程，为女生毕业后走上工作岗位做好准备。

二 女性独立学院的发展

19世纪女子学院的建立使英国中产阶级女性中等教育取得了新的突破。女王学院、贝德福德学院、北伦敦学院和切滕汉姆（Cheltenham）女子学院是新型学校的典范。

1848年F. D. 莫利斯（F. D. Maurice）和女教师贝纳芙伦特（Benevolent）创建了女王学院，1851年获王室正式批准，成为英国最早的一所独立的女子学院。

女王学院的建立是为了解决家庭教师的知识水平和教育能力有限导致中产阶级家庭教育质量差，教师权益得不到保障等问题。因此，该校初建时的教育目标是对学生进行全面扎实的文化知识教育和教师基本技能训练，让她们更好地担当教师职责，获取更高薪水。学院最初只招收12岁以上女子入学，后来为了解决生源问题，女生入学年龄放宽到9岁以上。学生主要来自中产阶级家庭。莫利斯是一位神学家，也是国王学院的教授，因此，女王学院宗教色彩较重，前八任校长都是教士，教员大部分来自国王学院。学生学习的课程有英语、英国文化、德语、法语、拉丁语等语言类课程，神学、音乐、美术、数学和历史等课程，后来增加了选修课程。学院在晚上为白天工作的家庭女教师开设一套综合课程，包括英语语法和文化、地理、历史、拉丁语、精神和道德哲学、圣经、教会史、方法论等课程，后来又增加了自然科学课程，以适应家庭教师教学的需要。女王学

---

① Dina M. Copelman, *London's Women Teacher: Gender, Class and Feminism 1870 - 1930*, London and New York: Routledge Press, 1996, p. 20.

院还设立监管人制度，即陪媪制度，监管、帮助和指导女孩子的学习。这一制度被贝德福德等女子学校模仿。为了进一步提高教学质量，学院规定学生毕业时要获得"基本精通证书"，要获得此证书必须要通过圣经、英语语法和历史三门课程的考试。女王学院开启了女子独立学院的新模式，不仅提高了中产阶级女性教育的质量，也促进了女性教育的发展和女性的全面发展。

在女王学院创办的第二年，女性主义者伊丽莎白·里德（Elizabeth Reid）出资1500英镑，创建了贝德福德学院，主要招收中产阶级的女儿入学，其教学目的是为女学生进入别的学院，甚至是参加伦敦大学的入学考试做准备。学院初创时期，按照女王学院的模式进行教学和管理，但与女王学院不同，它倡导世俗教育，从伦敦大学学院中聘请教授上课，让女性参与管理，并在主要管理机构中占有优势。贝德福德学院的教育为女生应对大学的考试做好准备，19世纪末该校成为伦敦大学的隶属学院，学院的女生在此接受大学教育，获取大学学位。

北伦敦学院建于1850年，由教育改革者和女性主义者弗兰西斯·玛丽·巴斯（Frances Mary Buss，1827-1894）和她的母亲建立。它改变了寄宿制学校的模式，以走读生为主。该校主要面向中产阶级，包括收入较低的职业人士、公共和私人办公室职员以及从事贸易和其他活动的人的女儿开放。19世纪60年代，该校女生的父亲职业包括律师、医生和牧师，偶有镀锌工、鱼商、亚麻布代理人、奶酪代理商和钢琴调音师等。① 虽然北伦敦学院是天主教学校，但巴斯小姐欢迎不同教派的孩子入学，并强调平等的教育理念。1880年学生莫丽·休斯（Molly Hughes）写道："在北伦敦没有一个人会问你住在哪里？口袋里有没有钱？你的父亲是干什么的？是主教还是灭鼠者？"②

北伦敦学院教育目标并未完全超越中产阶级女性的家庭角色定位，但在发展过程中不断破旧立新，逐渐改变女性教育的理念，为女性的全面发展，进入职业领域创造条件。

---

① Ellen Jordan, *The Women's Movement and Women's Employment in Nineteenth Century Britain*, p. 120.

② Susie Steinbach, *Women in England 1760-1914*, p. 174.

　　北伦敦学院的创办者认为教育女性是为社会培养有文化知识和技能的女性和品德高尚的未来母亲。学校要求从北伦敦出来的女生在未来的生活中，既能教育好自己的孩子，在家庭生活中发挥重要作用，又能踏入职场，成为自食其力的劳动者。因此，该校对女生的教育内容、教育目标具有双重标准，既有男性学院那样的学习文化知识标准，又有女性的行为道德规范和家务技能训练。女校长巴斯鼓励学生在学习知识的同时，也要保持自己的性别角色。她告诫学生，要明白女子最重要的责任是让家庭舒适，学习如何做一个合格太太的知识。在该校课程设置中，学生学习的内容比较宽泛，有自然科学课程，也有英语、德语、意大利语、历史、绘画、音乐、舞蹈等增加女性文化修养的课程，还有缝纫、烹饪等家务技能的课程。知识学习的课程一般都安排在上午，家务技能学习和社会道德课程在下午进行。1864年巴斯女士宣称学院拥有全套的自然科学课程，19世纪70年代还引进实用学科，邀请外校教授讲授政治经济学。巴斯让学生学习教师课程，为她们担任教师打好基础。19世纪末，巴斯还积极鼓励女学生进入邮政部门，并给予女生相应的职业技能训练。同时，巴斯还努力让学生参加公共考试，接受高等教育。1872年，北伦敦学院的一名学生获得格顿学院的奖学金，1879年该校有12名学生进入格顿学院，还有学生进入纽纳姆、萨默维尔等学院深造。此外，北伦敦学院规定了老师和职员的作息制度、学长和班长制、学生必须遵守的规章制度等，规范了教学与管理秩序。北伦敦学院的教学理念、管理模式成为英国女子中等教育的典范。

　　切滕汉姆女子学院建于1854年，是女子公共寄宿制学校的先驱。它是由四位男性教授按照切滕汉姆男子学院的模式建立起来的女子学校。办学经费通过集资获得，最初设置100个股份，每股10英镑。每个股东有权提名学生，在年会和特别会议上有选举权，但提名的学生是否被录取最后由学校董事会决定。[①]虽然学院的管理权归股东选举的学校董事会，学校的直接管理者是女校长。该校主要为中产阶级及贵族女性提供教育场所。1865年切滕汉姆女子学院的校长多萝茜娅·比尔统计的学生父亲的职业状况显示：27%是贵族，28%是陆军和海军军官，20%是牧师，18%是公务

---

① June Purvis, *A History of Women's Education in England*, p. 84.

员、医生和律师，7%是银行家、商人、制造业主和鉴定员。①

切滕汉姆女子学院创建者的初衷是考虑女孩将来在家庭的位置而非职业。他们认为通过教育，开发女孩的智力可以让她们更好地承担起妻子、母亲、女主人的角色，成为有益于男性的伴侣。因而，其教育目标在宗教教育基础上，培养学生成为知书懂礼、温柔、优雅的女性。该校女生学习的内容与其他私立女子学校类同，有宗教经典礼仪、历史、地理、语法、数学、法语、音乐、绘画、针织、德语、意大利语等，舞蹈属于额外课程。在行为规范上有较多约束。学校规定女校学生不能与男性来往，连收到男孩子明信片都会受到指责。

但是，1858年多萝茜娅·比尔小姐成为第二任校长，着手改变学校初创者的教育模式。她强调男女平等的教育权利，主张女子学校的学生与男生一样参加公共考试。因为参加公共考试是推进女子教育改革、改变中产阶级女性可怜的教育地位的最有效的手段。1863年，她邀请牛津考官考查学生们的学习情况，并成功地为学生争取到参加牛津和剑桥考试的资格，从而着手改革学校的教育标准。一些考试科目进入了学校的课程设置，包括数学、拉丁文、希腊文等。但是，比尔的改革遭到家长们的非议，一位母亲说："让女孩子读莎士比亚的作品确实很好，但你没有想到对女孩子来说更重要的是坐在钢琴边，让她的朋友开心。"一位父亲说："亲爱的太太，如果我的女儿成为银行家，像你这样让她学数学那是很好的，但是，在她那里用不着。"② 甚至有些家长认为公共考试内容不适合女孩子。比尔谨慎地处理这些意见，一方面她支持女生参加公共考试，提高她们的学习标准，另一方面也对女性进行传统的女性角色训练。19世纪70年代切滕汉姆女子学院的学生安娜贝尔·杰克逊（Annabel Jackson）通过了牛津高级考试。她回忆："在那里每一个女孩子必须懂得操持家务，管理家庭，会针织、烹饪，与男生一起讨论公共事务。"③

同时，学校也放松了对女生的行为约束。1896年比尔校长允许切滕汉

---

① Ellen Jordan, *The Women's Movement and Women's Employment in Nineteenth Century Britain*, p. 120.

② June Purvis, *A History of Women's Education in England*, p. 85.

③ June Purvis, *A History of Women's Education in England*, p. 86.

姆女子学院的女生进行户外的体育运动，曲棍球、板球运动进入课程设置。虽然她不允许本校女生与校外女生比赛，或参加切滕汉姆男子学院的足球运动，直到1914年足球和马球比赛都不允许女孩子参加，但学校允许在住宿制的女子学校举行板球和曲棍球比赛。她强调洗冷水澡、清新的空气、健康的身体和健康的思想等对女学生的身心健康都将产生积极的影响。19世纪90年代学生威科比·阿比记载："在夏天我们在球场上打曲棍球、板球至2点，对我们许多人来说这是最高兴的时间，尽管场地只是粗糙的草地和宽阔的林荫道，唯一有组织的游戏就是与我的兄弟们在草坪上打板球，但我们不会受到批评。更有趣的是我们穿上运动服装——短上衣和宽松的裤子。"①

此外，中产阶级女子学校有效地组织学生社团、俱乐部开展游戏活动，组织女孩开展联谊活动，创办自己的杂志，以此丰富学生的生活。更重要的是学校强调通过社团为社会服务，提高学生的社会责任感，引导她们关注贫困问题，积极参与社会慈善工作。

总之，独立女子学院虽然在办学宗旨和经营模式上存在差异，但它们开创了中产阶级女性教育的新模式，提高了中等教育的水平，为英国19世纪后半期女性高等教育的发展提供了基础，催生了女性高等教育的兴起与发展。在独立女子学院中成长起来的知识女性成为教师、校长和教育机构的决策者，文化科学和政治领域的精英。女王学院培养了北伦敦学院的校长弗兰西斯·玛丽·巴斯，23岁当选为切滕汉姆女子学院校长的多萝茜娅·比尔，曼彻斯特中学的首任校长伊丽莎白·戴（Elizabeth Day），女诗人琼·英奇洛（Jean Ingelow）和阿特莱特·安妮·普罗克特（Adelaide Anne Proctor），女作家朱丽娅·韦奇伍德（Julia Wedgwood），外科医生埃莉诺·戴维斯·科利，作家和妇女选举权者比阿特丽丝·哈拉登。贝德福德学院也培养了众多优秀人才，如英国第一位女律师奥美小姐、纽纳姆的校长凯瑟琳·史蒂芬等。正是这些女性精英成为挑战性别不平等的先驱，成为社会改革、政治改革和教育发展的推动者。

---

① K. E. McCrone, *Sports and the Physical Emancipation of English Women 1870–1914*, London: Routledge Press, 1988, p. 70.

第三节 中产阶级女性走进高等教育

19世纪是英国女性高等教育起步阶段。英国女性高等教育权是女性主义者争取与男子平等的教育权的主要目标，也是中产阶级为主体的女性群体不懈努力的结果。它不仅促进了19世纪女性主义的成长，改善了中产阶级女性家庭和社会地位，也推动了英国社会现代化的进程。

一 女性高等教育的发展

英国女性高等教育权的取得是在女王学院等女子独立学院成长的基础上，经历了从格顿学院、纽纳姆学院等附属于大学的女子学院到男女混合教育、女子大学学位的取得，这一艰辛而缓慢的发展过程，在19世纪末初步形成了形式多样的女性高等教育体系。

19世纪中期以前，英国高等教育作为培养领袖和精英的场所一直被男性垄断。19世纪后期，随着教育的大发展，教育与职业联系越来越密切，中产阶级女性就业的需求和机会不断增加，在女性主义者的引领推动下，女性高等教育的兴起打破了男性垄断高等教育的局面。

前述独立的女子学院虽然只是女性职业培训机构，不是真正意义上的女子大学，但它们的培养目标挑战传统的女性角色，大学教授进入这些学院的讲坛，主动带入大学的学习氛围，打破了中等教育与高等教育的界线，最早建立了女子中等教育与大学的联系。

1865年剑桥大学向女性开放地方考试资格，首先打开了女性进入高等教育的通道。1869年埃米莉·戴维斯（Emily Davies，1830-1921）等人为了帮助女性应对剑桥的考试，在希钦（Hithin）租赁房子，开办了女子班，当时只有5名学生。后来由于学生人数扩大，1872年该校迁往格顿（Girton），更名为格顿学院。1874年，教育改革家亨利·西奇威克（Henry Sidgwick）建立了纽纳姆（Newnham）学院。这两所学院不断发展，从建立至1893年，格顿学院有467名学生，纽纳姆学生达720人。[①] 到19世纪70年代末，

---

① Phlippa Levine, *Feminist Lives in Victorian England*, Oxford: Basil Blackwell, 1999, p. 144.

两所学院逐渐拥有自己的导师、职员、学院管理制度和独立的经济来源，成为附属于剑桥大学的女子学院。紧接着牛津大学的地方考试也向女性开放，先后建立了玛格利特学院（1878年）、塞默维尔学院（1879年）、圣休斯学院（1886年）、圣西尔学院（1893年），作为其附属的女子教育机构。最引人注目的是19世纪80年代后，女子学院的师生们不断努力，终于使牛津大学、剑桥大学为她们打开了通道。1881年第一个官方的与剑桥大学有联系的女性教育机构建立起来，格顿学院和纽纳姆的学生可以参加学位资格考试，合格者可以发给证书。格顿学院的学生在非官方的数学考试中获胜，而这一学科本不属于女子学习范畴。1887年，一位名叫埃古纳塔·拉姆齐（Agnata Ramsey）的格顿学院女生，在考试中获得第一名，超过了剑桥男生，这引起了公众的关注。她的胜利给女性获得学位提供了希望。另一位是M. G. 福西特的女儿——纽纳姆的P. 福西特，在数学考试中也获得第一名。接着，牛津大学以461∶321票通过了女性获得该大学考试资格的方案，1884年牛津大学向女性开放了数学、自然科学、现代历史学科的考试资格。剑桥大学和牛津大学的转变表明官方允许女性进入大学学习，这标志着培养精英和领袖的最高学府承认女性的存在。

医学领域历来是女性的禁区。1869年，在索菲娅·杰克斯·布莱克等努力下，5位女生通过入学考试，获得进入爱丁堡大学医学院听课的权利。1874年英国第一所专收女生的医学院：伦敦女子医学院成立，女性开始进入男性垄断的医学领域。1878年伦敦大学大部分班级向女性开放，成为英国第一所男女混合教育的大学。随后，达汉姆大学、欧文学院、诺丁汉大学都接收女生。至19世纪末，大部分大学都允许女生入学。

大学学位一直是男性的特权，在女性主义者和社会各界多方努力下，1878年伦敦大学最早授予女性学位，医学学位除外。四年后，该大学给女性同等的选举权。虽然伦敦大学的举动遭到非议，女教育家们却为此感到高兴，她们说，"这使我们的教育树立了一个新的目标——学位"①。此后，许多格顿学院和纽纳姆学院的学生毕业后，可以到伦敦大学通过考试拿到

---

① Elizabeth Seymour Eschbach, *The Higher Education of Women in England and America 1865 - 1920*, p. 122.

学士学位。受过高等教育的女性认识到，如果在她的名字后面加上 BA 两个字母，容易找到理想的工作，因此，她们努力冲破种种阻挠，迫使一所又一所大学为她们打开大门。

继伦敦大学之后，1881 年纽纳姆大学艺术学位向女性开放，1895 年该大学所有的学位都向女性开放；利物浦大学在 1882 年除了医学学位外，所有的其他学位都向女性开放；曼彻斯特大学于 1887 年首次提出为女性授予学位，1888 年该大学授予女性除医学、机械学科以外的其他各学科学位，并规定女性有权在实验室工作，1900 年该大学所有的学科向女性开放。1895 年英格兰新的省立学校，苏格兰、爱尔兰、威尔士各大学都授予女性学位。塞默维尔学院的埃米莉·帕罗斯（Emily Penrose）把获得大学学位作为女子大学教育的重要目标，鼓励学生为获得牛津大学学位而奋斗，1914 年塞默维尔学院拒绝接收不能申请到学位的学生。

到 1897 年，英国各女子学院约 784 人获学士学位，其中格顿学院（Girton）（剑桥）109 人，纽纳姆（剑桥）166 人，萨默维尔（Somerville）（牛津）73 人，玛格丽特夫人学堂（Lady Margaret Hall）（牛津）48 人，圣·休斯（St. Hugh's）（牛津）24 人，圣·希尔达学堂（St. Hilda's Hall）（牛津）17 人，贝德福德学院（伦敦）192 人，韦斯特菲尔德学院（Westfield College）（伦敦）44 人，皇家汉诺威（Royal Holloway）（伦敦）111 人。[1]牛津大学、剑桥大学分别到 1919 年、1948 年才正式授予女生学位。到 19 世纪末，女生在大学生中所占的比例迅速增加。据"大学教育资助委员会"统计，1900 年女生占英国大学生总数的 16%。[2]

为适应教师数量增加对教师培训的需要，各大学学院纷纷建立了全日制二级培训学院。1879 年剑桥大学成立辛迪加[3]，在教育理论、历史、教育实践等领域提供讲座，指导剑桥或其他地方的考试，为通过考试者发放证书。1885 年，剑桥大学全日制女子培训学院建立，由 E. P. 休斯

①　Martha Vicinus, *Independent Women: Work and Community for Single Women, 1850-1920*, p. 127.

②　Carol Dyhouse, *No Distinction of Sex? Women in British Universities 1870-1939*, p. 17.

③　辛迪加是剑桥大学管理辅助机构，其成员由大学高职员会议指派，主要职责是不定期地调查和报道大学正面临的特殊问题。

（E. P. Hughes）小姐担任校长。剑桥大学的培训证书制度得到克拉夫（Clough）小姐和弗兰西斯·巴斯（Frances Buss）等女性教育改革家的支持。1890年政府起草了规范管理与大学和大学学院相联系的全日制培训学院相关文件，规定学生在大学普通班级接受基础教育，在全日制培训学院接受职业技能教育。学院和职业训练的课程在两年中完成，如果学生愿意，可以继续在大学学习三年，获得学位。许多大学建立全日制培训学院，扩大了学生的人数。1890年全日制培训学院在曼彻斯特、纽卡斯尔、诺丁汉、伯明翰、卡蒂夫和伦敦国王学院等大学建立起来，此后几年中，谢菲尔德、剑桥、利物浦、利兹、牛津、布里斯顿、阿伯里斯特威斯（Aberystwyth）、雷丁、南汉普顿等大学同样建立了培训学院。这些全日制培训学院成为现代大学教育系的前身。1900年，全国有21所大学建立二级培训部门，为女性提供了职业培训机会。[①] J. B. 托马斯（J. B. Thomas）指出，1895~1896年在布里斯顿，全日制培训学院的女生在艺术科学系学生中占42%，在数学系学生中占35%。另据1892年梅布尔·泰莱科特（Mabel Tylecote）观察，许多大学的全日制培训学院已经成为"女生系"。1899~1914年在曼彻斯特有1/3，有时1/2的全日制培训学院的学生是女生。[②]

可见，在大学培训教师的二级学院中，女生人数超过男生已非常普遍，这说明越来越多的女性通过学院教育走向教师岗位。

女子学院自身也在改革中逐渐向现代化的高等教育机构方向发展，并在办学条件、教学水平和师资队伍建设等方面都有了较大改善。

第一，改善办学条件。1889年阿格尼丝·梅特兰（Agnes Maitland）来到萨默维尔学院，在以后的15年中，她建立了图书馆、扩建校舍、聘用全职教师，弥补了在此之前让学生听讲座，由家庭教师任教，知识水平低的状态。最具标志性的变化是1894年，她将塞默维尔"学堂"正式改称"学院"，这意味着整个学校从住宿制的学堂升格为学院。

第二，各学校建立奖学金制度，支持家境并不富有的女孩完成学业，获得学位，或资助有才智的女生在大学毕业后继续深造，涉足科学研究事

---

① Carol Dyhouse, *No Distinction of Sex? Women in British Universities 1870-1939*, p. 19.

② Carol Dyhouse, *No Distinction of Sex? Women in British Universities 1870-1939*, p. 17.

业。1875 年最早进入格顿学院的三名学生都是靠学校资助完成学业。玛丽·蓓莉（Mary Paley）是一个幸运者，她是首批得到纽纳姆学院奖学金的五名学生之一，1874 年，她通过了道德经济学的学士学位课程考试，后来成为纽纳姆学院经济学教师。莎吉特（Sargant）到了格顿学院，她一方面鼓励学生学习，发展个性，为就业赢得第一张证书；另一方面，像男性大学一样，把学院看作探究知识的中心。通过捐赠资金等方式，让女生在完成大学学习后，继续三年的研究生学习。[①] 19 世纪 80 年代，纽纳姆学院开启了大学后一年的研究生学习和科学研究工作。

第三，一些学校开始男女同校。在伦敦大学，男女皆可入学。该校规定，午餐时间女生可邀请男生到她们的公共活动室活动，但女生不能到男生住地。

此外，各大学包括剑桥、牛津等著名大学为非正式学生开设讲座，延伸大学教育。早在 18 世纪就有些大学允许女性听讲座，在曼彻斯特、伦敦、布里斯托、纽卡斯尔都有大学讲座向女性开放。牛津大学的哲学讲座从 1710 年就接纳女性参加，1742 年伦敦大学学院开始向妇女开放讲座，在格拉斯哥城镇中所有的人不分等级、年龄、职业都可参加大学讲座。1774 年 5 月 2 日"罗宾伍德自由辩论协会和友好辩论协会"（Robin Hood Free Debating Society and Amicable Debating Society）在伯明翰鼓励女性参加辩论会。该协会解释："协会讨论将让女性参加辩论是有利的事，辩论会房间的上面部分装上栏杆，准备接收女性。她们可以坐着听辩论，而绅士们站在栏杆的两边，女士可以不付费，而每一位绅士都要交 6 便士的入场费，女士还可以就某些问题发言。"[②]

随着女性进入高等教育领域，大学讲座更加开放，成为中产阶级女性在大学外接受知识教育的平台。1867 年，在安妮·杰迈玛·克拉夫（Anne Jemima Clough）领导下，成立了"北英格兰促进女子高等教育协会"，在北方城镇发起为年轻女性提供高等学校课程讲座运动，推动了全国各地大

---

① Martha Vicinus, *Independent Women*：*Work and Community for Single Women*，*1850－1920*，p. 140.

② Hannah Barker and Elaine Chalus, eds., *Women's History*：*Britain 1700－1850*，London and New York：Routledge Press，2005，p. 46.

学延伸教育的发展。19世纪70年代后，各大学向女性开放大量讲座，其内容涉及各学科。19世纪70年代，约翰·罗斯金（John Roskin）在牛津大学做艺术史讲座时，有四五百名听众，其中1/3是女生。[①] 尽管讲座不是系统、全日制大学的教育，但大量的中产阶级女性通过这样的途径涉足高等教育领域的文化知识学习，提高了文化水平。一位女学生说："大学延伸教育就像上帝赐予的礼物。"[②]

可见，到19世纪末英国初步建立了女子高等教育体系，女性初步取得了高等教育权。然而，就总体而言，这一教育体系还没有完全超越传统的两性分工模式。从教育目的、学习内容来看，它虽然为女性提供知识教育和职业训练机会，为改变她们在公共领域的劣势地位创造条件，但它照样把女性品德、家庭责任意识教育和家庭技能训练放在首位。虽然女性主义教育家们强调"女孩子与男孩子一样拥有机会发展她的天赋，诸如经营商业、设计、制造业、农耕等方面的天赋，女孩子的课程设置应该与此相适应"，[③] 但她们更强调让女孩子懂得主要责任是让家庭舒适，要学习如何做一个合格太太的知识。可见，19世纪英国的女子高等教育具有双重性。

一方面女生在教师指导下比前辈学习更多的文化知识，甚至涉及被传统视为男性学科的医学和自然科学学科，并与男生一样修学位课程。埃米莉·戴维斯按剑桥课程模式设置格顿学院的课程，纽纳姆学院的学生学习数学、历史、英语和文学，以及自己感兴趣的学科，稍后科学也被列入教学范围。女王学院的一名女生伊迪丝·莫利（Edith Morley）在她没有出版的个人回忆录中写道，在学院，莉莲·费思富尔建议她学习英语和文学，准备牛津大学的考试，她害怕父母反对，结果由莉莲·费思富尔邀请伊迪丝的父亲到她家吃饭，说服他同意此事。[④] 在纽纳姆学院，福赛东太太写信给一位学生的母亲，请求她让女儿学习，免去家务事操劳。

---

① Rachel G. Fuchs and Victoria E. Thompson, *Women in Nineteenth-Century Europe*, New York: Palgrave Macmillan, 2005, p. 89.

② Jane Purvis, *A History of Women's Education in England*, p. 111.

③ Joan Bellamy, Anne Laurence and Gill Perry, eds., *Women, Scholarship and Criticism Gender and Knowledge 1790-1900*, p. 105.

④ Carol Dyhouse, *Feminist and Family in England 1880-1939*, Oxford: Basil Blackwell, 1989, p. 30.

19 世纪末各女子学院还开设了女子团队体育课程。女学生们一改原来的淑女形象，穿着短袖和裤子自由地奔跑在运动场上，表现出年轻女性的朝气和活力。

另一方面女子学院对学生进行传统的女性角色教育。除了《圣经》外，大部分学校重视法语、英国文学、历史、地理、第二外语等社交需要的语言文学类课程，增加女性魅力的舞蹈、绘画等传统课程的学习，以及家庭管理和家务技能训练。1884 年狄更斯在利物浦大学给女生做讲座时告诫她们："与家相联系的书本或者思想将使你更接近于扮演家中天使的角色。"①

为了彰显女性的道德教化角色定位，各女子学院都特别注重所谓女性的品德教育。1886 年萨默维尔学院着重提倡学生要关注和歌颂与传统女性角色相联系的优秀品格，让学生"相信她们的前辈已通过行动表现出来，她们也应该继承这些良好的品格"②。1889 年格顿学院对一年级的新生进行"非知识的考试"，让学生明确今后作为女主人在外貌、礼仪方面应具备哪些优点，以强化女生贤妻良母的角色意识。

为了加强学生的家庭责任意识，女子学院努力按传统大家庭的模式来安排学生的生活，对学生的行为规范做了严格限制。她们不能单独外出，不能任性，只能在公共接待室和学习室接待男性来访者，女生外出听讲座必须有女伴陪同。赫勒拉·斯瓦伟克回忆就读格顿学院时的情景："所有的女生出席圣三一学院的报告会，必须有女伴相随。"③ 大学明令限制男女生交往。男生不能与女生约会，不能与女生一起出入学院，男生不能在宿舍拜访女生。但以下情况允许男女生见面：一是学院内批准的社团会议；二是校园内进行的比赛场合；三是与班级工作、学院社团相联系的学院事务工作。④

这些规定限制了男女同学之间正常的交往，不利于男女生共同学习、共同进步。为了维护男性特权，1878 年前，各大学拒绝授予女子学位。社会和家庭为女性提供的高等教育的机会大大地低于男性。如伊丽莎白·沃

①　Jane Purvis, *A History of Women's Education in England*, p. 101.

②　Martha Vicinus, *Independent Women: Work and Community for Single Women, 1850-1920*, p. 145.

③　〔澳〕亨利·理查森等：《女人的声音》，郭洪涛译，第 19 页。

④　Carol Dyhouse, *No Distinction of Sex? Women in British Universities 1870-1939*, p. 195.

斯滕霍姆（Elizabeth Wolstenholme）的兄弟接受了剑桥大学教育，她的监护人却不允许她进入贝德福德学院学习。[1] 地方当局提供的奖学金也是男性优先，1911~1912 年英格兰地方教育当局提供了 464 名大学奖学金，其中 373 名是男孩，91 名是女孩。[2] 女生在大学生中所占比例很少，利物浦大学女子课堂监管人玛乔莉·奈特（Marjorie Knight）说："早期的女生有一种强烈的孤独感，她们通常感觉到处于被数量上占优势的男生忽视和淹没的危险中。"[3] 同样，女性也被许多大学排斥在讲坛之外。在牛津、剑桥和伦敦大学都不接受女教师上讲坛，在其他大学中，女教师也非常罕见。即使已经获得任职资格的大学女教师，也不能与男教师平等地享用实验室、图书馆，更不能参与大学的管理，也不能参加对学生的考试。她们与外界的学术交流也非常少，一位女科学家要参加学术讨论非常困难，以至于她不得不靠她的社会关系，而不是她的学术成就维持对外学术联系。

女大学生在社会上遭受保守势力歧视的现象仍然存在。19 世纪 80 年代，一位牧师对牛津的妇女发表这样的演讲："当上帝造人时，你们比我们低劣，你们的低劣要保持到世界末日，你们不要破坏这种格局。"[4] 显然，19 世纪英国高等教育并没有真正实现性别平等。

二　英国女子高等教育对中产阶级女性的影响

尽管 19 世纪英国女子高等教育与两性平等的教育权还存在很大差距，但 19 世纪英国女性进入高等教育领域，为打破传统的两性分工模式，提高女性的社会、家庭地位，促进女性个性自由和解放、女性的进步与发展，为社会向公平、公正的现代化方向发展创造了条件。

第一，大学为女性提供相对自由与协作、个人独立与集体精神相结合的学习生活环境，有利于培养女性独立、自尊的个性以及与人合作的精神，为她们进入公共领域打下基础。

---

[1]　Phlippa Levine, *Feminist Lives in Victorian England, Private Roles and Public Commitment*, p. 133.

[2]　Carol Dyhouse, *No Distinction of Sex? Women in British Universities 1870-1939*, p. 29.

[3]　Carol Dyhouse, *No Distinction of Sex? Women in British Universities 1870-1939*, p. 227.

[4]　Elizabeth Seymour Eschbach, *The Higher Education of Women in England and America 1865-1920*, p. 126.

学院的生活显现出自由和独立精神。学生拥有独立的房间，可以按照自己的个性爱好去装饰。赫勒拉描述了她在格顿学院享受自由空间，首次获得人的尊严。她说："当我的书房门被打开时，我看见了属于我自己的壁炉、写字台、转椅和台灯，除此之外，居然还有一只小茶壶……我有了自己的书房，并且被告知若我在门上挂上'请勿打扰'的牌子，除非天塌下来，否则是没有人会打扰我的。我才知道当初在家时我是怎样被连续不断地打扰。"① 当时一位评论家说："所有的内容都集中在自我满足、强烈的情感和以成就装点的世界。"②

在这样的环境下，女孩暂时逃离了家庭的束缚，享受自由与独立的空间的同时，进一步形成自由独立的思想。正如亨利·西奇威克（Henry Sidgwick）所说，学校中自由精神与知识同步增长。1871 年，她对朋友说："我感觉到我们应该控制自由带来的危险，但是我还是保持沉默，设想这不是我的责任。抑制自由是摆在面前的大石头，我预料，除自由之外还有独立的问题。"她对巴巴拉·博迪雄（Barbara Bodichon）说："所见的这种精神不是新东西吗？我害怕我们不可能保持先辈们留下的安宁。"③可见，学院女性的自由思想和独立精神已打破传统的女性生活规范，在社会上引起一定的反响，甚至引起学院内部女教育家的恐慌。

同时，学院拥有丰富的社团生活，女孩子可以暂时逃离家庭的束缚，按自己的意愿交友、学习以及参与社团活动，发挥专长。如利物浦大学女子课堂有《长生鸟》杂志、戏剧创作等园地以及辩论会等活动让学生展示才华和个性。

学院的生活冲破等级界线，处处体现平等协作的集体精神。每一个女子学院通过自己的校歌、习惯、礼仪把学生组织在一起，共同学习、共同生活，没有社会等级差别，培养学生的平等观念和协作精神。纽纳姆的第一任校长安妮·杰迈玛·克拉夫（Anne Jemima Clough）从纽纳姆学院的实际情况中得出结论：学院"让不同职业、不同社会地位、不同宗教信仰的人生活

---

① 〔澳〕亨利·理查森等：《女人的声音》，郭洪涛译，第 19 页。
② Martha Vicinus, *Independent Women：Work and Community for Single Women, 1850 - 1920*, p. 145.
③ Rita McWilliams Tullberg, *Women at Cambridge*, Cambridge：Cambridge University Press, p. 66.

在一起，共同接受教育。令人满意的结果是学生之间建立了友谊"。① 莉莲·
费思富尔（Lilian Faithfull）1900 年评论道：学院是女孩子"第一次自由选
择的地方，可以不考虑社会地位，双方父母是否认识。她们自己选择朋友，
在与别人交往中，她的个性起决定性作用，权利的法则就这样建立起来"。②

格顿学院的先驱者创作出自己的校歌，以培养学生的集体意识，使学
生们从心底里感觉到学院的一切都由她们共同拥有：校歌、俱乐部、戏剧
和运动。女性主义者安奇斯·曼特兰达（Anges Maitland）充分肯定学院的
这种集体精神。她说："学生们在学院的生活经历让她们懂得为什么生活
必须要有团体合作，什么是共享利益前提下的责任与义务；懂得什么是相
互之间肝胆相照，什么是一人有难共同分担；无私的个人并非共产主义，
它就像一棵树在学院的生活中充满活力。"③ 弗兰西斯·达文（Frances
Dove）对学院的生活作这样的评价："起初，这房子好像是大千世界的避
难所，很快，它变成一种机会，它成为令人兴奋的大公司。在合作中所有
的事情都成为可能，这正如医学院学生在单人剧中所唱的：一下子她发现
了自己可以分享交响乐，学院是值得人去演奏的第一首曲子。"④ 实际上，
自由与独立是建立独立人格的基础，也是女性步入公共领域的前提，平等
观念与集体精神塑造女性公共人格，是立足于现代公共领域的保证。不可
否认，女子学院教育是女性从私人领域通向公共领域的阶梯。

第二，学院培养了女性社会责任意识和女性主义意识，促进了女性主
义运动的发展。

大学是女性联系社会的桥梁，也是传播女性主义思想的阵地。女性主义
者埃米莉·戴维斯、米莉森特·福西特（Millicent Fawcett）等人通过大学讲
坛、大学社团组织传播女性主义思想，引导女性为消除性别歧视，为实现两
性平等权而努力。琼·艾伦·哈里森的学生这样描述老师对她的影响："您

---

① Susan Groag Bell and Karen M. Offen, *Women, the Family, and Freedom: The Debate in
Documents, Volume 1: 1750-1880*, p. 424.

② Carol Dyhouse, *No Distinction of Sex? Women in British Universities 1870-1939*, p. 91.

③ Martha Vicinus, *Independent Women: Work and Community for Single Women, 1850-1920*,
pp. 135-136.

④ Lee Holcombe, *Victorian Ladies at Work: Middle Class Working Women in England and Wales
1850-1914*, pp. 56-57.

像一颗新的种子播入我的心田，教我令人兴奋、令人激动的知识……您的庭院猛烈地撞击着我们的土墙。"①

　　建于 1878 年的伦敦大学学院女生辩论社团是最早的女生辩论社团之一，1878～1883 年，由妇女选举权运动领袖米莉森特·福西特担任名誉主席，其讨论的问题包括女性在学校中的地位、工业社会中的两性关系等女性问题和社会问题。19 世纪 80 年代伯明翰梅森学院建立"女性社会圈"，爱丁堡大学建立"女生代表委员会"，这些组织把注意力集中到建立女子学院，要求为女生开放助学金和奖学金等问题。"大学女教师协会"着眼于讨论和解决如何保证女生毕业后有足够的薪水，如何保证女教师在大学中的最大利益等知识女性生存权问题。此外，女生社团还开展慈善和救济等社会工作。19 世纪 80 年代曼彻斯特大学妇女系的学生与当地的工厂女工建立联系；女王玛格利特学院的女生们在安德斯顿（Anderston）地区开展社会工作；在伦敦、曼彻斯特等地的一些大学还对学生进行社会工作的培训，使女性传统的慈善工作通过大学得到更好的发展。

　　通过上述活动，大学中的女性师生联系社会，关注民生和女性的权利，构成大学中独特的女性文化，在父权制教育沙漠中培养女性的自信、女性主义意识和女性的社会责任感，各大学的女子学院成为女性主义运动中心。如在妇女选举权运动中，剑桥大学和牛津大学附属的女子学院的师生先后组织了"牛津妇女选举权协会""牛津妇女自由联合会""妇女参政会全国同盟牛津支部""剑桥妇女选举权协会"等组织，积极投入争取妇女选举权运动中去。1889 年，牛津大学公开进行了要不要给妇女选举权的辩论，1893～1894 年伯莎·约翰逊（Bertha Johnson）坚持在牛津大学签名支持妇女选举权，到 1914 年牛津妇女选举权协会已拥有 450 人。② 这些组织和活动推动了妇女选举权运动的发展。在高等教育中成长起来的知识女性奔赴社会公共领域，她们犹如火种，通过各类学校的讲坛、杂志，以及协会组织和请愿活动等途径培养大批新女性，扩大女性主义影响。1895 年福西特在伦敦机械学院

①　Patricia Hollis, *Women in Public*: *Documents of the Victorian Women's Movement 1850 - 1900*, p. 265.

②　M. G. Brock and M. C. Curthoys, *The History of the University of Oxford Volume VII*, Oxford and New York: Oxford University Press, 2000, p. 303.

做了题为"女性的理想""旧女性和新女性"的讲座；1888 年埃米莉·法伊弗（Emily Pfeiffer）出版了《妇女和工作》一书；妇女教育家 J. G. 费切（J. G. Fitch）发表《妇女与大学》等文章，论证女性教育权、工作权的重要性和必要性。这些女性主义者的话题开启了维多利亚后期女性问题的论题，直接引领 19 世纪后期妇女选举权、教育权、财产权、儿童监护权运动，推动一系列社会改革和女性各种权益的实现。

　　第三，女子高等教育改变了女性在公共领域的地位，为彻底改变女性的屈从地位、完善社会竞争体系创造条件。

　　女子高等教育的兴起为女性提供了前所未有的学习科学文化知识的机会，无论是大学的女子学院，还是大学的延伸教育都把女性带入知识和科学的殿堂，增长了知识与才干。在学院中成长起来的女性，尤其是获得学位的女性拥有更多权利和就业机会。1864 年在《教育时代》杂志上，一名男性教育家对学院女性做了以下评论："相对其他妇女来说，她们有权享受最自由的文化，真正或预示与男人分享所谓的职业含义……"[1] 我们从表 4-2 可见，19 世纪 80 年代以来，牛津大学毕业的女性，除了主要从事教师工作以外，还进入政府部门、管理部门、高等教育领域，成为研究人员、管理人员、杂志编辑，她们进入男性垄断的白领工作岗位，显现出女性拥有更宽广的职业发展空间，她们在白领行业的作用日趋增强。

表 4-2　1881～1901 年牛津大学毕业女生职业状况

单位：%

时间\类型	修女传教士	教授	护士	高等教育	图书馆档案等	教育管理者	教师	政府或地方政府	福利工作	作家、杂志编辑	秘书和职员	义务工作	商业	不明职业	总数
1881-3	2	0	2	3	2	2	28	2	0	7	2	18	3	30	60
1891-3	5	2	2	10	3	3	35	1	3	5	2	8	1	24	174
1901-3	4	1	1	8	4	1	38	2	1	4	1	9	0	24	251

　　资料来源：M. G. Brock and M. C. Curthoys, *The History of the University of Oxford Volume VII*, p. 297。

---

① Jane Purvis, *A History of Women's Education in England*, p. 84.

更重要的是高等教育培养出大量妇女领袖和各领域的杰出女性，男性权威遇到挑战。埃米莉·戴维斯、伊丽莎白·加勒特等女子高等教育先驱者成为19世纪著名的女性主义领袖。

康斯坦斯·梅纳德（Constance Maynard，1849-1935）是女性的杰出榜样。她于19世纪70年代进入格顿学院，她在格顿学院发现学习知识的快乐，并且认识到她所理解的知识与当时存在的不可知论者及现代《圣经》的批评者是不和谐的。在求学生涯中，她更加坚信要建立像格顿学院这样的学校，给女孩子们提供学习文化知识的机会。在两个富有的女教徒资助下，她于1882年建立了韦斯特菲尔德学院。她的办学宗旨与她的福音派的支持者们产生矛盾，后者更喜欢把韦斯特菲尔德学院建成中等学校，或是传教学校，早期的学生也不是为了修学位课程而来，许多教育家怀疑该校的知识教育标准。但是，康斯坦斯给予学生很多精神上和物质上的鼓励，使该校成为具有独立精神的知识女性成长的摇篮。后来成为哥尔特芬（Godolphin）校长的玛丽·埃利斯·道格拉斯（Mary Alice Dougles）回忆自己在韦斯特菲尔德学院获得奖学金的经历时说："那是一段需要自己终生感谢的经历。"①康斯坦斯创建了一套精心设计的国内外通信系统，让每个毕业生都能保持联系，使学生们在学院中建立起来的友谊能在毕业后延续下去。

医学领域历来是女性的禁区。伊丽莎白·加勒特是英国妇女医学运动的先驱，她以不屈不挠的精神，获得进入伦敦的米达萨克斯医学院听讲座和考试的权利。在校期间，她的自信和扎实的专业知识引起男生们的不满。当她的考试成绩超过男生时，她遭遇更大压力，那些男生们举行请愿，阻止她再去听讲座，但她没有气馁，并致力于医学方面的研究。

索菲亚·杰克斯·布莱克（Sophia Jex Blake）为争取女子在医学专业的教育权做出了突出贡献。索菲亚首先向拒绝接收女生的顽固堡垒——医学院发起进攻，在她的努力下，1869年有五位女生通过了入学考试，正式成为爱丁堡大学医学院的学生。虽然她们经常遭遇男生的恶语中伤，遭受诸如豌豆之类的袭击，还经常被挡在演讲大厅外不让听课，但她们顶住压

---

① Martha Vicinus, *Independent Women: Work and Community for Single Women, 1850-1920*, p. 157.

力，勤奋学习，一些课程的学习成绩超过男生，引起男生的憎恨。一群男生于 1870 年 11 月的一天聚集在学校的"外科讲堂"外，用土块袭击她们，恶语中伤，可她们没有退却，照常进去上课，男生们又冲进教室，牵来一只绵羊羞辱她们。事后索菲亚提出抗议，反被诬陷为诽谤罪，法院判决罚款 1000 英镑。更令人气愤的是这些女生毕业时没有获得毕业证书，学校只发给"水平证书"。索菲亚以惊人的勇气坚持下去，1874 年她倾其所有，创办了英国第一所女子医学院，后来正式命名为"伦敦女子医学院"。与此同时，她与其他志同道合的女性一起，向议会请愿，向社会呼吁改革不合理的医学制度。英国议会终于在 1875 年通过法令，准许医学院招收女生，第二年又允许女性注册行医。接着"爱尔兰国王及女王医学院"同意女生参加毕业考试，合格者发给毕业证书，女性终于在医学领域赢得了合法地位。医学职业不同于教师和办公室工作，它需要更复杂的专业训练，医生是生命的拯救者，正因为如此，女医生更大程度上挑战了传统的男性权威和女性的从属地位。

在科学文化研究领域，大学精神影响下成长起来的知识女性取得了空前的成就。

玛丽·萨默维尔承受着家庭和社会的压力，专心于她的研究事业，到 32 岁时，她自学了数学、天文学和物理学，然后她又开始了翻译和出版工作，不久她获得第一笔薪金和奖金，最后因《论物质科学的关联》的科研成果享誉英国和世界，1892 年获得"19 世纪科学女王"称号。从纽纳姆学院毕业的琼·埃伦·哈里森曾在伦敦大学和纽纳姆学院从事古人类学、古语的研究，掌握了 11 门现存的语言、5 种已死亡的语言，并使古典学的研究发生革命性变化，从而奠定了她在古典学方面的学术地位。总之，学院是各类杰出女性成长的摇篮。英国第一位女物理学家索菲亚曾这样赞美女子学院："如果有天堂，这里就是，工作和独立，难道还有什么比这更吸引人吗？"[①]

此外，接受高等教育的女性工资明显高于其他女性。就知识女性就业较为集中的教师职业而言，一般女教师在非寄宿制学校就职，年薪是 70~80 英

---

① Josephine Kamm, *Hope Deferred: Girls' Education in English History*, London: Routlege Press, 1965, p. 174.

镑，寄宿制学校是 40~60 英镑。1875 年，弗雷西泽·达文通过了格顿学院的自然科学考试，年薪是 130 英镑。[1] 这为她们获得两性平等权打下了经济基础。

如上所述，英国经济、政治、社会变革促进了 19 世纪后期英国女性高等教育的兴起。尽管这一时期的女性高等教育在教育目标、教育内容上还没有完全超越男主外女主内这一"两分领域"的传统性别分工模式，女性也没有完全取得与男性平等的高等教育权。但是，英国女性高等教育的兴起一方面打破了男性垄断高等教育的局面，女性拥有更好地接受知识教育和技能训练的机会，为她们取得公共领域话语权和独立的人权打下了基础。另一方面，大学特有的学习、生活氛围，开阔了女性的眼界，促使她们关注女性问题和社会问题，形成独立自主的个人意识和社会意识，丰富和发展了女性主义意识。这些知识女性成为争取妇女各项权益运动的重要力量，开始在公共领域施展才华，代表女性发出自己的声音，冲击着传统的性别关系，从而影响或推动社会改革和社会现代化的深入发展。因此，19 世纪后期英国女性高等教育的兴起既是 19 世纪英国现代化的结果，也是现代化的组成部分，还是英国女性解放的新起点。

第四节　中产阶级女性教育管理者

与女子学校发展同步成长的是女教师群体。19 世纪女教师成为英国白领女性中人数最多的职业人群，也是许多中产阶级未婚女性或者寡妇的谋生职业。19 世纪中期以前，她们中的大部分人知识文化水平有限，"自身受的教育除了阅读和写作之外，只包括诸如简单地说几句法语、唱圣歌、刺绣、舞蹈、装饰房间等"[2]。她们充当家庭教师，社会地位低下。夏洛特·勃朗蒂描述："家庭教师在雇主家中无法立足，她不被看作活生生的、理性的人。"[3] 到 19 世纪中后期，随着初等、中等教育的发展，教师的需求量迅速上升，19 世纪女教师的人数迅速增加。1841 年人口统计显示，学校女教师和女家庭教师有 29840 人，男教师只有 17620 人，到 1901 年，男女教师

---

① Barbara Stephen, *Emily Davies and Girton College*, London：Constable, 1927, p. 336.

② Pamela Horn, *Victorian Countrywomen*, London：Basil Blackwell, 1991, p. 100.

③ Pamela Horn, *Victorian Countrywomen*, p. 101.

分别是 58675 人和 171670 人。1851 年，英格兰和威尔士 71% 的教师是女性。[1] 1870~1910 年，全国每年都要招聘大约 4000 名小学教师，1899 年进入小学教师队伍的 4/5 是女性。自 1870 年以来，女性教师在有劳动能力的女性人口中增加了 10 倍，在世纪之交，女教师占 45 岁以上工作女性的 40%。[2]

在女教师人数增长过程中，社会对她们的素质和知识水平相应提出了更高的要求。1846 年以后，教师培训制度得到完善和发展，那些有能力、有良好的道德风范的中产阶级女孩可以经过五年的行业技能训练，或者进入学院学习，成为正规学校的教师。许多下层阶级的女儿也通过培训入职教师岗位，拥有上升到社会更高等级的机会。

各类学校，包括大学的女子学院都有女教师执教，有些女教师还进入由男性垄断的机械学院、大学讲坛和科学研究领域。

但总体而言，男人控制了从文法学校到高等学校的正规教育机构。女教师大量集中在幼儿教育部门，人们认为这种工作特别适合有教养的女性。大量女性在下层社会的"太太学校"就职，或是担任中上层社会的家庭教师。如前文所示，许多大学的讲坛排斥女性，大学女教师凤毛麟角。女教师的工资一般是男教师的 2/3，拥有资格证书的女教师年收入达 30~60 英镑，1914 年是 54~122 英镑。[3] 19 世纪末，乡村女校长的年薪比男校长少 50 英镑。[4]

在女教师群体中出现的女性教育管理者，是女教师队伍中的领军人物，在公共教育领域与男性分享教育管理权，影响英国教育发展。近年来，随着 19 世纪英国妇女史和教育史研究的深入，学校女性管理者成为欧美学者关注的对象。卡罗尔·戴豪斯（Carol Dyhouse）的《成长于维多利亚时代晚期和爱德华时代的英国女孩》一书研究女性主义与教育的关系，它肯定女性教育家对女子高中教育和学院教育的贡献，弥补了传统研究忽视女性在国家教育

[1] Pamela Horn, *Victorian Countrywomen*, p. 100.

[2] Susan Trouve-Finding, "Teaching as a Woman's Job: The Impact of the Admission of Women to Elementary Teaching in England and France in the Late Nineteenth and Early Twentieth Centuries", *History of Education*, Vol. 34, No. 5, September 2005, p. 485.

[3] Susie Steinbach, *Women in England 1760-1914*, p. 34.

[4] Pamela Horn, *Victorian Countrywomen*, p. 202.

机构中发挥政治作用的缺陷。简·马丁（Jane Martin）的《妇女和教育1800-1980》一书则以几个女性教育家的成长经历和个人传记为例，把妇女获得公共领域教育权放在综合文化和社会关系这一新视野中，探讨女性的理想与个人经历的关系。

乔伊丝·古德曼和索菲亚·赫鲁普（Joyce Goodman and Sylvia Harrop）所著的《英格兰妇女教育政策的制定和管理》一书探讨了各地学校董事会中的女性对教育的影响。古德曼否认社会底层学校管理被忽视的传统观点，论证了在各地学校董事会中，中产阶级女性发挥了积极作用，并形成独特的管理风格。简·马丁等作者的论文集《维多利亚和爱德华时期妇女和学校政治》既肯定了女性管理者在学校和地方当局的教育管理中的作用，又指出女性管理者人数有限，工作领域大多局限于与女性家庭角色类似的家政课程和日常事务工作，较少有经济权和决策权，在一定程度上巩固了女性在公共领域从属于男性的状态。

上述国外学者的研究从新的视角展现了 19 世纪英国学校女性管理者在公共教育领域的地位和作用，但这些专著和论文很少探讨这些女性管理者对 19 世纪公民社会和女性主义成长的影响。19 世纪是英国公民社会各种机制趋向成熟，从传统到现代嬗变的关键时期，学校女性管理者的出现充分体现了女性在公共教育中的话语权和对社会的影响力。本节探讨英国学校女性管理者与公民社会成长的关系，以期更好地认识学校女性管理者对社会的贡献和对女性自身的影响。

一　19 世纪英国女性教育管理者的地位

公民社会（Civil Society）概念起源于古代希腊、罗马时期。当代学者尤根·哈贝马斯等学者则把它定义为独立于国家的公共领域，以谋求公共利益为基点。英国学者 J. C. 亚历山大强调公民社会的理想是公民"必须是分享政治权力和追求道德自由的共同体成员，它以公共性为其本质而与囿于欲望的自然人相对立"[①]。因此，公民社会应该体现以人为本、社会开

---

① S. Flectcher, *Feminists and Bureaucrats*: *A Study in the Development of Girls' Education in Nineteenth Century*, p. 112.

放性、民主性、平等性和法治精神等内涵。

　　长期以来，英国女性隶属于男性，没有公民权。从初等教育到高等教育的发展过程中，中产阶级女性开始创办学校，首次进入各地的学校委员会，在学校管理中发挥独特作用，在特定范围内承担公民责任，享有公民权。

　　学校女性管理者在不同类型的学校有着不同的权力。在由女性自己创办的学校，或是女性慈善团体建立的学校，女性管理者较大程度上控制了学校的财务管理权、学校的基本建设权和课程设置权。即使名义上由男性作为受托人掌管学校的经济，女校长对各项工作仍具有决定权。1874年成立的"女校长管理协会"强调女校长对学校机构享有完全的管理权，学校管理团体应该充当女校长的顾问。① 这一举措强化了女校长对学校的管理权。在1853年和1854年切斯特联合学校建设项目中，男性受托人根据女性管理者的愿望处理工人、设计师、律师和基督教会相关事宜，他们提供的预算和各种信息为女性管理者提供决策参考。② 在捐赠学校，女校长与男校长一样，可以全权负责学校的相关事务。在伯明翰，女校长伊迪丝·克里克（Edith Creak）按自己的设想自由地规划学校的发展。③ 尽管女校长管理的学校数量有限，但女性管理者在学校管理中贯彻了她们的教育精神和管理理念。如巴斯对于北伦敦学院的管理，比尔在切滕汉姆学院的课程改革，埃米莉·戴维斯让格顿学院女生获得剑桥大学考试资格，等等，都表现出学校女性管理者的胆识和管理能力。

　　在男校长管理的学校中，尽管学校董事会的主席等重要管理职位由男性担任，他们决定董事会章程、学校建设方案、资金管理和使用、关键领域人员聘用、校址选择和校舍建设等，但是，女性也开始进入学校董事会下属的委员会任职，从事事务性管理工作。在曼彻斯特四所高中的管理机

---

① Joyce Goodman and Sylvia Harrop, eds., *Women, Educational Policy-Making and Administration in England*, London and New York: Leicester University Press, 1999, p. 49.

② Joyce Goodman, "Women Governors and the Management of Working-Class Schools 1800 – 1861", in Joyce Goodman and Sylvia Harrop, eds., *Women, Educational Policy-Making and Administration in England*, p. 23.

③ Joyce Goodman and Sylvia Harrop, "Governing Ladies: Women Governors of Middle-Class Girls' Schools 1870–1925", in Joyce Goodman and Sylvia Harrop, eds., *Women, Educational Policy-Making and Administration in England*, p. 47.

构中，董事会主席由男性担任，女性充当通讯员、秘书、名誉秘书等角色。如玛蒂拉·罗比（Matilda Roby）在曼彻斯特担任名誉秘书12年，凯瑟琳·温克沃斯（Catherine Winkworth）在克里夫顿担任名誉秘书。[①] 也有少量女性担任财务总管，处理学校资源配置的相关事宜。伦敦市学校协会的一位女秘书考察了"不列颠和外国学校协会"下设的92所学校中的15所，发现有少量女性任财务主管。[②]

19世纪下半期，女性开始在首都和地方教育管理机构任职，与男性分享地方公共教育管理权。伦敦学校委员会是1870年教育法通过之后第一个允许女性与男性以同等条件加入的公共管理团体，也是英格兰和威尔士2500个学校委员会中最大、最有活力的一个。1879年该委员会人数达326人，其中女性29人。[③]

1874年利物浦学校委员会由6男2女组成。1877年曼彻斯特学校委员会正式成立，女性成员8人，男性15人，高等学校理事机构由9名妇女和11名男性组成。[④] 据统计，1876年，在1249个英格兰（伦敦除外）学校委员会中，有221个学校管理委员会拥有女性管理者。19世纪最后30年，女性管理者在地方学校委员会中任职人数呈上升趋势。1870年有3名女性在学校委员会任职，到1895年达128人，5年后猛增至270人。[⑤] 她们直接参与教育政策的制定，在一定程度上影响着公共教育的发展。

但就总体而言，女性管理者大多数局限于事务性工作。由表4-3可见，1882~1899年女性在伦敦学校委员会中任职的13个职位中，有8个职位属于家政科目、儿童福利、特殊教育等传统的女性职业领域。伦敦学校委员会主席、副主席和学校管理委员会主席这3个最有权力的职位都由男性担任。

① Joyce Goodman and Sylvia Harrop, "Governing Ladies: Women Governors of Middle-Class Girls' Schools 1870-1925", p. 45.

② Joyce Goodman, *Women Governors and the Management of Working-Class Schools 1800-1861*, p. 23.

③ Jane Martin, *Women and the Politics of Schooling in Victorian and Edwardian England*, London and New York: Leicester University Press, 1999, p. 1.

④ Joyce Goodman, "Women School Board Members and Women School Managers: The Structuring of Educational Authority in Manchester and Liverpool 1870-1903", in Joyce Goodman and Sylvia Harrop, eds., *Women, Educational Policy-Making and Administration in England*, p. 60.

⑤ Jane Martin, *Women and the Politics of Schooling in Victorian and Edwardian England*, p. 26.

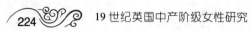

表4-3 伦敦学校委员会的女性成员（1882~1899年）

首次就职时间	姓名	官职
1882年	罗莎梦德·达文波特·希尔（Rosamond Davenport Hill）	学校管理委员会下属的烹饪委员会主席（Chair, School Management Committee Sub-Committee on Cookery）
1883年	海伦·泰勒（Helen Taylor）	教育捐赠基金委员会主席（Chair, Educational Endowments Committee）
1885年	罗莎梦德·达文波特·希尔	工业学校委员会下属委员会布伦伍德学校主席（Chair, Industrial Schools Committee Sub-Committee on Brentwood School）
1887年	奥古斯塔·韦伯斯特（Augusta Webster）	学校管理委员会下属学校图书馆和资金委员会主席（Chair, School Management Committee Sub-Committee on School Libraries and Rewards）
1889年	玛格丽特·阿什顿·迪尔克（Margaret Ashton Dilke）	学校管理委员会下属针织委员会主席（Chair, School Management Committee Sub-Committee on Needlework）
1891年	安妮·贝桑特（Annie Besant）	学校管理委员会下属洗衣房委员会主席（Chair, School Management Committee Sub-Committee on Laundry）
1893年	罗莎梦德·达文波特·希尔	学校管理委员会下属烹饪、洗熨和针织工作委员会主席（Chair, School Management Committee Sub-Committee on Instrucrion in Cookery, Laundry-work, and Needlework）
1896年	罗斯·霍曼（Ruth Homan）	工业学校委员会下属格顿女孩之家主席（Chair, Industrial Schools Committee Sub-Committee on Gordon House Girls' Home）
1897年	罗斯·霍曼	家政委员会主席（Chair, Domestic Subjects Committee）
1897年	罗莎梦德·达文波特·希尔	工业学校委员会下属厄普顿学校委员会主席（Chair, Industrial Schools Committee Sub-Committee on Upton House School）
1898年	爱玛·梅特兰（Emma Maitland）	学校管理委员会下属财产征用和盘存委员会主席（Chair, School Management Committee Sub-Committee on Requisitions and Stock-Taking）

续表

首次就职时间	姓名	官职
1898 年	玛格丽特·伊夫（Margaret Eve）	工业学校委员会下属达文波特·希尔男孩子之家委员会主席（Chair, Industrial Schools Committee Sub-Committee on "Davenport Hill" Boys' Home）
1899 年	爱伦·马克（Ellen McKee）	学校管理委员会下属聋哑人特殊机构委员会主席（Chair, School Management Committee Sub-Committee on Schools for Special Instruction, for the Deaf and for the Blind）

资料来源：Joyce Goodman and Sylvia Harrop, eds., *Women, Educational Policy-Making and Administration in England*, p. 82.

在其他地方教育管理机构中，女性管理者大多数在权力较小的夜校、小学教师、家政课程等委员会任职。虽然莉迪娅·贝克尔和潘克赫斯特等少数女性曾有一段时间在曼彻斯特的校园和建筑委员会任职，玛丽·邓迪（Mary Dendy）也在财政委员会任职，但她们大多数没有进入财务、学校基本建设委员会，不能处理资源配置等重要事宜。

格蕾斯·佩特森（Grace Paterson）在格拉斯哥学校委员会中任职 21 年，她负责当时苏格兰 20% 的学童的教育，主持技校委员会，也是教师与教学、小学生教师委员会成员，负责夜校和技能类型班级、学校师生出勤率、教育基金、宗教教育和体育训练等事务。她证明大多数女性学校董事会成员的工作集中在女孩的家庭教育事务上。[①]

尽管在学校董事会、各城市和各教区的学校管理委员会中，女性任职人数、权力和影响都有限，但它意味着 19 世纪英国女性进入学校管理机构与男性分享管理权，是女性最早参与公共事务的尝试，也是女性争取与男性平等公民权的体现。

二 女性教育管理者与公民社会平等精神的成长

平等精神是公民社会的基础。19 世纪的英国经过自由主义改革，公民

---

① Jane McDermid, "School Board Women and Active Citizenship in Scotland 1873-1919", *History of Education*, Vol. 38, No. 3, May 2009, pp. 333-347.

社会的自由平等原则和法治精神逐渐渗透到社会各阶层，公民权利意识不断增强。学校董事会的女性管理者的活动与自由主义改革融合在一起，对于完善公民社会民主平等原则，促进公民社会的发展发挥积极作用。

从学校董事会和各地学校委员会女性成员身份来看，她们大都来自女性主义者群体，出生于自由主义改革者的家庭，是社会各项改革的推动者。我们从影响最大的伦敦学校委员会代表来看，马丁按出生年代把她们分成三类。

从表 4-4 中可见，第一类 2 人。出生于 1828 年之前，她们是第一代学校委员会女性成员，是自由主义改革者。

第二类 9 人。出生于 1828~1848 年，她们涵盖了 19 世纪著名的女性主义组织"兰汉姆"组织和"肯辛顿协会"的成员。包括埃米莉·戴维斯、伊丽莎白·加勒特、海伦·泰勒（Helen Taylor）等著名的女性主义领袖。

第三类 8 人。出生于 1849~1871 年，她们大多数是接受过高等教育和从事教育改革的新女性。她们中有妇女选举权运动领袖弗罗伦斯·芬沃克·密勒（Florence Fenwick Miller）、玛格丽特·迪尔克（Margaret Dilke），也有社会主义者玛丽·布里奇·亚当斯（Mary Bridges Adams），还有自由主义者罗斯·霍曼（Ruth Homan）、希尔达·密尔-斯密斯（Hilda Mill-Smith）。父亲是律师的汉娜·莫尔顿出生于 1861 年，毕业于贝德福德学院，获得注册护士和助产士合格证书。她积极帮助组织护士协会，服务于伦敦学校委员会和伦敦教师协会，极力捍卫女生和女教师的权利，声称要给她们"平等的机会"。

表 4-4　出生在不同时代的学校委员会中的女性成员

1828 年之前	1828~1848 年	1849~1871 年
罗莎梦德·达文波特·希尔（Rosamond Davenport Hill b. 1825）	安妮·比森特（Annie Beasant b. 1847）	玛丽·布里奇·亚当斯（Mary Bridges Adams b. 1855）
伊丽莎白·苏拉（Elizabeth Surr b. 1825/6）	简·奇莎（Jane Chessar b. 1835）	玛格丽特·迪尔克（Margaret Dilke b. 1857）

续表

1828 年之前	1828～1848 年	1849～1871 年
	埃米莉·戴维斯（Emily Davies b. 1830）	罗斯·霍曼（Ruth Homan b. 1850）
	埃利斯·加勒特（Alice Garrett b. 1842）	莫德·劳伦斯（Maude Lawrence b. 1864）
	伊丽莎白·加勒特（Elizabeth Garrett b. 1836）	苏珊·劳伦斯（Susan Lawrence b. 1871）
	爱玛·梅特兰（Emma Maitland b. 1844）	希尔达·密尔-斯密斯（Hilda Mill-Smith b. 1861）
	艾迪丝·西姆柯克斯（Edith simcox b. 1841）	弗罗伦斯·芬沃克·密勒（Florence Fenwick Miller b. 1854）
	海伦·泰勒（Helen Taylor b. 1831）	汉娜·莫尔顿（Honnor Morten b. 1861）
	朱莉亚·奥古斯塔·韦伯斯特（Julia Augusta Webster b. 1837）	

资料来源：Joyce Goodman and Sylvia Harrop, eds., *Women, Educational Policy-Making and Administration in England*, p. 51.

利物浦学校委员会成立于 1874 年。女性主义活动家安妮·戴维斯从 1879 年开始连续当选该委员会成员，1898 年 3 月去世后，由弗罗伦斯·梅丽（Florence Melly）继任。邓迪和妇女选举权运动领袖潘克斯赫特曾一起在曼彻斯特委员会任职。

在曼彻斯特学校董事会任职的有著名的女性主义者莉迪娅·贝克尔（1870～1890 年任职）、蕾切尔·斯柯特（Rachel Scott, 1890～1986 年任职）、玛丽·邓迪（Mary Dendy, 1896～1897 年任职），还有安妮·戴维斯和弗罗伦斯·梅丽。

这些女性管理者通过家族关系、朋友圈，把女性主义与工厂主、自由主义知识分子和党派的政治网络联系在一起，推动 19 世纪英国社会改革与发展。伦敦学校委员会的女性管理者大都来自上层中产阶级家庭。如朱莉亚·奥古斯塔·韦伯斯特（Julia Augusta Webster）的父亲是剑桥和亨廷顿郡的最高治安法官。玛丽·尤尔特（Mary Ewart）的父亲是下院议员，他代表兰开夏郡的自由制造业主群体，为女子高等教育提供经济上的支持。鲁思·詹宁斯（Ruth Jennings）研究发现拉思伯恩家族的三代人为利物浦学校委员会提供了大约 20 名管理者，其中 12 人是女性。她们分散在城市的各个学校，承担着管理学校的责任。伊丽莎白·拉思伯恩（Elizabeth Rathbone）是利物浦学校委员会第一位女性，曾经是爱尔兰学校委员会成员。她第二个儿子的 4 个女儿、3 个儿子和 1 个表弟都是学校管理者。伊丽莎白的第三个儿子，菲利普·拉思伯恩（Philip Rathbone）与他的妻子和他们 11 个孩子中的 4 个孩子都是学校的管理者。①

在伯明翰，妇女的教育管理活动与党派政治联盟结合在一起。比阿特丽丝·韦伯（Beatrice Webb）说："他们是城市中社会地位显赫、最有财富和文化的人，但他们还扮演伟大的公民角色，积极参加和主导城市的政治和教育生活。"② 格特鲁德·戴尔小姐和肯里克夫人一家都为城市的教育和政治而积极工作。罗莎梦德（Rosamond）和弗罗伦斯（Florence）是维多利亚中期反对政党政治的女性政治家，也是推动妇女选举权运动的杰出代表，她们的教育改革观点在改革圈内具有很大的影响力。

在工作过程中，学校女性管理者把私人领域的爱注入公共领域，强调社会各等级之间、性别之间平等的教育权。她们从公民社会利他主义思想出发，强调中上层女性对社会的责任，推进不同社会阶层的教育平等权。

她们尤其重视社会底层孩子的教育权利。强调教育是穷人获得工作、摆脱贫困的手段，是人权平等的基础。因此，她们沿袭中上层妇女的传统，把教育穷人作为慈善工作的重要部分。她们经常利用身份和社会关系，通过捐赠、游说、慈善义卖，甚至通过投资活动获得资金来支撑学校的生存与发展。来自牧师家庭尤其是天主教传统的中产阶级女性，经常与家中的男

---

① Joyce Goodman, "Women School Board Members and Women School Managers: The Structuring of Educational Authority in Manchester and Liverpool 1870-1903", in Joyce Goodman and Sylvia Harrop, eds., Women, Educational Policy-Making and Administration in England, p. 68.

② Joyce Goodman and Sylvia Harrop, Governing Ladies: Women Governors of Middle-Class Girls' Schools 1870-1925, p. 43.

性成员一起工作，建立和管理学校。汉娜姐妹与家中的男性一起建立和监督穷人学校。天主教徒萨拉·特里默（The Anglican Sarah Trimmer）在贝德福德建立主日学校和工业学校，她还劝说女王在温德斯建立王家主日学校和工业学校。爱丁堡学校委员会的女性反对以阶级来划分教育领域，主张以国家传统的民主精神鼓励知识界精英发展教育，让穷困家庭的女孩和男孩享有同等的教育权利，打破社会等级教育的界线。弗洛拉·史蒂芬森（Flora Stevenson）在1900年苏格兰教育学院代表大会上宣布："在苏格兰不存在衡量我们的教育适合任何特定的阶级或社会的标准。"罗伯特·安德森（Robert Anderson）也强调，苏格兰学校董事会的女性工作者为提高妇女教育水平铺平了道路，改变了传统上让"小部分人成为有知识人的路线"[1]。1867年"伯明翰全国教育同盟"成立，它致力于通过税收实施普遍、强制性义务教育。莉迪娅·贝克尔是该同盟的成员，努力解决那些由于家庭贫困不得不辍学在家照看婴儿和做家务的女孩子的上学问题。全国协会的尼克尔森小姐努力重建教区学校，为140名穷困孩子提供教育机会。[2] 1875年，芬妮·考尔德（Fanny Calder）与总委员会中来自利物浦著名家族的58名妇女一起建立了利物浦烹饪学校，承诺给孩子们最好的教学。[3]

　　同时，她们关注特殊儿童的教育。女性管理者通过组织志愿者活动等形式，为残疾儿童提供有效的帮助。1899年在弗罗伦斯·梅丽建议下，利物浦委员会在工业和特殊学校委员会下设附属委员会，为身体有缺陷的儿童提供帮助。玛丽·邓迪在深入学校调研的基础上，联合多方力量促使曼彻斯特学校委员会设立了特殊班级，为残疾儿童提供特殊教育。[4] 这些女性管理者成为特殊儿童教育的先驱。

　　可见，学校女性管理者以各种方式参与学校的管理，努力为普通人、

① Jane McDermid, "School Board Women and Active Citizenship in Scotland 1873-1919", *History of Education*, Vol. 38, No. 3, May 2009, p. 343.

② Joyce Goodman, *Women Governors and the Management of Working-Class Schools 1800-1861*, p. 23.

③ Joyce Goodman, "Women School Board Members and Women School Managers: The Structuring of Educational Authority in Manchester and Liverpool 1870-1903", p. 70.

④ Joyce Goodman, "Women School Board Members and Women School Managers: The Structuring of Educational Authority in Manchester and Liverpool 1870-1903", p. 66.

特殊人群创造受教育机会，提高了下层民众的文化素质，影响政府公共政策导向，提高政府处理社会问题，化解社会矛盾能力。正如学者赛斯·科文（Seth Koven）所说，"妇女在维多利亚和爱德华时期不列颠公共政策的发展和社会福利的提供方面发挥重要作用"。[①] 同时，这些女性学校管理者通过公共教育领域传递自由平等精神，完善公民社会公平理念，积极推进公民社会的发展。

三 女性教育管理者与性别平等意识的发展

性别平等是公民社会进步和发展的重要标志。女性教育管理者的工作为女性担任公职开了先例，她们的女性主义教育思想对女性公民意识的形成和女性的解放具有重要意义。女性管理者致力于学校课程设置和两性平等教育，为改善女性的生存状态而努力。

第一，从人权平等和男女共同的家庭责任观念出发，争取两性平等的教育权。作为女性主义教育家，女性教育管理者认为男女生而平等，理应共同承担社会和家庭责任。埃米莉·戴维斯强调男女在思想的深度和广度上是相似的，学校教育要培养人类普通素质，而不是一开始就"把人分成两大不同的群体"[②]。安娜·詹姆斯（Anna Jameson）强调"即使妇女在家庭非常重要，但是妇女的品质并不源自家庭，它将通过妇女的能力和选择发挥作用"。[③] 路易莎·特温宁（Louisa Twining）在《19世纪》杂志上利用自己的社会地位推进中产阶级妇女与男性联盟。她认为一个人只有扩大工作范围和坚持不懈地努力，才能取得事业上的成功，而男人和女人的合作将推动个人事业的成功和发展。因此，在学校教育实践中，她们努力推动男女同校，学习同样的课程。莉迪娅·贝克尔强调食品课程等对男孩同样重要。同样女孩子学习科学知识对家庭生活有好处。一个女人拥有化学知识能提高烹饪技术，懂得力学知识能有效节约劳动力，一些普通小学的生理课上的知识能帮助女性保持身体健康。因此，她们强调女孩子学习科学知识有益于家庭

---

① Jane Martin, *Women and the Politics of Schooling in Victorian and Edwardian England*, p. 38.

② Laura Schwartz, "Feminist Thinking on Education in Victorian England", *Oxford Review of Education*, Vol. 37, No. 5, October 2011, p. 674.

③ Jane Martin, *Women and the Politics of Schooling in Victorian and Edwardian England*, p. 24.

生活。伯明翰大学博士凡尼沙·赫吉（Vanessa Heggie）曾说："文学、基础科学（特别是卫生和医学）和算术是成为好妻子至关重要的技能。'科学'的母亲和有效率的家庭主妇能够共享社会改革者的成果，并能更好地争取妇女的权利。"① 到 19 世纪末，数学、语言、地理、历史、科学成为英国男女学校的主课程，女校中家政课程学时不断减少。

同时，她们利用各种途径争取女性教育权。在伦敦学校委员会，简·奇莎（Jane Chessar）领导了以改善女教师的工资待遇、改革教师培训模式的女性运动。首先，她支持男女教师同工同酬；其次，她主张发展小学教师培训中心，为小学教师提供更加系统化、有组织的学院课程教育和职业指导。同时，简·奇莎提出男女平等享受各类奖学金。她认为，"有时在竞争中男孩子优于女孩子……但没有任何理由把奖学金进行不平等的划分"。② 她在委员会中成功地否决了关于男孩子获取中等教育奖学金必须比女孩子高一等级资助的提案。经过这些教育家的努力，1869 年唐顿教育调查委员会颁布《1869年捐赠学校法》，明确规定男校女校皆可接受捐赠。尽管该捐赠法没有真正促成男女校平等待遇，但它毕竟从立法上承认女校的权利。一些地方教育协会为妇女住宿制学校设立奖学金，促使个人捐赠的奖学金对男女学生同时开放。如 1883 年泰勒·托马斯（Taylour Thomson）遗赠了 30000 英镑让男女学生平等享用，1909 年伯明翰所有的奖学金都向妇女开放。③

显然，19 世纪英国学校女性管理者直接推动两性平等的教育权，而男女平等的教育权是公民社会职业平等权、政治平等权和独立人权的基础。因此，她们的工作完善了公民社会平等机制。

第二，肯定女性对家庭领域的特殊贡献，提升家庭教育的社会意义；挑战传统的公共领域与私人领域概念，促进女性公民权利意识和责任意识的成长。学校女性管理者认为，家庭环境不仅仅是私人领域，它拥有公共领域的结果和价值，尤其是把家庭对人的教育功能提升到社会高度。因

---

① Vanessa Heggie, "Domestic and Domesticating Education in the Late Victorian City", *History of Education*, Vol. 40, No. 3, May 2011, p. 273.

② Jane Martin and Joyce Goodman, *Women and Education 1800－1980*, Hampshire：Palgrave Macmillan Press, 2004, p. 90.

③ Carol Dyhouse, *No Distinction of Sex? Women in British Universities 1870－1939*, pp. 29, 91.

为家庭教育不仅关系到个人品德塑造，而且是建立良好社会风尚和培养积极的社会公民的基础。有公共精神的妇女和男人一起正确引导和管理家庭生活，才能形成良好的社会风尚。伦敦女性活动家提倡独立、自我完善、自我约束和公共精神是中产阶级女性的美德。同时，她们把发展教育、完善公民社会制度、谋求孩子福利看成与妇女私人和家庭生活相协调的事，也是义不容辞的责任。她们在 1886 年《英国妇女评论》上撰文："我们可能被问为什么维持健康丰富的生活是妇女特殊的责任？首先，因为种种原因，物质的家庭生活由复杂的管理所控制，这是家庭主妇的职责。其次，因为年轻人的自制和正直，道德的提升，社团教育与家庭生活的和谐愉快是一种特殊的责任。如果妇女忽略这些，把自己封闭在自私的冷漠中，我们的国家一定会不断退化。"[1] 而妇女在私人领域屈从于男性，这限制了她们参与公众事务，不利于社会的进步与发展。因此，她们把推翻家庭领域的父权制、实现两性平等与更好地履行公民责任联系在一起。

第三，强调女性的性别优势和利他的社会责任。女性主义教育家认为，"女性天生富有同情心使她们更具有人性和利他主义精神……"[2] 她们在教育女性和救助穷人的社会工作中拥有优势。凯瑟琳·卡帕认为，"教育女孩子的工作应该让妇女来做，在她们监督下学习女性性别知识，让她们做好人并成为优秀的公民"。[3] 这样才能更好地在公共领域履行对他人的责任，特别是对穷人的责任。教育家埃利斯·奥特利告诫说："年轻女性需要有一些自我之外的利益，花在这些社会服务的时间是少女时代的美好的礼物。"[4] 她们努力通过学校教育，培养年轻人利他的公共精神，引导她们为非特权阶级服务的意识。她们在各地学校组织女性志愿者社团，培养女学生从事慈善工作的能力。19 世纪 80 年代开始，牛津高中和利兹女子

① Jane Martin, *Women and the Politics of Schooling in Victorian and Edwardian England*, p. 30.

② Sandra Stanley Hotlon, *Feminism and Democracy: Women's Suffrage and Reform Politics in Britain 1900-1918*, Cambridge: Cambridge University Press, 1986, p. 13.

③ Joyce Goodman, *Women Governors and the Management of Working-Class Schools 1800-1861*, p. 18.

④ Georgina Brewis, "From Working Parties to Social Work: Middle-Class Girls' Education and Social Service 1890-1914", *History of Education*, Vol. 38, No. 6, November 2009, p. 765.

高中都组织了慈善工作协会。许多女子学校以北伦敦学院为榜样，组成"救济穷人协会及社会青少年访问协会"。到 1896 年有 12 所学校一起联合组建了"女子学校传教联合会"。① 这些组织的目的就是加强小学生和大龄女性的品德教育，提供服务社会的技能训练，为社会培养大批热衷社会公益事业的女性，并使她们以特殊的方式进入公共领域，为解决贫困等各种社会问题发挥作用。学者劳拉·梅霍尔（Laura Mayhall）对此做出这样的评论："女性主义强调女性的公民美德，在建立良好的公共利益中承担职责，挑战了公共领域和私人领域人为的区分。"②

可见，女性学校委员会成员倡导的利他主义思想，以此建构家庭和社会关系，在学校的管理中渗透母性的温柔和关爱，培养学生的公民意识，推动社会问题的解决，她们用实际行动证明女性不再局限于私人领域，已经进入公共领域。

总体而言，在 19 世纪英国各教育部门中，女性管理者人数和权力都有限，而且她们大都在认同传统的性别角色分工的前提下安排女孩子的教育。女性管理者强调对女孩子来说关键的问题不是钻研学术，而是加强家庭技能训练，以便更好地充当妻子和母亲的角色。贫困家庭的女子更应学习生活技能，便于谋生。因为富人的慈善努力是有限的，穷人需要有专门的技能帮助自己。格拉斯哥学校委员会的帕特森批评学校倾向狭隘的学术，主张学校教育要进行理论和实践相结合的家政训练。她坚持董事会雇用经过专业训练的烹饪教师，并任命有资格的女督察监督家政课。③ 伦敦学校委员会最初的初等教学大纲包括基本的读、写、算术加上针织、道德、宗教、音乐和绘画等课程，下午以开设针织等劳动技能课为主。④

学校委员会的女性管理者把女性的教育与更宽泛的公众健康和福祉联系在一起。她们认为家政课不仅关系到所有女性能否更好地履行女性的责任，而且将对公民社会产生积极的影响。为中产阶级女性增加相关公共健

---

① Georgina Brewis, "From Working Parties to Social Work: Middle-Class Girls' Education and Social Service 1890–1914", p. 763.

② Jane McDermid, "School Board Women and Active Citizenship in Scotland 1873–1919", p. 334.

③ Jane McDermid, "School Board Women and Active Citizenship in Scotland 1873–1919", p. 343.

④ Jane McDermid, "School Board Women and Active Citizenship in Scotland 1873–1919", p. 343.

康的职业训练和教育，有利于她们为国家的财富积累和公共健康做出重要的贡献。在家政课程体系中，除了基本的清洁、烹饪和缝纫以外，还包括卫生、营养、健康和福利。通过家政课程的训练，全面提高中产阶级女性的家务技能、家庭管理能力和家庭服务能力，提高工人阶级女性的服务水平、中产阶级家庭的生活质量。因此，大多数学校董事会的女性领导者把主要的精力用于管理工人阶级女孩家政课程和家政技能训练上。1882 年，罗莎梦德·达文波特·希尔（Rosamond Davenport Hill）成为附属委员会（1896 年更名为家政课程委员会）的成员，管理烹饪、熨烫和针织等教学部门，在 19 世纪 80 年代至 90 年代负责管理聘用家政课教师所需的贷款。在她的领导和影响下，董事会建立了 140 个烹饪中心和 50 个熨烫工作中心。① 19 世纪 90 年代，在曼彻斯特等地的小学和夜校，家政课由专业教师担任，在理论和实践上较好地训练学生。

历史学家批评这种偏重家政教育的模式是强迫工人女子接受中产阶级女性的家庭角色，他们甚至怀疑家政教育的目的是为中产阶级解决"仆人"问题，而不是为了女孩子自己的家庭需要。有学者认为各地学校委员会的妇女不仅没有挑战传统的"两分领域"的概念，相反，她们试图扩大家庭中作为中产阶级和工人阶层的妇女的界线。② 学者吉尔·马修斯（Jill Mathews）甚至说她们都是在传统的性别秩序内"历史地建构男女之间的权力关系，确认男性与女性定义"③。

笔者认为家政课程的开设符合 19 世纪家庭生活和社会生活的需求，对女孩子进行规范化的家庭技能训练有利于提高家庭的生活品质和公共健康，也有利于工人阶级女性更好地就业。同时，女性教育管理者已经提出男性也有必要增加家务技能的训练，实际上挑战了性别角色定位。女性从事教育管理工作毕竟是 19 世纪女性与男性分享公共管理权、行使公民权的尝试，在推进 19 世纪公民社会的成长中发挥了积极作用。

首先，19 世纪女性教育管理者通过创办学校，管理学校，制定学校管

---

① Jane Martin, *Women and the Politics of Schooling in Victorian and Edwardian England*, p. 84.

② Vanessa Heggie, "Domestic and Domesticating Education in the Late Victorian City", *History of Education*, Vol. 40, No. 3, May 2011, p. 275.

③ Jane Martin, *Women and the Politics of Schooling in Victorian and Edwardian England*, p. 8.

理政策和教育决策与男性分享教育领域的管理权，实现了女性从家庭领域向公共领域的跨越。她们与中产阶级激进主义思潮和团体联系在一起，把教育改革融入社会政治改革的轨道，促进 19 世纪英国自由、民主、平等精神的发展，推进女性公民权的实现。当代学者简·麦克德米德（Jane McDermid）认为，苏格兰和英格兰学校委员会女性共同的愿望是促进妇女在受尊敬的公共领域和政治生活中有发言权，从而证明她们有选举权和完全的公民权。[①]

学校管理工作在实践上锻炼了她们的参政能力。学校委员会的工作纷繁复杂，女性代表作为候选人和选举代表，必须熟悉竞选程序，通过公众演讲，表达个人和公众诉求。伦敦委员会每周的会议就像一个小型的议会，一般从下午 3 点到 6 点 30 分，甚至更晚。会议的主要目的是听取来自各种委员会的报告，在此基础上提出建议，制定政策，在公开投票表决前进行辩论。这样的经历使她们熟悉公共政治领域的流程、管理方法，为她们在公共领域获得更广泛的话语权提供基础。同时，这些女性学校管理者的教育改革思想和举措通过她们的工作网延伸到全国各地。女性学校管理者提高了她们自身的社会地位，她们中许多人在公共领域享有盛誉。这些女性受到社会尊重，其中一些妇女离开人世时，被公认是该地区或国家的损失。如代表地区层面的有格蕾斯·帕特森（Grace Paterson）和克丽丝蒂娜·简米森（Christina Jamieson），国家层面上有弗洛拉·史蒂芬森（Flora Stevenson）和艾格尼丝·哈迪（Agnes Hardie），当时很少有人在社会上享有如此荣誉。[②]

实际上，女性被赋予公民政治权之前，学校委员会的女性管理者得到社会肯定，甚至被称赞是积极的公民。此外，妇女在学校委员会的工作与教区和市镇议会、教会委员会和慈善组织、女权运动、专业协会这些公共生活相互补充，成为女性主义运动的助推器。因此，学者马歇尔称"她们已经直接导向公民权"。[③]

其次，学校女性管理者从利他主义出发，关注社会弱势群体，完善社

---

① Jane McDermid, "School Board Women and Active Citizenship in Scotland 1873-1919", p.334.

② Jane McDermid, "School Board Women and Active Citizenship in Scotland 1873-1919", p.344.

③ Jane McDermid, "School Board Women and Active Citizenship in Scotland 1873-1919", p.344.

会服务体系，推进不同等级间的教育平等权。这种利他主义思想是 19 世纪以穆勒为代表的自由主义功利主义思想的回应，对于完善公民社会的公共精神和平等精神具有重要意义。

她们强调女性在家庭、社会道德教育、社会救助领域的性别优势，提高了女性的地位。她们争取两性平等的教育权，不断瓦解公共领域和私人领域界线，也加强了女性权力，从理论和实践上重建女性的家庭社会角色。同时，她们从公民的责任意识出发，鼓励女性参与社会事务，救助穷人，从而推动了社会公益事业的发展和公民社会的完善。

最后，在家庭领域，这些女性教育管理者实现了经济自立，并在一定程度上实现了婚姻自主、家庭权利平等。据统计，有 230 对配偶都是在伦敦教育委员会工作的同伴，230 对中有 59 对伴侣都是校长。① 这些夫妇有共同的兴趣爱好，婚前有感情基础，婚后夫妻双方共同承担家庭的经济责任，建立起夫妇平等的家庭关系模式，这与维多利亚时期所崇尚的家庭理念形成鲜明的对比。女校长拉维尼亚的儿子描述自己父母的关系时说，"在父亲的眼中，母亲都是对的，不管她作为母亲，还是受人尊敬的校长"。②显然，这些女性管理者身体力行地推动两性平等权的实现。

综上所述，19 世纪中产阶级女性在公共教育领域享有一定的教育权、就业权和管理权，尽管这种权利还存在性别不平等，但却是中产阶级女性走向公共领域的基础，它进一步推进了社会民主平等的进程，从而也推动了两性平等的教育权的实现。

---

① Jane Lewis, ed., *Labour and Love: Women's Experience of Home and Family 1850 - 1940*, p. 182.

② Jane Lewis, ed., *Labour and Love: Women's Experience of Home and Family 1850 - 1940*, p. 181.

第五章　公共政治社会领域的中产阶级女性

公共政治领域和社会领域的话语权是女性公民权的重要内容。在社会民主化改革不断深入，贵族政治逐渐让位于大众政治的过程中，19世纪的英国中产阶级女性不断提高在公共政治和社会领域的影响力。她们通过家庭政治网络、各种政治集会、议会走廊，以及各种刊物表达她们的政治倾向性，给社会民主化进程打上烙印；通过慈善活动，努力解决社会面临的各种问题，影响了社会转型时期的社会治理模式；通过争取妇女选举权运动，直接表达自己的政治诉求，在公共政治领域显示女性政治的特色，对民主政治的理论和实践都做出贡献。

第一节　中产阶级女性参政的政治环境

中产阶级女性政治权是一个复杂的问题。"两分领域"理念下，中产阶级两性关系和女性地位的差异性和变动性，导致学者对女性是否享有政治权利、妇女选举权运动评价等问题产生了分歧。一方面，19世纪中产阶级的家庭理想否定了她们的政治权，经过一系列政治民主化改革，英国中产阶级取得了政治统治权，但是许多自由主义理论家和三次议会改革都否定女性独立的政治权。另一方面，中产阶级家庭生活模式、家庭政治传统、男女的社会责任观念，以及公共政治空间的发展和大众政治的社会氛围等因素，又给中产阶级女性参与政治提供了条件。同时，在国家政治民主化改革过程中，女性自觉或不自觉地卷入其中，促进了女性的权利意识觉醒。中产阶级女性成为19世纪妇女运动的领导者和主力军。评论家贝西·莱纳·帕克斯概括说："妇女运动开始于中产阶级女性，它的领导和成员绝大多数是上层中产阶级，其杰出的成员大多来自工业、商业或者是拥有地产的家庭，通常还包括议员家庭。"① 她们争取各种女性权益，包括女性独立的政治权。政府和男性政治家无法回避的问题就是生活中的另一半——女性是否享有独立的政治权利。现实中，人们的宗教信仰、社会身份、政治分歧，以及把持政坛的政治家的观念和决定都会影响女性在政治领域的作为。因此，包容或排斥女性进入政治领域在不同地区、不同时间、不同事件都存在差异。况且，性别差异不是静态的，而是处于动态变化中。全面认识中产阶级妇女的议会选举权，以及与私人领域相联系的女性政治活动和政治权利，对于认识女性在公共政治领域的地位和作用非常重要。

一 男权主义为中心的女性参政活动

19世纪英国中产阶级女性拥有参与公共政治的诸多有利因素，以其特有的方式参与政治。

首先，中产阶级的家庭生活模式、文化模式、家庭政治传统给中产阶级女性参与政治提供了条件。

在中上层政治家家庭中，家往往是公共聚会的地方，尤其是19世纪激进主义和自由主义者把家当作政治活动的场所。他们在家中举行政治论坛、会议，为政治家、逃跑的奴隶和欧洲政治难民提供避难。这样的家庭空间无疑是刺激或培养女性潜在的政治兴趣和政治能力的场所。许多中产阶级父母亲经常通过家庭辩论，鼓励孩子们的政治热情，培养他们的政治意识和政治才能。女主人在接待客人、倾听男性发言中形成政治见解，并参与其中。因此，对于许多中产阶级女性来说，她们的政治观念代表家族集体的政治观点。威廉·伦顿（William Renton）和他的妻子安妮斯·贝克莉奇（Agnesin Buccleuch）的家被公认为"爱丁堡自由主义思想的中心"。布赖特家庭是英格兰激进的非国教组织活动中心，影响着19世纪早期英国的改革运动。社会主义女性主义者伊莎贝拉·福特（Isabella Ford）和她的

---

① Barbara Caike, "Feminism, Suffrage and the Nineteenth-Century English Women's Movement", *Womens' Studies International Forum*, Vol. 5, No. 6, 1982, p. 541.

姐姐就在这样的家庭中成长。兰开夏的女性主义者伊莎贝拉·皮特里·密尔斯（Isabella Petrie Mills）回忆，在家庭政治聚会中，她经常坐在雅各布·布赖特边上，"奴隶制、禁酒、妇女选举权问题经常得到讨论和研究"①。许多维多利亚时期女性主义者的思想和抱负都是从小受家庭环境耳濡目染的结果。《英国妇女杂志》主编，女性主义者贝西·莱纳·帕克斯（Bessie Rayner Parkes）的父亲约瑟夫（Joseph）是1833年议会市政改革委员会的秘书，她的爷爷也是激进主义改革家。她回忆小时候家庭政治生活对她的影响："我清楚地记得法案的通过……我几乎不懂这一时代风暴的工作内涵，但从此以后我意识到这是人民胜利的时代。"② 晚会和以政治为目的的座谈，尤其是"茶会"成为传统中产阶级女性参与公共政治的主要途径。这种家庭的社交模式帮助女性获得了参与公共事务的机会，锻炼了处理公共事务的能力。

同时，中产阶级女性通过帮助家庭中的男性工作而发挥政治作用。历史学家莎莉·亚历山大（Sally Alexander）证明女性虽然在议会和其他场合被剥夺了独立的政治权，但作为男性的助手，仍然活跃在政治公共领域。③一般政治家的家庭中常见的模式是妻子和女儿作为丈夫的文书参与政治，父亲一般期望家中的大女儿作为助手，履行政治义务。帕蒂·斯密斯（Patty Smith）是辉格党威廉·斯密斯（William Smith）的女儿，是父亲的得力秘书；玛丽亚·埃奇沃斯（Maria Edgeworth）是她父亲的大女儿，她按父亲要求写一篇关于爱尔兰贫困原因的调研报告，着手进行详细的政治研究。④ 1832年议会改革法案起草过程中，达勒姆伯爵的女儿为改革法案制作副本。⑤ 政治家汤普森也非常依赖他的朋友伊丽莎白·皮斯的政治知

---

① Philippa Levine, *Feminist Lives in Victorian England*: *Private Roles and Public Commitment*, Oxford and New York: Oxford University Press, 1990, p. 18.

② Philippa Levine, *Feminist Lives in Victorian England*: *Private Roles and Public Commitment*, p. 16.

③ Sally Alexander, *Becoming a Woman*: *And Other Essays in Nineteenth and Twentieth Century Feminist History*, London: Virago Press, 1994, p. 112.

④ Joan Bellamy, Anne Laurence and Gill Perry, eds., *Women, Scholarship and Criticism*: *Gender and Knowledge 1790-1900*, p. 49.

⑤ Kathryn Gleadle, *Borderline Citizens*: *Women, Gender, and Political Culture in Britain 1815-1867*, Oxford and New York: Oxford University Press, 2009, p. 162.

识。他们工作联系密切，在抗议、反对国家的殖民政策运动中，伊丽莎白负责文字工作，在运动中发挥重要作用。玛丽·奥斯特勒（Mary Oastle）是保守党下议院议员理查德的妻子，她在起草丈夫的议会演讲稿和关于工厂改革的小册子中发挥重要作用。①

家庭政治社会化不是一个简单的垂直过程，还涉及横向亲属关系。有姐妹支持兄弟的政治工作，也有女性利用社交网络，组织力量支持男性的政治活动。凯瑟琳·布兰穆利（Katherine Plymley）住在兄弟朱伯里的家中，政治激进主义者、废奴主义者和一些知识分子经常到家中聚会，凯瑟琳协助她兄弟的政治工作，在社交中彰显性别角色。伊丽莎白·曼蒂诺（Elizabeth Martineau）曾写信给她认识的朋友约翰·泰勒（John Taylor），希望她在晚宴中不要受拘束，自由表达自己的观点。普里西拉（Priscilla）恳求她的朋友凯瑟琳·科布登出席她组织的宴会，她说："我想邀请一个略懂政治，且非常有兴趣帮助我动员男士参加晚宴的女人。"②

可见，无论是被邀请参加政治晚宴的女性，还是参与组织家庭政治活动的女性，她们都不是自己行使政治权利，而是辅助男性更好地达成政治目标。但是，这些妇女的参与构成了以家庭为核心的政治活动的组成部分，保障中产阶级家庭支持的政治工作网的运行，促进英国宪政文化的发展。同时，这些家庭政治行为让女性置身其中，推动女性政治主体意识的形成，促进她们参与公共政治事务，在公共政治领域积极发挥作用。学者菲莉帕·莱维认为，"这种以家族关系为基础的女性政治促进了以友谊为纽带的工作网的发展，它本身加强了女性政治的基础，刺激了她们领导的、以阶级为基础的政治运动"。③

其次，"两分领域"的性别理念中渗透着女性的责任，许多女性以特殊的方式进入公共政治领域。

---

① Kathryn Gleadle, *Borderline Citizens: Women, Gender, and Political Culture in Britain 1815-1867*, p. 110.

② Kathryn Gleadle, *Borderline Citizens: Women, Gender, and Political Culture in Britain 1815-1867*, pp. 100, 106.

③ Philippa Levine, *Feminist Lives in Victorian England: Private Roles and Public Commitment*, p. 69.

中产阶级"两分领域"的家庭理想确定了女性属于私人领域，同时又认定了女性宽泛的社会责任，以道德的形象在公共领域辅佐男性，肯定她们在建立良好的社会风尚和国家形象等方面发挥作用。作家莎拉·埃利斯（Sarah Ellis）认为，"那些走出国门建立帝国的男人拥有慷慨、无私的道德和勇气，或许这些品格受本国女性的影响，女性的影响是不列颠海外文明教化的一部分。因此，女性有责任鼓励孩子的公众精神，这正如我们一再重复，母亲的思想和习惯的基调会影响孩子的理想和行为准则。如果人们听说爱国主义启蒙来自母亲的语言，难道我们相信它仍然没有效果？如果将这些影响延伸到她们的丈夫，她们也能更直接地影响公众生活的道德标准"。[1] 显然，莎拉表达了两性在公共领域分享的理念。在许多政治事件中，男性政治家往往让女性以特定的方式参与其中，提升该事件的重要性，以唤起更多人的热情。

19 世纪临街的窗户和走廊都是受尊敬的中上层女性参与公共政治活动的地方。在这些特定的空间，她们参与政治集会，或讨论议会的各种问题，倾听演讲，挥动手帕，参加游行，高呼口号，制造喧闹的场景，以表达对男性政治家的支持，或表明自己的政治倾向。在彼得卢惨案那天，曼彻斯特城中有许多女性在窗口挥舞着白手帕，向死难者致哀。1840 年在莱斯特召开一个保守的政治会议，参会的女性与豪伯爵（Earl Howe）干杯，男士们在欢呼，女士挥舞着手帕。[2] 学者贝利说："大胆制造喧闹是这一时代男性身份的重要标志，我认为喧闹声是表达集体认同的重要工具，这是由妇女参与的实践活动。"[3]

尤其是在议会大选时期，女性在很多场合出现在特定的位置，帮助男性政治家拉选票。在集会和游行时，街道两边便利的位置通常安排给女性。1832 在韦克菲尔德（Wakefield）竞选时，主席台边上有许多女性的位置；同年，在哈里法克斯，载有女性的敞开式的马车在竞选前赶到；1841

---

①　Simon Morgan, "'A Sort of Land Debatable': Female Influence, Civic Virtue and Middle-Class Identity, c. 1830-1860", *Women's History Review*, Vol. 13, No. 2, 2004, p. 186.

②　Kathryn Gleadle, *Borderline Citizens: Women, Gender, and Political Culture in Britain 1815-1867*, pp. 79-80.

③　Peter Bailey, *Popular Culture and Performance in the Victorian City*, Cambridge: Cambridge University Press, 1998, pp. 209-210.

年大选时，利兹的女性在竞选活动中心与镇长和他的法律助手坐在一起。①

　　虽然这些公众集会上性别化的空间划分并不是突出女性的身份，而是带有装饰门面的意思，但实际上这些女性成为男性政治家的坚强后盾，她们以各种方式影响着选民，在一定程度上影响选举结果。1834年保守党候选人韦克菲尔德的选举直接以争取当地女性支持为对象，举行了超过4000名女性参加的茶会。同样，在达文港口，1841年的选举中有500名最时髦和有影响力的女士举着保守党的旗帜。1835年在伊普斯威奇（Ipswich）新当选的下议院议员声称，他的成功很大程度上要归功于伊普斯威奇女士们的努力。在他主持会议时，女士们穿着色彩鲜艳的衣服，在集会人群中占很大比例。②

　　此外，许多女性激进主义者有时直接参加政治会议，并表达自己的意见。19世纪初期，资产阶级激进运动中，女性积极参与其中。激进主义者萨缪尔·贝姆福德（Samuel Bamford）在传记中记述了当时女性参加政治会议的情况："在塞德沃斯（Saddleworth）的一次会议上，演讲一直延续到晚上，有产者妇女也出席了这次会议，举手表达了自己的意见。这是一种新思想，大量妇女很高兴参加这样的会议。当表决时，男人没有反对，妇女举起手，从此以后，妇女在激进会议上有表决权。"③女性主义者还在公共领域直接发表演讲，表达自己的政治立场和政治观点。弗兰西斯·兰特（Frances Wright）、安娜·维拉（Anna Wheeler）、伊丽莎·雪彼斯（Eliza Sharpies）等女性主义者在公共场合发表了多次演讲，演讲主题比较宽泛，涉及女性教育、戒酒和社会改革等，在社会上引起巨大的反响。禁酒活动家克拉拉·卢卡斯·鲍尔弗（Clara Lucas Balfour）作为一个"值得尊敬"的演讲家获得了社会广泛的认可。④

　　可见，妇女通过参加在特定空间的集会、挥动手帕、游说等方式表达自

---

① Simon Morgan, "'A Sort of Land Debatable': Female Influence, Civic Virtue and Middle-Class Identity, c. 1830-1860", p. 198.

② Kathryn Gleadle, *Borderline Citizens: Women, Gender, and Political Culture in Britain 1815-1867*, pp. 30-31.

③ Samuel Bamford, *Passages in the Life of a Radical* (1844), Cass Reprint, 1967, p. 164.

④ Sue Morgan, *Women, Religion and Feminism in Britain 1750-1900*, Basingstoke and New York: Palgrave Macmillan, 2002, p. 159.

己的观点，这一方式超越了把公共政治生活与肮脏现实相联系的观念，为妇女参与公共政治提供了一个可以接受的方式，保持资产阶级男性在公共领域体面的主导地位。虽然这种形式没有从根本上改变女性参与者在公共领域的从属地位，却是中产阶级女性参与政治，扩大自身在公共领域影响力的机会，也刺激了女性参与政治的热情，对男性政治构成影响。正如史学家西蒙所说，"妇女在与城市中产阶级的理想认同和公民的自豪感相联系的各种机构发挥了重要作用，她们在公共领域游行示威是政治仪式不可缺少的一部分。完整的、令人确信的资产阶级文化只有认识和探索女性的贡献才能获得"。①

当然，女性政治主体建设是一个复杂的事情，她们在许多场合只是旁观者、男性的支持者，甚至是带有非政治目的的参与者。有些女性把政治场合作为朋友和亲属聚会社交的机会。同时，中产阶级政治家家庭中，父亲主要把长女当作助手，而家庭其他女性成员相对较少有机会直接参与政治活动。不能否定，这种家庭参与政治模式带有一定的局限性。

最后，19 世纪民主化改革和公共政治领域的发展为中产阶级女性参与政治创造了政治空间。19 世纪英国社会经过了三次议会改革以及文官制度改革，在这一系列民主改革过程中，各种政治组织、报刊、俱乐部得到发展，政治集会及议会请愿等方式促使政治文化不断向下层社会渗透，形成大众参政的政治氛围。中产阶级成立各种政治改革的组织，如"伯明翰政治同盟""伦敦通讯协会""谢菲尔德宪法知识会""人民之友社"等，这些组织不仅有效地组织政治活动，还创办报刊，宣传改革思想。其中影响较大的有《一便士报》《纪事晨报》《太阳报》《反雅各宾报》《贫民卫报》《黑矮人》等报刊。全国报刊种类从 1760 年至 1806 年增加了 35%，报纸印花税票从 1760 年的 900 万张上升到 1837 年的 3900 万张，外省报刊 1780 年 50 种，1809 年超过 100 种，1830 年 150 种。② 中产阶级女性利用这些阵地，积极参与公共政治文化活动。据统计，大量的郡级报纸的管理者及编辑是女性，包括《水星报阅读》（由两代女性编辑）、《礼士快递》（基督教徒约翰·斯通 1817~1824 年担任编辑）、《布里邮报》、《考文垂水星报》

① Simon Morgan, "'A Sort of Land Debatable': Female Influence, Civic Virtue and Middle-Class Identity, c.1830-1860", p.201.

② Donald Reed, *Press and People 1790-1850*, New York: Greenwood Press, 1975, p.59.

（由安·罗拉森印刷）、《什鲁斯伯里纪事》（从 1806 年开始由伍德夫人印刷）、《肯特先驱报》［1829 年开始由伊丽莎白·伍德（Elizabeth Wood）印刷］、《诺丁汉日报》［1833 年开始由玛丽·斯杰顿（Mary Stretton）编辑］和《肯特先驱报》（1833 年开始所有权和编辑工作都归玛丽·斯杰顿），还有维多利亚早期由简·马歇尔（Jane Marshall）编辑的《邓弗姆林新闻》。通过报刊，女性表达自己的思想，提高政治觉悟，参与地方政治，在地方和国家的政治改革中发挥作用。莎拉·霍奇森（Sarah Hodgson）在 1800 年她丈夫死后，取得《纽卡斯尔纪事》的管理权，牧师威廉·特纳（William Turner）在 1822 年 9 月给她写的祭文中称赞她在办报时坚定承诺"自由原则"，间接地维护公正权利的精神。[①] 19 世纪中期，女性主义者创办了《英国妇女杂志》，成为女性主义者宣传女性主义思想，组织妇女选举权运动，争取妇女教育权、财产权和政治权的主要阵地。

咖啡馆、辩论社团和沙龙等公共领域的发展为中产阶级女性参与政治活动提供了公共空间。1650 年第一家咖啡馆在牛津开设，以后众多都市和各郡都争相模仿。作为公共领域，咖啡馆成为中产阶级讨论各种政治和社会问题，传播政治理念的场所。莫尔顿（Melton）说："咖啡屋不只是公共社交的场所，也是讨论政治问题的地方。"[②] 有些咖啡屋，如利物浦"鼓"（Drum）是激进团体集会的地方，与 19 世纪社团文化相联系的政治俱乐部起源于这样的机构。因此，咖啡馆对 19 世纪政治理想的产生和传播产生重要的影响。更重要的是，在公共政治领域发展过程中，中产阶级女性参与或单独经营管理咖啡馆、酒吧和客栈，并把它们作为请愿者签约的场所和会议的论坛，赢得了政治声誉。1820 年皮尤太太（Mrs Pugh）经营出租马车业务，主要用于自由主义反对派活动。学者马丁·休威特（Martin Hewitt）指出，在 19 世纪 40 年代初，曼彻斯特的费希尔太太（Mrs. Fisher）经营的酒店被当时人称为"托利屋"。[③] 在公共宴会和其他类似的

---

① Barbara Onslow, *Women of the Press in Nineteenth-Century Britain*, Basingstoke：Macmillan Press，2000，p. 6.

② James van Horn Melton, *The Rise of the Public in Enlightenment Europe*, Cambridge：Cambridge University Press，2001，p. 243.

③ Martin Hewitt, *The Emergence of Stability in the Industrial City：Manchester 1832 - 1867*, Hampshire：Aldershot，1996，pp. 31，42.

政治事件中，女性酒店老板往往成为地方和专业媒体关注的对象。同时，女性还通过参加素食餐馆和酒店管理，参与非正式的救济项目，或通过教学，参与激进主义的文化活动，扩大了她们的社会影响。因此，学者戴维达夫说："酒吧和客栈通常赢得了政治声誉，不仅仅是因为它们经常充当请愿者签约地和会议论坛的作用。"①

辩论团体和沙龙作为启蒙思想形成和传播的地方在 18 世纪 50 年代以后开始流行。辩论社团比沙龙更民主，任何人都可以付费参加活动。起初它只是男性的团体，后来向女性观察者开放。1780 年由拉·贝尔（La Belle）发起组织第一个女性辩论社团，随后苏格兰的少数女性组织加以仿效，女性参加这些早期辩论社团的投票表决，虽然没有证据表明她们在辩论中发言。②

19 世纪，随着女性大学教育权的取得，大部分女生都参加学校辩论社团的活动。皇家汉诺威学院 1897 年 111 名住宿制学生中有 98 名参加了学校的政治社团，1903 年 139 名学生中有 116 人参加；纽纳姆的政治社团，1892 年成员增加到 152 人，学生登记的人数仅为 149 人，表明有学校员工参与其中。③

各大学的辩论社团对女生进行辩论技能和参政素质的训练，成为女性参与公共政治活动的摇篮。

在皇家汉诺威、玛格丽特夫人和萨默维尔学院的社团有发声练习训练，格顿学院有口语协会，赛奇威克与格莱铎斯·艾得·帕那苏姆（Gradus Ad Parnassum）社团有即兴辩论训练。这些社团中经常举行活泼、有趣的即兴辩论，以提高她们的演讲技巧，锻炼女生的思维能力和即兴演讲能力。阿诺得·斯坦瑟姆（Arnold Statham）在《樱花同盟的公报》上对此评论道："冗长的演讲对政治来说不适宜，女子学院为女生提供即兴辩论的训练，为她们日后参与政治演讲打下基础。"④ 有些女生甚

①　Leonore Davidoff and Catherine Hall, *Family Fortunes*, p. 428.

②　Donna Andrew, "Popular Culture and Public Debate: London 1780", *Historical Journal*, Vol. 39, No. 2, 1996.

③　Sarah Wiggins, "Gendered Spaces and Political Identity: Debating Societies in English Women's Colleges", *Women's History Review*, Vol. 18, No. 5, 2009, p. 744.

④　Sarah Wiggins, "Gendered Spaces and Political Identity: Debating Societies in English Women's Colleges", p. 739.

至参加校际辩论，在贝德福德学院和萨默维尔学院中，女生与男子学院学生开展辩论。

在萨默维尔、皇家汉诺威、纽纳姆和格顿学院等学院建立的政治社团都热衷于培养学生们的政治抱负，锻炼女生参与议会政治的能力。辩题内容涉及当代不列颠各种政治问题，从关于女性的教育改革、选举权问题到外交政策和劳工政策等。在活动的形式上，社团组织让女生熟悉议会程序，包括议会召开、选举活动和内阁会议。当议会召开时，学生们遵循议会程序，模拟议会成员、政党，提交辩论法案和进行竞选活动，充当国会议员的学生提出议案，并解读该议案的优点和价值，一旦辩论结束，投票表决，胜出的政党组阁。如塞维利亚是英国皇家汉诺威的政治社团成员，通过演讲在学生中赢得了声望，在大二时，当选为自由党总理，她竞选成功当晚，召开了内阁会议，宣读政府提案。[1] 结果，皇家汉诺威和纽纳姆社团被称为"政治社团"，萨默维尔社团命名为"议会辩论社团"，或称"议会"，格顿学院的政治辩论在"演讲俱乐部"进行，后来这一俱乐部被称为"格顿学院议会"。[2]

这些辩论社团的活动表明，政治教育成为女生大学生活的重要组成部分，她们从中熟悉公共政治领域的仪式，获得公众演讲技能，建立自信，形成参与政治的热情，扩大了政治视野，提高了解决现实问题的能力。同时，女生还利用社团建立社会化的工作网，为她们日后进入公共领域打下基础。

此外，中产阶级女性参与 19 世纪中产阶级男性组织的社团与文化协会，为她们跨越私人领域，参与公共政治，建立社交圈，积累社团活动的经验。如 1836 年开始，利兹哲学和文学协会、利兹文学社、利兹机械协会等组织都吸收女性成员，虽然女性参与的数量有限，但其真正的意义在于她们成为女性参与社会互动的润滑剂。1845 年利兹的文学和哲学协会主席的就职演说发表在年刊《座谈》中，辛克莱（Sinclair）牧师称，"机构的

---

① Sarah Wiggins, "Gendered Spaces and Political Identity: Debating Societies in English Women's Colleges", p. 745.

② Sarah Wiggins, "Gendered Spaces and Political Identity: Debating Societies in English Women's Colleges", p. 748.

最后一个环节，几乎把我们联结在一起，党派的精神和宗派的分歧得到缓解"。在发表辛克莱讲话的另一份报纸上还包含出席座谈会一长串男人和女人的名单。而利兹《水星报》描述另一个这样的聚会，"会集了镇上的精英和美丽的女性"①。

参加文化协会的女性既可以听知识讲座，参加娱乐活动，也可以利用这些文化机构的平台，发表演讲，表达自己的政治或学术见解，锻炼自己在公共政治领域的能力，扩大自身的影响力。如克拉拉·鲍尔弗经常利用这些平台发表以女性为主题的演讲，宣传女性在社会改革领域的影响。②克拉拉因此赢得众多的支持者。

总之，协会的活动进一步锻炼了女性政治和社会活动能力，增强了社会对女性问题的关注度，有利于提高女性的政治地位和社会地位。

二　积极参与民主政治运动

在上述政治氛围中，19 世纪英国中产阶级女性积极创办各种组织，参与 19 世纪英国各类政治民主改革，推动国家的民主化进程。

19 世纪初期，各地女性开始创办各类组织，参与以争取议会改革为中心的激进主义运动。1819 年 7 月，"布来克本妇女改革协会"在一次政治集会中，献给演说家一顶帽子，这顶帽子由红色绸缎制作而成，配有绿条纹、蛇形金丝带、金黄色的流苏。③ 这是古代妇女送给奔赴战场的骑士的礼物，以表示对男性政治家的支持。一位男性激进主义者记述 1819 年 8 月圣·彼得集会的情景："有 100~200 个妇女走在队伍的前列，她们大部分是年轻的姑娘，我们走在她们中间。100~200 个健美端庄的姑娘和我们一起跟着音乐的节拍跳舞，唱着流行曲。"④ 在彼得卢事件中有 11 人被害，其中有两人是女性。可见，女性与男性一起参加了激进运动，在公共政治领域

---

① Simon Morgan, "'A Sort of Land Debatable': Female Influence, Civic Virtue and Middle-Class Identity, c. 1830-1860", p. 187.

② Simon Morgan, "'A Sort of Land Debatable': Female Influence, Civic Virtue and Middle-Class Identity, c. 1830-1860", p. 187.

③ 〔英〕琳达·科利:《英国人:国家的形成，1707—1837 年》，周玉鹏、刘耀辉译，第 334 页。

④ Samuel Bamford, *Passages in the Life of a Radical* (1844), p. 200.

产生一定影响，在争取国家政治民主化改革浪潮中，她们扮演重要角色。

19世纪二三十年代，随着反奴隶制运动进一步发展，女性不仅在家庭中抵制使用西印度群岛生产的糖，还在各地建立了反奴隶制协会，组织了独立的、全国性的工作网，加强国内外反奴隶制组织的联系。到1830年，英国几乎所有城镇都有反奴隶制女性协会。她们通过向议会请愿，用自己的行动影响了国家的决策；她们还是高效的游说者和宣传性小册子的作者；中产阶级女性像贵族女性那样把家中的大厅、花园变成反奴隶制活动的宣传活动场所。"妇女反奴隶制协会"伯明翰分会每年分发3.5万份宣传手册，并定期向伦敦总会汇款50英镑。1838年"妇女反奴隶制协会"向下院提交的请愿书，包含了50万名妇女的签名。[1] 在运动中，妇女们以"天赋人权"理论为武器，批判奴隶制是残酷、灭绝人性的制度，并从女性角度论证奴隶制的不合理，强烈要求英国政府废除属国的奴隶制。女性在反奴隶活动中对自身的屈从地位产生不满，萌发了女性主义意识。她们提出，"妇女是奴隶的奴隶"，她们在《人民》杂志中解释道："法律由男人制定，由男人执行。妇女最柔弱，必然居于屈从与受苦地位。"[2] 这些早期的女性主义认识到两性平等权的重要性。

反谷物法运动是19世纪中产阶级捍卫经济利益的一场政治运动。全国各地建立了男性领导的反谷物法同盟，向女性开放，试图把女性作为宣传力量。各地组织描述女性支持者的行为出于最崇高的慈善理想，以提高组织的利他动机。同时，这些组织说明吸引中产阶级女性参加活动基于阶级和自身利益，它们真正需要的是女性的行动而不是抽象的赞美。这是一场无法掩饰其政治目的的运动，大量中产阶级女性通过参加游说、筹款、拉票等方式表达了自己的意愿，声援男性反谷物法运动。1840年10月曼彻斯特发起"茶党运动"，开展反谷物法的政治鼓动，发起请愿书签名运动。1841年曼彻斯特女性聚集，请愿书签名人数达50000人。她们上门订报、游说，筹集资金，在哈里法克斯筹集了47英镑6先令。简·莱达丽提出通过义卖方式支持同盟。1845年同盟在考文特公园（Covent Garden）举行了盛大的义卖活动，这被

①　〔英〕琳达·科利：《英国人：国家的形成，1707—1837年》，周玉鹏、刘耀辉译，第336页。

②　Kathryn Gleadle, *The Early Feminists*, London：St. Martin's Press, 1995, pp.63, 69.

看成最大的政治筹款活动。该同盟每一个分支都参与义卖活动，参与的女性人数在 1000 人以上。[1] 通过这样大型的义卖活动，女性打破地方圈，活跃在全国性舞台上。

19 世纪影响最大的政治运动就是三次议会改革。中产阶级女性在政治民主化改革过程中，作为男性政治家得力的助手始终参与其中，成为现代民主政治的推动者。1832 年议会改革期间，《时代》杂志也记载了女性积极参与改革法案的辩论，发表她们意见的情景——"值得注意的是，虽然几乎所有的旧式妇女都认可反改革的演讲，而年轻漂亮的女性眼里只有法案"。辉格党大臣私人记录中揭示，在改革危机时期，非常重要的撒手锏是把女性的政治观点放在工作网上。[2] 女性在与男性并肩作战过程中逐渐形成政治权利意识，开始争取女性独立的公共政治权利，在 19 世纪后期大规模地开展妇女选举权运动。

第二节　中产阶级女性慈善活动

慈善活动是英国上流社会承担社会责任的传统方式，往往与政治联系在一起。19 世纪中产阶级女性的慈善活动是中产阶级"向上看齐"生活理念的体现，符合 19 世纪英国中产阶级女性的道德标准，也是她们积极参与社会活动，表达政治倾向性的一种方式。她们通过各种方式筹款，访问学校、监狱，关爱弱势群体，努力解决贫困、失业问题；她们提倡教育，积极地传播中产阶级价值观，为缓解当时的社会矛盾和提高女性自身社会活动能力发挥重要作用。

一　中产阶级女性的慈善活动

如第一章所述，19 世纪的慈善事业被中产阶级认为是行使社会责任，赢得社会尊重，向穷人传递仁爱、自助、进取和积极向上价值观，解决社

① Krista Cowman, *Women in British Politics*, *c.1689-1979*, Hampshire and New York: Palcrave Macmillan, 2010, p.40.

② Kathryn Gleadle, *Borderline Citizens: Women, Gender, and Political Culture in Britain 1815-1867*, p.161.

会发展问题的重要途径。慈善事业为解决当时英国的贫困、失业人口的生活问题，以及在解决教育、医疗、养老等公共服务项目中发挥作用。

　　在中产阶级家庭中成长起来的女性，受家庭慈善文化熏陶，她们历来把慈善事业当作对社会的责任和义务，有些人以此为职业。她们以各种方式组织或参与慈善活动，成为英国慈善工作的主力军。她们组织女性慈善社团，从 1800 年到 1900 年在爱尔兰至少有 200 多个慈善协会组织是由女性建立的，或者她们在其中发挥了重要作用。① 据学者 F. M. L. 汤姆森（F. M. L. Thompson）统计，1893 年，英国有 20000 名女性成为慈善机构中的全职人员。② 那些最活跃和最有影响力的女性通常来自具有相同理念的家庭，她们从家庭财富和影响力中获得了优势。她们的父兄都是把持公民机构，或拥有宗教地位的人，她们熟悉彼此的家庭，几乎所有的著名女慈善家都居住在一个相对狭小的城市区域：克里夫顿的雷德兰（Redland）、柯萨姆（Cotham）富裕的郊区，以及斯托克主教区和斯尼德公园附近。这些女性因为家庭的经济和社会地位，参与了当地的政治和慈善事业，甚至影响当地政治理念和实践。如布里斯托的玛丽·克利福德（Mary Clifford）在她父亲的教区工作时获得了有益的慈善活动训练，19 世纪 80 年代，她成为慈善和政治领域的领导人物，得到众多女性的支持，并在各种活动中得到了许多有影响力的男人的支持。像玛丽·克利福德这样的杰出女性在当地组织自愿组织，包括"慈善组织协会"（Charity Organisation Society，COS）的分支机构，享誉全国。1896 年凯瑟琳·伍拉姆小姐（Miss Catherine Woollam）任该机构的副主席，诺兰·弗赖小姐（Miss Norah Fry）为助理秘书，1898 年伊丽莎白·斯特奇小姐（Miss Elizabeth Sturge）为该机构的理事会名誉秘书，1900 年，20 个慈善协会委员会成员中有 11 人是女性。③ 这些协会有序地组织女性开展各种社会活动，努力解决各种社会问题。学者玛莎·维西诺斯（Martha Vicinus）称这些女性慈善家把"被动的行为变成积极的

---

① Maria Luddy, "Women and Charitable Organizations in Nineteenth Century Ireland", *Women's Studies*, Vol. 11, No. 4, 1988, p. 301.

② F. M. L. Thompson, ed., *The Cambridge Social History of Britain 1750 – 1950*, Cambridge: Cambridge University Press, 1990, p. 385.

③ Moira Martin, "Single Women and Philanthropy: A Case Study of Women's Associational Life in Bristol 1880–1914", *Women's History Review*, Vol. 17, No. 3, July 2008, p. 398.

精神，热情为社会服务"①。她们为 19 世纪的英国社会做出了独特的贡献。

第一，捐款、组织义卖，为慈善事业提供经济资助。19 世纪早期，女性往往限于为男性慈善机构筹款。随着女性慈善组织的建立和规模的扩大，她们独立捐赠基金，组织募捐和义卖活动，为慈善事业提供经费上的支持，她们对慈善事业的经费贡献有时超过男性群体。19 世纪 40 年代，坎特波利法院登记的遗嘱样本中，50 名男性共有财产 1162650 英镑，其中 4.5% 用于慈善；50 名女性共有财产 595850 英镑，其中 11.6% 用于慈善。伦敦《每日邮报》报道，它选择了 19 世纪 90 年代每年 50 份至 60 份遗嘱，总数是 466 份遗嘱，涉及金额大约 76000000 英镑，其中 10200000 英镑，或者说 13% 用于慈善事业。其中 150 份女性遗嘱样本中，平均 25.8% 的财产捐赠给了慈善组织，而 316 份男性遗嘱样本中，捐赠给慈善事业的只占 11.3%。② 这些遗嘱样本说明，女性更愿意将身后的财产用于慈善事业。

许多中产阶级女性慈善活动家利用各种优势，开展活动。她们像贵族妇女那样利用自己家的后花园和客厅为慈善工作提供活动场所；她们发动各种义卖活动，为医院、学校、教堂建设筹款，或为救济灾民集资，为政治事件募捐。在伦敦，《时代报》报道的义卖活动，1830 年 6 起，1850 年 15 起，1875 年 60 起。③ 1872 年为了给康复医院集资，在布来克罗克和布林顿集资 1080 英镑 7 先令 2 便士，这些钱都是由妇女三天的义卖中得到的。剑桥的玛丽公主是最大的买家，在第一天付了 119 英镑 13 先令 6 便士，第二天付了 107 英镑 5 先令，第三天付了 8 英镑 8 先令，阿其尔公爵夫人参加每一天的活动，花费 26 英镑 6 先令 6 便士，桑迪尼太太三天中花费 41 英镑 11 先令，阿鲍顿太太花费 5 英镑，而威灵顿公爵夫人花费 14 先令。④

第二，访问穷人、监狱和养老院，建立各种避难所，为社会弱势群体

---

① Martha Vicinus, *Independent Women: Work and Community for Single Women, 1850 - 1920*, p. 211.

② F. K. Prochaska, *Women and Philanthropy in Nineteenth-Century England*, Oxford: Clarendon Press, 1980, pp. 34-35.

③ F. K. Prochaska, *Women and Philanthropy in Nineteenth-Century England*, p. 52.

④ K. D. Reynolds, *Aristocratic Women and Political Society in Victorian Britain*, Oxford: Clarendon Press, 1998, p. 116.

提供帮助。访问是中产阶级妇女进入公共空间、承担社会责任的一种特殊方式。访问的目的是影响穷人，给予关爱和建立信心。伦敦一位牧师说："访问是慈善工作的主要组成部分，特别是在伦敦，以发放购买面包和杂货店商品的票，或其他必需品作为救灾的方式。访问者通常独自进入救灾点，特别需要对穷人怀有爱心和尊重，因为他们是活生生的人，有精神信仰的人，这就要求我们与他们建立友谊。[①] 1827 年改革家伊丽莎白·弗赖访问监狱后，女性慈善家的监狱访问变得更加普遍。监狱访问有时是危险的举动，因为访问期间可能会遭到犯人的袭击。在许多监狱，一些女访客常常不得不在监狱外面等候，直到主管人员确认她们安全了才能入内访问。同时，中产阶级女性还访问医院和车间，并在医院护理病人，为穷人建立学校、医院、孤儿院和避难所。玛丽·艾肯海特（Mary Aikenhead）于 1813 年建立"爱尔兰慈善姐妹协会"，凯瑟琳·麦考利（Catherine McAuley）建立"仁慈姐妹协会"，为穷人提供教育和医疗服务。斯迈利夫人（Mrs. Smyly）是一名很虔诚的宗教信仰者，1852 年在都柏林建立了六家孤儿院。她 17 岁时，开始救助街道上的孩子，19 岁结婚后育有 11 个孩子，仍在孤儿院工作。在她影响下，她的两个女儿——爱伦和安妮也继承母业。[②] 玛丽·克利福德成为"保护女性传教协会"的会员，就像海伦·斯特奇（Helen Sturge）和她的姨妈凯瑟琳·斯特奇（Catherine Sturge）一样，玛丽多年来一直参与教区工作，她的父亲在 1879 年退休，家庭搬迁到了雷德兰，玛丽扩大了她的慈善活动的范围。她开始访问济贫院，特别是访问济贫院医院中的老人和病人，给他们提供帮助。

受当时中产阶级价值观的影响，中产阶级女性慈善家相信，堕落和贫困是环境和生活理念所致，卖淫的女性不是自己邪恶，而是坏公司或其他有害的因素引导她们误入歧途。因此，她们努力为各类女性建立避难所，在精神与物质上给予帮助。伦敦和其他地方都建起了"从良妓女避难所"，试图把妓女从街头生活中解救出来。1821 年她们开放"出狱女性庇护所"，

---

① Ellen Jordan, *The Women's Movement and Women's Employment in Nineteenth Century Britain*, p. 101.

② Maria Luddy, "Women and Charitable Organizations in Nineteenth Century Ireland", *Women's Studies*, Vol. 11, No. 4, 1988, p. 301.

布里斯托的女性慈善社团建立"女性传教协会"和"照顾女孩妇女协会"分支机构等组织，努力帮助工人家庭的女孩和未婚的年轻女性摆脱"罪恶生活"，或者防止她们首次"堕落"。在这些避难所里，妇女不仅受到生活上的庇护，而且得到工作技能训练。女性慈善家往往用羞辱、责备、疾病与贫困等现实案例说服她们，告诫她们"如果你继续这样做，将极度危害你永恒的幸福"。①

中产阶级女性慈善家鼓励贫穷女性只有努力工作，才能改变屈辱的命运。同时，中产阶级女性慈善家还为老人们建立了家园，像"受难的女性之家"（1887 年建立）、"老年家庭教师和其他未婚女子之家"（1838 年建立）、"圣约翰之家"等，为老年弱势群体提供帮助。许多救助团体完全依赖于自愿劳动和公共订单而生存，创始人以她们的远见和坚韧的精神为解决社会贫困问题而努力。

19 世纪晚期，随着时代的进步，从事慈善事业的中产阶级女性意识到扩大女性的就业领域对于提升下层女性地位非常重要。因此，她们积极创造条件为女性提供护士、教师、监狱看守等职业训练。如"贝尔法斯特协会"（1874 年成立）成为爱尔兰首个雇用和训练女护士的协会。"爱尔兰受教育妇女就业协会"（1862 年成立）努力扩大女性在商业领域的工作机会；达德利和彭布罗克女士（Lady Dudley and Lady Pembroke）通过为济贫院训练女护士等举措，为下层女性提供更多的就业机会，促进了 19 世纪英国女性的进步。

第三，通过积极的救济，传递中产阶级自助自强的价值理念，努力提升社会道德水准。

女性慈善家认为，让穷人树立自尊、自强、自信的生活理念，改变他们的道德认知，比物质上的救助更能有效地解决贫穷和堕落问题。她们相信慈善和济贫法应该教导人们懂得道德堕落的贫穷是不会得到回报的。1891 年玛丽·克利福德在济贫法妇女监管员工作会议演讲中提出，济贫法必须要正确对待那些因为疾病、道德堕落、恶习，或他人的过错而致贫的人，除身体有病之外，贫困如果是由道德败坏引起的，"如果

---

① Maria Luddy, "Women and Charitable Organizations in Nineteenth Century Ireland", p. 302.

听之任之，将使下一个世纪的英国成为一个新的犯罪基地，使我们的基督教蒙羞"。因此，她强调"世界道德治理"问题，"政府神圣的目标不是为了避免征服，而是教导我们面对，并利用各种因素去处理社会问题"①。她于 1896 发表的关于"院外救济"的论文中，再次提到了贫穷的最根本原因是道德败坏。她承认在赤贫者中有一些尊贵的人，他们最大限度地尽到自己的责任，这些人应该得到尊重、同情和帮助，他们的基本生活应该得到满足；而那些逃避自己的责任，已经习惯性地沉溺于犯罪的人，他与其众多家属都应该到济贫院。② 因此，许多女性慈善家致力于提升贫困者的道德。

奥克坦维·希尔（Octavia Hill）、海伦·博赞基特（Helen Bosanquet）都是"慈善组织协会"的创始人。希尔相信，每个人都有平等的发展能力，每个人必须忠诚于自己的责任和义务，没有一个人可以确定别人的行动，也没有一个人可以强加一种义务给别人。为了提高社会上男性和女性的责任意识，促进社会上良好的品行，希尔强调"我唯一的改革观念是与人们肩并肩地生活在一起，直到每一个人都相信这一点……我工作在人们的视线之外，我与工人们肩并肩，与佃户面对面"。③ 让他们懂得发展个性的重要性，提高自我帮助能力；让穷人自己掌握命运，更重要的是帮助他们恢复公民的责任意识和能力。

在实践上，女性慈善家努力寻求科学地发展慈善事业。希尔认为科学的社会救济工作使人们在理性和爱的基础上相互帮助，提高他们良好的公共品德。她反对富人简单地给穷人捐钱的做法。她指出，"旧慈善制度下的太太们慷慨解囊是自私的，这是纵容把穷人的问题置于脑后，把复杂的问题简单化。'失业救济金是黑色友谊'，人们应该花时间去了解穷人真正需要什么，他最需要什么帮助"。④ 她劝告慈善组织的女性要同情穷人，理

① Moira Martin, "Single Women and Philanthropy: A Case Study of Women's Associational Life in Bristol 1880-1914", *Women's History Review*, Vol. 17, No. 3, July 2008, p. 407.

② Moira Martin, "Single Women and Philanthropy: A Case Study of Women's Associational Life in Bristol 1880-1914", p. 407.

③ Carol Smart, ed., *Regulating Womanhood*, p. 8.

④ John Lewis, *Women and Social Action in Victorian and Edwardian England*, Hants: Edward Elgar, 1991, p. 45.

解穷人的艰苦生活，真正解决他们的问题，争取工人阶层女性的理解和支持。希尔还倡导房主和房客之间建立平等友好关系，以富人的行为影响穷人，促进人与人之间平等关系的发展，建立和谐社会。因此，这些女性慈善家确立的社会工作目标是帮助贫困家庭建立良好的生活习惯，让家庭组织在自我帮助下维持生活。她们在慈善机构中组织访问者，建立专门的研究机构，研究申请救济者贫穷的原因，有针对性地实施差异性的救助。对于行为和品行端正的家庭，她们帮助这些家庭成员寻找工作，规划生活，提倡节俭，通过自助的方式解决生活问题。她们甚至认为在稳定的家庭联合体中，年轻人与老人可以相互帮助，不需要养老金。如果有些家庭确实难以通过自助维持生计，最后才能提供经济救济。如在 1875 年，圣·乔治委员会遇见一名被遗弃的妇女，她无力挣到足够的钱养活孩子，希尔认为慈善协会应该给予经济上的救济。①

如果家庭成员因懒惰或道德堕落而致贫，对这样的家庭不是给予经济上的救济，而是进行教育，帮助他们树立自信，让他们靠自身力量解决生活问题。在 1874 年，慈善协会接待了一个男人，"委员会决定不给他任何东西，他应该自救。家中最大的姑娘应该工作，他应该送几个孩子去学校。委员会没有做任何事，拒绝对这个男人实施帮助"。②

此外，希尔相信良好的居住环境能改变穷人的生活习惯，有利于他们建立积极向上的生活态度。她身体力行，为穷人建造廉价住房，19 世纪 80 年代初，她努力为 378 家约 2000 人建造了价格低廉的住房。③ 她试图让贫困者能安居乐业。同时，她建议利用教堂、学校、河岸等公共空间，给穷人提供环境优美的公共环境，让穷人在放学后、下班时，远离狭小、污秽、犯罪率较高的生存环境，在美丽的河岸散步，在绿色的草地上玩耍，形成对美好生活的向往。希尔在 1870~1875 年致力于开辟公共空间的运动（open space movement），以便在城市化发展后，给穷人保留一定的公共空间。在挽救伦敦运动中，女性慈善家努力扩大城市绿化带。如国会山（Parliament

---

① John Lewis, *Women and Social Action in Victorian and Edwardian England*, p. 44.
② John Lewis, *Women and Social Action in Victorian and Edwardian England*, pp. 44-45.
③ 丁建定：《从济贫到社会保险——英国现代社会保障制度的建立（1870-1914）》，中国社会科学出版社，2000，第 131 页。

Hill）得到挽救成为伦敦绿带（London's Green Belt）的一部分。①

二　女性慈善活动的意义

上述中产阶级女性的慈善活动具有重要的社会意义。

首先，有效救助贫困人群，缓解社会矛盾。19世纪英国中上层女性的社会慈善工作概念并不是古典政治经济学家所说的改变了简单的侍女性质，也不是简单的物质救济，而是通过关爱穷人，完善家庭管理，创办学校，提供教育机会，提高劳动技能，加强群体互助，为从根本上解决下层社会的贫困问题提供了范例，她们的行动在一定程度上影响了国家政策。女性慈善活动的精英们，如在布里斯托与玛丽·卡彭特（Mary Carpenter）一起工作的女性，包括弗兰西斯·鲍尔·科布、达文波特·希尔（Davenport Hill）、伊丽莎白·斯特奇（Elizabeth Sturge），还有奥克坦维·希尔和汉娜·莫尔等深入下层社会，了解他们的疾苦和需求，在中产阶级和社会下层之间建立联系，为老弱病残者提供救助，为缓解社会矛盾、化解社会危机、完善社会治理体系发挥作用。主日学校创办者之一，萨拉·特里默夫人（Mrs. Sarah Trimmer）曾经指出，"英国中产阶级女性对贫民家庭进行访问探询是避免社会动荡的手段。此外，由于社会中上层关注贫民的福利，感恩被视为理所当然的一种属性"。② 同时，这些慈善活动家在救济管理过程中以道德品质作为选择救助对象，或对受助人进行改造的标准。他们在穷人中宣传中产阶级独立、勤奋、自助、自尊、自信的生活理念，以道德教化影响穷人的行为。这些慈善工作理念不仅为解决英国现代化过程中出现的贫困与失业问题提供新的思路，也是现代各国扶贫政策的出发点，而且传递中产阶级价值观，促进中产阶级的社会责任意识和阶级意识的形成。

其次，中产阶级女性通过慈善工作进入公共领域，改变女性的性别角

---

① A. F. Young and E. T. Ashton, *British Social Work in the Nineteenth Century*, London: Routledge and Kegan Paul Ltd., 1956, p. 119. 转引自梅雪芹、郭俊《论奥克塔维亚·希尔制度——19世纪后期英国改善贫民住房的一种努力》，载《北京师范大学学报》（社会科学版）2004年第4期。

② 吕晓燕：《施善与教化：伦敦的慈善组织研究（1700-1900）》，第217页。

色定位。中产阶级女性慈善家在工作中扩大自身的社会影响，成为济贫法官员、劳工部门的负责人。玛丽 40 岁的时候成为第一任济贫法监管员，任职 25 年，埃利斯·温克沃斯（Alice Winkworth）任职 37 年，凯瑟琳·伍拉姆（Catherine Woollam）任职 27 年。[①] 玛丽·克利福德、奥克坦维·希尔等女性领袖对于教区工作、慈善活动、济贫法工作等社会工作的努力，意味着中产阶级女性完成她作为一个公民服务于他人的义务。实际上，慈善成为 19 世纪中产阶级女性的职业，据估计，1893 年，英国有近 2 万名女性全职从事慈善组织工作。19 世纪末近 5 万名女性长期担任慈善组织志愿者。[②] 学者萨默斯认为，"中产阶级妇女通过从事这些社会工作在家庭和公共社会建立起联系的桥梁，她们把对家庭的关爱扩展到整个社会"。[③] 这些工作虽然没有达成男女平等的目标，但是它能够让女性在公共领域以及私人领域自由活动。尽管年龄、宗教信仰和政治立场不同，这些女性慈善精英之间相互团结，相互支持，塑造了女性的集体主义和个人主义精神，尤其是女性慈善社团不仅使这些女性得到了组织管理经历，并且使她们认识到自己是女性工作者，也使她们拥有自由的空间行使自主权，塑造权威。对于单身女性来说，在慈善事业以及政治参与上的高度专业性使得她们在单身生活中变得有底气。学者西蒙·摩根（Simon Morgan）在研究居住在利兹、从事公共事业的女性工作者的状况后得出结论："女性建立的慈善机构为构建女性公民意识提供了基础，女性成为改善小镇生活的先锋力量。"[④]

　　总之，女性通过慈善工作，增强了社会组织能力、管理能力，增强了自信心和女性权利意识，从而更加积极地投身到社会公共领域，关注性别不平等的司法体系、贫民教育、贫困人群、家庭暴力、医疗卫生、社会公益等问题。她们通过慈善组织，开展反《传染病法》、禁酒运动和各类妇女维权运动，甚至涉及政府的机构与行政管理方面的改革，最后为进入争取妇女选举

①　Moira Martin，"Single Women and Philanthropy：A Case Study of Women's Associational Life in Bristol 1880-1914"，p. 404.

②　吕晓燕：《施善与教化：伦敦的慈善组织研究（1700-1900）》，第 218 页。

③　Carol Smart，ed.，*Regulating Womanhood*，p. 50.

④　Simon Morgan，*A Victoria Women's Place：Public Culture in the Nineteenth Century*，London：Tauris Academic Studies，1988，pp. 73，107.

权为中心的政治运动积累了经验。如玛丽·克利福德既是著名的女性慈善家，也是妇女选举权的支持者，并参与了选举地方政府的女性代表运动。

第三节　中产阶级女性参政运动

妇女的议会选举权是女性各种权利的集中体现，也是政治民主改革中最敏感的问题。争取妇女的议会选举权运动是 19 世纪下半期英国中产阶级女性参政运动的核心和主要形式。从 1866 年至 1928 年，英国妇女争取议会选举权的道路艰难而曲折，经过众多女性主义者的不懈努力才实现。学界大致把它分成三个阶段，第一阶段是 1866~1884 年兴起阶段，第二阶段是 1884~1903 年调整与发展阶段，第三阶段是 1903~1928 年最终实现阶段。本书只涉及第一和第二阶段。

一　妇女选举运动的兴起

19 世纪上半期，妇女选举权问题在公共政治领域主要限于理论和认识上的争论。19 世纪 20 年代，功利主义者约翰·穆勒提出妇女不必要享有选举权，因为她们的父亲和丈夫能保护她们的利益。针对穆勒的言论，威廉·汤普森（William Thompson）和安娜·维拉（Anna Wheeler）在《人类一半的呼吁》中提出给妇女选举权。在 1832 年讨论议会改革法案时，亨利·亨特（Henry Hunt）提交请愿书，呼吁给有一定财产资格的单身妇女选举权。议会不仅拒绝接受亨利的请愿书，而且改革法案首次明确详细地阐述选举权只属于男人。

19 世纪 50 年代，激进的妇女领袖和妇女组织进一步提出女性政治权利问题。妇女选举权运动领袖哈莉特·泰勒在《妇女选举权》一文中明确提出：目前的问题是"妇女选举权、管理权、法律权等所有的权利，包括在政治、公民和社会领域的权利与男性平等的问题"[①]。1850 年在曼彻斯

---

① Harriet Taylor, "The Enfranchisement of Women", *The Westminster and Foreign Quarterly Review*, October 29th 1850, p.1, in Marie Mulvey Roberts and Tamae Mizuta, eds., *The Disenfranchised: The Fight for the Suffrage*, London and New York: Routledg/Thoemmes Press, 1993.

特召开的"妇女权利大会"上，政治改革和社会改革问题是会上讨论的最重要的问题。许多妇女组织明确把争取女性的政治权利作为主要任务。1851年建立的"谢菲尔德妇女政治联合会"在宣言中强调："在这个国家里，妇女的声音尤其没有被听到，她们的意见没有得到充分的尊重，一个民族，文明开化的最大试金石是妇女获得尊重及她们在社会中的影响。妇女在这个国家里负有重要的使命，我们谢菲尔德的好朋友，证明她们能担当起这一使命。"①

19世纪五六十年代女性主义者建立了"兰汉姆""肯辛顿会"②等组织，在巴巴拉·博迪雄和贝西·莱纳·帕克斯等杰出女性领导下，以《英国妇女杂志》作为宣传阵地，以中产阶级女性为主体，开展争取女性各种权益运动，并积极宣传争取妇女议会选举权思想，为妇女选举权运动的开展打下思想理论和组织基础。

19世纪60年代，在议会改革的推动下，妇女选举权运动从理论进入实践阶段，1866~1884年妇女选举权运动者以两次议会改革为契机开展活动。这一时期的妇女选举权运动的发展过程、理论纲领和运动形式都受资产阶级宪政运动影响。

在妇女选举权运动的发展过程来看，19世纪下半期，随着议会改革的深入发展，妇女参政者在男性自由主义改革家的支持下，在议会内外掀起运动，在社会上引起较大的反响。

1866年4月28日早报上登载了保守党领袖迪斯累里在议会上的讲话："在一个女性统治的国家里允许妇女拥有王国的地产，让她们行使贵族的权利，如不仅让妇女拥有土地、庄园，并且根据法律她们主持法庭，可以做教会的执事和教区的救济员，女性在国家和教会能发挥这么大的作用，没有理由，你有选举权而她却没有。"③迪斯累里的发言鼓舞了妇女的斗志，

① Christopher Hampton, *A Radical Reader*, *the Struggle for Change in 1381 – 1914*, London: Penguin Books, 1984, p.117.

② "肯辛顿会"是1865年来自全国各地的知识妇女组织的"女士辩论会"，因为其集会地点在伦敦的肯辛顿街而得名。

③ Helen Blackburn, *Women's Suffrage*, Williams and Norgate, 1902, p.53, in Marie Mulvey Roberts and Tamae Mizuta, eds., *The Disenfranchised*: *the fight for the suffrage*, Routledge/Thoemmes Press, 1993.

妇女领袖们试图借1867年议会改革东风，合法地实现妇女的议会选举权。妇女领袖埃米莉·戴维斯（Emily Davies）、伊丽莎白·加勒特·安德森（Elizabeth Garrett Anderson）、米利赛特·加勒特·安德森（Millicent Garrett Anderson）、巴巴拉和泰勒等在激进的自由主义理论家、改革家的支持下，拉开了争取妇女选举权运动的序幕。1866年5月在巴巴拉·博迪雄（Bargara Bodichon）、埃米莉·戴维斯、伊丽莎白·加勒特·安德森等努力下，成立了"妇女选举权委员会"（Women's Suffrage Committee），起草了要求妇女选举权的请愿书。为了扩大妇女请愿书的社会影响，妇女领袖在社会上发起请愿书的签名运动。梅迪亚·泰勒（Mentia Taylor）和埃米莉带头在请愿书上签字，两周内，签名的人数达1499人。妇女请愿书于6月7日由下院议员约翰·穆勒和亨利·福西特提交给议会。1867年5月12日穆勒向议会提交了13000人签名的议会改革修正案，要求删除议会改革法案中的"男人"（man）一词，用泛指的"人"（person）代替。穆勒还在议会上发表演说，阐明妇女选举权的必要性。结果，在议会内首次形成赞成妇女选举权和反对妇女选举权的第一次大辩论。

穆勒1867年的议会演说，用自由主义的理论陈述妇女选举权的理由，驳斥了反妇女参政者的言论。

第一，针对反对派提出的，妇女选举权将改变政治体制，使政府变坏，使法律变坏的论点，穆勒说："如果说政府意味着什么，那就是财产权和租赁权，同样的理由，这一权利是男人或女人共同拥有。在我们的宪法中记载，妇女在许多郡、城市有选举权，虽然这已成为非常遥远的历史了。议会应该毫无疑问地希望我不把问题放在普通原则、正义或者宪法角度讨论，应该进行现实问题的讨论。"目前最现实的问题就是妇女也不希望通过示威、请愿等方式来解决问题。

第二，在充分肯定妇女各方面能力、妇女对男性的影响力的基础上，说明妇女应该享有与男性同等的政治权利。他说，大部分妇女在一般性的职业中就业，很多人留在家中，这些职业与国家最大的兴趣不相一致，但它包含在人类最大的利益中。因此，男女要真正建立平等的伙伴关系，妇女要成为男人最可信的顾问……"先生们，已经到了这样的时刻，不是把女人提高到男人的水平，就是把男人降低到女人的水平。如果妇女是琐碎的，那么男人也会琐碎；如果妇女只关心无聊的享受与利益，那么男人也不会关注其他。两性必须共同提高或一起沉沦。"

第三，针对女性不适合参与政治，女性也不想参与政治，有选举权的男性已经代表女性这一观点，穆勒把选举权与女性受奴役的现状联系在一起，论证女性到底是受到了保护还是正在遭受磨难。"我希望在议会里看到这样一份统计表，统计每年有多少女人被她们的男性保护者打死、踢死、踩死……"穆勒在议会上为女性问题呐喊："为什么不为穷苦的女孩提供公正的法律？为什么不为我们的女儿提供保护？为什么我们不给已发生的每一件事以人性的关怀？我想只有给妇女选举权，这是唯一能解决这一问题的办法。"只有给妇女选举权，让她们行使有价值的政治权利，才能刺激她们的政治能力和政治觉醒，为她们真正获取人性的解放创造条件。"如果法律停止宣告妇女没有种种能力，停止宣告她们的观点和愿望毫无价值，像关心男人一样关心她们，或者比关心男人更关心她们。她们再也不会与孩子、白痴同类。没有能力照顾自己和别人，毫无价值的耻辱将从两性中消失。"相反，妇女没有选举权，人们在不征得她同意的前提下，决定她必须做什么、不能做什么，那就不可能让妇女关心公共事情。其实，否定她们的选举权，就是明确地向所有的人宣布，无论社会期望如何，不能期望妇女投身公共事务。因此，穆勒在请愿书中呼吁："这是真的，妇女拥有伟大的权力，但是因为间接选举，使这种权力无法实现。因此，她毫无责任的权力观念，我希望通过给予她们权力的责任，使妇女感觉到她们的利益要通过真诚地实践，我希望她们感觉到这不是给她个人名义上的统治权，我希望通过真正地改变她们的工作，而不是诱骗，我希望让她们的政治观念觉醒。"①

总之，穆勒站在自由主义的立场上，从历史上男女共同的责任与义务、国家对人民的自由平等权负有保护责任等方面阐述了妇女的选举权问题，赢得议会内部许多议员的同情和支持。当时穆勒的修正案获得 73 票的支持，无疑震撼了英国的政坛。

---

① The Speech of John Stuart Mill, J. S. Mill, House of Commons, Hansard, 20 May 1867, in Patricia Hollis, *Women in Public: Documents of the Victorian Women's Movement 1850 - 1900*, pp. 296-304.

从妇女请愿书的提出到 1867 年穆勒向议会提交修正案这一段时间中，妇女参政者明确表达了两性平等的政治主张，并且组织了多次请愿活动。在此基础上，各地妇女选举权组织纷纷成立，加强了自身力量，扩大了影响。

1867 年 7 月在"兰汉姆""肯辛顿会"基础上，成立了"伦敦全国妇女选举权协会"（London National Society for Women's Suffrage）（以下称伦敦协会），弗兰西斯·鲍尔·科布小姐、福西特夫人、P. A. 泰勒都是其领导成员。泰勒一度成为该组织的名誉书记。同年 8 月成立"曼彻斯特全国妇女选举权协会"（Manchester National Society for Women's Suffrage）（以下称曼彻斯特协会），11 月在爱丁堡成立"爱丁堡妇女选举权协会"。这些组织带动妇女选举权运动在全国各地轰轰烈烈地展开。同年，曼彻斯特协会把周围的组织联合在一起组成"全国妇女选举权协会"（National Society for Women's Suffrage，NSWS），莉迪娅·贝克尔（Lydia Becker）为主要领导，沃尔斯顿霍姆（Wolstonholme）是协会的第一任秘书，阿苏拉·布赖特（Asula Bright）和她的丈夫雅各布（Jacob）是主要成员，激进律师理查德·潘克斯赫特（Richard Pankhurst）不久以后也加入该组织。这是一个松散的联合组织，每个组织保持它的独立性。但它把全国各地的妇女联合起来，有组织地开展全国性的争取妇女选举权运动。组织成立后不久，他们起草了妇女选举权法案，1870 年由杰克布·布赖特上交议会。同时在莉迪娅·贝克尔的主持下，创办了《妇女选举权报》，向社会发出女性的呼声。

1872 年 1 月在伦敦成立了"全国妇女选举权协会中央委员会"（Central Committee of the National Society for Women's Suffrage），莉迪娅·贝克尔、雅各布·布赖特夫妇都是其成员，该组织进一步加强了妇女选举权运动的领导。

在争取妇女选举权斗争的过程中，曼彻斯特协会采取比伦敦协会更激烈的方式，她们利用马克斯韦尔事件作舆论宣传，推动妇女选举权运动的发展。

马克斯韦尔是一位女性，由于选民登记时出现差错，1867 年秋天马克斯韦尔成为有选举权的男性。在投票日，她妥善安置好工作，到投票点按自己的意愿投了雅各布·布赖特庄严的一票。这是 19 世纪英国议会中女性第一次投票，它向社会宣告女性拥有巨大的政治热情和政治能力。马克斯韦尔事件不仅在英国社会，还在欧洲大陆和美国引起很大反响。它使妇女选举权从理论进入实践阶段，给妇女选举权运动以原动力。1867 年 11 月 29 日《时代》杂志的头版报道了人们对妇女宪政运动的理解已超出半个英国，"尽管在逻辑比例上和数量上违反了法则，她们在国家代表中没有投票权"。但是，"我们害怕法律细则剥夺这瞬间性别的胜利，事实证明我们处于撰写报道关于此事件的一系列文章的可笑场面"①。

在马克斯韦尔事件影响下，妇女选举权赢得更多的社会支持。1868 年 2 月，《时代》杂志记载了日复一日妇女大量地在许多地方进行选民登记的情况，直到 11 月 3 日，《时代》杂志在评论曼彻斯特协会的第二次年会报告时指出："在目前情况下，妇女选举权问题是不平常的事。当它由高等法院的辩护律师进行裁决时，不成文法对此作如此强烈的解释是不平常现象。在特定的条件下，妇女该不该有选举权……一种观点认为，这也是大多数人的观点，如果妇女已进行过选民登记，那么她应该有投票权，而辩护律师却持中立态度。另一种观点认为，如果条件许可，辩护律师允许他自己进行反对；第三种观点已被四个法院吸收。这一观点认为，即使反对妇女选举权，但妇女的选民登记应该保留……"②1868 年，"全国妇女选举权协会"在曼彻斯特、伦敦、伯明翰联合发布命令，宣布缴房产税的女性有登记权。妇女领袖们挨家挨户地进行游说，在莉迪娅·贝克尔领导下，曼彻斯特有 5346 名女房主登记，1341 人在索尔福德登记，在勃罗夫顿和配特尔顿有 857 人登记，一名妇女在兰开夏登记，239 名在爱丁堡登记，还有一些妇女在苏格兰的其他地方登记。③

当选民核查人员取消已进行选民登记的女性的选民资格时，她们不甘示弱，组织了四场诉讼：一是曼彻斯特 5346 名女户主提出诉讼，她们的意

① Helen Blackburn, *Some of the Facts of the Women's Suffrage Question*, Central Committee of the National Society for Women's Suffrage, Berners Street, London, 1878, p. 12, in Marie Mulvey Roberts and Tamae Mizuta, eds., *The Suffragist-Towards the Vote*, London：Routledg/Thoemmes Press, 1995.

② Helen Blackburn, *Some of the Facts of the Women's Suffrage Question*, p. 13.

③ Millicent Garrett Fawcett, *Women's Suffrage：A Short History of a Great Movement*, London, p. 10, in Marie Mulvey Roberts and Tamae Mizuta, eds., *The Suffragist-Towards the Vote*, London：Routledg/Thoemmes Press, 1995.

见送到议会登记处；二是兰开夏的一位女地主提出诉讼；三是索尔福德1341 名已做选民登记的妇女提出诉讼；四是勃罗夫顿和配特尔顿的 857 名妇女向索尔福德登记处的监督员提出自己的主张。①

尽管这四场诉讼被法院驳回，但它们对社会造成的影响是不可估量的。男性和政府都不得不考虑女性的权利问题。1868 年的秋天，20 多位大律师已不再反对妇女的要求，也有少数妇女登记成功，实现了参政的愿望。如在曼彻斯特有 13 位女选民，其中 8 位在选举中投了票。在索尔福德也有几名女性成功地投票。② 这些事件表明妇女已经在公共政治领域点燃了星星之火。穆勒的妇女选举权法案虽然以 194：73 票被否决，但妇女的一系列活动最终使议会在选举法案中把"男人"（male person）一词含糊其词地改成"人"（man）。尽管议会法案的解释权还是属于男性当政者，曼彻斯特协会的莉迪娅·贝克尔等妇女领袖认为议会改革法案中的"man"指的不是男人，而是男人和女人。毕竟从字面意义上不再明确男性是唯一享有选举权者，无形之中也鼓舞了妇女的斗志。19 世纪 70 年代到 1884年，妇女选举权问题几乎每年都在议会提出，并进行讨论，在穆勒提交修正案后掀起两次高潮。

一是 1870 年，雅各布·布赖特向议会提交了"消除女性无权"状况的私人提案，提出在任何地方出现"男性"一词，也要加上"女性"一词，男女应该享有同等的权利。为配合议会内部的斗争，妇女在全国各地掀起了请愿高潮，对议会形成巨大的社会压力。《妇女选举权报》乐观地评论当时的形势："我们在议会得到很大的支持。在上院和下院我们都拥有支持者，我们拥有支持法案的内阁成员，我们也得到最高法院法官的支持。"③ 结果，该提案在二读表决中以 33 票的多数通过。但是格雷斯顿却以政府的名义表示反对。他说："我们不希望限制民主，无论是在政府组织还是其他地方，但是毫无疑问地，这种观点在我们中占优势……让法案（妇女选举权法案）成为法律，这将是最大的错误。"④ 最后，在对该提案

① Helen Blackburn, *Women's Suffrage*, London: Williams and Norgate, 1902, p.84.
② Helen Blackburn, *Women's Suffrage*, pp.87-88.
③ Helen Blackburn, *Women's Suffrage*, p.107.
④ Helen Blackburn, *Women's Suffrage*, p.107.

是否进入委员会进行表决时，反对者以 126 票的优势否决。

但是妇女参政者把它作为新的开始。曼彻斯特委员会在 1870 年的年度报告中提出："这足以证明选举权赢得巨大的进步，必将鼓励我们开始新的努力。"① 随后，在全国范围内形成大规模的妇女签名与集会运动。

二是伍德尔修正案。19 世纪 80 年代初期，在第三次议会民主改革的呼声中，妇女选举权赢得更多人的支持。1883 年 10 月自由党的利兹会议通过了妇女选举权决议案，许多自由党的党员以个人的名义支持妇女选举权。110 名自由党人联名签署了一份备忘录上交给格雷斯顿，要求给妇女选举权。与曼彻斯特协会有联系的自由党人威廉·伍德尔（William Woodall）对此发表评论说，很明显，17 年中公共舆论赞成妇女选举权的力量在增强。他劝说政府做出一定的让步是明智和可取的，并希望议会将据此赞成他提出的修正案，他与另外 79 名议员恳请格雷斯顿倾听公众的声音。第二年，伍德尔的妇女选举权法案以议会修正案的方式提交到议会时，格雷斯顿首先回答了两个问题：一是妇女应不应该有选举权；二是委员会该不该讨论妇女选举权修正案，讨论修正案会不会影响议会改革法案。首先他否定了第一个问题，尽管他没有完全扮演反妇女参政者的角色。对第二个问题，他说："这是最坚定的看法，通过修正案给妇女选举权是不合适的，新的问题不能带入法案。"最后他引用了一位市长的话，"运送货物的船只，只能承受安全运送货物的重量"②。也就是说，目前议会无法承受给予妇女选举权的压力。在格雷斯顿影响下，1884 年 4 月议会对伍德尔修正案进行表决时，许多人原来支持妇女选举权，这时也开始改变态度，投了反对票。其中 104 名支持妇女参政者，听从格雷斯顿的劝告，站在反对伍德尔修正案的立场上。虽然有三个内阁成员大胆地公开反对格雷斯顿，但他们在议会表决前就已退出会场。结果，伍德尔修正案以 271 票反对，135 票赞成被否决了。后来福西特对此发表评论说："妇女被抛入水中。政治家与英雄水手不同，他们的责任和本能是一样的，在遇到危险

① Sophia A. van Wingerden, *The Women's Suffrage Movement in Britain*, *1866-1928*, p. 28.

② Millicent Garrett Fawcett, *Women's Suffrage*: *A Short History of a Great Movement*, London, p. 28, in Marie Mulvey Roberts and Tamae Mizuta, eds., *The Suffragist-Towards the Vote*, London: Routledg/Thoemmes Press, 1995.

的那一刻，把危险留给妇女。"①

这一时期的妇女选举权运动表现出以下特点。

（1）从参加成员来看，运动中的领导人绝大多数来自中产阶级中上层。穆勒称"许多有声望的议员、大学教授，以及国内知名的女士都是协会成员"。② 1870年一份支持妇女参政的名单中有153位骨干，他们中有不少专业人员和社会名流，其中有议员14人，教授5人，勋爵和贵妇人3人，治安法官2人，博士5人。直到1901年，除了已经去世的82人外，其中35人仍是协会的成员。③

这些参加妇女选举权组织的女性的父兄大都是掌握国家经济命脉的工商业者，或者是知识精英和政治家。从政治思想倾向来看，她们大都是自由主义者，站在19世纪政治民主改革的前列，推动国家政治民主化进程。这些女性与父兄一起经历过议会改革，参加过反谷物法斗争、反奴隶制斗争。在19世纪一系列的政治民主改革过程中锻炼了自己，萌发了民主意识和两性平等的思想。如海伦·泰勒是自由主义者英国下议院议员穆勒的继女。米利赛特·加勒特·安德森来自女性势力十分强大的家庭。她的大姐伊丽莎白·加勒特·安德森是一名医生，为女性取得与男性平等的医生资格做出贡献，另一个姐姐是刘易斯，1865年18岁的刘易斯·米利赛特参加穆勒关于妇女选举权的演讲，坚定了为妇女选举权而努力奋斗的决心。曼彻斯特协会的创建者之一莉迪娅·贝克尔小姐出生在工厂主家庭，从小在家中接受教育，在植物学领域有专长，著有《植物学入门》一书。她在孩提时代曾参加过"反谷物法同盟"。关于她的童年经历，有人曾这样描述："在姑娘时期，她与祖母生活在一起，祖母是一名狂热的托利党人，贝克尔小姐经常听人说女性不适合参与政治。"但是，贝克尔回忆说自己讨厌这一看法，"我经常本能地感到妇女应该像男人那样具有正义感，当我听到妇女不适合参与政治的言论时，我很讨厌这种不公正"④。

---

① Millicent Garrett Fawcett, *Women's Suffrage: A Short History of a Great Movement*, p. 28.

② 〔英〕约翰·穆勒:《约翰·穆勒自传》，吴良健等译，商务印书馆，1987，第174页。

③ Helen Blackburn, *Women's Suffrage*, London: Williams and Norgate, 1902, pp. 95-100.

④ Sophia A. van Wingerden, *The Women's Suffrage Movement in Britain, 1866-1928*, p. 10.

（2）从妇女选举权运动的理论纲领、斗争目标来看，在 1866 年的《妇女请愿书》和向议会提交的其他请愿书，以及妇女的报刊、宣传性的小册子中，以穆勒为代表的激进的自由主义改革家和女性参政者都从资产阶级的自由、人权平等角度出发，阐述了妇女选举权的必要性。

第一，妇女选举权是宪法赋予的权利。在 1866 年的《妇女请愿书》中写道："最高当局明确规定，在这个国家中，有一定财产资格者有权选举议会代表。事实证明，一些人拥有这种权利，而另一些人在法律上也拥有财产，却不能行使这种权利。妇女参加政府是被宪法认可的，历来本岛的妇女可以充当君主，妇女有权担任各种公职。我们的请愿者谦恭地请求尊敬的议会，考虑给所有的户主代表提供便利，只考虑议会认定的财产资格和租金标准，而不是性别标准。"① 可见，妇女参政者从英国历来女性享有的个人权利出发，明确要求议会根据两性平等、公正的原则，以财产与居住条件为依据，而不是以性别为标准给予妇女选举权。

第二，妇女选举权是权利与义务平等的需要。妇女参政者强调既然财产权与纳税能力是英格兰政治权利的基础，那么拥有同样财产权、纳税能力的人就应该有选举权。"国家没有给妇女提供免费食物、衣服和住房，为了生存，她们照样在各个领域挣钱养活自己……她们像男人一样纳税、交房租，她们希望完成一个公民的所有责任。"② 因此妇女应该有选举权。

第三，妇女选举权是保护妇女利益、保护人权的需要。女性参政者强调由于女性政治上无权，才会产生不公正的立法危害女性。妇女选举权运动领袖埃米莉·戴维斯指出："有没有选举权是奴隶和自由民的标志。"③ 平等的公民权是女性享有社会和政治公正性的基础，使国家的宪法原则与事实相一致。

第四，妇女选举权将有利于社会与家庭进步。女性参政者认为，妇女

---

① Helen Blackburn, *Women's Suffrage*, London: Williams and Norgate, 1902, p. 54.

② Marion Holmes, *The A. B. C. of Votes for Women*, The Women's Freedom League, pp. 3, 28, in Marie Mulvey Roberts and Tamae Mizuta, eds., *The Suffragist-Towards the Vote*, London: Routledg/Thoemmes Press, 1995.

③ Marion Holmes, *The A. B. C. of Votes for Women*, p. 1.

选举权能够提高女性的政治素质和道德水平，改善公共领域和私人领域的环境，促进社会进步。布赖特模仿穆勒的口气说："给妇女来自政治影响下的责任，为她们打开更广阔的生活领域，你会发现她们的知识、阅历不像从前，这是在其他地方无法获得的，你将使她们成为睿智的男人更合适的伴侣。我相信，给妇女选举权的结果会使社会达到更高的文明标准。"①埃米莉·戴维斯进一步强调大不列颠和爱尔兰妇女选举权的取得，将推动其他文明国家实现妇女选举权，从而促进世界政治道德的发展和社会进步。

（3）从妇女选举权运动的形式来看，它采用19世纪宪政主义者常用的手段，通过向议会和平请愿的方式申诉自己的要求，试图通过议会内外的民主力量对政府造成压力，推动妇女选举权的实现。

在议会内部，妇女参政者把妇女选举权的希望寄托于议员，同时，她们又不想让妇女选举权问题涉及党派纷争。因此，她们往往自称是无党派人士，在议会中只能依靠自由主义政治家的力量呼吁改革，妇女选举权问题只能以议员私人提案，或者是以选举权改革修正案的方式到达议会。1868~1884年，除1874年、1880年、1882年外，其他年份都有妇女选举权问题的私人议案提交到议会，引起争议。其中穆勒、布赖特、伍德尔三个提案在议会中掀起三次大争论。支持妇女选举权者与反对妇女选举权者在议会展开针锋相对的斗争。

在议会外，妇女参政者学习男宪政主义者的斗争方式，采取集会、演讲、示威游行的方式，争取社会舆论的更大支持，并与议会内大辩论相呼应，扩大妇女选举权运动的影响。从1868年到1884年，几乎每年都有请愿书上交议会，并且在议案中签名的人数不断上升。1869年，妇女参政者提交了255份请愿书，有61475人签名；1871年，提交了622份请愿书，有186976人签名；1872年，提交了829份请愿书，有350093人签名；1875年，提交了1273份请愿书，有415622人签名。1866~1879年赞成妇女选举权的请愿书数量快速增长，签名人数超过300万。②

---

① Sophia A. van Wingerden, *The Women's Suffrage Movement in Britain*, *1866-1928*, p. 42.

② Bertha Mason, "Women's Suffrage at Westminster", in Michael Bentley and John Stevenson, *High and Low Politics in Modern Britain*, Oxford：Clarendon Press, 1983, p. 57.

　　妇女参政者第一次集会于1868年4月在曼彻斯特自由贸易厅举行，这次会议由女性和男性共同参加，在台上就座的有几名女性，当她们出现时，会场给予热烈的掌声。第二次会议在伦敦举行，梅迪亚·泰勒主持会议，米利赛特·加勒特·安德森发表演讲。从此以后，女性集会的数量剧增。1880~1882年，在伦敦、曼彻斯特、伯明翰、布里斯顿、布来福德、谢菲尔德、格拉斯哥相继举行大型集会，在妇女选举权运动开始的头13年，她们就举行了1300多次公共集会。每次集会中，妇女们都租用了最大的大厅，来自不同等级、不同职业、不同教育程度的妇女聚集在一起，共同为妇女的政治权利而奋斗。

　　起初，由于受传统观念影响，妇女不敢大胆地参加公共集会，更不敢发表演说，大多数集会由男人支配。如1871年伦敦的公共集会中，男人当主席，发表演说者全是男人。但是，随着运动的发展，妇女开始登上了公共演讲台，表明自己的心声，以自己的行动改变公众对女性的看法。米利赛特·福西特夫人到英格兰西部进行巡回演讲，阿瑟·莫比（Arthur Munby）说：“我5点钟去参加妇女选举权协会在汉诺威广场（Hanover Square）举行的集会，那里挤得水泄不通。观众主要是穿着很好的妇女，年老的和年轻的都有。她们的马车停满了广场周围，但是，在台上有许多男人，我的朋友泰勒小姐坐在主席台上，看起来似乎有点怪，但又很自然，妇女们像绅士那样认真地扮演公共会议主席，妇女们站在讲台上做演讲。”①

　　在这些女性的影响下，更多的女性冲破私人领域的禁区，走进公共领域，积极参与公共政治活动。

　　1880年2月8日，在曼彻斯特自由贸易厅举行了一次盛大的集会，大约有5000名妇女参加，大量没有参加会议的妇女还发来贺信和电报，她们的名字在《妇女选举权报》上刊登出来。会议主持者普里西拉·布赖特·麦拉伦（Priscilla Bright M'Laren）看到妇女们济济一堂的会场，激动地说：“这是梦吗？不，这不是梦，是伟大的现实把全国各地的妇女带

---

　　①　Philippa Levine, *Feminist Lives in Victorian England*, *Private Roles and Public Commitment*, p. 110.

到这里来，我为主持此次会议而感到骄傲，这表明再也不能说妇女不希望有选举权。"① 一位参加集会的女士说："今晚的集会对我最大的影响就是妇女团结起来，这正是实现我们主张的基础，虽然人们在经历、社会地位、教育方面存在差异，但差异不能孤立妇女的心。在普通女性这一名字下，我们今晚团结在一起，穷人和富人，受过教育的和没有受过教育的，都一起为正义而高呼。"《妇女选举权报》总结当晚的情况："人们团聚在一起是为了对自由与公正的渴望，为了选举权这一共同的目标，人们永不改变、永不停息地奋斗，直到最后实现这一目标。"② 1880 年 5 月伦敦妇女举行游行示威，1884 年 3 月苏格兰妇女在爱丁堡举行全民集会。正是这种游行与集会活动把妇女团结在一起，形成一种强大的社会压力，对两党造成很大的影响，推进了妇女选举权进程。1881 年，贝克尔小姐在邀请议员梅森到曼彻斯特协会年会发表演讲的信中写道："众多的城镇举行了大规模的集会，意味着行动出现大胆的迹象，她们证明了在全国已有大量妇女与我们一起支持选举权行动。没有错，在最近的城市选举中，由候选人举行的每一个集会都宣告他们支持妇女的议会选举权请愿活动。"③

此外，在女性群体内部，妇女参政者通过喝下午茶、邻居互访等女性社交活动宣传妇女选举权运动，扩大组织的人数。在社会上，她们还通过报纸杂志、信件、小册子宣传她们的主张。1866 年巴巴拉·莉·斯密斯（Barbara Leigh Smith）创立了《英国妇女评论》杂志，把宣传妇女选举权作为重要内容。1870 年莉迪娅·贝克尔小姐创办了《妇女选举权报》，用来宣传妇女选举权运动。该报在理论上阐明给妇女选举权的合理性、合法性、必要性，如威廉·格雷（William Grey）小姐设问："妇女选举权实践是非女性的吗？"针对这一问题，她就妇女在获取选举权是否会失去她迷人的魅力、真正的高雅、温柔的特性、高贵的气质等问题撰写了许多反驳文章。奥古斯塔·韦伯斯特（Augusta Webster）在文章中指出要给那些没有丈夫的纳税妇女以选举权。弗兰西斯·鲍尔·科布（Frances Power Cobbe）写了《为什么妇女要选举权？》一文，陈述妇女要求选举权的理

---

① Sophia A. van Wingerden, *The Women's Suffrage Movement in Britain*, 1866-1928, p. 50.

② Sophia A. van Wingerden, *The Women's Suffrage Movement in Britain*, 1866-1928, pp. 50-51.

③ Helen Blackburn, *Women's Suffrage*, p. 151.

由，有力地反驳了反妇女选举权者的言论。同时，该报还报道大量的妇女选举权运动的消息，用事实批驳反妇女选举权者的言论，向社会证明妇女选举权的必要性和可行性。如它曾报道了两则典型的消息。1870 年 7 月，报道了柴郡的签名情况。有一个妇女，开了一家很小的鞋店，希望在请愿书上签名，她说她希望为全体妇女的权利而签名，因为她经受了非常艰难的日子。她告诉妇女选举权游说者，她的丈夫与女仆跑了，留下她独自经营小店艰难度日。另一位妇女已经是 84 岁高龄，住在一间小屋中，她说她虽然来日无多，但她希望其他妇女有选举权，因为那对妇女有益。还有一个女性在大街上对游说者说出要签名的理由："为什么妇女不能像男人那样有选举权？尤其是那些已经纳税的妇女。或者说我没有那样的特殊需要，因为我有一个好丈夫，但是我要签名，因为我知道许多人是单身，她们需要选举权。"① 这些故事鼓舞着更多的女性加入妇女选举权运动的行列。这些报纸、宣传性的小册子在争取妇女选举权中不仅起到舆论宣传作用，而且加强了各地妇女选举权者的联系，使选举权运动深入人心。

二　妇女选举权运动的调整与稳步发展（1884~1903 年）

1884 年妇女修正案失利后，19 世纪末妇女选举权运动一度陷入低潮，请愿运动和大规模的集会以及议会中妇女选举权的提案都在减少，议会只有两次对妇女选举权提案进行讨论表决。许多史学家认为在这一阶段妇女选举权运动处于停滞时期，索菲亚称为"消沉时期"，也有些史学家肯定了该时期妇女选举权运动的成果，戴维·鲁本斯坦（David Rubenstein）称为"稳步前进阶段"。笔者认为这一时期的妇女选举权运动虽然在议会内外的活动没有第一阶段频繁，也不像 20 世纪那么轰轰烈烈，但它显现出新的特点，在调整中稳步发展，为 20 世纪妇女选举权的取得打下基础。

第一，妇女政治组织与党派利益的关系，这是妇女参政者必须做出选择的大问题。为杜绝议会选举中的贿赂和舞弊行为，1883 年议会颁布了《腐败行径法案》，采取了比较严厉的措施以制止和消除选举中的贿赂、舞

---

① Sophia A. van Wingerden, *The Women's Suffrage Movement in Britain*, *1866-1928*, pp. 23-24.

弊和其他的一切不正当行为，这些行为包括款待（宴请），即以肉类、饮料、筵席或食物给予任何人，或为他人代付款项，或施加任何强制性、暴力的行为，或对选民施加任何世俗的、宗教的损害，或用威胁、欺诈的手段阻碍任何人自由行使他的选举权，如雇主对工人声称要解雇的威胁及教士对政治上的反对者声称要进行宗教处罚的恫吓等，或冒名顶替（主要指对选民的冒名顶替），或向选民赠送礼物以影响其选举意向。所有上述行为均构成刑事罪，处以罚金、监禁及剥夺政治权利的制裁。同时，法案还规定选举费用的金额和用途，规定款项的支出必须由一个合法代理人负责，而代理人必须向政府报告这项支出的全部账目。违反上述条款者，依据刑事程序，由受理选举纠纷案件的法庭以简单程序，予以政治的和其他的处罚。当时选举费用的最高限额，在城市选区，选民人数不超过2000人，金额为350英镑，每超过1000人增加30英镑；在郡选区，登记选民不满2000人时，选举费用最高额为650英镑，超过2000人，每增加1000人，增加60英镑。同时，在郡选区和城市选区，对办理选举事务雇用的人员名额和办公费用亦做了相应的规定。这样，两党都需要更多的义务游说者，为本党的竞选工作服务。两党都希望利用人数众多的女性群体作为义务游说者，为本党的利益服务。妇女选举权组织成为党魁们争夺的主要目标。格雷斯顿向妇女发表演说，让她们支持党派竞选。他对妇女支持者说："在这样的政党政治危机中，打开你的感情，慷慨地承担你自己的那部分责任。我们并没有做出不适当的要求，但恳求你去完成属于你的责任，这种责任非但没有背离作为女性的品质，而是能够更好地完成女性角色，并履行自己的职责，忽视这些将成为你未来痛苦和屈辱的源头。"[1]

在自由党政治家的鼓动下，"妇女自由联合会"在布里斯托、约克、达令顿和纽开斯尔等地建立起来。据《威斯敏斯特评论》报道，超过10000名妇女加入了这些协会，并建议自由党利用她们的知名度促进妇女对党派的支持。[2]

---

[1] "The Women's Liberal Federation", *Hearth and Home*, 28 April 1892, in Krista Cowman, *Women in British Politics*, *c. 1689–1979*, p. 79.

[2] Patricia Hollis, *Women in Public: Documents of the Victorian Women's Movement 1850–1900*, p. 317.

结果，妇女选举权组织根据各自与议会党派的关系开始分化。与保守党相联系的妇女于 1883 年组织"樱花同盟"，在各地，尤其是在农村地区开展宣传保守党的各种政策活动。因为它的会费较低，一些工人阶层妇女加入，人数迅速增加。由表 5-1 可见，1884～1990 年同盟数量与人数都快速增长，同盟总人数从 1884 年的 957 人增加到 1900 年的 1518561 人。

表 5-1　樱花同盟会员人数（1884～1900 年）

单位：个，人

年份	同盟数量	总人数
1884	57	957
1886	181257	237283
1890	801261	910852
1900	1380097	1518561

　　资料来源：Compile from "Special Supplement on the Primrose League", by Meresia Nevill, Madame, 25 May 1901; Jane Rendall, ed., *Equal or Different*, Oxford：Basil Blackwell, 1987, p. 171。

　　实际上，该组织成为保守党妇女社会政治生活的俱乐部，许多有权势的人也加入该组织。

　　保守党强调妇女组织必须服从党派的利益，"樱花同盟"不能变成妇女选举权运动的游说团体。在 1890 年的年会上，该组织的领袖宣布："我们樱花同盟的女士们，不希望做任何不属于我们的事，我们不希望统治国家。我们努力做好两件事：我们希望用我们的力量支持那些能带给国家和平与财富的男人组阁政府；我们希望能引导受我们影响的人；我们要教育孩子，让他们忠于国家，拥有爱国心，让他们成为好男人、好公民。"① 也就是说，同盟还是支持妇女充当母亲或传统的女性角色，她们参与政治活动的主要目的并不是争取妇女参政权，而是让男性政治家当政。

　　在议员达令顿的夫人索菲娅·弗赖（Sophia Fry）等人的努力下，1887 年 2 月自由党妇女在伦敦召开代表会议，参会者是有地位和财富的女性，

---

　　① Jane Rendall, ed., *Equal or Different*, p. 173。

有工厂主、学校教师、商人和技工的妻子。会上把分散在全国各地的联合会组织组成"妇女自由联合会"（Women's Liberal Federation）。会后，该组织人数迅速增长。由表5-2可见，妇女自由联合会的数量从1886年的40个增加到1898年的489个，会员人数由10000人增加到69000人。

表 5-2　妇女自由联合会数量及人数（1886~1904 年）

单位：个，人

年份	协会数量	总人数
1886	40	10000
1892	360	75000
1896	476	82000
1898	489	69000
1904	496	66000

资料来源：Women's Liberal Federation Annual Report；Jane Rendall, ed., *Equal or Different*, p.169。

自由党领袖的家眷成为这些组织的主要领导者。如 W. E. 格雷斯顿夫人、达令顿夫人、艾伯第伯爵夫人等中产阶级妇女是主要的成员。

该组织成立之初有三个目标：一是促使自由党执掌国家政府权力；二是促进政府颁布保护妇女、儿童利益的立法；三是通过会议、演讲等手段推行政治教育。各地方组织是妇女自由联合会真正的活动中心，有些组织还补充了缴不起会费的工人妇女。在农村，里克小姐建议联合会的妇女召开乡村会议，挨家挨户访问，宣传政治知识；在城市，她们召集公共会议，拜访同情自由党的选民，挨家挨户地游说，为自由党争取更多的选票。

结果，无论是"樱花同盟"，还是"妇女自由联合会"都成了两党联系选民的桥梁。她们到处送发宣传性的小册子，与户主谈话，在公众集会上演说，宣传党的纲领，扩大党的影响，帮助党魁上台执政。实际上，在议会对竞选经费做了限制之后，这些妇女组织成为两党大选时的免费宣传员。1895~1900年大选中，在谢菲尔德，一群"樱花同盟"的妇女"收集了13000个信封和地址，写好信封，并把写好的13000张投票卡放入信封中，然后把所有的信都检查了一遍，所有的事都在一周内做好……这些都是自愿的，没有任何报酬，甚至没有得到一杯茶"①。因此，这些妇女组织在两党竞选中发挥了意想不到的作用，自由党称"樱花同盟"的妇女是"恶劣的女巫"。

但是，随着妇女政治组织的建立与发展，妇女参政者与她们所隶属的政治组织之间的矛盾越来越突出。"樱花同盟"的妇女坚持保守党的立场，尽管其中有些人对妇女选举权表示同情。"妇女自由联合会"中有许多女性试图通过自由党女性组织，对党派造成压力，支持妇女选举权法案。而自由党的领袖格雷斯顿始终坚持反对妇女选举权的立场，这迫使自由党女性做出选择：服从党派利益，还是服从妇女选举权运动。1892 年大选之日，主张争取女性公正的法律权利，没有必要为妇女选举权而奋斗的 7000 多名妇女从该组织中分离出来，另组"妇女全国自由联合会"（Women's National Liberal Federation）。坚持妇女选举权的成员留在原"妇女自由联合会"内。但是，这些留在原组织中的女性继续处于党派利益至上还是妇女选举权利益至上的矛盾中。激进派认为妇女选举权是所有改革的基础，妇女立即获得选举权有助于其他社会问题的解决。针对保守党议员艾伯特·劳力茨提交的只允许把选举权给单身女性的议案，她们与温和派分道扬镳，开办《妇女通报者》杂志，宣传她们的改革思想，鼓动女性姐妹们继续为争取妇女的议会选举权而斗争。在 1892 年的年会上，她们战胜温和派，使赞成妇女选举权的提案得以通过。她们还把是否赞成妇女选举权作为能否加入组织的条件，所有分支机构在建立与官方联系的提案中，都陈述支持妇女选举权。在 1896 年的年会上，就是否优先支持赞成妇女选举权议员问题上，两派展开激烈的争论，最后通过了由各地方组织自行决定行动方针的方案。这一模糊决议，是激进派对温和派妥协的结果，它不利于妇女政治组织内部的团结，削弱了妇女政治组织的整体力量。

1902 年，激进派势力又在"妇女自由联合会"中取得优势，该组织通过了《剑桥决议案》，提出妇女选举权是一个尝试性问题，禁止执行委员会支持反对妇女选举权的候选人。虽然地方组织让所属的成员自由行动，但是，成员们不得不考虑委员会的决议，实际上，决议案起到强制性地让

① Jane Rendall, ed., *Equal or Different*, p. 179.

其成员服从妇女选举权利益的作用，使妇女选举权问题又成为该组织的中心问题。

同时，妇女选举权组织内部就是否与其他妇女政治组织建立同盟的问题出现分裂。1888 年 12 月，"全国妇女选举权协会中央委员会"就是否让类似"妇女自由联合会"等妇女政治组织加入发生分歧。大多数成员同意隶属于政党的妇女政治组织加入，结果会上通过了同意这些组织加入的决议案。这一决议不仅意味着允许妇女选举权组织与反妇女选举权组织之间建立联盟，使党派的精神侵入组织内部，改变了妇女选举权组织的组织原则与工作方法，而且改变了中央委员会在妇女选举权中的中心地位。

这些同意隶属政党的女性加入者于 1888 年 12 月组织了"中央全国妇女选举权协会"（Central National Society for Women's Suffrage），以《妇女便士报》为喉舌，制定了新的章程，选举产生了新的领导人，办公地点仍为议会街 29 号。福西特夫人等少数人在竭力反对无效的前提下重组组织，仍沿用旧称，以《妇女选举权报》作为宣传阵地，把总部搬到大学街 10 号，福西特夫人为书记，其成员包括弗兰西斯、杰西、海伦、伊丽莎白。

尽管妇女参政者在策略上存在分歧，组织上出现分裂重组，但她们的目标却是一致的，即争取妇女议会选举权。新组织主张在政治上保持中立，修改原则，吸收其他政治团体加入，其目的是扩大和加强协会的基础，争取有产者女性有议会选举权。旧组织阻止其他组织成员加入，其目的是排除党派影响，纯洁组织，尽快获取妇女选举权。《英国妇女评论》对两个组织评论道："分裂也许是加强力量的一种标志和预告，因为不同的观点得到自由表达，再也不会在反对派压力下被淹没。"[①] 两个委员会在以后的 12 年中没有停止相互诽谤，但是，它们在相互冲突中增强了各自的经济实力、政治实力，为争取妇女选举权这一共同的目标而努力，在一定程度上正是这种分歧帮助了对方自我完善。

第二，妇女选举权组织内部就已婚妇女选举权问题发生分歧。早在 19

---

① Sophia A. van Wingerden, *The Women's Suffrage Movement in Britain*, *1866–1928*, p. 60.

世纪 70 年代，在要不要给已婚妇女选举权问题上，受保守思想影响的妇女领袖，如"伦敦全国妇女选举权协会"的创立者埃米莉·戴维斯和弗兰西斯·帕沃·柯比等都主张选举权只给单身有产者女性或寡妇，而"曼彻斯特协会"受激进主义思想影响的妇女领袖却主张所有的妇女都应该与男子享有平等的选举权。19 世纪八九十年代，随着更多的男性获得选举权，已婚妇女选举权问题在妇女组织内部引起更大的争论。

1883 年的伍德尔修正案引起了大争论。因为 1882 年的《已婚妇女财产法》规定所有妇女有权拥有自己的财产，那些拥有独立产权的妇女是否应该与男性享有平等的选举权又提到公众面前。在伍德尔修正案中，却取消了已婚妇女选举权。两个妇女组织都很遗憾地接受这一限制性条款。在全国妇女选举权协会中央委员会的一次会议上，福西特夫人劝告大家接受该提案。她认为妇女选举权的目标应该逐步实现，鉴于议会中半数成员已宣布支持该提案，改变言辞会引起不必要的危险，妇女选举权的胜利要以牺牲已婚妇女政治利益为代价。在全体年会上，"全国妇女选举权协会中央委员会"通过了一个模糊的决议，虽然不赞成排斥已婚妇女选举权的法案，但为了表示对尊敬的领袖伍德尔的服从与忠诚，她们打算支持法案。而其他妇女参政者，如埃米莉·戴维斯、潘克斯赫特等竭力主张给已婚妇女选举权，对该法案持反对态度。结果导致了妇女选举权组织内部的进一步分裂。1889 年，伊丽莎白·埃米和潘克斯赫特组织了更激进的"妇女选举权同盟"（Women's Franchise League）。该组织宣告："把议会选举权、城市和地方及其他选举权扩大到妇女，不管她是已婚、未婚还是寡妇都应与男性享有同等的权利。"[1] 同时，她们还主张取消上院，进一步实现国家的政治民主化改革。这些激进的主张遭到来自议会内外的反对，反妇女参政的女性也组织了"反妇女选举权者同盟"，反对妇女选举权。

尽管这时妇女参政者内部出现上述分歧，组织重组非常频繁，但这一时期的妇女选举权运动却得到稳步发展，并在有些领域取得了新的突破。

第一，在党派中扩展势力。"妇女自由联合会"与"樱花同盟"的妇女参与党派的政治活动，一方面打破了女性与公共领域相分离的传统，另

---

① Sophia A. van Wingerden, *The Women's Suffrage Movement in Britain, 1866-1928*, p. 61.

一方面使女性接受了党派政治活动的训练,获得更丰富的政治经验。福西特说:"妇女有组织的政治工作从 1884 年以后有所增长,而且变得非常有价值,以至于所有的党派都试图争取它的支持。缺少选举权本身已经成为我们所掌握的最重要的政治武器之一。"①《妇女便士报》也称赞这种联合"已经成为政治生活中可以被感觉到的力量,她们的影响与日俱增,对于妇女来说参与政治实践并非新鲜事,而与党派联合行动影响了整个 19 世纪的发展"②。

同时,许多妇女参政者试图利用妇女政治组织与党派的联盟,扩大妇女参政组织对党派的影响。她们认为"樱花同盟"和"妇女自由联合会"应该为妇女选举权而工作,至少拒绝为反对妇女选举权的候选人工作。因此,上述妇女政治组织的成立,在一定程度上在党派中施加女性的影响。《妇女便士报》说:"樱花同盟和妇女自由联合会试图联合党派的力量,获取政治权利,没有这样的联合,妇女的政治期望找不到合适的表达。"③

第二,妇女选举权运动突破了中产阶级范围。在中产阶级妇女参政运动影响和领导下,工人妇女加入争取妇女选举权的队伍。1884 年,工会会员们高举自己的旗帜和请愿书参加"全国妇女选举权协会"的请愿运动。本·托尼后来回忆:"在约克郡,我们很多人参加妇女选举权的示威游行,许多领导在我们的房子外面,我们每一个人都热情地支持这一运动。"④ 19 世纪 90 年代,各地的工会组织与妇女选举权运动进一步联合起来。1894 年"妇女合作协会"在年会上正式表示支持妇女选举权,大约 1/4 的会员签署议会请愿书。埃丝特·罗珀(Esther Roper)和伊万·格罗·布斯(Eva Gore Booth)发动了包括工人妇女在内的妇女选举权签名运动,兰开夏郡的纺织女工于 1900 年组织妇女选举权请愿运动,一年中获得 29359 人签名。⑤ 据《英国妇女评论》1900 年夏天报道:"游行示威者在 50 个地方出现,队

① Millicent Garrett Fawcett, *Women's Suffrage: A Short History of a Great Movement*, p. 33.

② Frances Power Cobbe, *Why Women Desire the Franchise*, London: Central Committee of National Society for Women's Suffrage, 1872, p. 3.

③ Sophia A. van Wingerden, *The Women's Suffrage Movement in Britain, 1866-1928*, p. 58.

④ Angela V. John, ed., *Unequal Opportunities: Women's Employment in England 1800-1918*, p. 221.

⑤ L. L. Semon, *Women and Leadership in Nineteenth-Century England*, p. 169.

伍的次序按各工厂工作的人口数量排列。游行主要在晚上工厂工人下班回家时举行……一些工厂主允许请愿书进入工厂，另一些工厂主允许游行者进入厂区，摆开桌子，让妇女签名后离开或上班。"① 在约克郡，几乎所有的独立工党成员都参加妇女选举权运动。可见，19 世纪末，妇女选举权运动已经超出了中上层妇女的范围，产生了更大的社会影响。

第三，加强组织力量。尽管妇女参政者在组织上出现分裂与重组，重组的结果是一方面妇女组织之间少不了相互攻击，影响了内部的团结，另一方面，各个组织都在努力发展自己的实力，无形之中扩大了妇女参政组织的影响力。19 世纪 90 年代中后期，妇女组织又开始出现新的联合趋势。1896 年 20 多个妇女选举权组织在伯明翰集会，讨论下一步的工作。一年以后，17 个妇女选举权组织组成"妇女选举权协会全国同盟"（National Union of Women's Suffrage Societies，NUWSS），它的目标是争取女性与男性同等的选举权。

该组织还是一个松散的联盟，其下属组织拥有很大的自主性和独立性，它没有经费，也没有固定的办公总部，对下属组织没有实际领导权。但是，随着妇女选举权运动的发展，该组织逐渐形成了各种委员会，负责各种具体工作。如为了在议会中争取更多的支持，设立了议会委员会，巴尔福夫人、福西特夫人、海伦都是其主要成员。1897 年同盟还对各下属组织的工作进行了分工："全国妇女选举权协会中央委员会"成为领导中部和东部地区妇女选举权运动的组织，"中央全国妇女选举权协会"担负起领导西部和中部地区妇女的责任，而"曼彻斯特协会"则是北部英格兰妇女的领导机构，同时还有一些地方协会遍布全国，形成了全国性的争取妇女选举权网络，吸收更多的妇女加入组织，扩大了妇女选举权运动的影响。

第四，扩大了妇女选举权运动的影响，赢得更多的支持者。妇女组织在曼彻斯特、伦敦、布利斯特等地不断扩大，19 世纪末，"全国妇女选举权协会"的势力延伸到 17 个乡村，1870～1911 年，妇女选举权问题在议

---

① Jill Liddington and Jill Norris, *One Hand Tied Behind Us：The Rise of The Women's Suffrage Movement*, London：Virago Press, 1984, p. 146.

会引起 21 次争论，有 13 次法案进入下院，其中 7 次通过二读，自从 1886 年以后，大部分下院议员赞成妇女选举权。19 世纪 90 年代，议会中更多的议员支持妇女选举权，妇女选举权运动有了新的进展。1892 年保守党议员艾伯特·罗利特提出妇女选举权法案。该法案陈述全国已有 800000 ~ 900000 名妇女经历了城市选举权，它没有引起一场革命，议会却还没有制定关于妇女选举权的规则，让所有阶级、所有党派的妇女在议会中能听到自己的声音，以防止妇女没有法律地位，遭受不公正待遇。[1] 罗利特法案不仅维护了妇女的利益，而且也有利于整个国家。甚至连反对该提案的伊文·斯梅尔·斯密斯也说："妇女选举权问题以更公平更理性的面貌出现。"[2] 但是，格雷斯顿却明确反对罗利特法案，还告诫自由党组织不要让自由党妇女发表演说，以免她们趁机宣传妇女选举权思想。最后该提案以 152 票赞成，175 票反对被否决。

从投票结果来看，罗利特法案反对票与赞成票只差 23 票，说明妇女选举权问题在议会已赢得更多的支持者，已经接近胜利，这给妇女选举权运动者带来了更大的希望。"全国妇女选举权协会中央委员会"在年度报告中给予高度评价，认为这一结果"标志着运动已取得很大的进展"[3]。

同时，罗利特法案在社会各界引起巨大的反响，不同阶级、不同党派的妇女签名了一份《特别呼吁书》送交议会。福西特夫人被选为"特别呼吁书委员会"的领导，"全国妇女选举权协会中央委员会"努力促使呼吁书在全国各地传播。1893 年传播呼吁书成为争取妇女选举权运动的一大特色。3500 名妇女在全国各地从事呼吁书的签名工作，共收集了 250000 人签名，三年后呼吁书提交给议会，并陈列在威斯敏斯特大厅里。1897 年还出现了妇女选举权即将实现的迹象。这一年是维多利亚女王登基 60 周年的纪念日，妇女参政者试图在这特殊的时间里实现选举权。费思富尔·贝奇的提案以 71 票的多数成功地通过了二读，一时间似乎胜利在望。2 月 7 日该提案进入委员会讨论阶段，规定 6 月 23 日进入三读，但这一天被维多利亚女王登基 60 周年的庆典活动占用，最后三读时间推迟到 7 月 7 日进行，反对派拉

---

① Bertha Mason, *"Women's Suffrage at Westminster"*, p. 47.
② Sophia A. van Wingerden, *The Women's Suffrage Movement in Britain*, 1866–1928, p. 66.
③ Sophia A. van Wingerden, *The Women's Suffrage Movement in Britain*, 1866–1928, p. 67.

长其他问题的讨论时间，妇女选举权议案最后还是没有提到议会讨论的议事日程。这样，妇女参政者在19世纪最后丧失了获胜的机会。

三　妇女选举权运动失败原因及其影响

为何轰轰烈烈的妇女选举权运动最终还是没有完成妇女取得议会选举权的目标？

从客观上看，英国社会主流政治势力并非赞成妇女选举权，无论是保守党还是民主党，大部分党员都反对妇女选举权。妇女领袖把实现妇女选举权的希望寄托于议会，而两党对妇女选举权的态度却非常复杂。保守党领袖迪斯累里虽然支持妇女选举权，大部分党员却持反对态度。自由党则相反，自由党从理论原则上赞成妇女选举权，而自由党的领袖却反对给妇女选举权，因为他们相信有产者妇女拥有选举权，她们会将选票投给保守党。许多自由党的议员虽然支持妇女选举权，但是他们又把党派的利益看得高于一切，往往在议案表决之前表现出很大的热情，一旦进入表决的关键时刻，面对自由党领袖的压力，他们还是放弃自己原有的立场，这一点从上述布赖特修正案和伍德尔修正案的命运都可以得到证明。

保守党会议不断支持妇女选举权，但保守党领袖迫于许多保守党党员的反对没有把它写进正式的法案中。因此，妇女选举权议案在议会中得不到强有力的支持。

同时，政党把妇女选举权运动作为政治斗争、派别斗争的一个筹码。他们利用领导妇女选举权运动的中上层妇女来影响或控制运动。因此，妇女选举权运动不可避免地受到男性组织或党派活动制约，在很大程度上成为党派活动的外延和补充。无论是"妇女自由联合会"，还是"樱花协会"，在一定程度上成为两大党的附庸，它们把扩大该党的影响，争取选民的支持作为主要任务，分散了妇女选举权运动的力量。

从妇女内部来看，妇女选举权运动主要是中产阶级女性为主体的政治运动，但这一群体内部奋斗目标不统一。妇女选举权组织内部不仅与党派的关系复杂，就是否把党派的竞选目标当作主要目标发生分歧，而且在争取妇女选举权与争取其他妇女权益关系上不断出现分歧，妇女选举权组织内部不断分化、重组，在一定程度上分散了妇女选举权斗争的整体力量。

同时，许多中上层妇女，包括妇女选举权领袖对妇女选举权的重要性认识不足，甚至把争取妇女选举权与妇女的工作权、教育权对立起来，她们采取与妇女参政者相同的方式，通过公共集会、演讲等方式鼓动女性反对妇女选举权。19世纪80年代，这些妇女组织了反妇女选举权组织，1889年在《19世纪》杂志上发表了包括作家沃德夫人、比切里丝·波特小姐和韦伯夫人在内的104位社会著名女士签名的《反对妇女选举权呼吁书》，声明反对妇女选举权，紧接着一封"妇女抗议"请愿书吸引了1500多个人签名，号召全社会的男性和女性共同反对妇女选举权，这在中上层妇女中引起较大的反响，分散了妇女选举权运动的力量。20世纪，随着潘克斯赫特领导"妇女选举权同盟"开展激进的妇女选举权运动，反妇女选举权运动也有了相应的发展，1908年成立"反妇女选举权同盟"。到1910年夏天，该组织已经形成100多个女性领导的分支机构，招募了超过16000名付费成员，并收集了超过400000个反对投票的签名。[①]反妇女选举权运动在一定程度上削弱了女性团体争取妇女选举权的力量，影响妇女选举权的实现。

19世纪以中产阶级女性为主的英国妇女选举权运动虽然没有实现妇女在议会拥有选举权的目标，但是，妇女选举权运动对女性解放产生了深远的影响。

首先，为妇女选举权运动从宪政运动走向激进运动打下基础。19世纪，妇女选举权运动者主要依靠议会的力量实现女性的政治目标，但是，在一次又一次被资产阶级的改革抛弃之后，许多女性主义者对政府、党派产生怀疑，开始联合工人，把目标投向普通民众的支持。她们从中更加强烈地意识到男性的政治不能代表女性的利益，女性必须寻求政治上的解放来改变屈辱的地位。她们呼吁"不仅要求象征平等的选举权，而且希望按自己喜欢的方式来改变妇女的状况"。[②] 这意味着妇女参政者正从行动上依

---

① Julia Bush, "British Women's Anti-Suffragism and the Forward Policy 1908 – 14", *Women's History Review*, Vol. 11, No. 3, 2002, p. 439.

② Jill Liddington and Jill Norris, *One Hand Tied Behind Us: The Rise of the Women's Suffrage Movement*, p. 25.

附于资产阶级党派、资产阶级宪政运动逐步走向独立。正因为 19 世纪宪政运动的失利，20 世纪初，潘克斯赫特领导的"妇女选举权同盟"强调"行动胜于言辞"，开始走上街头，试图以激进的方式扩大妇女选举权运动的影响。

其次，扩大了女性在公共政治领域的影响。在妇女选举权运动影响下，19 世纪末，更多的女性参政意识、平等权利意识、公共意识觉醒，中产阶级女性走出私人领域禁区，忘我地投入政治生活中，挑战传统社会，扩大自身的社会影响，从而使更多人接受妇女参政和妇女参与公共事务行为，妇女领袖赢得社会尊敬。爱丁堡选举协会主席拉伦对福西特的政治热情给予高度的评价："你的道路、道德和知识已经变得越来越光彩夺目，直到现在，由于你高尚的道德风范和坚强的理性能力，你已经成为引航的明灯。"①

"樱花协会""妇女自由联合会"等妇女组织直接介入政党的政治活动，在国家政治领域发挥重要作用，实际上已经打破了妇女属于私人领域的限制，促使议会内外的各阶层主动或被动思考妇女选举权问题，妇女选举权成为 19 世纪末英国议会的重要议题并赢得更多人的支持。1883 年秋天，在纽开斯尔镇，每个论坛都表达要改变妇女在政治上无权状况的愿望，并赢得阵阵喝彩。曼彻斯特、利兹、伯明翰、爱丁堡等政治活动中心都收集了妇女选举运动的结果，几乎所有的自由党杂志都支持妇女选举权运动。1884 年 2 月自由党人鲍尔·曼尔在《公报》上发文承认妇女选举权在英格兰是一件好事。他说："这年秋天，自由党赞成给妇女选举权。在利兹会议上，赞成妇女选举权者赢得多数，目击者描述当时反对者寥若晨星。"② 尽管格雷斯顿的改革否决了妇女的选举权，内阁中有三位大员公开反对格雷斯顿的议案，他们也知道这将危及他们的政治地位。

最后，在地方选举改革中，妇女获得了成功，妇女政治权益在一定程度上得以实现。1869 年雅各布·布赖特提出的"市镇联合选举法"允许单身的纳税妇女像男性一样参加地方政府的选举，该法案以三分之二多数票

①　Sophia A. van Wingerden, *The Women's Suffrage Movement in Britain 1866-1928*, pp. 63-64.

②　Marie Mulvey Roberts and Tamae Mizuta, eds., *The Suffragists-Towards the Vote*, p. 1.

在议会通过。妇女从此在市镇议会中拥有与男子平等的选举权。1888年地方政府法案中规定妇女在郡议会有选举权，其中有三个妇女被选举。① 为此，高等法院的法官科尔里奇（Coleridge）伯爵提出在地方议会中给妇女选举权，并不是允许她们坐到他们中间来，试图阻止妇女当选地方议员。但是，妇女在地方的参政权在扩大，到1892年，有503000名妇女在英格兰、威尔士、苏格兰的地方选举中有投票权。② 1894年《地方政府选举法》规定已婚妇女和单身妇女一样拥有选举权，这使妇女的选票在地方政府中的比例不断提高，1900年，妇女选票占地方政府选票的13.7%。③ 妇女参与了地方选举和地方政府的政治，在政治公共领域发挥越来越大的作用，进一步锻炼了政治能力，为妇女进一步取得议会选举权打下基础。

同时，妇女成功地在学校委员会和济贫委员会等公共领域担任领导角色（见第四章）。1894年，一个地方法案给予妇女选举权和妇女在济贫委员会中的任职资格。到1900年英格兰和威尔士有100万名妇女在城市、郡议会选举中有选举权，在教区、教堂、乡村、城市、学校、济贫委员会中有选举权。④

第四节　中产阶级女性参政运动的理论贡献

在妇女选举权运动中，中产阶级女性内部派别较多，思想和行动并非一致。影响妇女选举权运动的理论派别有自由主义女权观、妇女议会选举权理论与反妇女选举权运动理论。中外学者对妇女选举权运动及其各大派别褒贬不一。笔者认为，只有厘清这些理论派别之间的相互关系，才能全面认识妇女选举权运动和反妇女选举权运动的关系，认识妇女选举权运动对19世纪政治理论和女性主义理论所做出的贡献。自由主义是该时期各种政治改革的基础，如果把妇女选举权运动放在自由主义这一时代的主旋律下，则能够较好地理解妇女选举权运动的渊源，更客观地评价它的理论贡献。

---

① Sophia A. van Wingerden, *The Women's Suffrage Movement in Britain*, *1866-1928*, p. 63.

② Harold L. Smith, *The British Women's Suffrage Campaign 1866-1928*, p. 6.

③ Bounies Anderson and Judith P. Zinsser, *A History of Their Own*, Vol. 2, London and New York: Macmillan Press, 1988, p. 361.

④ Sophia A. van Wingerden, *The Women's Suffrage Movement in Britain*, *1866-1928*, p. 38.

一 自由主义的女权观

自由平等是 19 世纪女性主义和自由主义共同的理想。19 世纪妇女选举权运动以宪政运动的方式进行，争取妇女政治权利，以实现男女同等的自由平等权，而自由主义的自由平等原则与他们的女性人权观是矛盾的。

洛克是自由主义理论的奠基者，他在资本主义的初期批判封建制的同时，提出资产阶级的自由理论，在资产阶级的政治理论和社会生活之间建立良好的联系。他从自然权利观出发，运用社会契约理论对菲尔默的君权观、父权观、夫权观进行批判。他强调"具有同样的共同天性、能力和力量的人从本性上说是生而平等的，都应该享受共同的权利和特权"[①]。这在逻辑上承认女性与男性一样拥有独立的人权。在此基础上，洛克进一步把社会契约理论与家庭父权制理论结合在一起，从反对家庭权威出发反对绝对君主制。他提出女性虽然通过契约进入婚姻领域，在丈夫那里处于服从地位，但妻子的服从是有严格限制的，因为女性拥有不可剥夺的权利，即生命权。因此，母亲应该与父亲一样"享有她的儿女孝敬的权利，而不受她丈夫的意志的约束"[②]。在特定的环境下，妻子有权选择离开丈夫，在孩子未成年时，母亲与父亲同样对孩子有监护权。

然而，洛克对政府起源的解释却以父亲的自然权威为基础，鲜明地表达了男性家长制的观点。他认为建立自由国家的人如同家庭中的父亲，他们保护家庭成员借以生存的基础：财产或财富，因此，他们在家庭中拥有权威地位，没有理性的那一类人只能被动地适应这种变化。在这一解释中，从自然国家到公民社会，财富不平等，所有自然状态下的社会关系都得到维护。在论述家庭内部关系时，洛克的理论同样保留父权制的特征，没有触及家族统治制度。在婚姻契约中，他排除了妇女的家庭财产权，把她们置于从属地位。"在家庭中，丈夫作为财物和土地的所有者而具有处理有关私人事务的权利，以及一切有关他们共同的事务上，丈夫的意志优于他妻子的意志。"[③]"妻子的劳动所得犹如仆人的劳动成果一样，由丈夫控制。家庭的决定权或

---

① 〔英〕约翰·洛克：《政府论》上篇，瞿菊农、叶启芳译，商务印书馆，1998，第 57 页。
② 〔英〕约翰·洛克：《政府论》上篇，瞿菊农、叶启芳译，第 53 页。
③ 〔英〕约翰·洛克：《政府论》上篇，瞿菊农、叶启芳译，第 41 页。

者是最后的决定权属于丈夫。"① 因为他更强大、更有能力，他的权力能够为家庭赢得利益和财富。更重要的是，"男性不管他是否拥有财富，都拥有足够理性及自然统治家庭的能力，理性不是与年龄而是与父性联系在一起"②。只有男人是政治生活的创造者，有能力订立社会契约。而女性因为缺乏理性，也就不适合参与政治工作，天生只适合于家庭，她应把公民权交给丈夫。可见，17 世纪最伟大的自由主义者追求的仅仅是男性的自由理性。

工业化引起 19 世纪的经济、社会变革，使自由主义获得新的内容。穆勒自由主义思想是传统自由主义的最高境界，他的自由主义女性主义思想对英国女性主义和妇女选举权运动产生深刻的影响。从他的议会演说到《妇女的屈从地位》一书，他运用自由主义的理论，表达了男女平等政治权的真知灼见。

在穆勒看来，女性在社会和家庭中处于从属地位，并非女性天生的素质低，而是环境、历史因素作用的结果。所有女性从小接受服从男性的教育，相反，男人从孩提时代起就接受了性别优越感教育，萌生性别歧视和性别偏见。社会"就是一所学府，或一座体育馆，其宗旨是将他们训练成为狂妄自大和专横跋扈者"③。长期以来形成的男尊女卑的传统使女性被排斥在政治等崇高的职业之外，没有权利表达自己的意见，并甘愿屈从于男性的统治，不能享有自由权和平等权。

针对女性的低劣地位，穆勒从自由主义的法则出发，把女性作为独立的个体，论证两性的平等权。他提出妇女参政权是保障女性人权的主要手段。"在选择将统治自己的人时表示自己的意见，是每个人应有的自卫手段，虽然他永远要被排除在统治的功能之外"。"妇女要求选举权就是为了保证她们得到公正平等的考虑，即使妇女作为妻子都是奴隶，这些奴隶更需要法律保护，而我们知道，当法律是由她们的主子制定时，奴隶享有什么样的法律保护?"④ 哪怕 2000 个妇女中有一个人有选举权，也能给全体

---

① Anne Phillips, *Feminism and Politics*, Oxford and New York: Oxford University Press, 1998, p. 104.

② Anne Phillips, *Feminism and Politics*, p. 104.

③ 〔美〕凯特·米利特：《性的政治》，钟良明译，第 156 页。

④ 〔英〕约翰·斯图尔特·穆勒：《妇女的屈从地位》，汪溪译，第 303~304 页。

妇女带来福音。在此，穆勒明确了政治、法律对于保障人权的重要性，明确了两性无论在私人领域和公共领域都是独立的个体，有权代表自己发表意见。否则，让一个男性来代替女性说话，让男性来保护女性，实际上是为男性提供压迫女性的工具。因此，穆勒在议会呼吁只有给妇女选举权，才能为她们提供公正的法律保护，并促进妇女的政治能力和政治觉醒，积极投身于公共事务。实际上，穆勒把政治权利与政治责任联系在一起，说明只有获得权利才能建立责任观念，有能力履行社会政治责任。

更重要的是，穆勒把两性关系提升到伙伴关系。他超前意识到两性共同构成社会的整体，他们对政治的认知水平直接影响到社会的进步。女性政治素质将直接影响到男性的政治判断力和对公共事务的责任心，从而直接影响一个国家的政治治理。"男人和女人是伙伴，女人轻浮了那么男人也同样，如果女人除了个人兴趣和懒惰虚荣以外，不关心任何事情，那么男人也很少关心别的事，两性是一起消长的。"① 因此，他在议会呼吁，只有提高女性的政治能力和政治水平，才能促进社会的进步。

穆勒的女权主义政治思想否定了传统的自由主义的妇女观，提出了消灭性别差异的平等观，超越了同时代自由主义思想理论境界。他指出否定女性独立的人权，其实质就是男人运用社会政治、市场权力限制妇女的权利，加强他们对社会家庭的控制权。这样，他把妇女的经济社会地位和家庭中对父权的依赖关系与社会、伦理、法律上的受压迫状况联系在一起，从而推论出女性只有争取与男性的平等权，才能真正摆脱第二性地位。穆勒的思想不仅超越了17世纪以来传统自由主义的人权观，也为妇女运动指明了方向，奠定了自由主义女性主义的思想理论基础。他所构建的两性伙伴关系模式正是现代两性平等关系的基础。

但是，穆勒的女性主义思想充满着矛盾性。首先，穆勒从男女的同一性来论证男女平等，他并没有触动社会制度下的父权制根本，只是让女性遵循那个框架和那些规则行事。他强调女性可以和男人一样进入公共领域，行使个人权利，发挥个人潜能，或者男女互补，实际上是让女性男性

---

① Patricia Hollis, *Women in Public: Documents of the Victorian Women's Movement*, *1850-1900*, p. 302.

化，忽视了女性的性别特点和优势，这不免在实践中产生许多矛盾。同时，穆勒强调两性平等的同时，又把女性放在男性配角地位来讨论她们的权利，从本质上没有完全否定女性的低劣地位。他说："除非有男性化的女人，否则不会有男性化的男人。"① 这就是说，让女性男性化是为了让男人真正男性化，更好地承担社会赋予的责任。"对于这样的男人，没有什么比在一个真正优越的女人陪伴和批评下去进行他的思考对他有更大的价值。"② 穆勒在论述政治权时，进一步阐述了这一观点。他说："让妇女在政治事务中成为道德的代表，显示出她的政治意识，当她懂得这些事情的重要性，她会懂得为了自身的利益和自负牺牲政治信念为什么是错误的，她将懂得政治的正直不是愚蠢者能理解的，这正是男人的责任，一种庄严的责任，因为家庭的原因而放弃了。她所影响的那个男人在公共事务中会更好。否则，大量受她们影响的男人会变坏。"③

总之，从洛克到 19 世纪的自由主义具有两面性，一方面系统地提出人类的自由平等理论法则，甚至在洛克等的理论中已承认女性的自由平等权，这不仅开启了女性争取自由平等权的意识，也为妇女选举权运动提供了思想理论基础。早在 17 世纪玛丽·艾斯泰勒就借用自由平等的理论提出："如果暴政在国家没有必要，为何让它在家庭存在，或者说为何存在于家庭而不是国家？""如果男人生来自由，为什么妇女生来就是奴隶？"④ 尤其是穆勒已探讨妇女受奴役的原因，提出男女平等的教育权、就业权和政治权，政治解放是女性解放的必要手段等思想，为妇女运动指明了方向，奠定了自由主义女权主义理论基础。

另一方面大多数自由主义思想家只强调男性群体的平等权，排斥女性，这与妇女选举权运动所追求的男女平权的目标相悖。穆勒的女权思想也带有女性男性化的烙印，忽视女性的性别特点和贡献。

---

① Patricia Hollis, *Women in Public*: *Documents of the Victorian Women's Movement*, *1850-1900*, p. 300.

② 〔英〕约翰·斯图尔特·穆勒：《妇女的屈从地位》，汪溪译，第 310 页。

③ Patricia Hollis, *Women in Public*: *Documents of the Victorian Women's Movement*, *1850-1900*, p. 302.

④ Juliet Mitchell and Ann Oakley, *The Rights and Wrongs of Women England*, London: Penguin Books Ltd., 1986, p. 382.

二 妇女参政者对传统自由主义的超越

妇女选举权运动中，妇女领袖借用自由主义的理论，从女性生活体验和女性的立场出发，对传统自由主义和社会上所有反女性政治平等权的思想理论进行批判，提出了女性主义的理论，在一定程度上继承、丰富和发展了自由主义的理论。

第一，借用自由主义先辈们的天赋人权、自由平等理论解释妇女选举权及其他权利，把近代资本主义的自由平等原则扩大到女性阶层，否定了传统自由主义的妇女观。

她们对人类自由本质的解释比男性思想家们更加明确，指出人类相同的自然本质决定男女具有平等的理性和政治权利，妇女的参政权是维护女性的天赋人权的保证。

1843 年霍格·蕾特在《妇女宣言》中说：男女的"自然本质是相同的，如果说有区别，也是微小的，他们的相同点大大超过不同点"。[1] 1872 年妇女领袖泰勒进一步指出："上帝创造男人和女人就是让世界组成和谐的整体，并没有贵贱之分，是男人擅自利用权力控制女人，规定了她们应该干什么而不应该做什么，什么是合适的，什么不合适，什么该学，什么不该学，他们不公正地对待并侮辱她们。这种被保护被压迫的事实并不是说妇女在精神上和能力上就只能服从于男人。作为一个独立存在的个体，有思考的权利，每一种思想都打上自我的烙印，并努力去实现自己的天赋，拒绝服从男性权力……自然教导我自由地实现对世界的责任。"[2] 也就是说，没有任何理由可以排斥人类的另一半：妇女的平等权。同时，妇女参政者还论证妇女没有选举权是父权制长期非法侵蚀的结果。在古代社会，英国女性与男性有平等的政治权，她们参与战争，拥有财富，进入议会，甚至可以继承王位，封建制也没有完全使妇女的宪政权完全消失。从 17 世纪法律宣布有夫之妇的法律身份由丈夫代表开始，妇女的地位长期衰落，一直到

---

① Patricia Hollis, *Women in Public：Documents of the Victorian Women's Movement，1850-1900*, p. 273.

② Patricia Hollis, *Women in Public：Documents of the Victorian Women's Movement，1850-1900*, p. 294.

1832 年改革，妇女才彻底丧失政治权。男性通过掌握的政治权，制定不公平的法律，不公平的教育和就业权，使妇女完全处于服从地位。由此，她们推论出选举权是妇女政治解放的工具，只有妇女拥有选举权才能维护平等的公民权和立法权，防止男性的侵权行为。因为"妇女的利益、情感没有在议会得以表达，只能完全服从拥有政治权力的男人。妇女在拥有选举权之前，她们的苦难和不幸将不会受到重视，她们的教育和社会福利不会受到政府的同等的关心"①。《妇女选举权报》报道称，1880 年曼彻斯特妇女参加自由贸易广场大示威时，非常强烈地表达了一种观念："所有抛弃妇女，构成对妇女最大伤害，如不公平的法律、教育、工作等因素只有通过妇女选举权才能解决。"② 显然，女性主义者在此把自由主义男性化的自由平等观转化成全社会两性间的平等，这是女性主义对传统自由主义的丰富和发展。

第二，对公民的责任、义务权利观进行新的解析。传统的自由主义从未对女性的责任、义务、权利提出挑战，公平竞争对女性来说只是一种服从，这是男性的思想家为男人写的理论，构建在男性文化基础上。妇女参政者从妇女在社会各个领域所负的责任和做出的贡献，说明女性应享受的权利，这正是女性参政者站在妇女的立场上得出的结论，是对穆勒的自由主义女权观念的超越。

妇女参政者认为在家庭中男女负有同样重要的责任，她们把维持家庭生存的劳动分成两个部分，一是家外劳动，即挣钱，提供足够的衣食住等生存条件。二是家内劳动，合理地安排家庭的饮食、起居，让家庭成员舒适地生活。女性承担家务劳动时，牺牲了外出挣钱的机会，让男人有精力挣更多的钱，因此，女性应该与男人共同分享男人的收入，男女劳动对家庭同样重要。把家务劳动作为劳动分工的组成部分，这正是现代女权主义者所追求的目标。同时，她们认为社会上许多单身女性在经济上独立地养活自己，与男子同样为国家纳税，为国家的富强出力。"在国家危急时刻妇女与男子一样，把自己的一切贡献给国家，包括为战争付出精力

---

① Marion Holmes, *The A. B. C. of Votes for Women*, The Women's Freedom League, p. 10, in Marie Mulvey Roberts and Tamae Mizuta, eds., *The Suffragists-Towards the Vote*, London: Routledge/ Thoemmes Press, 1995.

② Sophia A. van Wingerden, *The Women's Suffrage Movement in Britain*, *1866-1928*, p. 49.

以及各种努力，冒种种风险，参与比直接参加战斗更多的服务，甚至牺牲自己的生命。"① 相同的责任和义务应该有相应的权利，因此，女性应该与男性拥有同样的政治权。况且女性与男性一样受坏政府之苦，因而她们有同样的兴趣和责任维护一个好政府。妇女选举权不仅是权利，也是维护法律正义性、保障妇女权利的工具。"男人和女人维护好政府的方法就是：在选举政府官员时相互磋商，制定法律。"② 妇女完全有能力运用选举权。"选举权是一种武器，这种武器握在女人手中和握在男人手中一样，运用这一武器靠的是道德的力量，而不是体力。"③

在争取选举权过程中，女性主义者看到政治权利和法律权利的双重作用。她们提出已婚妇女选举权就是在法律上承认女性独立的公民权、财产所有权、离婚权和对孩子的监护权。1868 年，"全国妇女选举权协会"在曼彻斯特、伯明翰、布利斯特联合宣布，缴房产税的妇女有登记权，实际上是要求社会承认女性与男性相等的义务和权利。

第三，强调女性的性别优势与性别差异下的两性平等，从女性的立场重构公共领域和私人领域概念，超越了穆勒所勾画的女性男性化的平等观。

在 1870~1920 年出版的妇女参政者的小册子、杂志中，许多作者是从女性自身的特殊性出发，论证女性参政问题。海伦·泰勒提出两性特殊的本质决定了女性应有选举权。"正因为男女之间有如此大的差异，所以女性的要求得到充分自由表达是十分必要的。"④ 同样，妇女选举权运动领袖利赛特·洁利特·福西特夫人在一次公共演说中说："我们不希望女人曲意模仿男人，我们也不否认男女之间最小限度的区别，妇女的主张正是双方最大程度的区别，妇女对国家的服务不同于男人。"⑤ 更为可贵的是女权主义者认识到女性的性别优势在人类的进步中的作用。她们认为女性承担

① Marion Holmes, *The A. B. C. of Votes for Women*, p. 10.
② Lydia E. Becker, *Liberty*, *Equality*, *Fraternity*, p. 18, in Marie Mulvey Roberts and Tamae Mizuta eds., *The Suffragists-Towards the Vote*, London: Routledge/Thoemmes Press, 1995.
③ Lydia E. Becker, *Liberty*, *Equality*, *Fraternity*, p. 18.
④ Sandra Stanley Hotlon, *Feminism and Democracy: Women's Suffrage and Reform Politics in Britain 1900-1918*, Cambridge: Cambridge University Press, 1986, p. 13.
⑤ Sandra Stanley Hotlon, *Feminism and Democracy: Women's Suffrage and Reform Politics in Britain 1900-1818*, p. 12.

生育责任，使她们在人类生活中比男人更神圣、更虔诚、更利他、更有道德、更有爱心和教养。这一天性使"她们努力地站在仁慈、怜悯、和平、纯洁、爱心一边，妇女天生的女性能力是建立有教养国家的基础。女性天生的同情心使她们更具有人性和利他主义精神，而利他主义是国家最广泛最大利益的最基本因素"①。正因为如此，女性可在国家政府中发挥独特的作用，如孩子的教育、公共健康、对穷人的管理和照顾等。同时，妇女选举权运动者超前意识到这些貌似与政治权利无直接关系的普通人的生活问题、社会问题将成为国家政治面临的新问题，女性将在解决这些问题上起到不可替代的作用。"教育、酗酒、失业、住房、贫穷、理财现在都成了政治问题，在不远的将来更加突出……只要妇女在国家生活中没有直接参与，这些事将污染生活环境。"② 因此，政府必须给妇女选举权，增强她们的公共精神，在国家进步中发挥女性特有的作用。政府排斥妇女选举权，使中产阶级女性与家庭外的世界很少接触，她们不考虑诸如此类的问题：如"穷男人和女人的工作环境没有受到保护，穷孩子在工厂做工没有受教育，道路很差，污水流出，非常糟糕，她们会认为处理好它是男人的责任而不是自己的责任。这些信念是如此狭窄。选举权实践活动可以消除这些，将促进个人的责任感的觉醒。因此，没有什么理由说明妇女不能参与解决整个社会的问题：教育、公共健康、监狱纪律、济贫及其他需要通过议会讨论的事情。把妇女带进与男人合作的世界，我们不仅能从她们的工作中获益，而且能获得她们的智慧和理解"③。像穆勒那样，妇女参政者把女性政治权看成人类能否获得真正自由的必要条件。福西特在报上发表评论：妇女选举权"是男人、妇女和孩子的原因，我们相信男人不能获得真正的自由，只要妇女在政治上还处于服从地位"④。

　　第四，给家庭概念注入新的内容。妇女参政者认为家庭是社会的代

---

① Sandra Stanley Hotlon, *Feminism and Democracy*：*Women's Suffrage and Reform Politics in Britain 1900-1818*，p. 13.

② Sandra Stanley Hotlon, *Feminism and Democracy*：*Women's Suffrage and Reform Politics in Britain 1900-1818*，p. 16.

③ Patricia Hollis, *Women in Public*：*Documents of the Victorian Women's Movement*，*1850 - 1900*，p. 295.

④ Anne Phillips, *Feminism and Politics*，Oxford and New York：Oxford University Press，1998，p. 89.

表，是社会潜在的团体，家庭的因素必将对国家政治造成影响。洁斯菲·伯特说："如果把家的影响扩大到家庭以外，家庭的因素将不可避免地进入工厂、医院、学校、孤儿院、精神病院，甚至监狱。"① 这将有助于社会问题的解决。女性参政并不是为了推卸自己对家庭负有的责任，而是为了更好地把女性的家庭责任与整个国家联系起来。潘克斯赫特夫人概括说："我保证没有一个妇女宣传妇女选举权活动是为了放弃女人在家庭中的责任，她感受到从人类产生到人类灭亡一直存在的更大的责任。总之，家的概念很大……家是国家每个人的家。"② 她们相信男女各自对家庭、国家的关爱能够延伸集中到团体的福利。妇女的公共责任以她们天生的教养能力为基础，必将在妇女运动和政治进步力量之间建立联盟。选举权不再被简单地看作中产阶级女性在政治上争取平等权，而是出于女性自然本能的需要，是各阶层妇女按女性的价值改革和重建社会，实现女性民主权利的工具。也就是说，女性主义者并不仅仅想挤进特定的男性环境中，而是反对政治生活中的男性标准，寻找重建国家政治环境的机会。建立家务化的公共生活，这不仅是对传统公共领域和私人领域概念的挑战，而且是对男性的传统权力系统及男女双重的道德标准提出挑战。女性主义学者对此给予高度的评价："选举权运动是两性竞争的场所，在此女性的一般陈规受到挑战或被推翻，并促进政治生活女性化思想和激进的反对派的产生。"③

　　综上所述，19世纪英国妇女选举权运动和自由主义都把自由平等作为奋斗目标。自由主义理论和议会民主改革启迪和推动了妇女选举权运动。正如史学家鲍涅思·安德森所说："自由主义盛行的地方，女权主义者最容易组织女权运动，因为它们在反传统社会和信念中兴起，赞扬个人，相信个人的判断和理性，超越权威，相信教育的力量，主张改革和消灭旧的传统界限。"④ 因

---

① Sandra Stanley Hotlon, *Feminism and Democracy*：*Women's Suffrage and Reform Politics in Britain 1900-1818*，p.14.

② Sandra Stanley Hotlon, *Feminism and Democracy*：*Women's Suffrage and Reform Politics in Britain 1900-1818*，p.15.

③ June Purvis and Sandra Stanley Holton, *Voters for Women*，London and New York：Routledge Press，2000，p.28.

④ Bounies Anderson and Judith P. Zinsser, *A History of Their Own*，Vol.2，London and New York：Macmillan Press，1988，p.352.

此，妇女选举权运动从内容到形式都带有19世纪自由主义理论和改革的烙印，实际上是其中的一部分。但是，妇女选举权运动并不是简单运用自由主义理论，模仿自由主义改革，而是对自由主义妇女观的扬弃，丰富和发展了传统自由主义理论，使近代自由主义获得更宽泛的内容。妇女选举权运动在一定程度上挑战两性关系，改变妇女的传统地位，对19世纪的社会政治传统是一次大的冲击。它"对男权制的整体结构提出挑战，并向性的革命可能在气质、角色和地位等领域的巨大变革提供原动力"，[①] 为20世纪妇女政治平等权的实现打下基础，也是女性走向独立解放的第一步。

三 女性反妇女选举权运动的理论

本书所指的反妇女选举权运动理论是在19世纪妇女选举权运动中产生的，中产阶级女性为主体的女性反妇女参政的思想理论。长期以来，学者们对反妇女选举权运动关注较少，甚至简单地把她们归类于反妇女选举权运动和反女性主义者。21世纪以来英国学者朱莉亚·布什（Julia Bush）的文章《不列颠妇女反妇女参政权和进步政策1908-1914》、著作《妇女反对选举：不列颠女性反妇女参政者》从妇女参政的反对者的言行说明她们与妇女参政者和妇女运动的关系，肯定了她们的女性主义思想理论。国内学界王趔对女性反妇女参政者进行了研究（见导言）。这些学者的研究为我们正确认识反妇女选举权运动的本质提供了新的视角。

不可否认，反妇女参政者与妇女参政者代表着19世纪较有影响的中产阶级两大女性主义群体。从反妇女参政者的主要领导人来看，她们中的许多人是从19世纪英国各类改革中成长起来的中产阶级新女性，属于女权主义者。其中包括慈善家、社会改革家奥克坦维·希尔、女性主义教育家玛丽·沃德（Mary Ward）和刘易斯·克兰顿（Louise Creighton）等。沃德在1872年与牛津大学学者结婚，致力于女性的高等教育事业和基督教事业，以及研究和解决社会道德和其他社会问题。刘易斯·克兰顿作为一个牧师的妻子，通过工作把她的理论付诸实践，成为"全国妇女工人联合会"资助基金主席。

---

① 〔美〕凯特·米利特：《性的政治》，钟良明译，第94页。

埃塞尔·哈里森是一名女性学者，曾着手建立妇女协会，她以自己在伦敦的居住区为中心，联络各界，开展反妇女选举权运动。同时，她也关注英国社会问题的研究，并在《实证评论》上发表了 30 多篇相关文章。1899 年 4 月，她讨论了"是女性公民吗？"这个问题，到 1908 年，她就这一问题写成的《妇女自由》一书成为"妇女全国反选举权联盟"的主要文本。

　　比阿特丽丝·韦伯从小接受了良好教育，生活舒适，热衷于知识和社会科学研究，以及救济穷人的慈善工作。1889 年反妇女选举权请愿时，她从事贫穷和工人阶级生活的研究，并成为一名费边社会主义者，1897 年成为"全国女工联合会"成员。

　　弗洛伦斯·贝尔（Florence Bell）是希尔、玛丽·沃德和比阿特丽丝的朋友，也是一位女性作家。她的丈夫休·贝尔（Hugh Bell）是一名反妇女选举权的钢铁工厂厂主。她曾写过 40 多部小说、戏剧、儿童读物。她的作品主要是对社会问题进行揭示和研究，包括对城市生活和女工问题的研究。她主张女性最有价值的工作是为家庭提供健康的服务而不是议会活动。

　　这些反妇女选举权领袖往往在妇女选举权运动和反对妇女选举权运动之间架起桥梁，实际上她们没有在根本上反对对方，甚至与妇女参政者的思想有很多共同之处。

　　她们在性别角色作用的本质、社会阶层划分和宗教事务，以及女性对国家的义务等问题上有共同的主张。她们都从自由主义理论中汲取性别平等思想，认同女性与男性一样享有平等的公民权，两性能力的提升有利于社会的发展。她们都强调女性的利他本质对纯洁社会环境、促进社会和谐发展具有重要作用。即使与妇女激进主义者产生矛盾时，反妇女参政者与温和的女权主义者之间还保留了相互认同的重要领域。许多反妇女参政者认同妇女参政者的观点，认为女性特殊的素质决定了她们要承担相应的社会责任，社会应该促进女性成为积极公民，为社会的发展服务。在实践上，她们以利他主义为宗旨，让女性参与社会救助和宗教事业，以及地方事务。19 世纪末，随着英帝国的扩张与殖民地矛盾的加深，战争危机重重，妇女参政者和反妇女参政者都强调母性的力量是帝国扩张的基础，要把母性的道德力量和养育能力扩大到社区和少数种族的母亲，以壮大帝国的实力。双方的理论都带有大国霸权主义的色彩。

妇女参政者和反妇女参政者的分歧主要在于如何运用女性的性别优势行使公民权利的问题上，反妇女参政者属于差异化女性主义。她们的理论建立在男女天性不同的基础上，强调女性运用性别特性，主要是在教育、宗教、道德教养和家庭养育子女方面为国家服务。自从1880年以来，反妇女参政者尤其重视所谓"体力"的言论，并且把它与帝国的统治相联系。所谓"体力"指的是比军队力量更强大，能促使公共秩序形成，让民众服从不列颠政府的一种集体主义精神，它建立在男人和女人个体差异理论基础上。"一般的男人比一般的女人体力上更强大，更具有进取精神，更冷静，更具有客观的判断力，这种区别是人的天然本质所决定的。聪慧的政府就是要培育这些性别优势，更好地发挥人的潜能，促进不列颠文明完美地发展。让男人和女人为国家和社会发挥不同的作用，成为支撑帝国的最高法则，男性的自尊，科学的发声成为维护帝国未来事业的基石。"[1] 反妇女参政者告诫，女性作为公民的权利和责任就是充分发挥自身的性别优势，扮演好母亲角色，养育健康的孩子，教育好下一代，为帝国的扩张提供人力资源。女性有责任成为反对自私、威胁社会价值观传播、影响到国家和种族未来的个人主义的重要人群。反妇女参政者领袖凡利特·马卡姆（Violet Markham）在演讲中宣布："首先，我们在这里确认，女人的公民身份是伟大的，像任何人一样真实，她的服务对国家极其重要，但不同于我们的女权主义的朋友。我们相信男人和女人是不同的，不是相似的，他们的才能是互补的。因此，他们应该在国家管理上承担不同的责任，我们没有丝毫贬低女性的工作和使命。我们关心的是找到合适的方式去工作，我们寻求政治功能的多样性，而不是愚蠢的一致性。"[2]

在政治实践中，这些女性反妇女参政者反对妇女选举权运动，也反对女性参与议会政党政治。比阿特丽丝认为，议会政治不能把女性从性别的苦难中解救出来。她致信妇女参政者，强调妇女选举权可能会导致损害妇

---

① Julia Bush, *Women Against the Vote: Female Anti-Suffragism in Britain*, Oxford: Oxford University Press, 2007, p. 112.

② Julia Bush, "British Women's Anti-Suffragism and the Forward Policy, 1908–14", p. 432.

女完成特殊的义务。①"一封妇女的抗议"请愿书进一步强调,"公民权不是依赖于或等于选举权,无投票权的妇女有助于国家保持'道德力量',她们既不需要也不想要专营权"。同时警告妇女参政者,"追求与男人纯粹的平等会不可避免地导致对妇女真正的尊严和特殊使命的误解"②。因此,她们认为放弃投票权并不是放弃女性在英帝国的责任,而是履行"种族的未来"需要她们照顾家园和社区的责任。1889年反妇女参政者在《反对妇女选举权呼吁书》中陈述反妇女选举权理由时,进一步强化男女性别差异化思想。她们强调,"第一,尽管我们希望最大可能发展妇女的教育、能力、权利,但我们相信她们为国家工作,为国家负的责任不同于男人,她们在国家机器中发挥的作用不同于男人。男人适合于在议会立法中进行激烈争论和斗争;艰苦而令人疲惫的劳动包含着对国家资源和权力的管理,指导英国的世界事务,在海陆军中工作,在所有繁重的、艰苦的、基础的国家工业中工作,监督和领导商业、管理金融、服务于粮食供应来源的商业舰队。所有这些环境,从性别能力上,妇女不可能参加。我们反对妇女直接参与国家管理,以及军队和金融。第二,一方面,如果让妇女参与政治生活,会激起盲从,助长邪恶,这样的生活也会影响妇女的道德质量,降低国家的道德价值;另一方面,我们相信,政治和实践的结果将改变慈善事业,因为它是间接、和缓的。第三,给妇女选举权将会遭遇严重的困难。如果给未婚或单身妇女选举权,那么要不要给更成功的已婚妇女选举权?如果选举权扩大到所有女性,这将改变家庭生活。在英国,家庭概念是非常重要的,从未考虑要改变它。第四,从大量的材料来看,妇女选举权问题并不是很有必要。议员对妇女选举权还犹豫不决,这些年,增加了大量选民,产生了许多新因素,这种变化将产生什么样的问题还不得而知。我们反对进一步变更主要的政治机构,尤其是这一变更将涉及非同一般的新法则,关系到复杂的两性关系和家庭生活。第五,在过去的半个世纪中,所有对妇女不公正的法律已经得到修正,对于尚存的不公正,政府也没有表现出不愿意处理

---

①　Julia Bush, *Women Against the Vote: Female Anti-Suffragism in Britain*, p. 103.

②　Julia Bush, "British Women's Anti-Suffragism and the Forward Policy, 1908-14", p. 435.

的迹象。我们确信，仅仅在形式上追求与男性平等不仅徒劳无益，而且会削弱妇女的自信心，导致妇女的行为不端，忽略了自身的责任"①。

此外，社会上有更多的男性与女性在各种场合都以两性差异化理论为基础，宣传反对妇女选举权的主张，妇女领袖米利赛特·加勒特·安德森在伯明翰的一次会议上把反妇女参政者的言论归纳为13点内容：①男人代表女人，她们的利益已经通过法律得到很好的保护；②妇女容易受别人影响，如果给妇女事实选举权，结果是相当于给她最亲近的男性亲属或是她最喜欢的人两张选票；③妇女难以控制，给她选举权，会给家庭带来不和；④理想的家庭生活是一种微型专制，一人处于支配地位，其余人处于服从地位，如果给妇女选举权，就会破坏这种理想；⑤妇女的智力次于男人；⑥家庭是妇女最合适的生活环境，如果妇女进入政治领域，她将推卸家庭责任；⑦男女不同场合的分界线是必要的，如果妇女拥有选举权，不久她会进入议会；⑧妇女不想要选举权；⑨大部分妇女是保守的，给她们选举权，将给政治带来保守的影响；⑩妇女拥有选举权，会失去男性所欣赏的礼仪及各种女性气质；⑪妇女参与激烈的政治斗争，她们的身体会受到伤害，甚至造成一些人精神错乱；⑫妇女的政治权利与情感礼仪是相矛盾的；⑬妇女选举权的主张非常荒谬与不合理，以至于没有理由考虑它。②

上述反妇女参政者的言论娴熟地将妇女的家庭美德和利他主义女性公民重要的义务结合在一起，代表着19世纪社会的主流意识、主流文化，与维多利亚时代的"家庭理想"、性别分工相一致，赢得了较大数量的支持者，阻碍了更多女性参加运动，削弱了运动的影响力。但是，反妇女参政者具有矛盾性。一方面，她们认同女性提高教育水平，参与社会活动，进入宗教、学校、社区和地方管理部门，实际上与妇女参政者一起推进了妇女的解放和女性主义的发展。另一方面，她们又反对给女性更多的公共政治权利，有时表现出反女性主义的成分。这种矛盾性表现出那个时代中产阶级女性社会生活和家庭责任的矛盾，反映了追求独立的新女性和屈从于

---

① "An Appeal Against Female Suffrage", *The Nineteenth Century*, in Marie Mulvey Roberts, *Controversies in the History of British Feminism*, London: Routledge/Thoemmes Press, 1995, pp. 2-7.

② Sophia A. van Wingerden, *The Women's Suffrage Movement in Britain*, *1866-1928*, p. 44.

男性的旧女性之间的矛盾，她们试图用两性差异化理论解释男女不同的责任，在矛盾中寻求平衡。正如反妇女选举权领袖埃塞尔·哈里森（Ethel Harrison）所说，"反妇女选举权运动的女性在政治冲突中，努力建立一种妇女政治活动理论，并确定她在生活中的正常作用，这是关于科学、真理和经验的哲学基础"。① 实际上，反妇女参政者也意识到女性选民对男性主导的政治影响力有限，试图寻找另一种更有效的女性主义的方法，扩大女性对社会的影响力。

---

① Julia Bush, "British Women's Anti-Suffragism and the Forward Policy, 1908-14", p. 436.

结　语

19 世纪英国中产阶级从不同的社会阶层走来，托起了工业帝国，掌控国家的经济命脉；他们进行民主改革，结束贵族寡头统治，建立现代民主制度，掌握国家的政治权力；他们从社会边缘走向政治舞台的中心，努力承担社会责任，解决工业化、城市化所带来的一系列社会问题；他们努力构建俱乐部、图书馆、学校和社团等公共空间，提升自身和社会的文化品位，增强公共精神；他们努力培育公平、节制、自强的社会价值观，维护社会的稳定与发展。在私人领域，他们努力向贵族看齐，"向往的是建立一个紧密和谐的小家庭，在余暇时光吸收一点高级文化"，家成为工作之余享受生活的私人空间。中产阶级引领了 19 世纪英国的繁荣和发展。彼得·盖伊在《施尼兹勒的世纪：中产阶级文化的形成，1815—1914》一书中曾这样描述中产阶级对一个时代的贡献："从一百多年后的今天回顾，维多利亚时代是个令人羡慕的世纪，而在这件事情上，布尔乔亚居功匪浅。他们被波德莱尔用诗歌礼赞、被马奈拿来入画、被勃拉姆斯谱成乐章。"①

中产阶级在成长过程中形成的以父权制为核心的"公共领域"和"私人领域"相分离的观念直接影响了 19 世纪两性关系、家庭和社会生活。学者们普遍认为"两分领域"强化了性别角色定位，男性成为驰骋社会的英雄，是家庭的主宰；女性成为局限于私人领域，服从男性的"家庭天使"。还有一些学者则认为"两分领域"的界线并不明显，而且常常是可以跨越的。

上述研究表明，19 世纪"两分领域"现象并非绝对，它对中产阶级女

---

① 〔美〕彼得·盖伊：《施尼兹勒的世纪：中产阶级文化的形成，1815—1914》，梁永安译，第 336~337 页。

性生活的影响具有复杂性。在社会政治、经济、文化变迁中，"两分领域"对中产阶级女性的影响因不同的家庭社会地位、不同的身份、不同的时期存在差异，中产阶级女性的家庭社会地位具有两面性。

一方面，在"两分领域"环境下，中产阶级女性相对男性而言，无论在家庭领域还是在公共领域都处于劣势状态。

在家庭中，女性经济上依赖于男性，履行养育孩子、伺候丈夫、管理家政等私人领域的责任。她们陷入享受闲暇的生活理想与承担繁重的家庭责任之间的矛盾之中。在家庭法律制度上，女性隶属于男性，较长一段时期没有独立的人权，不能独立行使司法权。已婚女性直到19世纪30年代才有权行使对7岁以下孩子的监护权，到19世纪70年代才能行使独立的财产权。

在公共经济领域，19世纪后期，虽然有部分中产阶级女性进入"白领职业"，甚至涉足科学研究、艺术创作和投资经营等领域，但她们大部分集中在护士、低等职员、小学教师和店员几大职业中。在各个行业中，女性的岗位相对男性来说，属于低工资、低技能工种。一般情况下，女性的工资只是男性工资的一半左右，即使在同一工作部门，她们的工资也低于男性。在投资经营领域，她们主要从事与女性家庭角色相关的旅店经营管理、房产出租和银行、保险投资活动，少数女性经营工业企业，大多数女性则委托他人经营。因此，在社会现代化过程中，男性在一定程度上重建了职业优势，并且确立了在经济领域的男性霸权主义地位。

在教育领域，中产阶级女性虽然比前辈享有更多的教育权，而性别差异化教育仍在很长一段时间占主导地位。对男孩的教育是为了让他们日后在公共领域成为精英，为国家和家庭带来荣耀，对女孩的教育主要是让她们更好地成为妻子和母亲。正如卢梭所说，"如果教育男人的目的是使他们获得自由，那么教育妇女的目的是使她们适合受过教育的男人"。[①] 因此，男孩子不仅享有优先的教育权，而且在教育内容上获得更多的知识和技能培训，女孩子主要接受所谓增强女性魅力的知识教育与简单的劳动技能训练，以及家政管理能力培训。直到19世纪晚期，高等教育大门才向女性开放，能接受高等教育的女性只是少数，获得学位者更是屈指可数。代

---

① 〔法〕卢梭：《爱弥尔》，李平沤译，商务印书馆，1978，第532页。

表英国最高教育水平的牛津大学、剑桥大学只允许女性听课，而不允许正式授予学位。

在公共政治领域，自由主义的理论和实践从总体上忽视或反对女性政治权，只是在大选或重大政治事件中，各政治派别都利用女性作为实现政治目标的工具。女性虽然参与了地方政府的工作，但没有议会选举权，在政府统治机构中较少有话语权。各种女性主义运动也都没有消除男性中心主义的话语霸权与思想霸权。

另一方面，"两分领域"的父权制神话与自由主义理论的人权平等观和民主改革的实践，以及工业化、城市化带来的就业机会增加、公共空间增大、社会交流更频繁、等级之间流动性加强等现象相悖。因此，它被中产阶级男性创造出来的同时就面临挑战。随着自由主义理论的发展，国家民主改革的深入，中产阶级女性在家庭私人领域和经济、政治、教育等公共领域与男性分享权利，挑战男性霸权主义，逐渐改变着自己的地位。

在家庭私人领域，由于中产阶级的中上层男性长期奋斗在职场，忙于社交，享受俱乐部等新型公共空间所提供的快乐，因而疏远了与家庭成员的关系，在一定程度上削弱了对家庭的实际控制权。女性则在教育子女、管理家政、筹划消费、组织以家庭为中心的社交活动等方面开始分离男性的权利，扩大了她们对家庭的影响力。大量的中产阶级"过剩女子"和寡妇丧失了成为"家庭天使"的条件，许多人自己成为户主，用自己的声望或能力，承担养家糊口的重任，实际上否认性别分工。在女性主义者和社会各界努力下，议会进行了多次的家庭法律制度改革，女性在离婚权、对孩子的监护权、财产继承权等方面逐步获得更多的法律权利，这为女性维护自身权益，反对男权主义提供了条件。一些中产阶级新女性，开始质疑自身的生存状态，追求两性平等的婚姻模式，挑战男性特权，瓦解现存家庭的两性关系。

在公共经济领域，19世纪大量的中产阶级女性进入护士、教师、职员、艺术等职业领域。虽然各行业中都存在性别分工和性别歧视现象，但19世纪女性职员无论是总人数，还是重要岗位就业的数量都在不断增加。她们进入男性垄断的各级行政机关，获得一定的话语权；女性工厂监督员深入工厂，努力化解劳资矛盾，直接影响国家的相关决策；女性艺术工作者和作家用她们的作品表达思想和价值观，影响着大众文化消费的需求和社会价值取向。

同时，中产阶级女性还进入投资经营领域，她们与男性同行一样，用自己的知识、经验和社会关系运行资金，经营企业，支撑着企业的发展，为家庭成员提供生活资料，甚至在不列颠向外扩张中发挥作用。

这些职业女性和女性投资经营者跨越公共领域和私人领域的界线，否定传统的性别角色定位。在经济上，她们能自食其力，不依靠男性亲属生活；在社会中，她们不再是传统的贤妻良母，而是以独立身份进入职业联合会、俱乐部等公共空间，拥有朋友和同行，掌握社会信息，眼界开阔，具有独立精神的新女性。

在公共教育领域，19世纪的教育领域虽然没有消除性别不平等现象，但是，从整体上看，从初等教育到高等教育领域，中产阶级女性都获得了更多的受教育机会。尤其是19世纪末，女性获得高等教育权，大量的中产阶级女性进入高等教育机构学习专业知识，并获得大学学位，最后冲破重重阻力，进入大学医学院，获取医学学位和执业医生资格。高等教育为女性的自我发展，打破男性对高工资、高技能行业的垄断打下基础。大学开放自由的学术环境、尊重人权的生活氛围促进女性自我意识的觉醒。在女性教育发展中成长起来的学校女性管理者开创了女性担任公共管理者的先例，冲击了男性垄断学校教育管理权的局面。在与男性共事的过程中，女性开始创造两性平等的环境，改变性别关系。她们把自由主义平等的理论融入学校教育，从利他主义出发，强调社会不同等级不同性别平等的教育权，努力为穷人孩子、残疾儿童提供受教育机会；她们倡导女性教育内容和教育方法改革，推动两性平等教育权的发展，改善了女性的生存状态。女性学校管理者的教育思想和工作实践促进19世纪英国自由、民主、平等精神的发展和女性公民权的实现，对于完善公共精神和平等精神具有重要的意义。

在公共政治领域，"两分领域"的理论确定了女性属于私人领域，同时肩负社会责任，以道德的形象在公共领域辅佐男性建立良好的社会风尚和国家形象。中产阶级女性通过家庭的政治氛围参与公共政治，她们扮演男性政治家的助手角色，帮助男性亲属竞选，或者在特定空间进行政治游说，挥动手帕，制造喧闹，表达政治倾向，参与政治活动。从19世纪早期的激进运动、反谷物法运动、反奴隶制运动，到三次议会改革，中产阶级妇女都积极参与其中，旗帜鲜明地表达自己的政治立场。她们积极开展慈善活动，解决社会问题，传递中产阶级价值观，为建立稳定的社会秩序而努力。19世纪末，保守党和自由党都把争取女性支持作为竞选的策略，中产阶级女性活跃在各地，成为两党男性政治家的竞选助手，影响男性政治。就此意义而言，女性已经用特定方式，与男性分享了政治权利。

在以中产阶级女性为主体的争取妇女选举权运动中，女性参政者成立政治组织，争取议会内外男性自由主义改革家的支持，以实际行动争取议会选举权。她们每一次向议会提交请愿书，都迫使由男性垄断的国家政治权力中心——议会讨论女性的政治权问题，赞成给妇女选举权的人数在不断增长，影响力不断扩大。虽然19世纪末，已婚妇女的议会选举权没有最终实现，但妇女的议会选举权运动影响国家政坛，挑战了男性的政治权威。妇女在地方政府、学校委员会、济贫委员会中都获得选举权，这为20世纪妇女最终取得议会选举权打下基础。可见，19世纪英国中产阶级女性获得更多的政治权，已经开始接近与男子平等的议会的选举权。

总之，人类的两性是命运共同体，任何时候性别的对抗往往与性别合作、关爱交织在一起，社会的每一次进步与发展必然是两性共同创造、共同分享。19世纪中产阶级两性共同体在爱的言辞包裹下渗透"两分领域"的理念，构建男性优势和女性屈从的性别角色，中产阶级女性则自觉或不自觉参与其中，承受着不平等的待遇。但是，在19世纪社会发展与变迁中，中产阶级女性主动或被动跨入公共领域，打破这种性别角色定位；她们在权利意识方面开始觉醒，否认男性的统治权；她们在女性主义领袖的领导下，努力争取与男性的平等权。结果，19世纪英国中产阶级女性越来越多地分享19世纪社会进步与发展的成果，在家庭和社会各个领域都获得前所未有的自主权，推动社会向两性平等的方向迈进了一步。

同时，中产阶级女性在公共领域争取家庭权利、经济权、政治权、教育权过程中，自由主义政治家、思想家约翰·穆勒，杰出的妇女活动家哈莉特·泰勒、潘克斯赫特等在理论上全面探讨女性受压迫的原因和女性解放路径，建构了自由主义女性主义理论体系。这些自由主义女性主义先驱在19世纪自由主义理论基础上，从女性的生活体验出发，运用天赋人权、自由平等理论解释女性权利，她们提出，人类相同的自然本质决定男女具有平等的理性能力和各种权利，他人无权剥夺；男女通过不同的方式承担了家庭和社会的责任，相同的责任、义务决定了他们具有相同的权利；女性比男性更具有利他的天性决定了她们在教育、宗教、道德教养和养育子女方面比男性拥有更大的优势。因此，她们强调女性不仅与男性享有平等的家庭权利和社会权利，有权进入公共领域，承担社会责任，还能发挥女性的优势，更好地解决政府和社会面临的问题，促进社会的和谐发展。

在家庭婚姻模式上，女性主义者对什么是理想的婚姻模式和如何建立理想的婚姻模式两大问题进行了非常有意义的探索。她们提出理想的婚姻模式是以两性平等和相爱为基础，而不是一方作为从属于另一方的奴隶。作家乔奇·艾奇顿的《两个新的生命》一书塑造了男女平等的家庭模式下女性充满自由和自信的形象。女主人对男主人说："我对你无所求，因为我相信自己，我有权按我自己的意愿处理一切。"[①] 这个乌托邦式的故事代表了女性对现实不满的呐喊，也是她们对平等的婚姻关系的期盼。

如何建立理想的婚姻模式？女性主义者提出女性不能做男人的性奴隶，女性要通过揭开神秘的性面纱，科学地认识女性和男性的性关系。潘克斯赫特等女性主义领袖强调要让所有的未婚和已婚女性都懂得性知识，否定男性主体地位，"让天真无邪的未婚女性怀疑男人，让所有的女人怀疑男人，男人目前的生活才能处于被怀疑之中"[②]。

同时，她们还主张政府介入，通过立法手段，给予两性平等的家庭权利和社会权利，建立平等的两性关系。"已婚妇女财产委员会"领导人艾尔玛提出让政府变更法律，使女性与男性享有同等的财产权、对儿童的监护权，并享有道德自治权及已婚妇女生活自主权、妇女的议会选举权，从而改变不平等的性别观念和女性的从属地位。她们让女性行动起来，即使不能完全改变男人，但也必须使男人有所改变，使他们变成利他主义者，不再把婚姻作为繁衍种族的性行为，从而达到改革婚姻、改造男性社会的目的。

---

① Jane Lewis, ed., *Labour and Love: Women's Experience of Home and Family 1850 - 1940*, p. 134.

② Jane Lewis, ed., *Labour and Love: Women's Experience of Home and Family 1850 - 1940*, p. 125.

甚至有些女性主义者在质疑现行的婚姻关系模式基础上，提出两大颠覆性的问题："两性关系是属于私人的事情，实行自由婚姻，自由结合，还是需要公众契约的认可？在现实不平等的婚姻制度下，妇女是坚持合法的婚姻，还是过婚外生活？"潘克斯赫特等还呼吁拒绝婚姻、拒绝为男人提供性服务、拒绝怀孕。潘克斯赫特说："我将不认识任何男人，不怀孩子，直到这种现状被打破，错误得到纠正。"她提出"在精神世界得到发展的妇女与思想和行动上都认为她们在性问题上处于劣势状态的男人之间不可能建立性伙伴关系，因此，必须给妇女选举权，给男人纯洁"。① 虽然潘克斯赫特等激进的女性主义者提出的取消家庭与婚姻的极端主张并不是解放女性的有效途径，20世纪有些女性主义者付诸行动的事实也已经证明它不能真正解决性别平等权问题，甚至让自己陷入被人讨厌的尴尬境地，但这一思想在19世纪父权制环境下提出，代表了女性对不平等的家庭婚姻制度的反抗，也是她们重构家庭两性关系的呐喊，这无疑挑战了男性的权威和男性的国家机器，为女性挣脱第二性地位显示自己的力量。

可见，19世纪女性主义者建构起自由主义女性主义的理论，从新的角度对女性的权利和如何实现女性权利，摆脱第二性地位做了全面的阐述，挑战了男权制的理论体系，为女性主义理论的发展提供基础。

20世纪以来，自由主义女性主义理论在妇女运动和应对社会变化中不断吸收不同学科的理论得以发展，并影响着其他女性主义理论流派的产生。如存在主义女性主义、社会主义女性主义、激进主义女性主义、后现代主义女性主义，还有生态主义女性主义、分离主义女性主义和第三世界女性主义等。这些女性主义流派继续19世纪女性主义的话题，从不同角度探讨女性受压迫的原因和实现女性解放的路径。如以西蒙娜·德·波伏娃为代表的存在主义女性主义强调女性被强加的"他者"身份，由男性主体的观点来定义女人。男性是自由的，自我决定的存在，而女性则是附属的次要者。因此，女性必须要像男性一样超越既定存在的定义、标签和本质，努力成为自己想要成为的人。以朱丽叶·米切尔为代表的社会主义女性主义认为女性受压迫是资本主义和父权制共同作用的结果，因此，主张

---

① Christabel Pankhurst, *The Hidden Scourge and How to End It*, 1913, p. 25.

阶级革命把推翻资本主义统治和推翻父权制结合起来，赢得女性的解放。以费尔斯通为代表的激进主义女性主义则把性别压迫归结于男女性别差异导致性别分工，女性生物学意义上的繁殖生育和哺育责任，她们主张通过生物革命把女性从生物学的社会性别角色中解放出来，构建男女平等的社会。后现代主义女性主义用后现代主义的理论解读女性的不平等地位，认为相同性或相似性是相对的，差异性是绝对的。男女在生理和心理、社会地位和文化方面存在差异，而且女性和女性、男性与男性都存在种族、阶层、民族和国家差异。因此，男女平等应该是承认个体独特性前提下的女性与男性的平等。这种平等不是自由主义女性主义所坚持的，让女性进入男性领域的平等，而是要建立女性作为人的"主体"性，承认女性以自身的特点为基础的平等，使女性在做女人的过程中体现快乐，在社会上找到最适合自己的位置。实际上，后现代主义女性主义否定了福柯对人主体性的颠覆，试图通过唤起女性的主体意识，实现历代女性主义的奋斗目标：推翻男权对女性的压迫。后现代主义女性主义不再像其他女性主义者那样，把男性和女性绝对对立，把男人都看成女性的压迫者，女性要与他们争夺平等的地位，而是认为男性因人而异，他们中的许多人可以充当女性的盟友和伙伴。因此，她们主张全面开展与男性的合作，建立和谐的伙伴关系。这说明女性主义在社会政治实践中已逐渐摆脱急于求成、力图通过几次运动完成社会变革的急躁思想，开始在新的平等观下，以宽容的心态，寻求差异中的平等，在平等中寻找个性独立，两性以对话互补和共识取代了矛盾、冲突和对抗，这意味着女性主义已超越了局限于自身权益的社会政治实践，能够着眼于全人类的利益和命运来考虑女性问题。

　　尽管各种女性主义流派对性别歧视的原因和解决的途径存在差异和矛盾，但她们都从女性的角度出发，重新审视人类社会的政治理念和学术思想，试图重构性别理论体系，引导全球向着更健康、更符合全人类两性根本利益的方向发展。当然，男性霸权主义源远流长，渗透到社会生活和家庭生活的各个方面，争取性别平等的道路非常漫长和曲折。这些方兴未艾的性别理论和妇女史的研究，以及各种学术研究不断回应现代社会的变革与发展带来的性别问题，为共同促进建立更加和谐的性别关系和公平合理的美好社会做出贡献。

参考书目

一 英文著作

Alan Kidd and David Nicholls, eds., *Gender, Civic Culture and Consumerism: Middle-Class Identity in Britain 1800 – 1940*, Manchester and New York: Manchester University Press, 1999.

Alison C. Kay, *The Foundations of Female Entrepreneurship: Enterprise, Home and Household in London 1800 ~ 1870*, New York and London: Routledge Taylor & Francis Group, 2009.

Allen Horstman, *Victorian Divorce*, London: Croom Helm, 2010.

Amy Louise Erickson, *Women and Property in Early Modern England*, London and New York: Routledge Press, 1992.

Andrew Rosen, *Rise up, Women! The Militant Campaign of the Women's Social and Political Union 1903 – 1914*, London and New York: Routledge and Kegan Paul Press, 1974.

Angel A. K. Smith, *Suffrage Discourse in Britain During the First World War*, Aldershot: Ashgate Publishing Limited Press, 2005.

Angel Kwolek-Folland, *Engendering Business: Men and Women in the Corporate Office 1870–1930*, London: The Johns Hopkins University Press, 1994.

Angela V. John, ed., *Unequal Opportunities: Women's Employment in England 1800–1918*, Oxford and New York: Basil Blackwell, 1986.

Anne Allsopp, *The Education and Employment of Girls in Luton 1874–1924*, Suffolk: The Boydell Press, 2005.

Anne Hogan and Andrew Bradstock, eds., *Women of Faith in Victorian*

Culture: Reassessing the Angel in the House, London: Macmillan Press Ltd., 1998.

Anne K. Mellor, *Mothers of the Nation: Women's Political Writing in England 1780-1830*, Indiana: Indiana University Press, 2000.

Anne Phillips, *Feminism and Politics*, Oxford and New York: Oxford University Press, 1998.

Barara Fawcett, *Feminist Perspectives on Disability*, Essex: Pearson Education Limited Press, 2000.

Barbara Onslow, *Women of the Press in Nineteenth-Century Britain*, Basingstoke: Macmillan Press, 2000.

Barbara Caine, *English Feminism 1780-1980*, Oxford: Oxford University Press, 2004.

Barbara Harrison, *Not Only the "Dangerous Trades": Women's Work and Health in Britain 1880-1914*, London: Taylor and Francis, 1996.

Barry Reay, Microhistories: *Demography, Society and Culture in Rural England 1800-1930*, Cambridge: Cambridge University Press, 1996.

Ben Griffin, *The Politics of Gender in Victorian Britain: Masculinity, Political Culture and the Struggle for Women's Right*, Cambridge: Cambridge University Press, 2013.

Bernard Harris, *The Origins of the British Welfare are State*, New York: Mcmillan Press, 2004.

Betsy Bolton, *Women Nationalism and Romantic Stage: Theatre and Politics in Britain 1780-1800*, Cambridge: Cambridge University Press, 2002.

Bounies Anderson and Judith P. Zinsser, *A History of Their Own*, Vol. 2, London and New York: Macmillan Press, 1988.

Brian Lewis, *The Middlemost and the Milltowns: Bourgeois Culture and Politics in Early Industrial England*, Standford: Stanford University Press, 2001.

Bridget Hill, *Women Alone: Spinsters in England 1660-1850*, New Haven and London: Yale University Press, 2001.

Burnet John, *Plenty and Want*, London: Methuen and Co. Ltd., 1979.

B. R. Mitchell, *Abstract of British Historical Statistics*, Cambridge: Cambridge

University Press, 1962.

B. W. Clapp, *Documents in English Economic History: England since 1760*, London: G. Bell & Sons Ltd. Press, 1976.

Carol Dyhouse, *Feminism and the Family in England 1880－1939*, Oxford: Basil Blackwell, 1989.

Carol Dyhouse, *Girls Growing up in Late Victorian and Edwardian England*, London: Routledge Press, 1981.

Carol Dyhouse, *No Distinction of Sex? Women in British Universities 1870－1939*, London: University College London Press, 1995.

Carol Smart, ed., *Regulating Womanhood*, London and New York: Routledge Press, 1992.

Carol E. Morgan, *Women Workers and Gender Identities 1835－1913*, London: Routledge Press, 2001.

Carolyn Malone, *Women's Bodies and Dangerous Trades in England 1880－1914*, Suffolk: The Boydell Press, 2003.

Catherine Hall, *White, Male and Middle-Class: Explorations in Feminism and History*, Cambridge: Polity Press, 1992.

Catriona M. Parratt, *More than Mere Amusement: Working-Class Women's Leisure in England 1750－1914*, Boston: Northcastern University Press, 2002.

Cheryl R. Jorgensen-Earp, ed., *Speeches and Trials of the Militant Suffragettes: The Women's Social and Political Union 1903－1918*, London: Dickinson University Press, 1999.

Christina de Bellaigue, *Education Women: Schooling and Identity in England and France 1800－1867*, Oxford: Oxford University Press, 2007.

Christopher Hampton, *A Radical Reader, the Struggle for Change in 1381－1914*, London: Penguin Books, 1984.

Clare Midgley, *Feminism and Empire: Women Activists in Imperial Britain 1790－1865*, London and New York: Routledge Press, 2007.

Claudia Nelson, *Family Ties in Victorian England*, London: Praeger Press, 2007.

Clementina Black, ed., *Married Women's Work*, London: Virago Press, 1983.

Mike Sanders, ed., *Women and Radicalism in the Nineteenth Century V1 – V2*, London and New York: Routledge Press, 2001.

C. Cook and J. Stevenson, *British Historical Fact*, London: Macmillan Press, 1980.

Dale A. Johnson, *Women and Religion in Britain and Ireland: An Annotated Bibliography from the Reformation to 1993*, Boston: Scarecrow Press, 1995.

David C. Douglas, ed., *English Historical Documents*, Cambridge: Cambridge University Press, 1996.

David Vincent, *Bread, Knowledge and Freedom*, Oxford and New York: Oxford University Press, 1981.

Davides Emily L. L. D., *Thoughts on Some Questions Relation to Women 1860-1908*, Cambridge: Bowes and Bowes, 1910.

Deborah Gorham, *The Victorian Girl and the Feminine Ideal*, London and New York: Routledge, 2013.

Deborah Valenze, *The first Industrial Women*, Oxford and New York: Oxford University Press, 1995.

Diana H. Coole, *Women in Political Theory, from Ancient Misogyny to Contemporary Feminism*, New York: Harvester Wheatsheaf, 1993.

Dina M. Copelman, *London's Women Teachers: Gender, Class and Feminism 1870-1930*, London and New York: Routlege Press, 1996.

Donald Reed, *Press and People 1790 – 1850*, New York: Greenwood Press, 1975.

D. G. Paz, *The Politics of Working-Class Education in Britain 1830 – 1850*, Manchester: Manchester University Press, 1980.

Edward Copeland, *Women Writing about Money, Women's Fiction in England 1790-1820*, Cambridge: Cambridge University Press, 1995.

Eirc Hopkin, *A Social History of the English Working Class 1815 – 1945*, London: Edward Arnold, 1979.

Elaine Chalus, *Elite Women in English Political Life c. 1754－1790*, Oxford: Clarendon, 2005.

Elaine Hadley, *Living Liberalism: Practical Citizenship in Mid-Victorian Britain*, Chicago: Chicago University Press, 2010.

Elaine S. Abelson, *When Ladies Go A-Thieving: Middle-Class Shoplifters in the Victorian Department Store*, New York and Oxford: Oxford University Press, 1989.

Eleanor Gordon and Gwyneth Nair, *Public Lives: Women Family and Society in Victorian Britain*, New Haven and London: Yale University Press, 2003.

Eleanor Gordon, *Women and the Labour Movement in Scotland 1850－1914*, Oxford: Clarendon Press, 1991.

Eleanor Hubbard, *City Women: Money, Sex, and the Social Order in Early Modern London*, Oxford and New York: Oxford University Press.

Elizabeth Crawford, *The Women's Suffrage Movement in Britain and Ireland: A Regional Survey*, London and New York: Rortledge Press, 2006.

Elizabeth Roberts, *A Women's Place-An Oral History of Working-Class Women 1890－1940*, Oxford: Basil Blackwell, 1984.

Elizabeth Seymour Eschbach, *The Higher Education of Women in England and America 1865－1920*, New York and London: Garland Publishing, 1993.

Elizabeth Whitelegg, *The Changing Experience of Women*, Oxford: Basil Blackwell, 1989.

Elizabeth Kowaleski-Wallace, *Consuming Subjects: Women, Shopping and Business in the Eighteenth Century*, New York: Columbia University Press, 1996.

Elizabeth Langland, *Nobody's Angels: Middle-Class Women and Domestic Ideology in Victorian Culture*, Ithaca and London: Cornell University Press, 1995.

Ellen Donkin, *Getting into the Act: Women Playwrights in London 1776－1829*, London and New York: Routledge Press, 1995.

Ellen Jordan, *The Women's Movement and Women's Employment in Nineteenth Century Britain*, London and New York: Routledge Press, 1999.

E. A. Wrigley, *Marriage, Fertility, and Population Growth in Eighteenth-Century*

England, New York and London: Princeton University Press, 1981.

E. J. Evens, *Forgoing of the Modern State*, London and New York: Longman Press, 1986.

E. A. Wrigley and R. S. Schofield, *The Population History of England 1541- 1871*, Cambridge: Camrbidge University Press, 1981.

E. G. West, *Education and Industrial Revolution*, London and Sydney: B. T. Batsford Ltd., 1975.

E. P. Thompson, *The Making of the English Working Class*, Cambridge: Cambridge University Press, 1966.

E. P. Thompson and Eileen Yeo, eds., *The Unknown Mayhew*, London: Merlin Press, 1971.

Fiona A. Montgomery, *Women's Right: Struggles and Feminism in Britain 1770-1970*, Manchester: Manchester University Press, 2007.

Frances Power Cobbe, *Why Women Desire the Franchise*, London Central Committee of National Society for Women's Suffrage, 1872, in Marie Mulvey Roberts and Tamae Mizuta, eds., *The Suffragist-Towards the Vote*, London: Routledge/Thoemmes Press, 1995.

Francis O'Gormm, *The Cambridge Companion to Victorian Culture*, Oxford: Oxford University Press, 2012.

Francois Bedarida, *A Social History of England 1850-1900*, London and New York: Cambridge University Press, Routledge, 1998.

F. David Boberts, *The Social Conscience of Early Victorians*, Stanford: Stanford University Press, 2002.

F. K. Prochaska, *Women and Philanthropy in Nineteenth-Century England*, Oxford: Clarendon Press, 1980.

F. M. L. Thompson, ed., *The Cambridge Social History of Britain 1750- 1950*, Cambridge: Cambridge University Press, 1990.

F. W. Tickner, *Women in English Economic History*, London: Hyperion Press, 1923.

Gall Malmgreen, *Religion in the Lives of English Women 1760-1930*,

London and Sydney: Croom Helm Ltd., 1996.

Gareth Stedman Jones, *Outcast London: A Study in the Relationship Between Classes in Victorian Society*, Oxford: Clarendon Press, 1971.

George K. Behlmer, *Friend of the Family: The English Home and Its Guardians 1850–1940*, Stanford: Stanford University Press, 1998.

George L. Justice and Nathan Tinker, eds., *Women's Writing and the Circulation of Ideas: Manuscript Publication in England 1550 – 1880*, Cambridge: Cambridge University Press, 2002.

Gerald Maglean and Donna Landry, eds., *The Country and the City Revisited: England and the Politics of Culture 1550–1850*, Cambridge: Cambridge University Press, 1999.

Gerry Holloway, *Women and Work in Britain since 1840*, London and New York: Routledge Press, 2006.

Gisela Bock, *Women in European History*, Oxford: Blackwell, 2002.

Hannah Baker and Elaine Chalus, eds., *Women's History: Britain 1700 – 1850*, London and New York: Routledge Press, 2005.

Hannah Barker and Elaine Chalus, eds., *Women's History: Britain 1850 – 1945*, London and New York: Routledge Press, 2005.

Harold L. Smith, *The British Women's Suffrage Campaign 1866 – 1928*, London and New York: Longman Press, 1998.

Harold Perkin, *The Origins of Modern English Society 1780–1880*, London and Boston: Routledge Press, 1985.

Harriet Bradley, *Men's Work, Women's Work: A Sociological History of the Sexual Division of Labour in Employment*, Oxford: Polity Press, 1989.

Harriet Taylor, "The Enfranchisement of Women [1851] ", *The Westminster and Foreign Quarterly Review*, October 29th 1850, in Marie Mulvey Roberts and Tamae Mizuta, eds., *The Suffragist-Towards the Vote*, London: Routledge/Thoemmes Press, 1995.

Helen Blackburn, *Some of the Facts of the Women's Suffrage Question*, Central Committee of the National Society for Women's Suffrage, Berners Street, London,

1878, in Marie Mulvey Roberts and Tamae Mizuta, eds., *The Suffragist-Towards the Vote*, London: Routledge/Thoemmes Press, 1995.

Helen Blackburn, *Women's Suffrage*, Williams and Norgate, 1902, in Marie Mulvey Roberts and Tamae Mizuta, eds., *The Suffragist-Towards the Vote*, London: Routledge/Thoemmes Press, 1995.

Helen Rogers, *Women and the People*, Burlington: Ashgate Publishing Limited, 2000.

Hilda L. Smith, ed., *Women Writers and the Early Modern British Political Tradition*, Cambridge: Cambridge University Press, 1998.

Hugh Cunningham, *Leisure in the Industrial Revolution 1780 – 1880*, London: Croom Helm, 1980.

H. M. Swanwick, *The Future of the Women's Movement*, London, 1913, in Marie Mulvey Roberts and Tamae Mizuta, eds., *the Suffragist-Towards the Vote*, London: Routledge/Thoemmes Press, 1995.

H. S. Jones, *Victorian Political Thought*, New York: St. Martin's Press, 2000.

Ingrid H. Tague, *Women of Quality*, Suffolk: The Boydell Press, 2002.

Ivy Pinchbeck, *Women Workers and the Industrial Revolution 1750 – 1850*, London: G. Routledge & Sons Ltd., 1981.

James D. Loy and Kent M. Loy, Darwin: *A Victorian Life*, Tallahassee: Florida University Press, 2010.

James van Horn Melton, *The Rise of the Public in Enlightenment Europe*, Cambridge: Cambridge University Press, 2001.

James Walvin, *English Urban Life 1776-1851*, London: Routledge, 1984.

Jana Nidiffe and Carolyn Terry Bashaw, eds., *Women Administrators in Higher Education: Historical and Contemporary Perspectives*. New York: State University of New York Press, 2001.

Jane Lewis, ed., *Labour and Love: Women's Experience of Home and Family 1850-1940*, New York and Oxford: Basil Blackwell, 1987.

Jane Lewis, *Women in England 1870 – 1950: Sexual Divisions and Social*

Change, Sussex: Wheatsheaf Books Ltd., 1984.

Jane Marcus, ed., *Suffrage and the Pankhursts*, London and New York: Routledge and Kegan Paul, 1987.

Jane Martin and Joyce Goodman, *Women and Education 1800 – 1980*, Hampshire: Palgrave Macmillan, 2004.

Jane Martin, *Women and the Politics of Schooling in Victorian and Edwardian England*, London and New York: Leicester University Press, 1999.

Jane Purvis, *A History of Women's Education in England*, Philadephia: Open University Press, 1991.

Jane Rendall, ed., *Equal or Different*, Oxford: Basil Blackwell, 1987.

Jane Rendall, *The Origins of Modern Feminism: Women in Britain, France and the United States 1780–1860*, Hampshire: Macmillan Education Ltd., 1985.

Jane Rendall, *Themes in Comparative History*, London: Macmillan Press, 1985.

Janet Fink and Katherine Holden, *The Family Story*, London: Longman Press, 1999.

Janet Murray, *Strong Minded Women and Other Lost Voices from Nineteenth-Century England*, New York: Penguin Books, 1984.

Jeffrey Weeks, *Sex, Politics and Society, the Regulation of Sexuality since 1800*, London and New York: Longman Press, 1981.

Jerrold Seigel, *Modernity and Bourgeois Life: Society, Politics, and Culture in England, France, and Germany since 1750*, Cambridge: Cambridge University Press, 2012.

Jessica Gerard, *Country House Life: Family and Servants 1815 – 1914*, Oxford: Blackwell, 1994.

Jill Liddington and Jill Norris, *One Hand Tied Behind Us: The Rise of the Women's Suffrage Movement*, London: Virago Press, 1978.

Jill Liddington, *Female Fortune: Land, Gender and Authority, the Anne Lister Diaries and Other Writings 1833–1836*, London and New York: Rivers Oram Press, 1998.

Joan Bellamy, Anne Laurence and Gill Perry, eds., *Women, Scholarship and Criticism: Gender and Knowledge c. 1790 – 1900*, Manchester: Manchester University Press, 2000.

Joan B. Landes, ed., *Feminism, the Public and the Private*, Oxford and New York: Oxford University Press, 1998.

Joan Larsen Klein, ed., *Daughters, Wives, and Widows: Writing by Men about Women and Marriage in England 1500 – 1640*, Urbana and Chicago: University of Illinois, 1992.

Joan Perkin, *Victorian Women*, New York: New York University Press, 1995.

Joanne Bailey, *Unquiet Lives: Marriage and Marriage Breakdown in England 1660–1800*, Cambridge: Cambridge University Press, 2003.

John Burnett, *Plenty and Want: A Social History of Diet in England from 1815 to Present* Day, London: Scolar Press, 1979.

John Lewis, *Women and Social Action in Victorian and Edwardian England*, Hants: Edward Elgar, 1991.

John Tosh, *A Man's Place: Masculinity and the Middle-Class Home in Victorian England*, New Haven and London: Yale University Press, 1999.

John Tosh, *Manliness and Masculinities in Nineteenth-Century Britain*, London: Longman Press, 2005.

Jon Stobart and Alastair Owens, eds., *Urban Fortunes: Property and Inheritance in the Town, 1700–1900*, Hampshire: Ashgate Publishing Limited, 2000.

Jose Harris, *Private Lives, Public Spirit: A Social History of Britain 1870 – 1914*, Oxford and New York: Oxford University Press, 1993.

Joyce Goodman and Sylvia Harrop, eds., *Women Educational Policy-Making and Administration in England: Authoritative Women since 1800*, London: Routlege Press, 2000.

Judith R. Walkowitz, *Prostitution and Victorian Society*, Cambridge: Cambridge University Press, 1980.

Judy Lown, *Women and Industrialization: Gender at Work in Nineteenth-*

Century England, Minneapolis: Minnesota University Press.

Julia Bush, *Women Against the Vote: Female Anti-Suffragism in Britain*, Oxford and New York: Oxford University Press, 2007.

Julia Parker, *Women and Welfare: The Victorian Women in Public Social Service*, New York: St. Martin's Press, 1989.

Juliet Mitchell and Ann Oakley, *The Rights and Wrongs of Women*, London: Penguin Books Ltd., 1986.

June Purvis and Sandra Stanley Holton, *Voters for Women*, London and New York: Routledge Press, 2000.

June Purvis, *Hard Lessons: The Lives and Education of Working-Class Women in Nineteenth-Century England*, Minneapolis: Minnesota University Press, 1989.

Jürgen Kocka and Allan Mitchell, eds., *Bourgeois Society in Nineteenth Century Europe*, Oxford and New York: Berg Press, 1993.

Kamm Josephine, *Hope Deferred: Girls' Education in English History*, London: Routlege Press, 1965.

Kathleen J. Ferraro, *Neither Angels nor Demons Women, Dime, and Victimization*, Boston: Northeastern University Press, 2006.

Kathryn Gleadle and Sarah Richardson, *Women in British Politics 1760 – 1860: The Power of the Petticoat*, New York: St. Martin's Press, 2000.

Kathryn Gleadle, *Borderline Citizens: Women, Gender, and Political Culture in Britain 1815–1867*, Oxford and New York: Oxford University Press, 2009.

Kathryn Gleadle, *The Early Feminists*, London: St. Martin's Press, 1995.

Kathryn Hleadle, *British Women in the Nineteenth Century*, Hampshire: Palgrave, 2001.

Katrina Honeyman, *Women, Gender and Industrialization in England, 1700–1870*, London: Macmillan Press, 2000.

Keith Thoms and J. A. Banks, *Feminism and Family Planning in Victorian England*, New York: Schocken Books, 1974.

Kenneth Charlton, *Women Religion and Education in Early Modern England*, London and New York: Routledge Press, 1999.

Kenney Annie, *A Militant*, London and New York: Routledge/ Thoemmes Press, 1994.

Krista Cowman, *Women in British Politics c. 1689－1979*, Hampshire and New York: Palcrave Macmillan, 2010.

K. D. Reynolds, *Aristocratic Women and Political Society in Victorian Britain*, Oxford: Clarendon Press, 1998.

K. E. McCrone, *Sports and the Physical Emancipation of English Women 1870－1914*, London: Routledge Press, 1988.

K. Green, *The Women of Reason*, Polity Press, Oxford and New York: Oxford University Press, 1995.

Lawrence Stone, *Broken Lives: Separation and Divorce in England 1660－1857*, Oxford and New York: Oxford University Press, 1993.

Lawrence Stone, *Road to Divorce England 1530－1987*, Oxford and New York: Oxford University Press, 1995.

Lawrence Stone, *The Family, Sex, and Marriage in England 1500－1800*, Cambridge: Cambridge University Press, 1979.

Lawrence Stone, *Uncertain Unions: Marriage in England 1660－1753*, Oxford and New York: Oxford University Press, 1992.

Lee Holcombe, *Victorian Ladies at Work: Middle-Class Working Women in England and Wales 1850－1914*, Newton Abbot: David and Charles Ltd. Press, 1973.

Lee Holcombe, *Wives and Property: Reform of the Married Women's Property Law in Nineteenth-Century England*, Oxford: Martin Roberson Press, 1983.

Leonore Davidoff, Megan Doolittle, Janet Fink, Katherine Holden, *The Family Story: Blood, Contract and Intimacy, 1830－1960*, London: Longman Press, 1999.

Leonore Davidoff and Catherine Hall, *Family Fortunes: Man and Women of the English Middle Class, 1780－1850*, Chicago: Chicago University Press, 1987.

Lilian Lewis Semon, *Women and Leadership in Nineteenth-Century England*, London and New York: Macmillan Press, 1992.

Linda Young, *Middle-Class Culture in the Nineteenth Century*, Hampshire：Palgrave Macmillan, 2003.

Lise Shapiro Sanders, *Consuming Fantasies：Labor, Leisure, and the London Shop Girl 1880-1920*, Columbus：The Ohio State University Press, 2006.

Lindsey German, *Sex, Class and Socialism*, London：Bookmarks Lindsey German, 1989.

Lucia Zedner, *Women, Crime, and Custody in Victorian England*, Oxford：Clarendon Press, 1991.

Lydia E. Becker, *The Political Disabilities of Women*, 1 January 1872, in Marie Mulvey Roberts and Tamae Mizuta, eds., *The Suffragist-Towards the Vote*, London：Routledge/Thoemmes Press, 1995.

Lydia E. Becker, *Female Suffrage*, in Marie Mulvey Roberts and Tamae Mizuta, eds., *The Suffragist-Towards the Vote*, London：Routledge/Thoemmes Press, 1995.

Lydia E. Becker, *Liberty, Equality, Fraternity*, in Marie Mulvey Roberts and Tamae Mizuta, eds., *The Suffragist-Towards the Vote*, London：Routledge/Thoemmes Press, 1995.

Lynda Birke, *Women, Feminism and Biology*, New York：Metheun, 1986.

Mariam Boussahba-Bravard, ed., *Suffrage Outside Suffragism：Women's Vote in Britain 1880-1914*, Hampshire：Palgrave Macmillan, 2007.

Marian Ramelson, *The Petticoat Rebellion*, *A Century of Struggle for Women's Rights*, London and New York：Lawrence and Wishart, 1972.

Marie Mulvey Roberts and Tamae Mizuta, eds., *Perspectives on the History of British Feminism*, London and New York：Routledge/Thoemmes Press, 1994.

Marie Mulvey Roberts, ed., *The Campaigners：Women and Sexuality*, London and New York：Routledge/Thoemmes Press, 1994.

Marie Mulvey Roberts and Tamae Mizuta, eds., *The Disenfranchised：The Fight for the Suffrage*, London and New York：Routledg/Thoemmes Press, 1993.

Marie Mulvey Roberts and Tamae Mizuta, eds., *The Reformers: Socialist Feminism*, London and New York: Routledge/Thoemmes Press, 1993.

Marie Mulvey Roberts and Tamae Mizuta, eds., *The Suffragists-Towards the Vote*, London: Routledge/Thoemmes Press, 1995.

Marion Holmes, *The A. B. C. of Votes for Women*, The Women's Freedom League, in Marie Mulvey Roberts and Tamae Mizuta, eds., *The Suffragists-Towards the Vote*, London: Routledge/Thoemmes Press, 1995.

Martha Vicinus, ed., *A Widening Sphere-Changing Roles of Victorian Women*, Indiana: Indiana University Press, 1980.

Martha Vicinus, *Independent Women: Work and Community for Single Wowen, 1850-1920*, Chicago: University of Chicago Press, 1985.

Martha Vicinus, ed., *Suffer and Be Still: Women in the Victorian Age*, Indiana: Indiana University Press, 1973.

Martin Hewitt, *The Emergence of Stability in the Industrial City: Manchester 1832-1867*, Hampshire: Aldershot, 1996,

Mary Abbott, *Family Ties*, London and New York: Routledge Press, 1993.

Mary Chan, *Life into Story: The Courtship of Elizabeth Wiseman*, Brookfield: Ashgate Publishing Ltd., 1988.

Mary Hilton, *Women and the Shaping of the Nation's Young: Education and Public Doctrine in Britain 1750 - 1850*, Hampshire: Ashgate Publishing Ltd., 2007.

Mary Lyndon Shanley, *Feminism, Marriage, and the Law in Victorian England*, Princeton: Princeton University Press, 1993.

Matthew McCormack, *Public Men*, New York: Palgrave Macmillan, 2007.

Meg Gomersall, *Working-Class Girl in Nineteenth-Century England*, London: Macmillan Press, 1997,

Michael Bentley and John Stevenson, *High and Low Politics in Modern Britain*, Oxford: Clarenden Press, 1983.

Michael Sanserson, *Education, Economic Change and Society in England 1780-*

1870, Cambridge: Cambridge University Press, 1995.

Millicent Garrett Fawcett, *Women's Suffrage and The Franchise Bill*, 14 January 1884, in Marie Mulvey Roberts and Tamae Mizuta, eds., *The Suffragist-Towards the Vote*, London: Routledge/Thoemmes Press, 1995.

Millicent Garrett Fawcett, *Women's Suffrage: A Short History of a Great Movement*, London, in Marie Mulvey Roberts and Tamae Mizuta, eds., *The Suffragist-Towards the Vote*, London: Routledge/Thoemmes, 1995.

Mona Caird, *Morality of Marriage: And Other Essays on the Status and Destiny of Women*, Cambridge: Cambridge University Press, 2010.

M. J. Winstanley, *The Shopkeeper's World 1830 - 1914*, Manchester: Manchester University Press, 1983.

M. Dorothy George, *London Life in the eighteenth Century*, London: Routledge Press, 1930.

M. E. Hobsbawm, *Labouring Men Studies in the History Labour*, London: Weidenfeld and Nicolson, 1964.

M. G. Brock and M. C. Curthoys, *The History of the University of Oxford*, Volume VII, Oxford and New York: Oxford University Press, 2000.

M. Jeanne Peterson, *Family, Love and Work in the Lives of Victorian Gentlewome*, Indiana: Indiana University Press, 1989.

M. J. Peterson, *The Reform of Girls Secondary and Higher Education in Victoria England: A Study of Elites and Educational Change*, New York and London: Garland Publishing, 1987.

M. W. Flinn and T. C. Smout, *Essays in Social History*, Oxford and New York: Oxford University Press, 1979.

Neil Daglish, *Education Policy-Making in England and Wales: The Crucible Years 1895-1911*, London: The Woburn, 1996.

Neil J. Smelser, *Social Paralysis and Social Change: British Working-Class Education in Nineteenth Century*, Oxford and New York: Oxford University Press, 1991.

Neil McKendrick, John Brewer and J. H. Plumb, *The Birth of a Consumer*

Society: *The Commercialization of Eighteenth-Century England*, London: Europa, 1982.

Nicola Phillips, *Women in Business 1700-1850*, Woodbridge: The Boydell Press, 2006.

Nigel Goose, ed., *Women's Work in Industrial England*: *Regional and Local Prespectives*, Hertfordshire: John Wiley and Sons, Inc., 2007.

Pamela Horn, *Victorian Countrywomen*, Oxford: Basil Blackwell, 1991.

Pamela Sharpe, *Women's Work the English Experience 1650-1914*, Oxford and New York: Oxford University Press, 1998.

Pat Hudson and W. R. Lee, eds., *Women's Work and the Family Economy in Historical Perspective*, Manchester: Manchester University Press, 1990.

Pat Thane and Anthony Sutcliffe, eds., *Essays in Social History*, Volume 2, Oxford: Clarendon Press, 1996.

Patricia Zakreski, *Representing Female Artistic Labour 1848-1890*: *Refining Work for the Middle-Class Woman*, Hampshire: Ashgate Publishing Ltd., 2006.

Patricia Hollis, *Women in Public*, *1850-1900*: *Documents of the Victorian Women's Movement*, London and Boston: George Allen and Unwin, 1979.

Paula Gillett, *Musical Women in England 1870-1914*: *Encroaching on All Man's Privileges*, Hampshire: Macmillan Press Ltd., 2000.

Pauline Gregg, *A Social and Economic History of Britain*, London: Pegasus, 1965.

Penelope J. Corfield, *Power and the Profession in Britain 1700-1850*, London and New York: Routledge Press, 1995.

Penelope Lane, Neil Raven and K. D. M. Snell, eds., *Women, Work and Wages in England*, *1600-1850*, Suffolk: The Boydell Press, 2004.

Peter Bailey, *Popular Culture and Performance in the Victorian City*, Cambridge: Cambridge University Press, 1998.

Peter Earle, *The Making of the English Middle Class*: *Business, Society and Family Life in London 1660-1730*, London: Methuen Press, 1991.

Peter Mathias, *The First Industrial Nation*, London: Methuen and Co. Ltd.

Press, 1969.

Phil Gardner, *The Lost Elementary Schools of Victorian England: People's Education*, London: Croom Helm, 2001.

Philippa Levine, *Feminist Lives in Victorian England, Private Roles and Public Commitment*, Oxford: Basil Blackwell, 1990.

Philippa Levine, *Victorian Feminism 1850 – 1900*, Tallahassee: Florida University Press, 1994.

Phillip McCann, ed., *Popular Education and Socialization in the Nineteenth Century*, London: Methuen and Coltd, 1977.

Phyllis Deane, W. A. Cole, *British Economic Growth 1688–1959*, Cambridge: Cambridge University Press, 1964.

P. Gregg, *Population Growth and Agrarian Change*, Cambridge: Cambridge University Press, 1980.

Rachel G. Fuchs and E. Thompson, *Victorian Women in Nineteenth-Century Europe*, New York: Palgrave Macmillan, 2005.

Randolph Trumbach, *Sex and Gender Revolution*, Chicago: Chicago University Press, 1998.

Rita Mcwilliams Tullberg, *Women at Cambridge*, Cambridge: Cambridge University Press, 1998.

Richard Brown, *Society and Economy in Modern Britain 1700–1850*, London and New York: Routledge Press, 1991.

Robert B. Shoemaker, *Gender in English Society 1650 – 1850*, London: Longman Press, 1998.

Robert Beachy, Béatrice Craig and Alastair Owens, eds., *Women, Business and Finance in Nineteenth-Century Europe*, Oxford and New York: Berg Press, 2006.

Robin Pearson, *Insuring the Industrial Evolution Fire Insurance in Great Britain 1700–1850*, Hampshire: Ashgate Publishing Limited, 2004.

Robyn L. Rosen, ed., *Women's Studies in the Academy: Origins and Impact*, Essex: Pearson Education Inc., 2004.

Rosemary O'day, *Education and Society 1500 – 1800*, Oxford and New York: Oxford University Press, 1982.

Rosemary O'Day, *The Family and Family Relationships 1500–1900*: *England, France and the United States of America*, New York: St. Martin's Press, 1994.

Ross Evans and Michelea Pujol, *Feminism and Enti-feminism in Early Economic thought*, Hants and Brookfield: E. Elgar, 1992.

Royle Edward, *A Social History*: *Modern Britain in 1750–1985*, London: Edward Arnold, 1987.

Ruth Watts, *Gender, Power and the Unitarians in England 1760 – 1860*, London and New York: Longman Press, 2014.

R. C. O. Matthews, C. H. Feinstein and J. C. Odling-Smee, *British Economic Growth 1856–1973*, Stanford: Stanford University Press, 1982.

R. J. Morris and Richard Rodger, *The Victorian City*: *A Reader in British Urban History 1820–1914*, London and New York: Longman Press, 1993.

R. J. Morris, *Class, Set and Party*: *The Making of the British Middle Class, Leeds 1820–1850*, Manchester: Manchester University Press, 1990.

R. J. Morris, *Men, Women and Property in England, 1780–1870*: *A Social and Economic History of Family Strategies amongst the Leeds Middle Class*, Cambridge: Cambridge University Press, 2005.

Sally Alexander, *Becoming a Women and Other Essays in 19th and 20th Century Feminist History*, London and New York: Palgrave Macmillan, 1996.

Sally Mitchell, *Daily Life in Victorian England*, London: Greenwood Press, 1996.

Sandra Stanley Holton, *Feminism and Democracy*: *Women's Suffrage and Reform Politics in Britain 1900–1918*, Cambridge: Cambridge University Press, 1986.

Sandra Burman, ed., *Fit Work For Women*, Canberra: Australian National University Press, 1979.

Sandra Stanley Holton, *Votes for Women*, London and New York: Routledge, 2000.

Sharon Marcus, *Between Women*: *Friendship, Desire, and Marriage in*

Victorian England, Princeton and Oxford: Princeton University Press, 2007.

Sheila Fletcher, *Feminists and Bureaucrats: A Study in the Development of Girls'Education in the Nineteenth Century*, Cambridge: Cambridge University Press, 1980.

Sheil. A. R. Herstein, *Mid-Victorian Feminist, Barbara Leigh Smith Bodichon*, New Haven and London: Yale University Press, 1985.

Shelley Pennington and Belinda Westover, *A Hidden Workforce Homeworkers in England 1850−1985*, Hampshire: Macmillan Education Ltd., 1989.

Simon Gunn and Rachel Bell, *Middle Classes: Their Rise and Sprawl*, London: Cassel, 2002.

Simon Gunn, *The Public Culture of the Victorian Middle Class*, Manchester: Manchester University Press, 2000.

Simon Morgan, *A Victoria Women's Place: Public Culture in the Nineteenth Century*, London: Tauris Academic Studies, 1988.

Sonya O. Rose, *Limited Livelihoods: Gender and Class in Nineteenth-Century England*, Berkeley: California University Press, 1993.

Sophia A. van Wingerden, *The Women's Suffrage Movement in Britain, 1866−1928*, London: Macmillan Press, 1999.

Sue Morgan, ed., *Women, Religion and Feminism in Britain 1750−1900*, Basingstoke and New York: Palgrave Macmillan, 2002.

Susan Groag Bell and Karen M. Offen, eds., *Women, the Family, and Freedom: The Debate in Documents Volume 1: 1750−1880*, Stanford: Stanford University Press, 1983.

Susan Kingsley Kent, *Sex and Suffrage in Britain 1860−1814*, Princeton: Princeton University Press, 1987.

Susan Shifrin, ed., *Women as Sites of Culture: Women's Roles in Cultural Formation from the Renaissance to the Twentieth Century*, Hampshire: Ashgate Publishing Limited, 2002.

Susan Staves, *Married Women's Separate Property in England 1660−1833*, Cambridge and London: Harvard University Press, 1990.

Susie Steinbach, *Women in England 1760-1914*, London: Weidenfeld and Nicolson, 2004.

Sylvia Palerschek, ed., *Women's Emancipation Movements in the Nineteenth Century: A European Perspective*, Stanford: Stanford University Press, 2004.

S. Walby, *Patriarchy at Work: Patriarchal and Capitalist Relations in Employment*, Minnesota: Minnesota University Press, 1986.

S. Flectcher, *Feminists and Bureaucrats: A Study in the Development of Girls' Education in Nineteenth Century*, Cambridge: Cambridge University Press, 1980.

Tammy C. Whitlock, *Crime, Gender and Consumer Culture in Nineteenth-Century England*, Burlington: Ashgate Publishing Ltd., 1998.

Terry Lovell, *British Feminist Thought*, Oxford and New York: Oxford University Press, 1990.

Thad Logan, *The Victorian Parlour: A Cultural Study*, Cambridge: Cambridge University Press, 2001.

The Planet Venus, *Latest Intelligence*, in Dr. Marie Mulvey Roberts and Tamae Mizuta, eds., *The Suffragist-Towards the Vote*, London and New York: Routledge/Thoemmes Press, 1995.

Tim Butler and Garry Robson, *London Calling the Middle Classes and the Remaking of Inner London*, Oxford and New York: Berg Press, 2003.

T. Cook, *Local Studied and the History of Education*, London: Harper & Row Publishers, 1972.

T. C. Smout, *Victorian Values*, Oxford and New York: Oxford University Press, 1992.

T. S. Ashton, *The Industrial Revolution 1760 - 1830*, Oxford and New York: Oxford University Press, 1980.

Valerie Bryson, *Feminist Political Theory*, London: Macmillan Press, 1992.

Vera Britain, *The Women at Oxford: A Fragment of History*, New York: The Macmillan Company, 1960.

W. B. Stephens, *Education, Literacy, and Society 1830 - 1870*, Manchester: Manchester University Press, 1987.

W. D. Hussey, *British History 1815-1939*, Cambridge: Cambridge University Press, 1984.

W. D. Handcock, ed., *English Historical Documents, 1783-1832*, London and New York: Routledge Press, 1996.

W. D. Handcock, ed., *English Historical Documents, 1874-1914*, London and New York Press, 1996.

W. H. B. Court, *British Economic History 1870 - 1914: Commentaries and Documents*, Cambridge: Cambridge University Press, 1965.

Yaffa Claire Draznin, *Victorian London's Middle-Class Housewife*, London: Greenwood Press, 2001.

二、相关论文

Aeron Hunt, "Open Accounts: Harriet Martineau and the Problem of Privacy in Early-Victorian Culture", *Nineteenth-Century Literature*, Vol. 62, No. 1, June 2007.

Alastair Owens, "Property, Gender and the Life Course: Inheritance and Family Welfare Provision in Early Nineteenth-Century England", *Social History*, Vol. 26, No. 3, October 2001.

Alisa Webb, "Constructing the Gendered Body: Girls, Health, Beauty, Advice, and the Girls' Best Friend 1898 - 1899", *Women's History Review*, Vol. 15, No. 2, April 2006.

Alison Twells, "Happy English Children: Class, Ethnicity, and the Making of Missionary Women in the Early Nineteenth-Century", *Women's Studies International Forum*, Vol. 21, No. 3, 1998.

Anthea Callen, "Sexual Division of Labor in the Arts and Crafts Movement", *Woman's Art Journal*, Vol. 5, No. 2 (Autumn, 1984 - Winter, 1985).

Arlene Young, " 'Entirely a Woman's Question'? Class, Gender, and the Victorian Nurse", *Journal of Victorian Culture*, Vol. 1, 2008.

Arlene Young, "Ladies and Professionalism: The Evolution of the Idea of

Work in the Queen 1861−1900", *Victorian Periodicals Review*, Vol. 40, No. 3, Fall 2007.

Auchmuty Rosemary, "Early Women Law Students at Cambridge and Oxford", *The Journal of Legal History*, Vol. 29, No. 1, 2008.

Barbara Caike, "Feminism, Suffrage and the Nineteenth-Century English Women's Movement", *Women's Studies International Forum*, Vol. 5, No. 6, 1982.

Carmen M. Mangion, " 'Good Teacher' or 'Good Religious' ? The Professional Identity of Catholic Women Religious in Nineteenth-Century England and Wales", *Women's History Review*, Vol. 14, No. 2, 2005.

Carmen M. Mangion, "Faith, Philanthropy and the Aged Poor in Nineteenth-Century England and Wales", *European Review of History*, Vol. 19, No. 4, August 2012.

Caroline Lieffers, " 'Every Family Might be Its Own Economical Housekeeping Company (Limited) ': Managing the Middle-Class Home in Nineteenth-Century England", *Women's History Review*, Vol. 21, No. 3, July 2012.

Carolyn Malone, "Gendered Discourses and the Making of Protective Labor Legislation in England 1830 − 1914", *Journal of British Studies*, Vol. 37, No. 2, April 1998.

Christopher Kent, "The Whittington Club: A Bohemiam Experiment in Middle Social Reform", *Victorian Studies*, September 1974.

Clare Roche, "Women Climbers 1850 − 1900: A Challenge to Male Hegemony?", *Sport in History*, Vol. 33, No. 3, 2013.

Colin G. Pooley and Sian Pooley, "Constructing a Suburban Identity: Youth, Femininity and Modernity in Late-Victorian Merseyside", *Journal of Historical Geography*, Vol. 36, 2010.

Cynthia Curran, "Private Women, Public Needs: Middle-Class Widows in Victorian England", *A Quarterly Journal Concerned with British Studies*, Vol. 25, No. 2, Summer 1993.

David R. Green and Alastair Owens, "Gentlewomanly Capitalism?

Spinsters, Widows, and Wealth Holding in England and Wales 1800 – 1860", *Economic History Review*, No. 3, 2003.

Deborah Rohr, "Women and the Music Profession in Victorian England: The Royal Society of Female Musicians 1839 – 1866", *Journal of Musicological Research*, 16 Jun 2008.

Donna Andrew, "Popular Culture and Public Debate: London 1780", *Historical Journal*, Vol. 39, No. 2, 1996.

Eileen JanesYeo, "Social Motherhood and the Sexual Communion of Labour in British Social Science 1850 – 1950", *Women's History Review*, Vol. 1, No. 1, 1992.

Elaine Clark, "Catholics and the Campaign for Women's Suffrage in England", *Church History*, Vol. 73, September 2004.

Eleanor Gordon and Gweneth Nair, "The Economic Role of Middle-Class Women in Victorian Glasgow", *Women's History Review*, Vol. 9, No. 4, 2000.

Eleanor Gordon, "The Myth of the Victorian Patriarchal Family", *History of the Family*, No. 7, 2002.

Ellen Jordan, "Making Good Wives and Mothers? The Transformation of Middle-Class Girls' Educationin Nineteenth-Century Britain", *History of Education Quarterly*, Vol. 31, No. 4, 1991.

Ellen Jordan, "The Lady Clerks at the Prudential, the Beginning of Vertical Segregation by Sex in Clerical Work in Nineteenth-Century Britain", *Gender and History*, Vol. 8, No. 1, April 1996.

Emma Liggins, "The Life of a Bachelor Girl in the Big City: Selling the Single Lifestyle to Readers of Women and Young Women in 1890S", *Victorian Periodicals Review*, Vol. 40, No. 3, 2007.

Enid Zimmerman, "Art Education for Women in England from 1890 – 1910 as Reflected in the Victorian Periodical Press and Current Feminist", *Histories of Art Education Studies in Art Education*, Vol. 32, No. 2, 1991.

Gary McCulloch, "Sensing the Realities of English Middle-Class Education:

James Bryce and the Schools Inquiry Commission 1865 – 1868", *History of Education*, *Vol.* 40, September 2011.

Georgina Brewis, "From Working Parties to Social Work: Middle-Class Girls' Education and Social Service 1890 – 1914", *History of Education*, Vol. 38, No. 6, November 2009.

Helen Doe, "Waiting for Her Ship to Come in? The Female Investor in Nineteenth-Century Sailing Vessels", *Economic History Review*, No. 1, 2010.

Helen Mathers, "The Evangelical Spirituality of a Victorian Feminist: Josephine Butler 1828 – 1906", *The Journal of Ecclesiastical History*, Vol. null, No. 2, April 2001.

Helen Rogers, "Kindness and Reciprocity: Liberated Prisoners and Christian Charity in Early Nineteenth-Century England", *Journal of Social History*, Vol. 47, No. 3, 2014.

Howard M. Wach, "Civil Society, Moral Identity and the Liberal Public Sphere: Manchester and Boston 1810 – 1840", *Social History*, Vol. 21, No. 3, 2008.

James A. Epstein, "The Constitutional Idiom: Radical Reasoning, Rhetoric and Action in Early Nineteenth-Century England", *Journal of Social History*, Vol. 23, No. 3, Spring 1990.

James Epstein, "Understanding the Cap of Liberty: Symbolic Practice and Social Conflict in Early Nineteenth-Century England Source", *Past & Present*, Vol. 122, No. 1, February 1989.

Jane Hamlett, "The Dining Room Should be the Man's Paradise, as the Drawing Room is the Woman's: Gender and Middle-Class Domestic Space in England 1850–1910", *Gender & History*, Vol. 21, No. 3, November 2009.

Jane Lewis, "Gender, the Family and Women's Agency in the Building of 'Welfare States': The British Case", *Social History*, 27 July 2015.

Jane Lewis, "The Boundary Between Voluntary and Statutory Social Service in the Late Nineteenth and Early Twentieth Centuries", *The Historical*

Journal, Vol. 39, No. 1, March 1996.

Jane Martin, "Gender, the City and the Politics of Schooling: Towards a Collectivebiography of Women 'Doing good' as Public Moralists in Victorian London", *Gender and Education*, Vol. 17, No. 2, May 2005.

Jane McDermid, "School Board Women and Active Citizenship in Scotland 1873-1919", *History of Education*, Vol. 38, No. 3, May 2009.

Janes Yeo Eileen, "Social Motherhood and the Sexual Communion of Labour in British Social Science 1850-1950", *Women's History Review*, Vol. 1, No. 1, 1992.

Janette Rutterford and Josephine Maltby, "The Widow, the Clergyman and the Reckless: Women Investors in England 1830 - 1914", *Feminist Economic*, Vol. 4, 2006.

Janette Rutterford and Josephine Maltby, "The Nesting Instinct: Women and Investment Risk in a Historical Context", *Accounting History*, No. 3, 2007.

Jean Donnison, "Medical Women and Lady Midwives: A Case Study in Medical and Feminist Politics", *Women's Studies: An Interdisciplinary Journal*, No. 12, July 2010.

Jihang Park, "Women of Their Time: The Growing Recognition of the Second Sex in Victorian and Edwardian England", *Journal of Social History*, Vol. 21, No. 1, Autumn 1987.

John Belchem and James Epstein, "The Nineteenth-Century Gentleman Leader Revisited", *Social History*, Published Online: 31 May 2008.

John R. Gillis, "Ritualization of Middle-Class Family Life in Nineteenth Century Britain", *International Journal of Politics, Culture, and Society*, Vol. 3, No. 2, Winter 1989.

Josephine Maltby and Janette Rutterford, "She Possesed Her Own Fortune: Women Investors from the Late Nineteenth Century to the Early Twentieth Century", *Business History*, Vol. 48, No. 2, April 2006.

Judith Harfor, "An Experiment in the Development of Social Networks for

Women: Women's Colleges in Ireland in the Nineteenth Century", *Paedagogica Historical*, Vol. 43, No. 3, June 2007.

Julia Bush, "British Women's Anti-suffragism and the Forward Policy, 1908-14", *Women's History Review*, Vol. 11, No. 3, 2002.

Julie V. Gottlieb, " 'The Women's Movement Took the Wrong Turning': British Feminists, Pacifism and the Politics of Appeasement", *Women's History Review*, Vol. 23, No. 3, 2014.

Kate Mulholland, "Gender Power and Property Relations Within Entrepreneurial Wealthy Families", *Gender, Work and Organization*, Vol. 3, No. 2, April 1996.

Kate Smith, "Imperial Families: Women Writing Home in Georgian Britain", *Women's History Review*, Vol. 24, No. 6, 2015.

Kathrin Levitan, "Redundancy, The 'Surplus Woman' Problem, and the British Census 1851-1861", *Women's History Review*, Vol. 17, No. 3, July 2008.

Kathryn Gleadle, " 'The Riches and Treasures of Other Countries': Women, Empire and Maritime Expertise in Early Victorian London", *Gender & History*, Vol. 25, No. 1, April 2013.

Krista Cowan and Louise A. Jackson, "Middle-Class Women and Professional Identity", *Women's History Review*, Vol. 14, No. 2, 2005.

Laura Schwartz, "Freethought, Free Love and Feminism: Secularist Debates on Marriage and Sexual Morality, England 1850 - 1885", *Women's History Review*, Vol. 19, No. 5, November 2010.

Laura Schwartz, "Feminist Thinking on Education in Victorian England", *Oxford Review of Education*, Vol. 37, No. 5, October 2011.

Leonard Schwarz, "Professions, Elites, and Universities in England 1870-1970", *The Historical Journal*, Vol. 47, No. 4, 2004.

Leonore Davidoff, "Gender and the 'Great Divide' Public and Private in British Gender History", *Journal of Women's History*, Vol. 15, No. 1, Spring 2003.

Lise Shapiro Sanders, " 'Equal Laws Based upon an Equal Standard': The Garrett Sisters, the Contagious Diseases Acts, and the Sexual Politics of Victorian and Edwardian Feminism Revisited", *Women's History Review*, Vol. 24, 2015.

Lucy Newton and Philipl Cottrell, "Female Investors in the First English and Welsh Commercial Joint-Stock Banks", *Accounting Business & Financial History*, No. 2, 2006.

Margaret Beetham, "The Reinvention of the English Domestic Women: Class and 'Race' in the 1890s' Women's Magzine", *Women's Studies International Forum*, Vol. 21, No. 3, 1998.

Margaret Ward, "Gendering the Union: Imperial Feminism and the Ladies' land League", *Women's History Review*, Vol. 10, No. 1, 2001.

Maria Luddy, "Women and Charitable Organizations in Nineteenth Century Ireland", *Women's Studies*, Vol. 11, No. 4, 1988.

Mark Freeman, Robin Pearson and James Taylor, "'A Doe in the City': Women Shareholders in Eighteenth-and Early Nineteenth-Century Britain", *Accounting, Business & Financial History*, Vol. 16, No. 2, July 2006.

Mary Beth Combs, "A Measure of Legal Independence: The 1870 Married Women's Property Act and the Portfolio Allocations of British Wives", *The Journal of Economic History*, Vol. 65, No. 4, 2005.

Mary Beth Combs, "Wives and Household Wealth: The Impact of the 1870 British Married Women's Property Act on Wealth-holding and Share of Household Resources", *Continuity and Change*, Vol. 19, No. 1, 2004.

Mary Louise Adams, "The Manly History of a 'Girls' Sport': Gender, Class and the Development of Nineteenth-Century Figure Skating", *The International Journal of the History of Sport*, Vol. 24, No. 7, July 2007.

Maxine Berg, "Women's Property and the Industrial Revolution *1700 – 1800*", *Journal of Interdisciplinary History*, Vol. 24, No. 2, Autumn 1993.

Michael Anderson, "The Social Position of Spinsters in Mid-Victorian Britain", *Journal of Family History*, Winter 1984.

Michael D. Stephens and Gordon W. Roderick, "Middle-Class Non-Vocation Lecture and Debating Subjects in Nineteenth-Century England", *British Journal of Educational Studies*, Vol. 21, No. 2, 1973.

Michael Heller, "Work, Income and Stability: The Late Victorian and Edwardian London Male Clerk Revisited", *Business History*, Vol. 50, No. 3, May 2008.

Michèle Barrett, "The Concept of 'Difference'", *Feminist Review*, No. 26, Summer 1987.

Michèle Cohen, "Language and Meaning in a Documentary Source: Girls' Curriculum from the Late Eighteenth Century to the Schools Inquiry Commission 1868", *History of Education*, Vol. 34, No. 1, January 2005.

Mike J. Hugginsn, "More Sinful Pleasures? Leisure, Respectability and the Male Middle Classes in Victorian England", *Journal of History*, Spring 2000.

Moira Marti, "Single Women and Philanthropy: A Case Study of Women's Associational Life in Bristol 1880 – 1914", *Women's History Review*, Vol. 17, No. 3, July 2008.

Pamela Dixo and Neal Garnham, "Drink and the Professional Footballer in 1890s England and Ireland", *Sport in History*, Vol. 25, No. 3, December 2005.

Peter J. Gurney, "The Sublime of the Bazaar: A Moment in the Making of a Consumer Culture in Mid-Nineteenth-Century England", *Journal of Social History*, Vol. 40, No. 2, Winter 2006.

Robert Gray, "Factory Legislation and Gendering of Jobs in the North of England 1830–1860", *Gender and History*, No. 5, 1993.

Rosemary Feurer, "The Meaning of 'Sisterhood': The British Women's Movement and Protective Labor Legislation 1870 – 1900", *Victorian Studies*, Vol. 31, No. 2, 1988.

Ruth Larsen, "For Want of a Good Fortune: Elite Single Women's Experiences in Yorkshire 1730–1860", *Women's History Review*, 23 July 2015.

Ruth Livesey, "The Politics of Work: Feminism, Professionalization and Women Inspectors of Factories and Workshops", *Women's History Review*, Vol. 13, No. 2, 2004.

R. Claire Snyde, "Radical Civic Virtue: Women in 19th – Century Civil Society", *New Political Science*, Vol. 26, No. 1, March 2004.

R. Guerriero Wilson, "Women's Work in Offices and the Preservation of Men's 'Breadwinning' Jobs in Early Twentieth-Century Glasgow", *Women's History Review*, Vol. 10, 2001.

R. J. Morris, "In Search of the Urban Middle Class: Record Linkage and Methodology: Leeds 1832", *Urban History*, Vol. 3, May 1976.

R. J. Morris, "Voluntary Societies and British Urban Elites 1780 – 1850: An Analysis", *The Historical Journal*, Vol. 26, No. 1, January 1983.

Sally Alexander, "Women, Class and Sexual Differences in the 1830s and 1840s: Some Reflections on the Writing of a Feminist History", *History Workshop*, No. 17, Spring 1984.

Sandra Stanley Holton, "Kinship and Friendship: Quaker Women's Networks and the Women's Movement", *Women's History Review*, Vol. 14, No. 3/4, 2005.

Sandra Stanley Holton, "The Suffragist and the Average Woman", *Women's History Review*, Vol. 1, No. 1, 1992.

Sarah Wiggins, "Gendered Spaces and Political Identity: Debating Societies in English Women's Colleges", *Women's History Review*, Vol. 18, No. 5, 2009.

Simon Gunn, "Class, Identity and the Urban: The Middle Class in England, c. 1790–1950", *Urban History*, Vol. 31, No. 1, 2004.

Simon Gunn, "Knowledge, Power and the City since 1700", *Social History*, Vol. 27, No. 1, January 2002.

Simon Morgan, " 'A Sort of Land Debatable': Female Influence, Civic Virtue and Middle-Class Identity, c. 1830 – 1860", *Women's History Review*, Volume 13, Number 2, 2004.

Susan L. Tananbaum, "Philanthropy and Identity: Gender and Ethnicity in London", *Journal of Social History*, Vol. 30, No. 4, Summer 1997.

Susan Trouve-Finding, "Teaching as a Woman's Job: The Impact of the Admission of Women to Elementary Teaching in England and France in the Late Nineteenth and Early Twentieth Centuries", *History of Education*, Vol. 34, No. 5, September 2005.

Sylvia Walby, "From Private to Public Patriachy, the Periodisation of British History", *Women's Studied*, Vol. 13, 1990.

S. P. Wale, "How to Secure Your Husband's Esteem? Accounting and Private Patriarchy in the British Middle Class House Hold During the Nineteenth Century", *Accounting, Organizations and Society*, Vol. 23, No. 5/6, 1998.

Teresa Gerrard and Alexis Weedon, "Working-Class Women's Education in Huddersfield: A Case Study of the Female Educational Institute Library 1856 - 1857", *A Journal of History*, Vol. 49, No. 2, 2014.

Vanessa Heggie, "Domestic and Domesticating Education in the Late Victorian City", *History of Education*, Vol. 40, No. 3, May 2011.

Sarah Wiggins, "Gendered Spaces and Political Identity: Debating Societies in English Women's Colleges 1890 - 1914", *Women's History Review*, Vol. 18, No. 5, November 2009.

Zoë Thomas, "At Home with the Women's Guild of Arts: Gender and Professional Identity in London Studios 1880 - 1925", *Women's History Review*, Vol. 24, No. 6, 2015.

三　中文著作

〔英〕E. P. 汤普森:《英国工人阶级的形成》,钱乘旦、杨豫、潘兴明等译,译林出版社,2001。

〔英〕J. C. D. 克拉克:《1660-1832 年的英国社会》,姜德福译,商务印书馆,2014。

〔英〕R. K. 默顿:《十七世纪英国的科学技术与社会》,范岱年、吴忠、蒋效东译,四川人民出版社,1986。

〔英〕艾瑞克·霍布斯鲍姆:《资本的年代》,张小华等译,江苏人民出版社,1999。

〔法〕保尔·芒图:《十八世纪产业革命——英国近代大工业初期的概况》,杨人楩、陈希秦、吴绪译,商务印书馆,1983。

〔美〕保罗·福塞尔:《格调:社会等级与生活品位》,梁丽真、乐涛、石涛译,中国社会科学出版社,1998。

〔美〕贝尔·胡克斯：《女权主义理论：从边缘到中心》，晓征、平林译，江苏人民出版社，2001。

〔美〕彼得·盖伊：《施尼兹勒的世纪：中产阶级文化的形成，1815—1914》，梁永安译，北京大学出版社，2006。

〔英〕阿萨·勃里格斯：《英国社会史》，陈叔平、刘城、刘幼勤等译，中国人民大学出版社，1991。

〔英〕勃洛尼斯拉夫·马林诺夫斯基：《两性社会学》，李安宅译，上海人民出版社，2003。

丁建定主编《从济贫到社会保险——英国现代社会保障制度的建立（1870-1914）》，中国社会科学出版社，2000。

丁建弘：《发达国家的现代化道路》，北京大学出版社，1999。

〔德〕恩格斯：《工人阶级状况》，《马克思恩格斯全集》第 2 卷，人民出版社，1957。

傅新球：《英国社会转型时期的家庭研究》，安徽人民出版社，2008。

〔澳〕亨利·理查森等：《女人的声音》，郭洪涛译，广西师范大学出版社，2003。

姜德福：《社会变迁中的英国贵族》，商务印书馆，2004。

〔美〕卡罗尔·帕特曼：《性契约》，李朝晖译，社会科学文献出版社，2004。

〔美〕凯特·米利特：《性的政治》，钟良明译，社会科学文献出版社，1999。

〔美〕克雷格·卡尔霍恩：《激进主义探源：传统、公共领域与 19 世纪的社会运动》，甘会斌、陈云龙译，北京大学出版社，2016。

〔英〕克里斯·布尔、杰恩·胡思、迈克·韦德：《休闲研究引论》，田里、董建新等译，云南大学出版社，2006。

李宝芳：《维多利亚时期英国中产阶级婚姻家庭生活研究》，社会科学文献出版社，2015。

李平：《世界妇女史》，海南出版社，1993。

李银河主编《妇女：最漫长的革命》，生活·读书·新知三联书店，1997。

〔英〕琳达·科利:《英国人:国家的形成,1707—1837年》,周玉鹏、刘耀辉译,商务印书馆,2017。

刘霓:《西方女性学》,社会科学文献出版社,2001。

陆伟芳:《英国妇女选举权运动》,中国社会科学出版社,2004。

吕晓燕:《施善与教化:伦敦的慈善组织研究(1700-1900)》,中国社会科学出版社,2018。

马婴:《工业革命与英国妇女》,上海社会科学院出版社,1993。

〔英〕玛丽·沃斯通克拉夫特:《女权辩护》,王蓁译,商务印书馆,1998。

〔美〕帕梅拉·麦克维:《世界妇女史:1500至今》,洪庆明、康凯译,格致出版社,上海人民出版社,2012。

钱乘旦、陈晓律:《英国文化模式溯源》,上海社会科学院出版社,2003。

钱承旦主编《英国通史》(第五卷),江苏人民出版社,2016。

钱乘旦、许洁明:《英国通史》,上海社会科学院出版社,2002。

钱乘旦:《第一个工业化社会》,四川人民出版社,1988。

钱乘旦、高岱主编《英国史新探》,北京大学出版社,2012。

〔美〕乔治·霍兰·萨拜因:《政治学说史》,盛葵阳、崔妙因译,商务印书馆,1990。

〔法〕让·杜歇:《第一性》,周征凌、范哲思译,海天出版社,2001。

〔法〕卢梭:《爱弥儿》,李平沤译,商务印书馆,1978。

沈汉、刘新成:《英国议会政治史》,南京大学出版社,1991。

〔英〕苏珊·艾丽丝·沃德肯斯:《女性主义》,朱侃如译,广州出版社,1998。

王觉非主编《英国近现代史》,南京大学出版社,1997。

王赳:《激进的女权主义:英国妇女社会政治同盟参政运动研究》,上海三联书店,2008。

王萍:《现代英国社会中的妇女形象》,江苏人民出版社,2005。

王晓焰:《18-19世纪英国妇女地位研究》,人民出版社,2007。

王政、杜琴芳:《社会性别研究选译》,生活·读书·新知三联书店，1998。

〔美〕威尔·杜兰：《世界文明史——伏尔泰时代》，幼狮文化公司译，东方出版社，1999。

〔法〕西蒙娜·德·波伏娃：《第二性》，陶铁柱译，中国书籍出版社，1998。

许洁明、王云裳：《英国贵族文化》，上海社会科学院出版社，2019。

〔英〕亚当·斯密：《国民财富的性质和原因的研究》，郭大力、王亚南译，商务印书馆，2002。

〔英〕亚当·斯密：《亚当·斯密全集：道德情操论》第1卷，蒋自强等译，商务印书馆，2014。

阎照祥：《英国贵族史》，人民出版社，2000。

阎照祥：《英国史》，人民出版社，2003。

阎照祥：《英国政党政治》，人民出版社，1999。

阎照祥：《英国政治制度史》，人民出版社，2012。

裔昭印、洪庆明主编《妇女与性别史研究》，第1辑、第2辑，上海三联书店，2016，2017。

裔昭印：《西方妇女史》，商务印书馆，2009。

俞金尧：《西欧婚姻、家庭与人口史研究》，中国出版集团，现代出版社，2016。

〔英〕约翰·拉斯金：《拉斯金读书随笔》，王青松、匡咏梅、于志新译，上海三联书店，1999。

〔英〕约翰·洛克：《政府论》上篇，瞿菊农、叶启芳译，商务印书馆，1998。

〔英〕约翰·洛克：《政府论》下篇，瞿菊农、叶启芳译，商务印书馆，1998。

〔英〕约翰·麦克里兰：《西文政治思想史》上、下卷，彭淮栋译，中信出版社，2014。

〔英〕约翰·穆勒：《论自由》，孟凡礼译，广西师范大学出版社，2011。

〔英〕约翰·穆勒：《约翰·穆勒自传》，吴良健、吴衡康译，商务印书馆，1987。

〔美〕约翰·斯梅尔：《中产阶级文化的起源》，陈勇译，上海人民出版社，2006。

〔英〕约翰·斯图尔特·穆勒：《妇女的屈从地位》，汪溪译，商务印书馆，1995。

〔美〕约瑟芬·多诺万：《女权主义的知识分子传统》，赵育春译，江苏人民出版社，2003。

四　中文期刊论文

陈义平：《关于中产阶级概念的理论问题》，《广东社会科学》2002 年第 1 期。

郭俊、梅雪芹：《维多利亚时代中期英国中产阶级中上层的家庭意识探究》，《世界历史》2003 年第 1 期。

胡玲、陈祖洲：《近代英国中产阶级形成中的问题》，《历史研究》2010 年第 1 期。

李宏图：《英国工业资产阶级与社会政治现代化模式》，《世界历史》1992 年第 2 期。

陆伟芳：《19 世纪英国城市公共空间的性别视角考察》，《中华女子学院学报》2014 年第 6 期。

陆伟芳：《英国中产阶级与 19 世纪城市发展》，《扬州大学学报》2007 年第 3 期。

沈晖：《英国中产阶级：文化及其认同》，《甘肃社会科学》2005 年第 2 期。

宋严萍：《英国工业革命时期资产阶级家庭观及其成因探析》，《上海师范大学学报》2003 年第 6 期。

王赳：《20 世纪初英国社会领域中的反女权运动》，《学海》2017 年第 6 期。

王赳：《论英国维多利亚前期中产阶级妇女的地位》，《江西社会科学》2001 年第 6 期。

王赳：《英国反女权主义探析——以英国维多利亚晚期和爱德华时期的反妇女选举权为例》，《浙江学刊》2016 年第 2 期。

徐奕斐：《"两分领域"之辨：以英国已婚妇女从商的法律问题为视角》，《中华女子学院学报》2017 年第 6 期。

许洁明、李强：《英国新兴工业资产阶级道德观浅析》，《四川大学学报》2011 年第 1 期。

尹建龙、陈晓律：《"斯迈尔斯神话"：19 世纪英国社会对工业家起源的认识》，《史学月刊》2007 年第 10 期。

尹建龙：《工业化初期英国社会流动的趋势和特点——以企业家集团的来源为例》，《史学月刊》2010 年第 12 期。

袁弋胭：《19 世纪英国中产阶级自愿社团的经济机制》，《社会科学家》2012 年 8 月。

五　中文学位论文

廖雯娟：《英国女子高等学院发展研究（1869 至今）》，硕士学位论文，华中师范大学，2017。

闵思思：《19 世纪英国女权主义思想研究》，硕士学位论文，湘潭大学，2015。

庞莹莹：《19 世纪英国女性教育研究》，硕士学位论文，四川大学，2010。

孙青：《英国女性争取剑桥大学高等教育权利的历程探究（1862-1947）》，硕士学位论文，河北大学，2006。

王晓伟：《英国政党关于妇女选举权的策略》，硕士学位论文，河南大学，2016。

吴芳洁：《1848-1949 英国女子高等教育发展初探》，硕士学位论文，天津师范大学，2015。

杨阳：《英国女性高等教育的起源与发展（1848-1948）》，硕士学位论文，南京大学，2011。

杨园园：《19 世纪英国女权运动女性自我意识研究》，硕士学位论文，西北大学，2015。

姚琳：《19 世纪中后期英国女子教育研究》，博士学位论文，西南大学，2013。

图书在版编目（CIP）数据

19世纪英国中产阶级女性研究／潘迎华著. -- 北京：
社会科学文献出版社，2021.2（2021.11重印）
ISBN 978-7-5201-7006-2

Ⅰ.①1… Ⅱ.①潘… Ⅲ.①中等资产阶级-女性-
研究-英国-19世纪 Ⅳ.①K835.618.54

中国版本图书馆CIP数据核字（2020）第140799号

19世纪英国中产阶级女性研究

著　　者／潘迎华

出　版　人／王利民
责任编辑／赵怀英
责任印制／王京美

出　　版／社会科学文献出版社·联合出版中心（010）59366446
　　　　　地址：北京市北三环中路甲29号院华龙大厦　邮编：100029
　　　　　网址：www.ssap.com.cn
发　　行／市场营销中心（010）59367081　59367083
印　　装／唐山玺诚印务有限公司

规　　格／开　本：787mm×1092mm　1/16
　　　　　印　张：21.75　字　数：344千字
版　　次／2021年2月第1版　2021年11月第2次印刷
书　　号／ISBN 978-7-5201-7006-2
定　　价／139.00元

本书如有印装质量问题，请与读者服务中心（010-59367028）联系